# 道德经解析

张尚仁 著

华夏出版社

图书在版编目（CIP）数据

道德经解析／张尚仁著． －－北京：华夏出版社，2016.10（2017.5 重印）
（当代学人文库／魏清源，杨国安主编）
ISBN 978－7－5080－8925－6

Ⅰ．①道… Ⅱ．①张… Ⅲ．①道家 ②《道德经》－研究 Ⅳ．①B223.15

中国版本图书馆 CIP 数据核字（2016）198377 号

道德经解析

| 著　　者 | 张尚仁 |
|---|---|
| 责任编辑 | 霍本科 |
| 封面制作 | 殷丽云 |
| 出版发行 | 华夏出版社 |
| 经　　销 | 新 华 书 店 |
| 印　　装 | 三河市少明印务有限公司 |
| 版　　次 | 2016 年 10 月北京第 1 版　2017 年 5 月北京第 2 次印刷 |
| 开　　本 | 720×1030　1/16 开本 |
| 印　　张 | 19.5 |
| 字　　数 | 350 千字 |
| 定　　价 | 46.00 元 |

华夏出版社　社址：北京市东直门外香河园北里 4 号　邮编：100028
网址：www.hxph.com.cn　电话：010－64663331（转）
投稿邮箱：hxkwyd@aliyun.com　互动交流：010－64672903
若发现本版图书有印装质量问题，请与我社营销中心联系调换。

# 前　言

习近平说："我们从哪里来？我们走向何方？中国到了今天，我无时无刻不提醒自己，要有这样一种历史感。……中国有坚定的道路自信、理论自信、制度自信，其本质是建立在五千多年文明传承基础上的文化自信。"又说："历史一脉相承，不可割裂。脱离了中国的历史，脱离了中国的文化，脱离了中国人的精神世界，脱离了当代中国的深刻变革，是难以正确认识中国的。"① 作为中国人，我们要认识中国，还要让世界认识中国。认识中国则必须认识中国五千多年的文化传承，这样才能建立文化自信，才能确立坚实的历史感。认真研读老子的《道德经》，实为建立文化自信和确立坚实的历史感所必需。

研读《道德经》时，我着重注意三点：第一，怀着崇敬的心态去读。庄子在《天下》篇中赞颂老子为"博大真人"，老子当之无愧。老子是中国古代的伟人，老子的《道德经》是中国古代的伟大著作。第二，认真梳理《道德经》的思想体系。2014年4月1日，习近平在欧洲学院发表重要讲话，说："老子、孔子、墨子等思想家上究天文、下穷地理，广泛探讨人与人、人与社会、人与自然的真谛，提出了博大精深的思想体系。"《道德经》任何一段一句的真理性都存在于体系之中，离开体系，观点就可能"变味"或难以理解。第三，以"大曰逝，逝曰远，远曰反"即时间、空间、无限的广阔思维去思考，将每一个观点都放在"抱一为天下式"的前提下去理解。有些中国人把这样一部伟大的哲学著作像废纸般丢弃，实在令人痛心。本人悉心钻研《道德经》，写出这部《道德经解析》，唯一的目的就是恢复老子"博大真人"

---

① 《阔步走在中华民族伟大复兴的历史征程上——记以习近平同志为总书记的党中央推进全方位外交的成功实践》，《人民日报》，2016年1月5日。

的形象，让其阐述的中国精神再放异彩。

我 1960 年考上武汉大学哲学系，毕业之后虽然一直在高校任教，但并未担任中国哲学史的教学工作，对老子和《道德经》也谈不上研究。直到 2003 年退休，因脑栓塞在家休养，想到老年要落叶归根，想回过头来多了解一点中华传统文化，于是再找古书来读，最先读的就是《道德经》。开始重读时读不懂，读不懂就再读，至今不知读了多少遍了，有感悟就写，居然发表了二十多篇论文，出版了几本书。2014 年与子愚合著的《众妙之门——〈道德经〉的思想体系》，将通行《道德经》的章节编排全部打乱，按我们理解的哲学思想体系重新编排。《众妙之门》一书虽然凝聚了我们对《道德经》的基本看法，但交稿时我们已经感到它存在不足，主要是受解经的限制，思想不能充分放开，关于《道德经》的思想体系，许多问题需要说清，但并未说清。《众妙之门》一书由华夏出版社出版之后，我继续撰写论文，想分别说清每个问题。但在写作过程中，我总感到难以尽意，对写出的论文并不满意，于是下决心再写一本书作为《众妙之门》的姐妹篇，把研读《道德经》的成果尽可能地展示出来。从《众妙之门》完稿到现在，花了近三年时间，《道德经解析》终于脱稿。写稿过程中，我注意将老子与《道德经》放在中华文化传统的根基上来思考，注意内容与现实的衔接，还注意采用林语堂的方法——林语堂说："我以为了解老子的最好方法，便是配合庄子来研读，毕竟庄子是他的弟子，是最伟大的道家代表人物。"① 因此，我在写作时较多地引用了《庄子》。以上是我写《道德经解析》这本书的简单的心路历程。

下面我把读《道德经》时遇到的问题和现在的看法简要地列举一下，对想继续学习和研究《道德经》的读者也许会有所帮助。

第一个问题是怎样对待所依据的经典。

做学问要言之成理、持之有故，这是人们普遍认同的。而在我看来，言之有理就够了，持之有故当然需要，但不必强求。持之有故，普遍的看法是有历史上的经典作为依据。以《道德经》来说，千百年来人们所认为的经典就是河上公分为 81 章的《道德经》，并将其称为通行本。虽然也有不是分 81 章的本子，还有后来出土的版本，但都未能引

---

① 林语堂：《老子的智慧》，时代文艺出版社，1988 年，第 10 页。

起人们的普遍重视。我初读时认为随大流应该不会错,但后来越读越觉得不对头,81章本字句有重复,意思重复的更多,而且河上公也不知道是什么人,姓名生平都搞不清楚,有人说是传说人物,有人说是仙人,有人说是住在河边的隐者,有人说是战国时代的人,等等。本来,说不清的放在一边就算了,古代的事很多都不可能考证清楚,重要的是81章本分章合不合理。我认为,81章本可以作为研究老子思想的基本依据,但存在一些问题,不能将它神圣化、固定化,该用的就用,该减的就减,该增加的也可以增加,编排顺序也可以变,但要有根据,这样更有利于对《道德经》进行科学研究。在《众妙之门》一书中我们做了尝试,但还不够。我在本书附录二中对《道德经》的内容和编排又做了一些新的改动,希望大家讨论,争取形成相对稳定的文本。不然的话,连《道德经》是什么样子都说不清楚,加上出土的不同版本引发的问题,讨论来讨论去永无定论,"研究"的意义也就必然大打折扣。

另一部研究《道德经》时不可或缺的经典是《史记》。在涉及中国历史问题时,司马迁的《史记》的权威性是毋庸置疑的,研究《道德经》亦是如此。现在许多书一说到老子的《道德经》就引《史记·老子韩非列传》:"老子者,楚苦县厉乡曲仁里人也。姓李氏,名耳,字聃。"可是少有人问:李耳怎么会叫"老子"呢?《史记》还说:"或曰儋即老子,或曰非也。世莫知其然否。"其实,"世莫知其然否"这句才是要紧的,司马迁坦然承认,他写老子也是依据传闻,真实情况实在是搞不清楚。《史记》又说:"世之学老子者则绌儒学,儒学亦绌老子,'道不同不相为谋',岂谓是邪?"这本是疑问句,却几乎成了后世"老子绌儒学"的千古定论,有的书甚至说"很显然,老子是儒家的反对派"[①]。老师充当了学生的反对派,而且是"很显然"的,真不知从何谈起!《史记》说老子写《道德经》是为了得到守关令尹喜的出关"通行证",也不是认真考证出来的,并不能看成史实。但《史记》说"老子乃著书上下篇,言道德之意五千余言",连多少字都数出来了,可见当时至少已经有了较为流行的文本。现在看来,《道德经》更可能是老子之徒记录老子的言论,在其逝后陆续整理而成的。司马迁是史官,将其所知尽可能地说出来是他的职责。问题在于,我们不能将《史记》

---

① 《从文明起源到现代化》,人民出版社,2002年,第399页。

中的未定之论当成定论。错不在经典，而是我们读经典时读错了。尊重经典是必须坚持的，引用和解释经典则要慎重，不可随意。

第二个是老子思想形成的动机。

关于这个问题，很多专家都发表过见解。如陈鼓应先生说："如果我们了解老子思想形成的真正动机，当可知他的形上学只是为了应和人生与政治的要求而建立的"，"道的问题事实上只是一个虚拟的问题"，"道"是老子"预设"的①。徐复观先生也说："道家的宇宙论，可以说是它的人生哲学的副产物。"② 历史学家侯外庐先生在《中国思想通史》中也说过："在中国，思想史起点上的思想家……所研究的对象也大部分以人事为范围。"他还认为，与希腊古代思想史上重宇宙、自然观研究的"智者气象"相比，中国古代思想家的"贤人作风"有"多说道德、少说知识、多说人生、少说宇宙"的特点。③ 可见，这个问题的真实含义是宇宙论在老子哲学中的地位问题。

中国早期哲学家提出"道"宇宙论本来是不成问题的。古希腊哲学家提出水、气、火等是世界的始基，古印度思想家提出地、水、火、风四元素说，这些宇宙论没有人怀疑过。老子的"道"宇宙论是古希腊和古印度哲学所无可比拟的，为何成了"虚拟"、"预设"、"副产物"？说"道"是"预设"、"虚拟"、"副产物"，使人感到老子哲学的宇宙论只是说出来而已，他的真正动机是阐述人生论和政治论。读一读《道德经》"道生之，德畜之，物形之，势成之。是以万物莫不尊道而贵德。道之尊，德之贵，夫莫之命而常自然"以及其他许多段落，如果这些内容都只是"预设"、"虚拟"的"副产物"，那么哲学史上还有宇宙论吗？我在其他书和文章中说过，老子的《道德经》是人类认识史上第一个哲学体系，主要根据就是老子最早提出宇宙论。老子是真心诚意提出宇宙论，并由此展开为道论、德论、人性论、社会历史论及修养论的，我这本书也是据此而写。老子哲学的宇宙论在世界哲学史上的地位是否定不了的。

我之所以特别关注宇宙论问题，是因为这个问题与"老子思想形成

---

① 陈鼓应：《老子注释与评介》，中华书局，1984年，第1页。
② 徐复观：《中国人生论史》，三联书店，2001年，第287页。
③ 侯外庐：《中国思想通史》，人民出版社，1956年，第131、132页。

的真正动机"问题息息相关。陈鼓应先生提出"老子思想形成的真正动机"问题，是很有意义的。如果老子的《道德经》"只是为了应和人生与政治的要求"而建立，那么照陈鼓应先生的看法，老子充其量只是一个人生论或政治论学者，还说不上是一位伟大的哲学家。肯定老子与《道德经》的宇宙论，进而展开到人性论、政治论等，才能说老子真正是一位伟大的哲学家，《道德经》真正是一部伟大的哲学著作。

《道德经》的宇宙论思想其实很明显，本书已做论证。之所以再特别提出来说明，是因为这个问题关系到对老子思想的总体评价。在《众妙之门》一书中，我们提出一个观点，认为《道德经》创立的是人类生存的基础理论，现在做点修改：《道德经》创立的是世界和人类可持续存在的基础理论。这里说的"世界"，含有宇宙中更靠近人的范围的意思。做这样的修改，是为了更切合《道德经》的本意和更确切地回答陈鼓应先生提出的《道德经》"思想形成的真正动机"问题。

老子何以阐述《道德经》？这个问题老子自己做了回答，就是为了"知众甫之状"，为了"知天下之然"，通俗地说就是为了认识世界，这个世界当然包括人类在其中。"天下之状"、"天下之然"是什么呢？就是"道生之，德畜之，物形之，势成之"。对世界形成这样的认识，"只是为了应和人生与政治的要求"吗？非也。"应和人生与政治的要求"只是其中的一个目的，更重要的是为了世界和人类的可持续存在。老子看到了世界和人类的可持续存在是存在危机的，所以《道德经》说："万物无以生，将恐灭。"真正解决这一危机的办法，归结起来也就四个字："道法自然"。做到了"道法自然"，就可以"天长地久"了。老子之所以能提出如此的宇宙论，是因为他是真正的具有"智者气象"的中国古代公共知识分子。他以公共知识分子无比宽阔的胸怀思考宇宙和人类存在的问题，并为中国知识分子树立了高大的历史榜样。在人类思想史上，老子最早提出"万物无以生，将恐灭"的警告。2500年前提出这一警告似乎让人很难理解，所以并未引起人们的重视；庄子继老子之后再次发出类似的警告，同样未引起人们的重视。现在，中外有远见卓识的思想家发出类似的警告不少，2015年10月22日，习近平访问英国期间在伦敦金融城发表演讲时说："'生存还是毁灭，这是一个问题。'哈姆雷特的这句话，给我留下了极为深刻的印象。……年轻的我，在当年陕北贫瘠的黄土地上，不断思考着'生存还是毁灭'的问题。"①习近平从莎士比亚作品中的一句话，得到深刻的人生启迪。世界和人类可持续存在的问题，也就是"生存还是毁灭"的问题，中华传统文化一直在思考，老子更是明确地将这个问题提出来研究。对于人类一直在思考的这个问题，老子的答案是，坚持"抱一为天下式"是解决这个问题的根本办法。现在这个问题已经不再"玄之又玄"，而是成了现实的危险，人类不能不直面了。

2014年10月15日，习近平在文艺工作座谈会上发表讲话，阐述了"中国精神"这一重要概念，并说："中华民族在长期实践中培育和形成了独特的思想观念和道德规范……中华优秀传统文化中很多思想观念和道德规范，不论过去还是现在，都有其永不褪色的价值，我们要结合新的时代条件传承和弘扬中华优秀传统文化。"。我认为，《道德经》正是体现"中国精神"的中华优秀传统文化的奠基性经典，中国精神的核心就是道德精神。传承和弘扬中华优秀传统文化，必须恢复老子的《道德经》在中华优秀传统文化形成过程中的奠基石地位。

庄子也认为，人其实是一个小宇宙。人的形体和精神构成生命，人的生命中的精神是怎样来的？找不到足迹。人死后精神又到哪里去了？也找不到归宿。人的形体是真实的存在，真实存在的形体中的精神又来无影去无踪，这正是宇宙的特征。"有实而无乎处者，宇也；有长而无本剽者，宙也。"(《庄子·庚桑楚》)庄子认为，真实存在而遍及上下四方的叫作"宇"，"宇"指在空间上无限，所以不可能找到一个比它更大的地方安放它；"宙"则是在时间上无限，在古往今来的过程中无始无终，所以不可能将它割断。宇宙无论从时间还是从空间上说都"始终相反乎无端"(《庄子·田子方》)，也就是说任何一点都既是起点又是终点。如果人的成长过程与人类社会及世界的发展过程具有相似性，那么建立按大道要求运行的人类社会和世界也是可能的。

第三个是《道德经》有没有思想体系。

应当承认，长期以来甚至直至现在，我们都没有肯定过老子和《道德经》是中华优秀传统文化的真正代表，这与没有深入研究老子《道德经》的思想体系有直接的关系。《道德经》传世虽然有2500多年的

---

① 见新华社2015年10月22日电。

历史了，但世人长期以来看到的一直是通行的81章《道德经》。司马迁在《史记》中也没有说过81章本就是老子著的《道德经》，只说过老子著的书"言道德之意五千余言"，但人们没有深究，似是而非地认同了通行本就是老子的原本了。《道德经》有没有老子的原本？有没有思想体系？如果有，是什么样的思想体系？这是长期以来没有解决的问题。如果不成体系，只是由诸多分散的段落排列而成，人们从《道德经》中得到的就只是一些格言式的语句，而无从理解《道德经》的整体思想。

我认为，《道德经》是有思想体系的，而且相当严密。习近平也曾说过老子"提出了博大精深的思想体系"。当然，说老子"提出了博大精深的思想体系"，和通行本《道德经》就是老子的思想体系并不是一回事。将《道德经》的思想体系整理出来是一项浩大的工程。我在2008年由云南民族出版社出版的《新译新编新解〈道德经〉》一书中试做了这项工作，但只是提出了这个问题；2014年出版的《众妙之门》一书将通行本重新编排，可看作是着手做这件事；这本《道德经解析》一书才做全面论证，虽说如此，离真正确立可能还很远。余生将继续努力，唯望更多志同道合的同仁投入这项意义重大的工作，使中国精神的基石更加坚实。

《道德经》的思想体系由绪论、道论、德论、人性论、社会历史论和修养论构成。论与论之间逻辑清晰，衔接紧密，构成了严密的体系。

绪论提出"被褐怀玉"、"道者，万物之奥"、"道大似不肖"、"执大象，天下往。往而无害，安平泰"。这样的绪论很吸引人，人们都想知道那个"玉"的样子，都想揭开"道"的奥秘。揭开这个奥秘是不容易的，因为它是"大似不肖"的"大象"。但揭开这个奥秘意义非常重大，揭开了这个奥秘，天下才能"安平泰"。

道论说那个"玉"、"奥"、"大象"就是"常道"、"常名"，弄清"常道"、"常名"要从"无"和"有"入手，这样既能"观其妙"，又能"观其徼"。但要注意，这是很"玄"的，需要不断深思。

德论提出道论和德论"抱一"构成"道生之，德畜之，物形之，势成之"的宇宙论，"抱一"表现在"生而不有，为而不恃，长而不宰。是谓玄德"。"玄德"是"道"在宇宙中的全面提现，在社会道德规范中则为"上德"、"下德"，"上德"、"下德"又包含"上仁"、"上义"及礼。

从道论、德论进入人性论,因为"道"、"德"是"母",人是"母"生的"子","既得其母,以知其子;既知其子,复守其母",由此而明确了人性是道性、德性在人身上的体现。

有人就有人类社会和社会历史的发展,这就是社会历史论。历史经历了"古始"、"太上"、"亲之誉之"、"畏之"、"侮之"五个阶段,历史发展过程中包含内在逻辑与伦理,历史是曲折的,进程中有衰退,深层次的原因是文化。历史中存在的种种问题,要靠社会"善治"才能解决。

社会要达到"善治",就必须提高人的精神修养。人类经过修道育德,到"道莅天下"之时,"道生"的宇宙"复归于道","始终相反乎无端",终点回复到起点,《道德经》的思想体系最终完成。

第四个是老子和孔子的关系。

老子和孔子师生二人是中国古代最重要的两位思想家,历史研究中却长期存在着两人对立的"错案"。这样的看法并非仅为老子、孔子两人之事,而是事关中华传统文化的整体。现在人们普遍接受的观点是中华传统文化的三根支柱是儒、释、道三家,如果儒、道两家对立,传统文化在源头上就分裂了。而老子和孔子对立根本不是事实,几乎完全是后人编造出来的。老子和孔子的学说是互补的,而不是互黜的。

老子的《道德经》中包含对百家争鸣的某些看法,但首先百家争鸣并非百家争斗,百花齐放更不是百花齐枯,而且老子对百家争鸣其实抱着"我独泊兮"的淡漠态度,《道德经》中也看不出老子对其他学派的批评争辩,老子主张"为而不争",各种学说应顺其自然发展或消亡。孔子是老子的学生,庄子在《田子方》中有一段孔子见老子的颇长叙述,孔子在老子面前毕恭毕敬,老子除耐心对孔子解说"道"的学说外,也并无丝毫看不起孔子的意思。老子虽然比孔子年长几十岁,但老子在世时,儒家可能还没有出现,老子根本不可能成为"儒家的反对派"。司马迁说"世之学老子者则绌儒学,儒学亦绌老子",本是指后世对老子与孔子关系的世俗见解,而且对此提出了疑问,后来却基本上成了定论。"老子是儒家的反对派"的观点对我们理解《道德经》的思想影响很大,比如有不少人认为老子是反对"仁"的,大概就是因为孔子宣扬"仁",但他们对老子"与善仁"的思想却不理会。我在本书中认为，就老子和孔子的关系而言，是师生关系，孔子这个教育家是很尊敬老师的。至于传统文化中儒、道两家的关系，也不能混同于孔子和老子的关系。说孔子是儒家的代表，老子是道家的代表，那都是就整部中国文化史而言的。而在文化的后续过程中，老子的思想与后来发展出来的道家思想是有所不同的，孔子的思想与后来发展出来的儒家思想差别更大。《道德经解析》这本书研究的是老子的思想，涉及孔子时也仅限于孔子的思想。如果要扩展到道家和儒家，那就是写专论也难以说清。我们不应该让历史的杂音干扰对《道德经》的理解。

第五个是理解《道德经》的现实意义。

我们现在花大力气去研究2500年前的《道德经》，并不只是为了弄懂一部古代的经典。现在很多人喜欢《道德经》，不一定是出自学术的兴趣，各人自有喜好的理由。比如，养生是现在的一个热门话题，而老子是长寿之人，长寿在于其修道德，如司马迁所说："以其修道而养寿也。"读《道德经》而学养生，确实妙不可言。而我认为，《道德经》的现实意义并不仅限于养生，更重要的意义没有被很好地挖掘出来。最重要的一点是，《道德经》为我们提供了许多中国精神中古老而常新的思想观念，对改换人们普遍存在的有局限的思维模式是意义无穷的。

中国人自古以来就重视哲学思维，近几十年来更是如此，而哲学的精神是勇于自我批判的精神。我们曾普遍认同的辩证法的核心是对立统一规律，但《道德经》中却很难发现对立统一的思想，它着重阐明的是和谐抱一的思想，矛盾斗争的学说在《道德经》中是没有什么地位的。如果我们大力宣传和谐抱一的概念，以之取代对立统一的概念，以和谐抱一的思维去观察和处理问题，其现实意义不可估量。

"抱一"是《道德经》的核心概念之一，"抱一为天下式"是老子特别强调的。"抱一"就是"混而为一"，"混而为一"就是"万物负阴而抱阳，冲气以为和"。这里包含的世界观是，世界上的事物都是阴阳"抱一"的，这并不是说阴和阳是两种不同的事物，而是每一种事物中都包含阴阳两种相异属性；阴阳在对冲中"抱一"，阴中有阳并向阳转化，阳中有阴并向阴转化，哪一种属性占优则显现该种性质；两种属性本身并没有优劣之分，重要的是比例适中即适度；两种性质在流动中互相转换，从而变化出性质不同的万物。对立统一的观点则认为，世界是由一对一对互相矛盾对立的事物构成的，矛盾斗争推动事物发展变化。

按照对立统一的观点,世界上许多国家都处在矛盾斗争之中;按照和谐抱一的观点,世界上各个国家都属于"人类命运共同体"①,应该成为"你中有我、我中有你的利益共同体"②。泰勒在《原始文化》一书中曾引用意大利人说的一句话:"全世界是一个国家。"③ 同是一个世界,用矛盾斗争的观点去看和用和谐抱一的观点去看,得出的总体看法和处理现实问题的方法可能是不同甚至相反的。改变人的思想观念是改变世界的命运的开始,我们研究《道德经》的现实意义,要从世界和人类是否可持续存在的高度去思考,也就是保持《道德经》说的"天得一以清,地得一以宁,神得一以灵,谷得一以盈,万物得一以生,侯王得一以为天下贞"的状态。

读《道德经》时遇到的问题和对这些问题的看法还有很多,在此难以一一列举。读者如果认真去读这本书,还会提出更多问题来思考和研究。我们相信,《道德经》在中华优秀传统文化中的历史地位确立之时,必是中国精神大放异彩之日。

最后说明一点,本书中《道德经》的引文不注明出自第几章,请在附录一、二中自查。

---

① 见习近平在纪念抗战胜利70周年大会上发表的重要讲话。
② 见新华社2015年10月20日电发表的习近平在英国议会的讲话。
③〔英〕泰勒著,连树声译:《原始文化》,上海文艺出版社,1992年,第6页。

# 目 录

**第一章 导 论** ………………………………………………………… (1)
 第一节 老子其人 ………………………………………………… (1)
 第二节 老子与《老子》 ………………………………………… (5)
 第三节 老子与道家及诸子百家 ………………………………… (10)
  一、道家的源头 ………………………………………………… (11)
  二、老子在道家的地位 ………………………………………… (13)
  三、道家与其他各家的关系 …………………………………… (16)
 第四节 道家与中华传统文化 …………………………………… (19)
  一、文以载道，文以化人 ……………………………………… (19)
  二、诸子百家时期道家最盛 …………………………………… (23)
  三、老子和孔子的关系 ………………………………………… (26)
  四、秦统一中国后中华传统文化的曲折发展 ………………… (31)
  五、中华传统文化的道家情缘 ………………………………… (34)

**第二章 《道德经》是中华优秀传统文化的代表** ……………… (37)
 第一节 关于中华传统文化代表的几个观点 …………………… (37)
  一、儒家代表说 ………………………………………………… (38)
  二、儒、释、道三家代表说 …………………………………… (38)
  三、惠能代表说 ………………………………………………… (39)
  四、道家代表说 ………………………………………………… (40)
 第二节 中华传统文化的代表应具备的几个条件 ……………… (42)
  一、博大精深 …………………………………………………… (43)
  二、源远流长 …………………………………………………… (45)
  三、独特价值 …………………………………………………… (47)
  四、雅俗共赏 …………………………………………………… (48)

五、国际影响 …………………………………………… (50)
  第三节　中华传统文化代表者的崇高境界 ………………… (52)
　　一、"善为道者"的精神追求 ……………………………… (52)
　　二、"微妙玄通"的哲人学养 ……………………………… (56)
　　三、"善者不辩"的学术风格 ……………………………… (57)
　　四、"复归其根"的思维特点 ……………………………… (59)
　　五、"深不可识"的敦朴形象 ……………………………… (61)
　　六、"以百姓心为心"的情怀 ……………………………… (62)
　　七、史诗式的文体文风 …………………………………… (64)

第三章　《道德经》哲学的思想体系问题 ……………………… (67)
  第一节　《道德经》有无哲学体系的歧见 ………………… (67)
  第二节　《道德经》哲学体系的相关问题 ………………… (70)
　　一、哲学体系的形成过程 ………………………………… (70)
　　二、构建哲学体系的基本方法 …………………………… (73)
　　三、形成哲学体系的意义 ………………………………… (75)
　　四、哲学体系的构成 ……………………………………… (77)
  第三节　《道德经》哲学的范畴体系 ……………………… (78)
　　一、《道德经》哲学的一级范畴 ………………………… (78)
　　二、《道德经》哲学的二级范畴 ………………………… (85)
　　三、《道德经》哲学的二级以下范畴 …………………… (93)
　　四、《道德经》哲学范畴体系的内在逻辑 ……………… (98)

第四章　《道德经》哲学的道论 ……………………………… (101)
  第一节　《道德经》哲学的本体论 ………………………… (101)
　　一、"玄道"本体论 ……………………………………… (102)
　　二、"道"为"天下母"的本原论 ……………………… (108)
　　三、"道生之"的生成论 ………………………………… (110)
　　四、"惟道是从"的价值论 ……………………………… (112)
  第二节　《道德经》哲学的运动论 ………………………… (113)
　　一、反向转化是"道"的运动形态 ……………………… (114)
　　二、弱者的反向转化是"道"的功用 …………………… (118)
　　三、"无、有"转化的运动哲理 ………………………… (123)
　　四、运动论在《道德经》哲学中的地位 ………………… (126)

## 第三节 《道德经》哲学的认识论 (128)
- 一、哲学认识论研究的对象 (129)
- 二、以"不知"为前提的哲学认识论 (131)
- 三、从"不知"到"知不知"的认识过程 (135)
- 四、"知者不言"的认识境界 (138)

## 第四节 《道德经》哲学的方法论 (140)
- 一、"为之于未有" (141)
- 二、"其安易持" (142)
- 三、"图难于其易" (144)
- 四、"慎终如始" (146)
- 五、"大制不割" (147)

# 第五章 《道德经》哲学的德论 (151)
## 第一节 "道"、"德"关系的多种解释 (151)
- 一、"道"是内在本质,"德"是外在表现 (152)
- 二、"道"是整体,"德"是部分 (153)
- 三、"道"是形而上,"德"是形而下 (154)
- 四、"道"是万物共有,"德"是人的品德 (155)
- 五、"道"无意识,"德"有意识 (156)
- 六、"道"超经验,"德"可经验 (156)

## 第二节 "德"的层次结构 (157)
- 一、上德 (157)
- 二、下德 (159)
- 三、上仁 (161)
- 四、上义 (162)
- 五、礼 (164)
- 六、道、德、仁、义、礼的逻辑 (165)

## 第三节 人的"育德" (166)
- 一、"三宝"论 (166)
- 二、"七善"论 (170)

## 第六章 《道德经》哲学的人性论 (175)

### 第一节 人性与道性 (175)
一、人的自然本性 (176)
二、以"圣人"喻复归自然本性的人 (178)
三、以"婴儿"喻符合自然本性的人 (182)

### 第二节 人性与人为 (184)
一、人类存在生存危机的内在原因 (185)
二、以劳动解读人为 (186)
三、人性复归自然的可能性 (188)

### 第三节 人性与人欲 (190)
一、人欲是人性的弱点 (190)
二、人的欲望膨胀造成人性堕落 (192)
三、人类社会道德败坏造成人性堕落 (194)

### 第四节 人性的复归 (195)
一、个人"复归于婴儿" (195)
二、人类"复归于无极" (197)
三、世界"复归于朴" (198)

## 第七章 《道德经》哲学的社会历史论 (201)

### 第一节 《道德经》的历史理论 (201)
一、《道德经》编章造成的问题 (202)
二、历史发展过程的阶段论 (203)
三、历史发展过程的内在逻辑与伦理 (211)
四、历史的曲折与衰退 (214)
五、历史与文化 (216)
六、研究历史的意义 (218)

### 第二节 《道德经》的社会治理论 (220)
一、"善治"的理念 (220)
二、社会治理主体 (224)
三、社会治理措施 (226)

### 第三节 "为无为,则无不治"的社会治理思想 (229)
一、"为无为,则无不治"思想的内涵 (229)
二、实现"为无为,则无不治"的途径 (232)

三、"为无为，则无不治"思想的合理内核 …………………… (234)

# 第八章 《道德经》哲学的修养论 …………………………………… (237)
## 第一节 修养的含义 ………………………………………………… (238)
一、修养论在《道德经》中的地位 …………………………… (238)
二、"修养"的内涵和外延 ……………………………………… (241)
三、修养与养生 ………………………………………………… (243)
## 第二节 修养的境界 ………………………………………………… (246)
一、修养境界的含义 …………………………………………… (247)
二、修养的崇高境界 …………………………………………… (249)
三、提高修养境界应克服的人性弱点 ………………………… (251)
## 第三节 修养的途径 ………………………………………………… (255)
一、清静稳重 …………………………………………………… (255)
二、为而不争 …………………………………………………… (258)
三、知止不殆 …………………………………………………… (259)
四、善摄生 ……………………………………………………… (261)
## 第四节 修养的目的 ………………………………………………… (264)
一、圣人的理想人格 …………………………………………… (264)
二、圣人的为人处事 …………………………………………… (267)
三、修养成圣的伟大意义 ……………………………………… (269)

附录一 通行本《道德经》……………………………………………… (273)

附录二 新编《道德经》………………………………………………… (281)

后　记 …………………………………………………………………… (291)

# 第一章 导 论

在中国历史长河中,产生过难以计数的有名有姓的历史人物。老子之前的人物多属古代传说,真假及生平大都无法确定;老子之后的历史人物,生平则多有较为确切的记载。唯独老子其人,集正史、传闻、虚构于一身,使人们对他的认识似乎清楚却又迷糊。老子何许人也?始终是个解不开的谜。老子的生平并不是很重要,他是生活于公元前七世纪至前六世纪的春秋末年的一个历史人物且很长寿则是学界的定论。

## 第一节 老子其人

中国人是很相信正史的,素有"例不十不立,例不十不破"的传统,就是说,正史上没有说的,如果举不出十个相反的例证就不能成立;正史上说了的,如果举不出十个相反的例证就不能破除。这一说却难以用在司马迁的《史记》上。

西汉中期的司马迁(约前145—前90)是个史官,他忍辱负重,耗尽毕生精力写出一本《史记》,计有五十二万字,是中国历史上名垂千古的第一部正史,可以说是前无古人的历史巨著。在《史记·老子韩非列传》中,司马迁为老子立传:

老子者,楚苦县厉乡曲仁里人也。姓李氏,名耳,字聃。周守藏室之史也。

孔子适周,将问礼于老子。老子曰:"子所言者,其人与骨皆已朽矣,独其言在耳。且君子得其时则驾,不得其时则蓬累而行。吾闻之,良贾深藏若虚,君子盛德,容貌若愚。去子之骄气与多欲,态色与淫志,是皆无益于子之身。吾所以告子,若是而已!"……

老子修道德，其学以自隐无名为务。居周久之，见周之衰，乃遂去。至关，关令尹喜曰："子将隐矣，强为我著书。"于是老子乃著书上下篇，言道德之意五千余言而去，莫知其所终。

　　……

　　盖老子百有六十余岁，或言二百余岁，以其修道而养寿也。

　　……

　　或曰儋即老子，或曰非也。世莫知其然否。老子，隐君子也。

　　老子之子名宗，宗为魏将，封于段干。宗子注，注子宫，宫玄孙假，假仕于汉孝文帝。而假之子解为胶西王卬太傅，因家于齐焉。

　　世之学老子者则绌儒学，儒学亦绌老子。"道不同不相为谋"，岂谓是邪？

看来，司马迁为老子立传是认真的，他力求将老子之事尽其所知整理出来，一直写到老子之后七代。然而，真实的是"世莫知其然否"，因而其间有很多疑点。

　　其一，既然老子姓李名耳，那么怎么会有"老子"一名呢？孔子姓孔，后人才称其为"孔子"；庄子姓庄，后人才称其为"庄子"；诸子百家时代称"子"者，"子"字之前即其人之姓。《史记》说老子姓李，后面提到的太史儋也没说姓老，于是老子之姓名就没有来头了。后来有人说"老子"即"老先生"，就更无厘头了。《百家姓》中无老姓，现在虽有姓老的，但属小姓，按人数多少排在170位之后，而且这个姓很有可能是从老子姓老的传说而来的。

　　其二，司马迁生活在公元前二世纪到前一世纪，老子生活在公元前七世纪至前六世纪，中间相隔五六百年，其间论及老子的如庄子（约前355—前275）、韩非子（约前280—前233）等都没有说过老子姓李。至今说老子姓李名耳，大概都只依司马迁一说，"李耳"之名甚至写进了历史辞典。可是有人查过，春秋典籍中出现的人，没有一个是姓李的，可能那时李姓还没有产生。唐朝时，高祖李渊根据《史记》说老子姓李，认他为自己家族的老祖宗。皇帝都认定了，人们也就不再去怀疑了。由此看来，究竟老子姓什么都是存疑的。

　　其三，说老子是楚苦县（今河南鹿邑县）厉乡曲仁里人。苦县本属陈国，陈国在公元前479年才为楚所灭，该年即孔子卒年。孔子曾问礼于老子，老子应是与孔子同时代而年长的人，就是说，老子在世时，陈国并未为楚所灭，老子应是"陈苦县"人，说"楚苦县"人不合史实。

　　其四，说老子写"道德"一书，是为了取得关令尹喜的出关"通行证"。此一说似在编故事。比司马迁早两个多世纪的庄子在《天下》篇中说:"关尹、老聃乎,古之博大真人哉!"关尹即《史记》所言关令尹喜,本是一位著名文人,老子写书岂能只是为了得到他的出关"通行证"?果真如此,老子写书的预期目的也太功利实用了。而且从现存《道德经》的各种版本看,也不像是一气呵成的著作。

其五,孔子曾问礼于老子。这件事在《庄子》《礼记》《史记》《孔子家语》等文献中都明确记载,应能确定为史实,但老子批评孔子的一段话是否真实却难以考究。然而,这段话却为后世留下了道家与儒家自始就有分歧的印象,对中华传统文化造成了深远的影响。特别是,司马迁接着说道:"世之学老子者则绌儒学,儒学亦绌老子。'道不同不相为谋',岂谓是邪?"这一段话本是疑问句,并未肯定道儒互黜,却给人们留下了道儒互黜的印象。直至现在,还有人在书中说:"很明显,老子是儒家的反对派。"[①] 其实,老子和孔子并非互黜,而是师承互补。道儒互黜是我们在研究诸子百家时应着重纠正的问题之一。

其六,"老子之子名宗,宗为魏将"亦不可能,魏国在老子逝后百余年才建立,其子怎么能为魏将?至于数到其第七代孙,就更说不清了。

仔细分析,还可以列出其他疑点,这些疑点造成后世对老子众说纷纭。列出的这些疑点并非很重要,也并非要说明《史记》不可信,《史记》说老子"言道德之意五千余言而去",可见司马迁读过《道德经》。这里只是想要说明,读《史记》不可误认为这些是确切的事实。《史记》中说"世莫知其然否",就是说司马迁也承认他写老子有的只是根据传闻,是不确定的,所以我们不能将《史记》这部经典中的未定之论说成定论。可以肯定的是,老子是"隐君子"。《史记》中短短几段,"隐"字出现了三次。我们不应该把《史记》中不确定的说法理解为确定的,而忽略了应该肯定的史实。

还有一点,《史记》说"莫知其所终",也即没有人知道老子在何时何地如何去世。直到现在,我们也考证不出来,这是事实。后来有人说老子西出函谷关,到了印度,收释迦牟尼为弟子,创立了佛教,导致上千年的道佛尊卑之争,则是编造的。

《史记》明确告诉我们的是:老子是一个历史人物,在春秋末年当过史官,以自隐无名为务,"道德"一书所言是老子的思想。

至于老子的姓名,我们要依老子学说的最早传播者庄子所记。老子就是老

---

[①] 《从文明起源到现代化》,人民出版社,2002年,第399页。

聃，姓老名聃，故称为老子。老子的生卒年代，有的书说大约生于公元前580年，卒于公元前500年①。孔子生于公元前551年（中国在2014年召开纪念孔子诞辰2565周年国际学术研讨会），在30岁左右曾拜访老子；老子应比孔子年长约50岁，则他应是出生于公元前600年左右，是生活在公元前七世纪至前六世纪的历史人物。

现在传说的老子生平，还可能与道教有关。道教观宫中有三清宝殿，供着三位尊神，玉清元始天尊和上清灵宝天尊都不是历史人物，而是道教塑造的人格化的神，第三位天尊太清道德天尊则与前两位不同，他不是人格化的神，而是神化的人，他就是老子。老聃、老子、太清道德天尊、太上老君，是对同一人的不同称呼。道教尊老子为教祖，定《道德经》为道教经典，《道德经》的许多思想也通过道教广为传播。

道教既然尊老子为教祖，就必然对老子加以神化。神化的老子形象，可能在道教产生之前已经流传，但这种神化是在一定历史资料的基础上进行的。道教说老子本是神仙，多次转世来到人间，出生也与常人不同。他母亲因吃李子而怀胎，过了81年才剖开左腋将他生下来。他一生下来已经81岁，满头白发，所以称为老子。他是在一棵李子树前出生的，刚生下来就能说话，指着李子树说："李就是我的姓。"母亲带他去洗澡时，有九条神龙飞驾而来，化作九条巨鲤，吸水为他喷浴。道教崇拜数字八和九，与神化的老子都有关系。《道德经》分81章，可能就来自九九八十一的数字崇拜。根据道教传说，老子从小聪明过人，喜欢对着自然界中的各种事物和现象沉思，揣摩大自然的奥秘。他看着家乡的河水默默流淌，就想到水能滋润大地，碰到石头挡道即绕道离开，而不争强好胜，但到了洪水季节发起威来，又无坚不摧，而且水滴石穿，所以他说："天下莫柔弱于水，而攻坚强者莫之能胜。"老子的形象是耳长七寸，眉长五寸。晋朝道学家葛洪在《抱朴子》中描述老子额有三纹，足有八卦，居金楼玉堂，神龟为床，白银为阶，五色云为衣。《史记》说老子姓李名耳，或许与神化的老子有关系。

---

① 参看任继愈主编：《中国哲学史》，人民出版社，1963年，第39页。

## 第二节　老子与《老子》

现在大家都知道《道德经》是记述老子思想的书。古代的"子"是对有知识、有文化、能解答别人的疑难问题的人的尊称，其意近似于现在的"老师"一词，因此这类人的著作都称"子"，如《老子》《庄子》《孟子》等。江瑔（1888—1917）说："子者，男子之美称也。古者门弟子之师亦称曰子，故周秦以前，儒者之撰述未必尽出己手，往往由门弟子述其师说缀辑而成，是以尊其师而称之曰子，后世即以其人之名名其书，此子部之书所由成也。"① 这里说的"儒者"并非专指儒家，而是泛指文人。老子这位古之大师传下来的记述其思想的书，称为《老子》是恰当的。《道德经》之名，有人说是汉景帝定的，有待详考。然而《道德经》之书名既然已经约定俗成，大家都认可，而且其内容确实是言道德，也无可置疑了。关于这本书颇多争论，诚如前辈萧萐父教授所言："《老子》是我国古代哲学智慧的主要活水源头之一。战国诸子，每多称引，……而其书被河上公改编为章句，又被张陵等神化为道教经典，从此流传益广，传本滋多，而各家诠释歧解之繁，文字异同出入之众，在我国古籍中可能首屈一指。"② 了解关于《老子》的一些争议，对我们理解这本书有一定的益处。

到战国时期，老子的著作即有学者引用。根据现有资料，庄子是宣传老子思想的第一人。现存《庄子》一书中，有十多处论及老子、引《道德经》之说，有的地方与现存《道德经》完全一致；有的地方也用现存《道德经》中的文字，却没有说明是老子所言；有的地方说是"老子曰"，在现存《道德经》中却找不到。庄子所言真假难辨，但有一点是清楚的：庄子笔下的老子是正面人物，不像写孔子，随意嬉笑怒骂，正如江瑔所说："庄子于诸家之学多所訾毁，独关尹、老聃无毁辞。"③ 试举一例。《庄子·天运》中说，孔子五十一岁时问礼于老子，老子说了一大段话，有"中无主而不止，外无正而不行"之语，意为心中没有

---

① 江瑔：《读子卮言》，华东师范大学出版社，2012年，第1页。《湛江文史·名人词条》称：江瑔，广东湛江廉江人，字玉泉，号山渊，生于1888年，英年早逝，卒于1917年，年仅30岁。

② 萧萐父：《吹沙集》，巴蜀书社，1991年，第569页。

③ 江瑔：《读子卮言》，华东师范大学出版社，2012年，第69页。

主宰，别人说的话不会停留，外在没有印证，自己不会轻易行动。这两句话很像老子的风格，如果将其加在《道德经》通行本第5章"多言数穷，不如守中"前面就很恰当。若《庄子》中确有老子的话，而现存《道德经》中没有，那么我们理解老子的思想就不应限于通行本《道德经》，研究老子思想的面就拓宽了。

战国时期研究老子的还有韩非子。韩非子是专文研究老子的第一人，著有《解老》《喻老》，但《解老》《喻老》也不是老子著作的全文，只是韩非子选取的一部分。直到老子辞世后近千年，晋朝葛洪在其《抱朴子·内篇》中还说："故老子有言：'以狸头之治鼠漏，以啄木之护龋齿，此亦可以类求者也；若蟹之化漆、麻之坏酒，此不可以理推者也。'"①《抱朴子》引老子之言，时隔千年，又无别证，不宜采信。

现在，《道德经》之名世人皆知，《老子》反而说得不多了。《道德经》之名是汉朝第四个皇帝景帝（前188—前141）定的："汉景帝了不起，通过亲身实践，他觉得老子的这本书写得实在高明。因此，把书名改为《道德经》，以提高这本书的位阶。这还不够，汉景帝还通令朝野，不管是谁，都必须研读这部书。到了唐朝，唐玄宗把《道德经》尊为真经。"② 可是，景帝之子武帝刘彻却采纳董仲舒"罢黜百家，独尊儒术"的主张。后来，《诗》《书》《易》《礼》《春秋》被定为"五经"，《大学》《中庸》《论语》《孟子》被定为"四书"，成为科举取士必考的经典，儒学也成了国家的统治思想。

判断老子的著作，最有力的证据是出土文物。上世纪70年代，在湖北荆门郭店出土了楚简《老子》（甲、乙、丙三组），不足两千字，现存荆门市博物馆。因为墓葬年代离老子卒年较近，有学者认为这就是《老子》一书的原本，也有人认为这是节录本。有人专门对其进行研究，发现分章颇为散乱。我们认为，墓葬楚简《老子》的出土，只能说明老子死后不久即被文人和百姓奉为圣人，名气很大，如庄子所说的"博大真人"，文人搜集记述老子思想的竹简，将其视为"珍宝"，死后作为陪葬品下葬。老子在世时，是否著有一本完整的论述"道德"的著作，我们并不能肯定；最大的可能是"由门弟子述其师说"，在缀辑过程中将这些思想言论刻写在竹简上，此后陆续增补，如同《论语》的成书。现在流

---

① 葛洪：《抱朴子·内篇》，中华书局，2011年，第89页。此句注释者注明"不见今本《老子》"。

② 曾仕强：《〈道德经〉的奥秘》，陕西师范大学出版总社有限公司，2012年，第43页。

传的《论语》是孔子的学生和隔代学生整理出来的,老子与孔子同时代而稍长,《道德经》的成书方式很可能与《论语》类似。老子逝后,他所述的思想口耳相传有之,继续增补亦可能有之,记述的竹简有的段落完整,有的散乱,这是不可避免的,没有必要发现一件文物,就根据现代人的想象,花费力气去臆测老子在世时所著的是怎样的一本完整著作。现在世人公认的古代三位圣人——希腊的苏格拉底、中国的孔子和印度的释迦牟尼,都生活在同一时代,三位圣人有一共同之处,就是都述而不作,其传世著作都是由弟子所记整理而成。老子的《道德经》为后世弟子所整理,可能是其时的惯例。

略早于楚简的出土,1973年冬,在湖南长沙马王堆三号汉墓出土了《老子》帛书甲、乙本。帛书是手抄的,但相对完整,引起一阵研究热潮。有人对照帛书《老子》和通行本《老子》,发现多处不一致,如"过格止"与"过客止"、道论在前还是德论在前,等等,然后去考证分析哪一种版本才是老子的原作。学者研究时做这样的考证分析有其必要,但普通读者大概不会太关心,而且也确无定论。

楚简和帛书甲乙本有共同之处,就是都没有篇名和分章。由此似可推断,在西汉末年之前,老子与《老子》是相当受崇拜的,社会上层和文人以搜集传抄老子的言论为荣。搜集与传抄过程中出现散乱与错乱不可避免,现在要想恢复《老子》原作实无可能,围绕老子的原作进行讨论也没有多大意义。

但有一点是值得注意的,就是记述老子思想的书,无论是出土本还是《庄子》《韩非子》本,本来都没有分章编排,现在的通行本《道德经》却有分章编排。这又是怎么来的呢?

从现有资料来看,分章编排的《老子》有三个版本:最早的是西汉后期的严遵本[1],分为72章;继有东汉的河上公撰《老子章句》,分81章;还有一本是清代魏源(1794—1857)改编的,分68章[2]。魏初王弼(226—249)著《老子注》,以81章本为底本。81章本较为完整,文字较为通顺,对后世影响较大,广为流行,俗称"通行本"。看来,虽然《道德经》为老子的言论,但对《道德经》全书的分章编排则是从汉朝开始的。

现在,因81章本比较流行,河上公的名字也渐为人所知了。河上公能将传下来的老子言论广为搜集并分出81章,并被王弼选中加以注释,此人应是很有

---

[1] 见王德有点校、严遵著:《老子指归》,中华书局,1994年。
[2] 见陈忠译评《道德经》,吉林文史出版社,2006年。

学问的，可是他究竟是什么人？除传说之外，不见有可信的史料记载。有人说他是仙人，还说秦始皇见过的千岁翁安期生是他的弟子等，都令人难以相信。

我们要注意一件事，就是从秦汉到魏晋以降，神仙传说是相当流行的。例如，汉朝的《神仙传》，记载了70多位神仙，都有名有姓有事迹。晋朝葛洪在《抱朴子·内篇》中还专门驳斥过无仙论："故不见鬼神，不见仙人，不可谓世间无仙人也。"他认为从来都没人见过神仙是武断的说法，从古人的记载来看，关于仙人的内容多得很："若谓世无仙人乎，然前哲所记，近将千人，皆有姓字，及有施为本末，非虚言也。"在汉朝，神仙传说风靡一时，许多名人或重大事件都挂上遇仙人指点之类的神话以增其权威，东汉的张陵亦是如此。

张陵是一个历史人物，生于公元34年，江苏丰县人。因他创立道教，人们又称之为张道陵、张天师、祖天师、正一真人等。根据资料所记，他还是西汉开国元勋之一张良的八世孙。张良生张不疑，张不疑生张通，张通生张无妄，张无妄生张里仁，张里仁生张浩，张浩生张刚，张刚生张翳，张翳就是张陵的父亲。张陵创道教后，传其子张衡，张衡传张鲁。后来张鲁投降曹操，张鲁之子带家人到江西龙虎山定居。张陵善于修炼，传说活到了120多岁。现在有人称张陵是生命科学的先行者，他的修炼方法亦有多人研究并欲继承。

张良是一位道家人物，助刘邦得天下，传说拜过仙人赤松子为师；他的后代代代修道，皆受朝廷封号。汉朝最初的四位皇帝均信奉道学，出现了"文景之治"的盛世。

张良的八世孙张陵自小聪颖过人。公元58年，汉明帝刘庄下诏举荐贤良方正，张陵因品行端正、通达五经、才华出众，被乡里举荐。26岁时，张陵出任巴郡江州（今重庆）令。他为官正派，体恤民情，深受百姓爱戴。但是，他对官场的阿谀奉承和种种腐败深恶痛绝，认为在这样的场所消磨一生太不值得。于是，做了两年官后他就辞职不干，跑到洛阳北郊的北邙山修道炼丹去了。张陵在社会上的名气越来越大，后来朝廷几次专程派人请他出来做大官，都被他拒绝了。张陵炼丹修道后，决定创立一个庞大的组织去实现自己"天下大道"的理想目标。在社会动乱的历史时期，形形色色的民间宗教组织应运而生，数以百计。张陵曾在蜀中为官，知道那里的百姓民风淳朴，便决定到那里去实现自己的理想。那时的民间宗教，大都先行互济互助之道，以简便易行的符箓为人祈福免灾，以此吸引民众，扩大组织。在吸引民众时，宗教组织之间必然发生激烈的竞争。为了扩大影响，他们通常会奉历史上某位德高望重、众望所归的人为教主。老子在汉朝一直受崇拜，张氏家族又长期信奉老子的道学，张陵自幼受老子道学熏陶，创立道教时便奉老子为教祖，教祖的言论则被奉为经典。

据道教史说，张陵立志修道，是因为他七岁时遇到仙人河上公，传给他一部《道德真经》。张陵在北邙山修道，一段时间后，带着弟子南下寻访修道胜地。师徒在鄱阳湖上行船，有仙鹤飞来引路，领他们到了今江西贵溪市境内的云锦山。他们在山上炼丹三年，终于炼成九鼎神丹，张陵服用神丹后返老还童。张陵炼丹时，一直有青龙白虎在左右护佑。后来，人们将云锦山改名龙虎山。现在，龙虎山上还有当年的藏经岩和炼丹台等遗迹。张陵炼丹成功后，率领弟子长途跋涉，到了蜀中的鹤鸣山。传说山上洞穴中有一石鹤，千年一鸣，听到石鹤鸣叫的人就能飞升成仙。西周时的马成子曾在此修道，听到鹤鸣而成仙。张陵到时，正好是一千年后，石鹤第二次长鸣，张陵就此成仙。石鹤第三次长鸣时，张三丰在此修道，恰又过了一千年。张陵在鹤鸣山潜心修炼和研读《道德真经》，撰写出《老子想尔注》《天官章本》《道书》《灵宝》等24篇道书。有一年的正月十五，张陵梦见太上老君对他说，蜀中有八部鬼帅、六大魔王祸害百姓，命他前去伏妖降魔，并赐他三清众经、符箓丹灶秘诀和斩邪雌雄神剑等法宝。张陵在青城山大战妖魔，取得全胜。由此，青城山成为道教名山，列第五洞天。张陵创立道教时，入教的人要交五斗米，故又称"五斗米道"。张道陵也就成了道教的一位真君。

看来，张陵创立道教时，自编神话说他之所以能成仙，就是因为七岁时遇到了仙人河上公，得授一本分81章的老子的书。如果河上公是战国时代的隐士，东汉的张陵是不可能遇到他的，这故事显然是编造出来以显神圣的。张陵本是有学问的人，对老子早有研究，传扬老子的思想应是他的志向。由此我们推测，张陵在创立道教时，为提高声望，奉老子为教祖、《道德经》为经典，编了一套遇到仙人河上公的神话。所谓《道德经》81章本为河上公所编，本无实据可考。81章本经张陵挂上仙人河上公的名头，后有王弼作注，还有汉景帝、唐太宗等帝王推崇，后世也就广为流行，成为通行本了。

以上所叙如能成立，我们可以描绘出较清晰的老子及其《道德经》的形成过程：老子在世时是一位名望颇高的大师，常有人向他请教问题、解决疑难，亦收过弟子，如庄子所言的庚桑楚和诸子百家中的文子，孔子曾向老子请教，亦为老子弟子。老子的言论经他的弟子搜集刻写为竹简传世。老子去世之后，思想言论在文人中广为流传，或有陆续增补，在文人著作中亦有引用。到战国时，记述老子思想言论的竹简数量已很可观，人们开始整理编排，希求为世人呈献一部完整的老子著作。至东汉的张陵创立道教，奉老子为教祖，教祖的言论则为道教经典。为了提高声望,张陵假托为仙人河上公所授,即现今之通行本《道德经》。

据上述推理,我们现在研究中华传统文化中的老子,不应拘泥于通行本《道德经》或帛书手抄本,而应博览庄子、韩非子、严遵、司马迁著作中的引用及所能搜集到的其他材料,着眼于研究老子的思想体系,保留通行本中相对完整的段落,调整思想不连贯的段落中的语句,删除重复的文字,增补有据可查而通行本或帛书中没有的内容,按思想体系的要求重新整理,文字也不必限于司马迁所言的"五千余言"。老子生活的时代距现在已约2600多年,后世研究老子,虽然有学者考证的必要,但对于弘扬中华传统文化来说,是可以根据老子的基本思想重新研究的。我们着手做了这方面的工作,出版了《众妙之门——〈道德经〉的思想体系》一书①。但该书言犹未尽,现在这本书对章节内容和编排都有了进一步的扩展,特别是分专题做了较为深入的研究。我们并不奢望恢复老子子虚乌有的"原作",只是希望潜心研究老子的思想体系,从而更有利于弘扬中华优秀传统文化。

## 第三节　老子与道家及诸子百家

春秋战国时代的诸子百家,多家已成绝学,现代人较为熟知的只有道、儒、法三家。三家之中,每一家各有一个代表人物,道家的代表是老子,儒家的代表是孔子,法家的代表是韩非子。以上说法作为大致轮廓的了解,诚然无可厚非,但认真考证起来,其实存在较多疑点甚至误解。百家之中虽然有些成了绝学,然而许多思想在今天仍有其现实意义,应该继续挖掘。今天我们要弘扬中华传统文化,弘扬中国精神,将有关问题清理一下,大致恢复本来面目,实有其必要性。本书不可能对诸子百家全面考察,只是试图就老子与道家的关系分三个问题做简要分析:一是道家的源头,二是老子在道家的地位,三是道家与其他各家的关系。

---

① 张尚仁、子愚著:《众妙之门——〈道德经〉的思想体系》,华夏出版社,2014年。

# 一、道家的源头

现在，人们几乎将道家和老子相提并论，这是不够确切的。"道家"是一个学派概念，在历史过程中有变化，如汉朝时期的道家就被称为"新道家"。老子是一个学者，一个学派通常以某一人为代表，但个人是学派的一分子，即使是代表人物，也不能等同于一个学派。

我们常使用"诸子百家"这个词，其中的"诸"和"百"只是表示"多"的意思，"子"和"家"则有相对确切的含义。"子"是针对某个人而言的，"家"则针对某个学派而言。当我们说老子、孔子、韩非子等人时，"子"字前是这个人的姓；当我们说道家、儒家、法家等家时，"家"字前是这个学派的核心概念。"子"和"家"前是同一字的，大概只有一例，就是墨子和墨家，此外从未有人说老子和老家、孔子和孔家、韩非子和韩非家等等。就墨子和墨家来说，这一例外使得人们误以为墨子姓墨名翟，"墨家"则是以姓墨的这个人为代表的一个学派。墨子姓墨名翟，墨翟创立的学派称墨家，关于中国哲学史的书上都这样写，老师都这样讲，千百年来人们从来没有疑问，江瑔却看到这一说法是中国历史上的一大错误。

江瑔的《读子卮言》第十四章，题目是"论墨子非姓墨"，提出了八条论据，有理有据，令人信服。江瑔自己承认，发现这个问题时也曾迟疑："余初读《墨子》书，即疑墨非其姓，然而翻数千年之成案，必惊天下之耳目，是以又未敢深信。厥后几经岁月，益以参稽，而证据昭昭，愈无可疑，乃始信昔者谓墨子非姓墨之持之有故，颠扑而不可移，虽蒙惊世骇俗之名，余亦不敢辞。今请详其说以明之，幸学者无诧焉。"[①]"家"是指一个学派，学派以学术思想命名，而不能用其创始人的姓来命名；而且古无"墨"姓[②]，墨子并非姓墨。墨子之徒是以"墨"称其学术，"古人即训墨为黑"，按《释名·释书契》所说："墨，晦也，言似物晦黑也。"墨之学出于夏禹，"禹之为人，画俭苦之极轨，故墨氏亦学之"[③]，夏禹早于后世说的墨子千年。总之，墨家是代表社会下层民众要求的学

---

[①] 江瑔：《读子卮言》，华东师范大学出版社，2012年，第103页。

[②] 现《百家姓》亦无"墨"姓，却有少量人口姓墨，可能源自"墨子姓墨"的误传。

[③] 江瑔：《读子卮言》，华东师范大学出版社，2012年，第109页。

派，而不是姓墨叫墨翟的这个人创立的学派。这个学派的主要思想是主张节俭。江瑔不遗余力去翻此案，而且信心十足，谓"铁案如山，不可动摇"。如果说墨子姓不姓墨只是一个不算大的问题的话，那么诸子百家的"家"指一个学派的核心概念，只能以学术观点命名，就是一个大问题了。《读子卮言》一书综论诸子百家，屡翻历史之大案，除上述"墨子非姓墨"外，还有"农家非农事"、"诸子百家之相通"、"儒家不能与经部并立"、"杂家非驳杂不纯"等等，读之确有惊世骇俗之感。姑且不论读者是否接受，其论证有理有据，考证均出自古籍，想反驳也难。没有深厚的文化学术功底，想像江瑔那样综论百家是难以做到的。其所翻之历史大案，有一个倾向性的指向，就是站在社会下层民众的立场，让民众警醒历史并非仅为上层统治者的历史，更是社会的历史，是基层大众的历史。这一点，在江瑔关于道家的论述中可以更清晰地看到。

在中华文化史上，类似"墨子姓墨"的错误认识是不少的，本书不可能全面清理文化史上的各种误解，仅从道家来说，我们就不能将道家等同于老子。

道家的历史比老子要长得多，追根溯源我们甚至可以说，从中华文明起始即有道家，即所谓太初有道。上古时代的中国是处于内陆地区的农业国，农业生产与季节天象、地理气候密切相关，在进入农业社会时，古人就十分注意上究天文、下穷地理，使农耕与天时地利合拍，由此而提出阴阳五行八卦之说。阴阳五行八卦不能说是迷信，实为古人对天文地理、季节天象的认知概括。

中华古文化可以追溯到传说中的伏羲八卦图。《周易·系辞》说："古者包牺氏（即伏羲氏）之王天下也，仰则观象于天，俯则观法于地，观鸟兽之文，与地之宜，近取诸身，远取诸物，于是始作八卦，以通神明之德，以类万物之情。"八卦的八种卦体符号，象征天、地、雷、风、水、火、山、泽八种自然现象，是古人对自然现象的总体分类。八卦的"卦"字从圭从卜，圭为以泥作柱测日影，卜则是测度可能引起的变化，阐述的是地理自然结构变化的文化体系。从八卦又概括出阴阳，"一阴一阳之谓道"，这就是"道"文化的起源，也即道家思想的起源。

农耕社会的一个政治表现是朝廷设官。古代朝廷设官不多，除帝王外，最重要的是祭司和史官。他们测度天文地理的变化，并对变化做记录和解释，史官的解释依据就是八卦、阴阳和"道"。中国古代重视史官，传说黄帝时代有仓颉，春秋末年有老子，直至西汉的司马谈与其子司马迁，各朝代的史官历来代表道家。由此我们可以肯定黄帝和他的史官是道家的源头。黄帝在老子前约两千多年，由此可知，道家的历史与中华文明史同样久远。中华文明史五千多年，道家的历史同样是五千多年。在五千多年的历史进程中,道家思想也在不断演化,这个演化的分界点则是老子《道德经》的出现。

## 二、老子在道家的地位

在中国史甚至世界史上,老子都是一个具有特别重要地位的历史人物。从时间上说,老子与西方文明发源地希腊最早的哲学家同期;从历史资料来说,老子留下的《道德经》是相对完整的,希腊早期哲学家留下的只有残篇;从哲学学术水平来说,老子的学术水平也远高于早期希腊哲学家。正因为中国有老子及其《道德经》,我们才认为哲学的真正发源地在中国,老子创立了世界上最早的哲学体系。

在中国历史上,老子处于三个"中段":一是处于中华文明五千多年历史的中段,二是处于学者从官方向民间转变的中段,三是学术从官学到民学转移的中段。

老子生活的时代,正是中华传统文化的中段。从黄帝到老子之间的两千多年,概略地说,学术只有道家而无其他学派。虽然有人认为在周朝即有儒学,《抱朴子·内篇》中也有"儒者,周、孔也"① 一说,但那大概是因为孔子推崇周礼,由此推论出来的。江璟明确指出,黄帝是道家的始祖,自黄帝起凡为人君者,皆以道家之术治天下,尧、舜、禹、汤、文、武都是深得道家学说精意的君王,巢父、许由、务光等隐士亦默得道家之遗风。其时著书立说的关尹、响子、太公、管仲所传都为道家学说。道家"其学之盛,而其来已久。盖自黄帝以后,老子以前,上下二千年,惟道家之学扶舆磅礴,而无他家立足期间。然则是时舍道家之外殆无学之可言矣"②。就是说,在黄帝之后老子之前的两千多年间,人君、隐士、文人都信奉道家,治国、处事、修身都用道家思想,其时并无百家而只有道家,道家是世间唯一学派。由此可见,道家思想应是贯穿中华传统文化五千多年、从源头产生的思想。

老子的身世因其以"自隐无名为务",人们并不尽知,但他初官终隐,至今人们都予以肯定。初官终隐本是个人身世的转换,不必过多议论,但因为他是一个赫赫有名的学者,特别是他的《道德经》具有重大的影响力,因此中国知识

---

① 葛洪:《抱朴子·内篇》,中华书局,2011年,第330页。
② 江璟:《读子卮言》,华东师范大学出版社,2012年,第64页。

分子开始了从官方学者向民间学者的转变，民间公共知识分子成了中国知识分子的一个特征，这就不是一个小问题而是一个大问题了。

我们在研究历史时，由于难以自觉清除"左"的思潮形成的"政治挂帅"、"阶级分析"、"阶级斗争为纲"、"公私对立"等知识背景，基本上都以阶级对立的观点判断历史，忽略了公共知识分子在历史中的地位和作用，这是相当严重的偏颇。公共知识分子在文化传统中有特殊的重要地位，中华文化传承五千多年，与历代皆有公共知识分子发挥作用是分不开的。随着改革的深化，现在人们对道家的研究兴趣越来越浓，但道家哲学的研究并没有取得突破性的进展，这一事实值得我们深思。

在黄帝之后，唯有道家一家而无别家；老子之前的道家也只是官学，学在官不在民，民间是无学术可言的。三代之末，王朝分裂为多个诸侯国，许多官方学者不再具有固定的职位，"士无世官"，只能流动起来，为不同国家聘用，或转向民间，扮演起知识传播者和思想创造者的角色。春秋末年的史官老子顺势而为，打开学库，"尽泄天地之秘藏"，道家之学才开始冲破官学的禁锢，普及于民间。由此官学被百家争鸣所取代，进入了诸子百家的时代。

春秋战国时代产生了诸子百家是事实，而在学术上则应研究诸子百家产生的社会条件。《汉书·艺文志》说："诸子十家，其可观者九家而已。皆起于王道既微，诸侯力政，时君世主，好恶殊方，是以九家之术蜂出并作，各引一端，崇其所善，以此驰说，取合诸侯。"西周衰败之时，诸侯各自为政，小国林立，知识分子多无固定官职，他们自由流动于各国之间，或被不同国家聘用。他们时官时民，有的成为社会上的游士、方士，由此官学也转向民间。

诸子百家时代的知识分子虽有官方的，许多知识分子也受朝廷聘用，但公共知识分子的社会地位亦得以确立。由此，中国历史上产生了一大批公共知识分子，如老子、孔子、庄子等。他们中的许多人都心怀百姓，追求天下和谐、社会稳定、民生富足，并非专为论证统治阶级的合法性，都可以视为民间公共知识分子。习近平《在文艺工作座谈会上的讲话》所概括的中华民族在长期实践中培育和形成的独特的思想理念和道德规范，亦在中国公共知识分子的思想中展现出来。以往对老子学说的评价，纠缠于他是没落奴隶主贵族思想家还是新兴地主阶级思想家，进而判定他是唯物主义者还是唯心主义者，现在看来是一场闹剧。老子为公共知识分子的身份完全被忽视了，没有学者从这方面去做评论。《道德经》中"以百姓心为心"、"无狭其所居，无厌其所生"、"天地相合以降甘露，民莫之令而自均"、"圣人在天下怵怵，为天下浑其心"，以及甘食、美服、安居、乐俗等思想，都是公共知识分子代表民间百姓表达的思想。习近平说："为什么中华民族能够在几千年的历史长河中生生不息、薪火相传、顽强发展呢？很重要的一个原因就是中华民族有一脉相承的精神追求、精神特质、精神脉络。"将"公共知识分子"这一概念引入历史研究，或许能带来历史研究和老子《道德经》研究的突破。

"公共知识分子"概念现在日益为人所知，在传统文化研究中引入的"公共知识分子"的概念，应与现在社会上流行的"公共知识分子"概念区别开来。现在有人研究"公共知识分子"概念，专门考察出自西方人的哪本著作、概念的内涵及每年排出多少名"公知"等，这些问题有兴趣者自可研究，笔者的视角属于另类。笔者认为，"公共知识分子"的最大特点是"公"，而"公"是中国文化的一个核心概念。孔子在《礼记》中说："大道之行也，天下为公。"建立"天下为公"的"大同世界"是传统知识分子的共同理想，有这个理想并终身宣传这种思想的才是公共知识分子。

以公共知识分子视角考察学术，观察的焦点也就从官学转向民学。民学的视野是宽阔的，民学表明学术思考的重点转变为对民心所向的关注。天道自在民心，民为重君为轻，民为邦本，关注民生成了道家学派的一个特点。如果注意到这方面，老子《道德经》研究的突破也可能就指日可待了。社会本来是一个公众活动的平台，社会分阶层，但存在各阶层的共同利益是必然的，公众就是具有最大共同追求的群体。阳光、空气、水、食物、生存、安全、生态等，都是人的共同需要和追求。《道德经》在人、地、天、道、自然的序列中将"道法自然"排在最高一级，由"道法自然"也就可以推知"人法自然"。这里说的"人"就是不分阶层的公共人。现在有"公共治理"、"公共政策"、"公共利益"、"公共资源"等概念，知识分子亦应成为公共知识分子。他们面向公众，反映公众的共同要求，并将公众的思想提升到学术高度。为公众说话的思想是公众最容易接受的学术思想，这样的思想在学术上可能是最深奥的，但同时是最浅显的，道家正是具有这一特点的学派。一个国家，这样的公共知识分子越多，国家治理得必然越好，世界同样如此。

## 三、道家与其他各家的关系

江璜在《读子卮言》第十章的标题中，对先秦时期道家与诸子百家中其他各家的关系做了一句话的概括："道家为百家所从出"。道家在百家前、百家紧接道家产生、百家的观点在《道德经》中均能找到相近的表述和百家皆尊重道家是其主要论据。江璜对这样一个宽泛的论题做如此肯定的概括，难免使人一时难以接受，但观点本身和论证过程的确为我们认识这个问题带来不少启发。

"诸子百家"本来就不是一个确定的概念，《庄子·天下》列出八家，《荀子·解蔽》列出六家，《吕氏春秋·不二》列出十家，至汉代司马谈将先秦学术归结为六家，班固撰《艺文志·艺文志》又言"凡诸子百八十九家"。班固的《艺文志》虽然后世赞者不多，但其所概括出的"九流十家"之说却多被引用，因此后世"诸子百家"所指者多为道家、儒家、法家、名家、墨家、杂家、农家、兵家、纵横家，外加小说家，前九家称"九流"，加小说家则为"十家"。由此，所谓道家与百家的关系，亦即与九流十家的关系。

在九流十家中，除道家之外，后世最引人注目的是儒家，儒家又以孔子为代表。在"国学"之风兴起时，有人甚至直指"国学"为"孔子之儒学"。本书在后面将论述到，孔子和儒学其实不能混同，孔子亦未自称"儒家"；孔子的思想是一个学者的思想，儒学则是一个学派；儒学有孔子前的儒学、孔子的儒学、孔子后的儒学和现代儒学之分，孔子前的儒学论之者不多，孔子的儒学论者纷纭，孔子后的儒学"何其杂也"，现代儒学更演变出"儒学人本主义"、"儒学人道主义"等概念，笔者更感难以深究。我们在这里说的道家和儒家的关系，主要是指老子和孔子的关系，拓展一些来说是《道德经》和《论语》的关系。这个关系概括来说就是，老子和孔子是师生关系，《论语》是《道德经》治国理论和人的修养理论的展开。

诸子百家中除道家、儒家、法家外，多家已成绝学，后世除文化史外甚少论及。多家成绝学的主要原因不在于学术思想而在于皇朝的政策，最为突出的是汉武帝推行董仲舒"罢黜百家，独尊儒术"的主张，"罢黜百家"虽未认真贯彻，"独尊儒术"则以皇朝政策得以落实。汉武帝以皇朝政策左右学术文化，其所开创的这一先例主导中国历史两千年，使古代公共知识分子的思想几成遗风，有的学说也因此成了绝学。这本是中国文化史中的一个悲剧，但以往的历史书对秦皇汉武赞者颇多，现在有的电视节目亦多褒奖，而西晋的葛洪却早就揭露说："秦皇使十室之中，思乱者九；汉武使天下嗷然，户口减半。"①

后世还算得上显学的法家，在维护帝王独裁统治方面起过重要作用，但法家在显学中的地位亦远逊儒家。战国时期法家代表人物有申不害和韩非，申不害（约公元前385—前337）为朝廷提供了一套集权方术，韩非同样提出一套"法、术、势"的中央集权法治理论。其理论本身与《道德经》"法令滋彰，盗贼多有"等思想是相悖的，但司马迁《史记》却将老子、庄子、申不害和韩非共列为"老庄申韩列传"，并明言"申子之学，本于黄老而主刑名"，"韩非者，……喜刑名法术之学，而其归本于黄老"②。韩非还著有《喻老》《解老》，其学虽不同于《道德经》，但从其书可知确实"其归本于黄老"。

道、儒、法外各家后世均成绝学，其根本原因在于其学术不为独裁帝王所用。如果用现在的价值观标准来审视，许多思想本身也是值得提倡的。

成绝学的各家中，几被遗忘的当属杂家，而江瑔《读子卮言》对杂家的评价可谓高矣："所得于道家亦较为最多者，则惟杂家。盖杂家者，道家之宗子，而诸家者皆道家之旁支也。惟其学虽本于道家，而亦旁通博综，更兼采儒、墨、名、法之说，故世名之曰'杂家'。"③ 杂家与其他各家的区别主要在于：一是杂家没有一位名人为代表；二是杂家没有专门著作深研一理；三是杂家产生时间在各家之后，当为秦朝初年至汉朝前期。有两本书代表了杂家思想，一本是《吕氏春秋》，一本是《淮南鸿烈》；前书作于秦初，后书作于汉初。《吕氏春秋》为秦相吕不韦（？—前235）门下众宾客编著，《淮南鸿烈》为汉代皇室淮南王刘安招门客集体编著，因均为论文集，观点分散，而称杂家。然此两书有一共同之处，就是杂而有主，主要收集的是阐述黄老道学思想的文章，故江瑔称杂家为"道家之宗子"。我们赞扬杂家，主要是因为其学术的开放性，就是允许众人以自己赞同的观点议政，来自各家的学者游士自由发表见解，且纂集成书以留后世。这些学者游士聚在一起议政，可与近代西方议会民主相比。近代以来，中国有崇拜西方民主者，却不去挖掘在中国古代早已存在的民主风气，实有自贬之嫌。试想诸子百家时代的文人学士，有稷下学宫，有杂家，有九流十家，可以自由发表政见，公共知识分子各显身手，这样的局面，原来中国早已有之。诸子百家之所以能永留历史，自有其深层道理。

---

① 葛洪：《抱朴子·内篇》，中华书局，2011年，第49页。
② 司马迁：《史记》二，岳麓书社2012年，第945、946页。
③ 江瑔：《读子卮言》，华东师范大学出版社，2012年，第71页。

与杂家类似者当属小说家，小说家著作同样是论文集一类，有《黄帝说》《伊尹说》《青史子》等，讲述平民百姓之日常生活及养生等事。小说家所言，其实是与正史相区别的野史；正史记载国家大事，国君要了解的民间诸事，则由小说家记之。故小说家亦当属史官，视其为道家的旁支是恰当的，古时学者亦有此评论。

　　道家之学说虽然主言道德，而《道德经》中论及"兵"的章节亦不少，如"用兵有言：吾不敢为主而为客，不敢进寸而退尺"、"以奇用兵"、"善战者不怒，善胜敌者不争"等。兵家说"知道，胜"、"不知道，不胜"，道家与兵家的源流关系是明确的。

　　纵横家本来从属于兵家，因主张合纵连横而得名，其代表为苏秦、张仪，其学出于《阴符经》，其师为鬼谷子。纵横家认为，在各国混战之际，为士者应善"权变"。"权变"是明哲保身之术，与兵家同出道家。

　　道家与墨家的关系，在前面"论墨子非姓墨"中有所论及。从思想来说，《道德经》关于"慈"、"俭"、"不敢为天下先"的"三宝论"，不难看出其与墨家的思想的紧密关系。

　　十家九流中，农家在汉魏之后亦成绝学。不过历史传说中有神农氏，且民以食为天，中国又历来以农业立国，所以农家之学世人虽然不明，古有"农家"却知者颇众，并甚以为荣，然而却望文生义，以为农家即论农事之说。按本义，农家为诸子百家之一，是学派而非学科，所言为无形而非有形。"农家者，以君臣并耕为宗，而欲均贫富、齐劳逸，以平上下之序，而齐天下之物者也。"① 简而言之，农家讲的是平等之学，农事讲的是耕耘之事；一为形而上之道，一为形而下之器，实乃不同。农家主张齐天下之物，正是道家庄子之"齐物论"。

　　名家也是先秦的一个学派，代表人物有惠施、公孙龙等，以辩论名实关系为主题。"名"本来是《道德经》中的一个重要概念，名家中的代表人物惠施在《庄子》一书中多次出现，名家与道家关系密切不言自明。

　　道家与"九流十家"的源流关系说明，体现在诸子百家中的中华传统文化，如果撇开道家是无从理解的，抓住"源"才能明"流"。"子在川上曰：逝者如斯乎！""川上"是源头，"逝者"是从源头出来的流。论述道家并非论述诸子百家之一家，实乃通晓中华传统文化之必需。

---

① 江瑔：《读子卮言》，华东师范大学出版社，2012年，第130页。

## 第四节　道家与中华传统文化

中华传统文化是一个相当大的题目，要在一本书中全面而深入地阐述是做不到的，但太过空幻又索然无味，如能集中在几个主要问题上加以论述，或许会有比较好的效果。我们认为，要理解中华传统文化，主要问题有：一是文以载道，文以化人；二是诸子百家时期道家最盛；三是道、儒两家的关系；四是秦统一中国后的历朝历代各家的曲折发展；五是中华传统文化的道家情缘。

### 一、文以载道，文以化人

对于老子这样一个历史人物，历代的文人不知花费了多少精力去深研，结果却发现越研究越糊涂，时至今日说不清的问题越来越多，究其原因，很可能是研究的方向不对。特别是最近几十年提出的一些问题，有些是没有意义的，是预先设定模式然后生造出来的问题，争论也不可能有结果。还有些问题，如在《道德经》的多种版本中，哪一种是完整的原本、是道论在前还是德论在前等，这些问题的前提是有一本老子著的完整的《道德经》原本，但这样的原本极大可能是根本不存在的。还有些是字句或断句上的分歧，如"建德若偷"还是"建德若喻"或"建德若揄"、"无为"还是"有为"、"无以为"还是"有以为"、"无常心"还是"常无心"等，反正每一种说法都有版本可依，争来争去看起来很有学术味道，实则多为水中捞月，得不到一个公认的结果。总之，这些争论大体围绕着一些说不清道不明的问题，实际意义不大，造成的后果却不小，因为这使人们形成了一种印象：老子和《老子》都是说不清楚的。老子似乎预见到会出现这种局面，《道德经》说"众人熙熙，如享太牢，如登春台。我独泊兮"，你们争得那么热闹，我却看得很淡泊。其实，老子的思想大体上就是通行本《道德经》及其他有关历史资料中反映出来的思想，真正值得重视的是《道德经》的思想体系是怎样的，这些思想对中华传统文化的作用究竟有多大。这样的有意义的研究却甚为少见。应该看到，一本书中的任何一个观点的真理性都是存在于体系之中的，将体系问题撇开不管而去讨论某些细枝末节的问题，有如瞎子摸象，摸到的是什么？吵来吵去，结果可能是"盲人骑瞎马，夜半临深池"。

其实我们中华民族是很幸运的，古代的史料尽管亡佚了不少，却留下大量的传说，特别是留下了《易经》《道德经》《论语》等珍贵的文化遗产。对于《道德经》，我们肯定它是老子的思想，各种版本都有其价值，我们应着力去研究《道德经》的思想体系，把思想体系从总体上肯定下来，版本、字句、断句这些问题的讨论就有意义了。

我们之所以着力研究老子的思想体系，是因为"《老子》是我国古代哲学智慧的主要活水源头之一"。对于《道德经》的思想体系问题，习近平2014年4月1日在欧洲学院发表重要讲话时说："中国是有悠久文明的国家。在世界几大古代文明中，中华文明是没有中断、延续发展至今的文明，已经有五千多年历史了。我们的祖先在几千年前创造的文字至今仍在使用。2000多年前，中国就出现了诸子百家的盛况，老子、孔子、墨子等思想家上究天文、下穷地理，广泛探讨人与人、人与社会、人与自然的真谛，提出了博大精深的思想体系。"老子是"提出了博大精深的思想体系"的一个思想家，这是非常明确和中肯的结论。

优秀的中华传统文化历经五千多年，老子生活在中段，作为一个史官，他上承古代创造的文化，下启历代的文明直到而今，有着承先启后的历史地位，在成百上千的思想家中闪烁着赫然在目的光芒。

过去我们习惯说中华文明五千年，习近平的讲话说"五千多年"，一个"多"字，往前延伸了中华文明的发端时间。上两个世纪，著名的人类学家泰勒和摩尔根将古代社会分为蒙昧时期、野蛮时期和文明时期，发明弓箭前是蒙昧时期，从发明弓箭到发明文字是野蛮时期，发明文字则是文明时期的发端。这种分期方法受到马克思、恩格斯的重视，我们也就沿用下来了，但并不是说我们一定要以它为标准。现在看来，以发明文字作为文明产生的标准并不是确定无疑的。在中国，"文化"一词和"文明"一词意义相近，都与人的内在精神相关。"文化"一词最早出现于《说苑·指武》："凡武之兴，为不服也；文化不改，然后加诛。"后来，王融在《三月三日曲水诗序》中写道："设神理以景俗，敷文化以柔道。"东晋的束皙在《补亡诗·由仪》中说："文化内辑，武功外悠。""文明"一词出于《易经》："见龙在田，天下文明。"《书·舜典》中亦言"睿哲文明"。从这些句子看，"文化"和"文明"都有社会历史现象和人的内在精神方面的含义，都指人的内在精神提升到相当水平并在人的内心辑积下来的意思。内在精神的提升也就是文明境界的提高，因而在中国古文中，"文化"具有文治和教化的含义，更为直接地说，"文化"就是"文以载道，文以化人"。我们当然不否定文字发明对文化的意义。东汉许慎在《说文解字》中说："皇帝之史仓颉……初造书契，百工以乂，万品以察。"说明传说中五千年前的黄帝的史官仓颉创造了文字。仓颉实为神话传说中的人物。有人考证,"仓"或读为"枪",指两头尖的木棍,是最原始的工具;"颉"是"缠屈"之意,即随物体之屈曲而描画其形。这样,"仓颉"就是以尖锐的木枪刺地面以象物形,这就是象形文字。① 象形文字的发明,其实是与古人的生产生活联系在一起的,"仓颉"发明文字只是一种神话传说。人的内在精神境界虽然是文化的根本特性,但从时间上来思考中华文明的发端,客观的标准应是出土文物。出土文物中的文字,最早当属甲骨文。甲骨文是商周时代的文字,用尖木棍在地上划的文字是保存不了的,所以不能以考证出来的甲骨文的时间作为为文化起始。而玉器是更早的文物。"玉文化发展史可以说是中华文化史的浓缩。……20世纪70年代,内蒙古自治区赤峰市敖汉旗距今八千年的兴隆洼文化遗址出土了匕形器及一对造型规整的玉玦,应是我国迄今发现的最早的玉器作品。"② 玉石硬度很高,八千年前的先民却能将其雕琢得如此精美,而且主要还是作为精神载体,其艺术水平之高及制作之难简直令现代人都难以想象。与玉文化相关的还有龙文化。中国人至今都有龙文化的传说,并自称是龙的传人。龙是中华民族的象征,龙文化也可以作为中华传统文化的代称。龙是由八种动物组合而成的,这种组合象征团结和谐;而且龙的活动空间遍及海陆空,象征神通广大。出土文物中有公元前六千多年前的红山文化的玉龙,被称为"中华第一玉龙",其雄伟奇丽堪称一绝,表现出极高的创造智慧。红山文化还出土了玉猪龙,两种动物形象糅合在一件玉雕中,猪借龙以发威,龙借猪以雄浑,不仅有极高的艺术特点,而且表现出相当高的抽象思维。八千年来,玉文化和龙文化一直是中华文化的象征。这些客观的文物都无可辩驳地说明,中华优秀传统文化可以从五千年前再上溯数千年。在老子的《道德经》中就有"被褐怀玉"、"琭琭如玉,珞珞如石"的句子。出土的玉器是有年代可考的,达到如此之高的文化水准,如作为文化形成之标志,则中华传统文化应有八千年甚至更久远的历史。

　　玉文化、龙文化虽然可以用以表示中华文化,并且得到了中国人的普遍认同,但这只是物料和物形的表述,其所包含的文化内涵还须进一步阐发。

　　真正能概括中华传统文化内涵的,应是习近平2014年9月24日在纪念孔子诞辰2565周年国际学术研讨会暨国际儒学联合会第五届会员大会开幕式会上的

---

① 见雷祯孝编著:《中国人才思想史》,中国展望出版社,1986年,第28—29页。

② 徐春苓、曹平:《古玉鉴赏》,百花文艺出版社,2010年,第1页。

讲话中说的："文以载道，文以化人。当代中国是历史中国的延续和发展，当代中国思想文化也是中国传统思想文化的传承和升华，要认识今天的中国、今天的中国人，就要深入了解中国的文化血脉，准确把握滋养中国人的文化土壤。""文以载道，文以化人"，概括出了中华传统文化的内涵。中华传统文化就是以"文""载道"的文化，"道"这个"文"所承载的正是中国人的内在的中国精神，中国人就是"载道"的"文""化"出来的具有中国精神的人。玉文化和龙文化在中国人的内心世界扎下深根，这个"根"的文化内涵用文字概括表述则是"道德"，如《说文解字》释玉为"石之美有五德者"，即仁、义、智、勇、洁，对"五德"的概括则是"道"。世世代代的中国人的血脉中，都流淌着隐含"道"文化基因的血液。

中华传统文化的内容极为丰富，其核心则凝结为"道"。"道"的原始含义是道路，《诗经》中说："周道如砥，其直如矢，君子所履，小人所视。"（《小雅·大东》）道路以大地作为坚实的基础，四通八达，不管是君子还是普通人想要从一地到另一地都要行走在道路上。《尚书·大禹谟》说："人心惟危，道心惟微。"《周易》说："履道坦坦，幽人贞吉。"都将道路的"道"的隐义提升，泛化出宇宙人生的普遍原理，用以解释、说明世界上的各种现象，又从各种现象中抽象出终极根源。世界上存在的事物千差万别，事物之间的关系千变万化，中华传统文化中的"天道"、"地道"、"人道"及"道德"、"道理"等等，就具有人沿着这样的道路才能达到目的的含义。老子《道德经》的最大贡献，就在于在以往对"道"的含义一步步提升的基础上，将"道"上升为最高的哲学概念。

产生于五千多年前的中华传统文化，在总体上呈现诸子百家多源发生、多元并存、多维发展的繁华景象。为了说明中华文化的优良传统，实有必要简要概括中国"文以载道"的文化血脉。

从"文以载道"来说，中华传统文化首先集中出现在先秦诸子百家中，也就是从周朝到秦朝的春秋战国时期产生的许多学术派别。诸子百家的学术思想成为中华文化史的活水源头，后世的各种学派几乎都从此分流而来。

"诸子百家"一词出自《史记·贾谊传》："贾生年少，颇通诸子百家之书。""百家"表明学派很多，当时的学者对各家的思想特点有过评述或概括。按时间先后顺序各家应如何排列，学术界尚未有定论。大体上说，黄帝和他的史官是道家的起源，"道"分阴阳而产生阴阳家。阴阳家的产生表明中国在进入农耕文化以后，先民要"上究天文，下穷地理"而长期致力于探究历法，在思维中概括出"阴阳"这个概念，战国时期邹衍做过总结。这一家在夏历相对稳定后就没有人更多地去深入研究，后代帝王将其神化为改朝换代时的名号，而在民间则以阴阳、八卦、风水、节气、生辰八字等俗文化形式广泛传播，根深蒂固地保存下来，影响着中国人的日常生活。阴阳家后，百家继起，道家最盛，其代表是老子和庄子，对后世影响也最大，还有儒、墨、名、兵、农、法及杂家等，后来真正能独立发展并在历史中延续下来的则是道、儒、法三家。

## 二、诸子百家时期道家最盛

江瑔认为，诸子百家都从道家产生。这个观点虽然难以一一论证，但三代之末的老子在百家蜂起时确实占有特别重要的地位，强调道家及《老子》的作用之大是值得我们注意的，道家兴盛后"道"的理念遂普及于民间的观点也应引起我们足够的关注。

道家在春秋战国时期最为兴盛，是有那个时期的学者的论著为据的。庄子在《天下》篇中提到八家，列出了阴阳家、儒家、墨家、名家的学说，还有老聃之学，宋、尹之学，彭蒙、田骈、慎到之学，庄周之学；这八家中的很多学者被提及，儒家只提到"邹鲁之士"，而后四家的学说无疑都属道家。《天下》篇的真意看来并不在于概括百家，而是突出道家独盛。《荀子·解蔽》篇列出的六家中，有三家属道家。《吕氏春秋·不二》列出的十家中，有五家属道家。以上是先秦学者所论。继先秦之后，汉代的司马谈首次综括先秦学术，将各家归结为六家，并特别推崇道家。东汉班固《艺文志》说"凡诸子百八十九家，四千三百二十四篇"，其中道家文献993篇，数量居各家之首。这些史实都无可辩驳地说明，春秋战国时期诸子百家中最为兴盛的是道家[①]，道家对后世文化发展的影响也最大。

对于百家争鸣时期的道家文化，我们还应注意两个问题：一是"隐者"的学术思想，二是异端的政治意义。

我们的历史教科书少有直接论述"隐者"的内容。"隐者"中多有当过史官或对史学有深厚研究的学者，他们的文化背景成为其思想渊源，深厚的文化功底则使他们在文化传统中成为不可忽视的一支大军，如《汉书·艺文志》所说："道家者流，盖出于史官。历记成败、存亡、祸福、古今之道，然后知秉要执本，清虚以自守，卑弱以自持。"

---

[①] 参见萧萐父：《吹沙集》，巴蜀书社，1991年，第145页。

司马迁在《史记》中说老子"其学以自隐无名为务",称老子为"隐君子"。老子的"隐者"形象,对后世文人有很大影响。中国历代产生过大批文人隐士,老子之后最有名的隐士就是庄子。庄子生活在战国前期,那时诸侯纷争,社会动荡,民不聊生。他年轻时曾做过管漆园的小官,靠微薄的薪俸对着贫困的日子。《史记》中的庄子小传主要记述了一件事:"楚威王闻庄周贤,使使厚币迎之,许以为相。庄周笑谓楚使者曰:'千金,重利;卿相,尊位也。子独不见郊祭之牺牛乎?养食之数月,衣以文绣,以入大庙。当是之时,虽欲为孤豚,岂可得乎?子亟去,无污我。我宁游戏污渎之中自快,无为有国者所羁,终身不仕,以快吾志焉。'"送上门的高官厚禄对于庄子来说,就像养得又肥打扮得又漂亮的牛一样,是祭祀时宰杀用的,所以他宁可像孤独的小猪那样自由自在地在污泥中自取其乐。这就是庄子洁身自好、洒脱不羁、追求精神自由的人格特征。《庄子·天下》篇记载,庄周"以谬悠之说,荒唐之言,无端崖之辞,时恣纵而不傥,不以觭见之也。以天下为沈浊,不可与庄语,以卮言为曼衍,以重言为真,以寓言为广。独与天地精神往来而不敖倪于万物,不谴是非,以与世俗处"。庄子用难以捉摸的说法、漫无边际的言论、任意放纵的辩辞,时常纵横捭阖,不执一端之见,认为天下人沉迷混浊,没有办法和他们谈论正经的道理,自己则以无心的卮言任意引申,以借重别人的话来证明可信,以寓言来推论使论述深刻,由此而独自与天地精神往来而不傲视万物,不责问谁是谁非,而能与世俗相处。庄子一生清贫度日,却不为俗事所困,深思哲理,著书立说,安适自得,成为中华民族传统文化中的一个大思想家,且活到八十几岁高龄。

道家中一大批文人隐士的特点是努力保持无为真性,认为真性是伟大的,可以使人摆脱一切利害得失、荣辱福祸的牵累,使精神达到崇高的境界;唯有心中的真性不改变,才能悟道得道,并在这个过程中享受到恒久的快乐。庄子塑造过多个保持无为真性的隐士的形象。这些形象有的是传说中的著名隐士,有的则是庄子虚拟的人物。隐士精神的主要表现是脱俗、淡泊、高洁和无为,核心是顺应自然,与自然融为一体。隐士的形象和包含在隐士形象中的隐士精神成为中华文化传统特有的组成部分。隐士为了与自然融为一体,甚至尽可能地避开世事,亦即远离有为的人事,趋向无为的自然。为了给人们留下深刻的印象,古人描写的隐士的行为极为夸张。例如,《庄子》一书中多次提到的著名隐士许由,别人请他出来做官,他不仅拒绝,而且因为耳朵听到"当官"二字而很生气,认为耳朵受到了污染,跑到河边去洗耳朵。这时,他的好友巢父牵牛到河边喝水,听许由说了洗耳朵的理由后更为生气,认为连河水都给洗耳朵的"当官"二字污染了，这样的水牛都不能喝了，只好将牛牵到上游去喝水。

中国历史上各朝各代都涌现出大批隐士，唐修《晋书》《隋书》，宋修《唐书》，直至清修《明史》，都专列《隐逸列传》，将隐士事迹载入国史。还有私家专史，亦重视隐士。晋朝有《高士传》录隐士96人，清朝有《续高士传》录隐士143人。这些隐士的思想倾向大都属于道家。中国人熟悉的张良、诸葛亮等，都曾为隐士，或辞官后继为隐士。隐士之风气，直至现代仍有人效法。

隐士常被误解为不过问政治，甚至成为逃避现实的同义词。逃避现实的隐士固然存在，逃避现实却不是隐士的特点。隐士虽有终身为隐者，更多的是先隐，继为官，后又隐。

对于"诸子百家"的局面，如果理解为百家互相残杀、水火不兼容，那是极为偏颇的。到秦汉之后，因学术之争而导致政治迫害甚至惨遭酷刑残杀的事例确实存在，这是因为将学术观点与政治斗争联系在一起时，学术成了政治，不合政治需要的观点就成了思想罪。至于春秋战国时期的诸子百家时代，百家的游士隐士则可"各著书言治乱之事"，并不刻意参与政治结构、进行权力斗争，只是以言论表明自身的批判态度，即使为国立功亦拒绝封赏；许多人虽然为当权者的异端，但受政治迫害乃至残杀的则鲜见。孔子周游列国，一说七十余国[①]，宣传政治主张，到处碰壁，人身仍然安全。那时许多诸侯国都建立学术中心，对各方游士以礼相待，称为士大夫，让他们自由发表议论，学术氛围是相当包容的，由此而形成"养士"的风气。当时最有名的稷下学宫，招揽在野游士数千人，黄老道家人士最多。他们在那里不任职而论国事，不臣于诸侯而关心时局，不慕名利，贵己养生，保持人格独立和尊严，醉心于学术，影响时代思潮。对于道家的形象特点，范晔在《后汉书·逸民列传》的叙论中说，他们"或隐居以求其志，或回避以全其道，或静己以镇其躁，或去危以图其安，或垢俗以动其概，或疵物以激其清，然观其甘心畎亩之中，憔悴江海之上，岂必亲鱼鸟，乐林草哉？亦云性分所至而已"。老子和道家人物大致都是这样，外表上他们与常人无异，内在精神却"独异于人"。他们看似平淡无奇，实则心怀天下。他们在精神世界中思考的，是如何将天下之人类从误入歧途中解救出来的头等大事。中国历史上的大批文人之所以对中华传统文化做出了重大贡献，实为受此精神的影响。

隐士虽然不是稳定的政治集团，只是泛指相对于统治者而言的在野者，相对于正统而言属于异端，但这些学者具有博古通今的历史教养，又与现实中的权力

---

① 见葛洪：《抱朴子·内篇》，中华书局，2011年，第398页。

斗争保持一定的距离，因而能冷静地分析和总结历史的经验。他们"以道抑尊"，与社会现实有较为密切的接触，比较关心民间疾苦，成为社会上忧患意识、批判意识的承担者，在中华传统文化中发挥着不可或缺的作用。

## 三、老子和孔子的关系

秦统一中国之后的2000多年，中华传统文化中各家的关系错综复杂，就道、儒两家的关系来说，早在汉朝起已经出现了新道家和新儒家。为了正本清源，我们应当回到老子、孔子的时代来认清两人及道、儒两家的关系，由此才能认识优秀的中华传统文化的基础。至于道家代表老子和儒家代表孔子之后的道家和儒家关系，则应在不同的历史时期做具体分析。

对于道、儒两家的关系问题，司马迁在《史记》中说："世之学老子者则绌儒学，儒学亦绌老子。'道不同不相为谋'，岂谓是邪?!"孔子说过："道不同，不相为谋。"（《卫灵公》）但这里说的"道不同"并不是针对自己的学说和老子的学说相比较而言的，而是提出交友的一般原则，意思是在商议国事时，不要主动跟那些观点与自己不同的人一起谋划，以免正面冲突，有"和为贵"之意。司马迁也没有肯定道、儒互黜是值得称赞的事实，而是对道、儒相黜提出怀疑。说道、儒互黜是指老子的学说和孔子的学说互相指责、贬低，甚至相互对立，说"老子是儒家的反对派"等，在老子、孔子在世的时代都不是事实。据《史记》记述，孔子问"礼"于老子时，老子对孔子提出批评，但这也不能看作两人相黜；孔子向老子问"礼"是对老子的敬仰和尊重，老子将自己的看法如实说出来是对孔子的信任。老子其实是告诉孔子，讲"礼"不能只讲周朝末年的"礼"，更要讲符合"道"的"礼"。道、儒两家确有不同之处，但差异是在重自然还是重名教、重出世还是重入世这样一些非根本性的问题上。后世渲染道、儒互黜，贬低对方，甚至诛杀，并不是诸子百家时期的事，不能看作中华文化传统。

综观道、儒两家的思想，与其说是互黜，不如说是互补或曰传承；与其说是分歧，不如说是统一，用孔子的话来说就是"和而不同"。在重大的、根本性的问题上，老子和孔子的基本立场或基本观点是一致的。

一是追求高境界的理想人格。

老子和孔子都创立了高境界的理想人格的学说，老子的学说可以称为"圣人学"，孔子的学说可以称为"君子学"。在《道德经》中，"圣人"一词出现了

29次。老子说:"圣人抱一为天下式","圣人为腹不为目"。圣人之"圣",就在于他们是天下做人的范式和楷模。"为腹"是追求内在精神境界,"为目"是追求外在的享受。圣人之"道",首先是不受外物诱惑而注重内在修养。

在《论语》中,"君子"一词出现了106次。"圣"字在《论语》中也出现过,如"何事以仁?必也圣乎!尧、舜其犹病诸"(《雍也》),意思是说"圣人"的境界太高了,连尧、舜都难做到。孔子心目中的理想人是"仁人"即君子。"仁"字在《论语》中出现了104次。"仁人"或君子是精神境界高于常人的人,所以孔子在《为政》篇提出"君子不器"的命题,认为君子不能没有自己的头脑,像器具一样只是供人使用,只按别人的意志去发挥自己特定的作用。孔子说的"仁者爱人"也是很高的境界,是值得在现实中努力追求的。

"圣人"和"君子"提法不同,但意义相近是显而易见的。中国人都很重视提高自己的境界,都十分讲究"做人",基本的要求是做合格的人,进而做贤人,进而做士人,进而做君子,最高境界是做圣人。做高境界的人是中国人一生的追求。中华文化的这一优秀传统,对提高中华民族的文化素质起了历史性的作用。

二是"天下为公"的思想。

老子说:"将欲取天下而为之,吾见其不得已。天下神器,不可为也。为者败之,执者失之。"就是说,想要依靠个人的作为治理好天下,那是达不到目的的。天下就像一个非常神奇的器具,本来就不是哪一个人制造出来的,当然也不是靠个人的本事就可以治理得好的。如果以为靠个人的本事就能治理好天下,最终结果肯定是失败,一时取得的成果最后也会失去。天下是"神器"而不是某个人的私有财产,这在老子的思想中是很明确的。

孔子说:"大道之行也,天下为公。选贤与能,讲信修睦……是谓大同。"(《礼记·礼运》)在孔子的理论中,天下也不是某个人的私有财产,而是"公器",理想的世界是"大同世界",在这样的世界里,"人不独亲其亲,不独子其子;使老有所终,壮有所用,幼有所长;矜、寡、孤、独、废疾者皆有所养"(同上)。这样的世界,正是民众向往的理想社会。

老子和孔子的这些思想,都包含反对专制独裁之意。中华传统文化在五千多年前提出这样的理想社会主张,实为难能可贵。

三是万物和谐的思想。

在老子的《道德经》中,"和"是一个十分重要的概念。"万物负阴而抱阳,冲气以为和",万物都是阴阳二气中和而形成的,万物也只有和谐才能共生。这个观点，对我们观察世界和处理世界万物之间的关系具有总体性的指导意义。

孔子的"仁爱"理论核心就是人与人之间的和谐理论。孔子说"君子和而不同，小人同而不和"（《子路》），"和"并不是千人一面的同一化，而是各人有各人的特色而又和谐相处，这样的世界才是幸福、繁荣的世界。

老子和孔子都十分重视和谐，他们的和谐学说，对建立人与人之间、人与自然之间、人与社会之间乃至国家与国家之间的世界和谐关系具有恒久的意义。

四是以民为本的思想。

在老子看来，圣人如果担当国家统治者的重任，就应当相信民众的自我治理能力："故圣人云：我无为，而民自化；我好静，而民自正；我无事，而民自富；我无欲，而民自朴。"国家统治者凡事不能自以为是，"圣人无常心，以百姓心为心"。"受国之垢，是为社稷主；受国之不祥，是为天下王。"受到国人的责难而能忍辱负重的人，才能成为国家的主人；国家发生灾难而勇于承担责任的人，才能成为天下的统治者。在统治者和民众的关系上，老子明显地认为，民众才是国家之本。

在《尧曰》中，孔子论述尧、舜、禹的传位时说："四海困穷，天禄永终。"假如天下的百姓都穷困了，上天给统治者的禄位也就永远终结了。又说："朕躬有罪，无以万方；万方有罪，罪在朕躬。"认为执政者有罪时上天不要牵连民众，民众有罪则应归罪于执政者。

民重君轻，民为邦本。国家的统治者应为民众谋福利，统治者应当有担当精神。国家富裕，人民生活富足，是民众的功劳；国家有灾难，统治者应主动承担责任。这些是老子和孔子共同的主张。

五是尊重生命的思想。

在一定意义上说，老子的《道德经》的一个核心问题就是探讨"长生久视之道"，研究人要怎样才能达到"死而不亡者寿"。"善摄生"、"贤于贵生"、"民不畏死，奈何以死惧之"等，都是《道德经》的重要思想。尊重生命，将生命看作人的最高价值，是老子非常明确的观点。

在生命价值的问题上，孔子的观点与老子是一致的。《先进》篇中，季路问孔子"事鬼神"的问题时，孔子说"未能事人，焉能事鬼"、"未知生，焉知死"，强调的都是人生的现实价值。

重视生命，研究生命，贵己养生，是中华优秀传统文化的中心思想，这一观念深入人心。在这个问题上，老子和孔子也是一致的。

六是强烈的文化使命感。

《道德经》说:"古之善为道者,微妙玄通,深不可识。"在"微妙玄通"的水平上,老子的境界是最高的。历代列进道家的人物,几乎都是文化精英,大都以博古通今、学识渊博、才华横溢著称。我们完全可以说,道家是中国历史上由文化精英构成的群体。文化典籍中的精品,有相当一部分都出自道家之手。

孔子绝非排斥"道",而是同样以弘道为自己的神圣使命。他说:"人能弘道,非道弘人。"(《卫灵公》)人能弘扬光大"道",以"道"建立人的道德观念,但不要指望"道"能让人获得荣华富贵。孔子就是这样,时刻以弘道为使命,尽管自己的主张一再遭拒绝,却始终坚持不懈。

受老子和孔子以人弘道思想的影响,中国历史上大批公共知识分子对本国文化有信心,将毕生的精力贡献给文化传承事业,为我们留下一个又一个坚毅乐观的身影。

以上所述不是要全面论述老子和孔子的思想,但由这几个要点可见,在一些根本性的重大问题上,老子和孔子的思想是一致的,而这几个问题正是中华优秀文化传统的体现。老子和孔子的著作同是中华优秀文化传统的活水源头。

老子是道家的代表,孔子是儒家的代表,此两家也确有不同。比如,黑格尔在《哲学史讲演录》中说到,道家有个主要特点是非官方性,也即这一派大都不是官员。其实这一派大都当过不大的官,但他们的志趣不在当官,他们看到官场的腐败,便弃官而隐居,成为"山林"、"布衣"、"隐者"。老子当过史官,庄子做过管漆园的小官,自称思想"合黄老之义"的王充也做过小县吏,道教中的"真君"张陵、许逊及理论家葛洪等人都当过一段时间的官。道家学者对官场腐败多有抨击,对管理国家能发表独特的见解,这与他们有过官场经历是直接相关的。在整部中国历史中,道家学者大多的确不曾成为代表官方的学者。这一派的学说主张天下不是某个统治者的天下,因而通常不为官方公开采纳,反而常以"异端"的形式与官方正统相抗衡。道家学者不愿当官,并不是他们不关心政治,不愿意运用自己的知识和智慧去治理国家,而是他们看到了昏君昏官,对官场的黑暗和钩心斗角深恶痛绝,不愿同流合污。如果他们确认能为明主效力,也是会大展宏图的,张良辅佐刘邦、诸葛亮辅佐刘备以及青年时期已学习"黄帝、老子之术"的汉初丞相陈平等人对政权的贡献就足以证明这一点。这里的分别在于,道家学者并不主动去官场谋取权力,但如果为官者清明又诚心邀请他们出来效力,他们也是愿意为为官者出谋划策的。儒家文人则力图主动进入官场去实现自己的主张。即使是这样,孔子希望进官场也不是为了捞取个人的私利,他曾告诫学生说:"天下有道则见,无道则隐。"(《泰伯》)《论语》中提到蘧伯玉，说他"邦有道则仕，邦无道则可卷而怀之"。这里的"邦"指邦国，也就是诸侯国，"邦有道则仕"指国家能按"道"治理就出来当官，"无道则隐"指国家不能按"道"治理就回去做隐士。从这方面来看，孔子也是同意老子的。

　　孔子其实对老子相当尊敬。传说孔子自幼谦虚好学，30岁那年，听说老子很有学问，便从山东曲阜来到周王城拜见老子，向他请教。这时的老子已经是80多岁的老人了，那天他刚洗了头，在晾头发。古人认为，头发是父母所赐，一辈子都不能剪，否则就是不孝。可想而知，八九十岁的老人，头发是很长的了，晾头发也是件很费时间、很麻烦的事。孔子进门见到老子时，被眼前的情景惊呆了：老子披着长长的散发，迎风而立，微微抬头，眼睛半睁半闭，脸上似笑非笑，神情似醒非醒，风吹过脸或树叶飘过都不为所动，就像一株挺立的枯树一样。孔子很懂礼貌，不敢打扰老子，就退到门外静静等候。老子晾干头发后，孔子再进门拜见他。孔子真诚而又直率地问："刚才见先生晾头发时像枯木一样站在那里，好像超脱了一切，又好像若有所思，这样的神态我从未见过，可否请先生说说当时的心境？"老子微微一笑说："那时眼前的世界在我的脑海里已经消失得无影无踪，脑海里呈现的是完全虚无寂静、深邃无比的奇妙世界，从寂静虚无的世界中又产生出生机勃勃的万事万物。我正在思考其中的奥妙。"孔子又问："你的精神进入这种境界时是什么感觉呢？"老子说："这种感觉奇妙极了。达到这种境界是最高层次的美妙和最高层次的快乐。体悟到其中的道理就是体悟到玄道。体悟到玄道的人才是最高境界的人。"这番话深深震撼了孔子的心灵。在孔子的心中，老子的形象无比高大，老子的智慧无与伦比。拜见过老子后，孔子几天都不说话。他的学生慌了，以为老师是中了邪，问了几次，孔子才说："老子真了不起啊！我原来以为自己有学问，但和老子比起来，老子是人间的一条龙，我不过是瓮中的一只小飞虫！我所见到的老子这条龙，也只是看到龙首，还没有看到全身呢！"

　　学术之争成为水火不相容之势，是秦皇汉武以后的事，秦始皇焚书坑儒才有了对学术的大规模迫害。《汉书·艺文志》描述说，百家"蜂出并作，各引一端，崇其所善，以此驰说，取合诸侯，其言虽殊，辟犹水火，相灭亦相生也"。如果学术观点只是为了"取合诸侯"，学者缺少自身的独立性，将学术观点和政治捆绑在一起，学术成了政治的附属品，那是不正常的，不能列入优秀的中华文化传统之中。

## 四、秦统一中国后中华传统文化的曲折发展

在秦统一中国之前，中华传统文化中最为兴盛的是道学。秦统一中国之后历朝历代各家的曲折发展，通常被概括为两汉经学、魏晋玄学、隋唐佛学、宋明理学、清代朴学或称汉学与考据学。这样概括简明扼要，容易掌握，普遍为人所接受。但这里说经学、玄学、佛学、理学、朴学，唯独没有道学，似乎到两汉时，道学就成绝学了，如江瑔说"道家之传后世殆绝"①。他也承认历史上有诋毁道家的学者，如班固、韩愈之徒及宋代的儒者等，斥这些人是数典忘祖之徒，但说道家"后世殆绝"则未免过分了。作为中华传统文化的发展，后世道学虽有所变异，但绝未殆绝，而是尽管曲折，仍在发展，直至现代迎来复兴。

秦始皇统一中国，曾重用法家，邀韩非入秦。韩非入秦后为同僚所忌而入狱，被迫自杀。秦王朝只有14年，在文化上除实行"书同文"外并没有多大的建树，反而"焚书坑儒"，开屠杀文人、毁灭历史文献的先例。

两汉时期兴盛"经学"。在中国思想史上，最早只有道家一家之学可以称"经"，越是往后，几可说"经学"泛滥。就两汉而言，人们多以为"经学"即是儒学，简单地理解为汉朝只有儒学兴盛，这就不对了。江瑔说过："'经'之名为道家之专号，……孔门之徒溯源寻委，故复起'六经'之名，以符其渊源之所在，木本水源，固可按而寻也。实可见'六经'之名实源于道家，非出于孔氏。"② 儒学在汉武帝"独尊儒术"后成为官学，这才呈现兴盛之势而成为显学，而且自孔子去世之后的所谓儒学与孔子的学说也大相径庭。孔子死后，《韩非子·显学》指出"儒分为八"，《荀子·法行》称"夫子之门，何其杂也"，其弟子及后人各自成家，互相抨击。孔子并未自称儒家，将孔子的思想混同于孔子之后的儒家思想是不恰当的。事实上，西汉初年的四代帝王均采取以老子道家思想为指导的休养生息国策，由此产生了中国历史上有确切史料依据的第一个盛世——"文景之治"。汉朝初年真正兴盛的是"黄老道学"，这一段时期的道家学派以黄帝、老子为祖师，喜用历史上成败、得失、祸福的道理阐发老子思想，适合汉初经济凋敝，全国上下要求社会安定、发展生产、渡过难关的想法，得到了汉高祖刘邦的支持。刘邦及继任皇帝以此制定一系列"与民休息"的政策，

---

① 江瑔：《读子卮言》，华东师范大学出版社，2012年，第73页。
② 江瑔：《读子卮言》，华东师范大学出版社，2012年，第46页。

黄老之学一度成为统治思想。"黄老道学"并不等同于老子《道德经》思想，因而可称为"新道家"，但其基本思想是一致的，所不同在于"黄老道学"突出政治思想方面，主要关心外在政治世界中的问题。我们也不能认为汉初采用黄老道学只是时势所迫的权宜之计，事实上，中国历史上多个时间较长的朝代在兴盛时期用的指导思想都偏重道家，道家学说的内涵中确实包含治国的合理主张，王朝由盛转衰时始重孔子后的儒家，这是我们要注意的。汉武帝之所以采纳"独尊儒术"的主张，是因为董仲舒提出"天人感应"的"君权神授"说，皇帝是"天子"，天下成了皇帝的私有财产，这与孔子提出的"天下为公"的思想是相反的，但符合皇权独裁的需要。其实汉武帝也没有真正采纳董仲舒"罢黜百家，独尊儒术"的主张，"百家"并没有真正被"罢黜"，"儒术"却真的给"独尊"了，而且成了国家取官的政策。然而在社会上，真正兴盛的仍是道家思想。如前所述，至东汉时，对《老子》思想分章编排几成风气，贵人去世后陪葬亦用手抄《道德经》，可见《道德经》之受人尊敬。伴随着东汉中后期农民起义的发展，老子道家思想更催生了中国历史上对普通民众最具影响力的宗教——道教。由于道教曾与农民起义有联系，在统治者的心目中对道家、道教一直存有戒心，道家、道教也就很难得到统治者的公开支持，难以成为显学。而以传统文化价值来评判，未成为封建统治者的统治思想绝不是因为它价值不高，甚至反而价值更高。

　　魏晋南北朝时期玄学流行，魏晋文人以生命践行老子的道家思想，由此形成了一种涵蕴玄思、妙赏、深情、旷达、忧患、弘毅的哲学精神，也即魏晋风度。魏晋风度实质上就是公共知识分子的风度，并在后世成为中国知识分子之文化人格的核心特征。这一历史时期讨论的主题是哲学的本体论问题。中国本无"哲学"一词，研究世界本体问题的是"玄学"，"哲学"一词是近代日本翻译西文后被中国引用来的。相对于"玄学"，"哲学"其实有些变味。魏晋玄学在王弼提出"贵无论"、裴頠提出"崇有论"后，郭象用"独化于玄冥之境"的"独化说"作调和，他们都是围绕老子《道德经》"无，名天地之始；有，名万物之母"和"有无相生"展开的。西晋著名道教理论家葛洪是老子哲学的继承人，他自号抱朴子，即出自《道德经》"见素抱朴"一句。在葛洪的道教哲学中，"玄"、"道"、"一"、"自然"和"气"是同一序列的概念，都是用以说明天地万物的生成变化和相互关系的。① 魏晋南北朝时期的玄学文化，实际内容就是

---

① 参阅张尚仁著：《新译、新编、新解〈道德经〉》中"重评葛洪道学"一文，云南人民出版社，2008年。

《道德经》文化。但不能将魏晋时期的文化归结为完全的"道"文化，如葛洪虽然以承袭老子学说为己任，但在《抱朴子·外篇·自叙》中坦言："其内篇言神仙、方药、鬼怪、变化、养生、延年、禳邪、却祸之事，属道家；其外篇言人间得失、世事臧否，属儒家。"道儒兼修，以道为主，应是葛洪学说的总体。道、儒两家非对立互黜，在此亦得到印证。

隋唐时期中华文化虽然佛教兴盛，但实际上是道、儒、佛并立。在唐朝初期，因为《史记》说老子姓李名耳，唐朝皇帝也姓李，因而皇室认老子是自己的祖宗，并给道教以很高的地位，甚至立为国教和家教，使自汉朝到魏晋南北朝以来的玄学文化主线持续延伸。唐初皇帝还特别要求注意"民重君轻"。在这段历史时期中，随着佛教东传，佛经的翻译取得重大进展。翻译佛经的学者们的知识背景多为道家学说，大多以道解佛、融道入佛，在佛教中大量使用"禅"、"布施"、"不二"等概念，这些概念都取自庄子等道家的著作，以致有人将老庄哲学看作中国佛教的思想来源，由此产生了与印度佛教性格迥异的中国佛教。唐朝统治者的宗教政策从中华文化的实际出发，实行道、儒、佛三教并重，对中国历史长期和谐发展起了很大作用，使中国没有出现如西方中世纪那样惨烈的宗教战争。汉朝和唐朝都是历时二三百年的朝代，这与文化政策中采用道家思想有很大关系。

宋元明时期，作为官方显学的理学家虽然发展了儒学，但为了弘扬和改造官方的董仲舒儒学，儒家学者也曾积极借鉴老子道家和中国佛教思想，由此产生了新形态的儒学。理学家们所探讨的"理"、"气"、"太极"、"无极"、"动静"等核心哲学概念均出于道家。在学界，官学代表之一王阳明（1472—1528）明确地说："儒、佛、老、庄，皆吾之用，是谓之大道。"① 很多学者也主张三教合一。林北恩（1517—1590）认为，儒学为外王之学，佛、道为内圣之学，应三教合一，以儒教治世、道教治身、佛教治国。方以智（1611—1671）在《东西均·道艺》中说："教无谓三也，一而三，三而一也。"我们在思考传统文化时，还必须将思维领域从官学扩展到社会。宋元明时期的社会主流思潮并不是官方儒家而是道、儒、释三家合一。建立三教合一的宗教，影响最大的是道教全真道的创始人王重阳（1113—1169）。王重阳认为，不论是儒教的言"理"，佛教禅宗的言"性"，还是道教的修"命"，归根结底都是"道德性命之学"，都离不开"大道"，因此他决心创立一种融会贯通三教的"性命之道"即"全真道"。明朝末年，佛教

---

① 《王阳明全集》，上海古籍出版社，1992年，第1289页。

复兴，有禅宗临济宗的云栖袾宏、紫阳真可、憨山德清和天台宗的蕅益智旭四僧，融合中华传统文化中的道家和儒家思想及佛教各宗派的思想，主张三教合一，深受士大夫和平民的信仰，号称"明末四大高僧"。在总结传统文化时，不应偏颇于统治思想，而应兼顾社会思潮。

进入近代的明清时期，以老子为代表的道家思想成为文史哲研究的一个重要领域。著名学者傅山、王夫之、戴震等都宣扬道家，政治学、社会学、养生学、美学乃至物理学等领域的学者对于老子道家思想也多有关注。特别是晚清时期的龚自珍，他在《尊隐》一文中贬斥朝廷，颂扬道家隐者，认为道家隐者已成为与"京师"对立的一个方面军，认为"京师之日苦短"而"山中之日长矣"，这一预言为19世纪后半期中国的社会大变革所证实。

现代著名宗教学者任继愈先生说："我们从中华民族传统文化的整体来看，佛道两家与儒家传统文化同样重要，同样影响着中华民族的文化生活、家庭生活、社会生活以及政治生活。佛教、道教的影响，其深远程度当不在儒家经史四部之下。三教交互融摄，构成唐宋以来中国近代一千多年的文化总体。"① 这一总体概括是很有见地的。到了现代，老子已经跨越时空，融入了现代世界。

## 五、中华传统文化的道家情缘

中华传统文化博大精深、无与伦比，纵观五千多年的历程，在林林总总的文化现象深处，却隐含着道家文化的情缘。为了理解中华文化，掌握其中深藏的道家情缘是重要的。

一是"天人合一"观。《道德经》和《庄子》中的"圣人抱一为天下式"、"万物得一以生"、"人与天一"、"道通为一"等，实际上就是"天人合一"观。五千余言的《道德经》，"天"字出现70多次，比"道"字还多几次。有论者统计，《庄子》一书"天"字出现676次，"道"字出现367次，"德"字出现204次，"天"字出现的次数远远超过"道"字和"德"字。② 台湾学者傅佩荣先生在解读庄子时，将《庄子》书中的"天"解读为"自然"③。在范畴的高低层次

---

① 任继愈：《中国道教史·序》，上海人民出版社，1990年。
② 参阅王焱：《庄子天论——破解天人关系与天道关系的难题》，载《思想战线》2010年第1期。
③ 傅佩荣：《解读庄子》，线装书局，2006年，第79页。

上，本来"天"在"自然"之下，但在"自然界"的意义上，将"天"解读为"自然"是合理的。我们要注意的是道家的"天"是没有人格意志的天，"天人合一"也并不是"天人感应"，而是天道和人道的"合一"，强调的是自然，是有机统一的整体，因此人不应该去破坏自然，而应该永远和自然保持"合一"。

二是"命运"观。"命运"是中国人用得很多的一个词，这个词给人的印象是有个外在的世界决定着人的一切，即所谓"命中注定"。其实，在道家理论中，虽然"命"有决定论的含义，但并不是绝对的必然性，人可以通过主观努力，在一定的范围内改变"命"作用的方向，这就是"运"。所以，中国人对人生并不抱悲观态度，总体上还是乐观的。

三是"性善"论。道家相信人性是善良的，"上善若水"是《道德经》的名言。道家认为应"善者吾善之，不善者吾亦善之"，要"常以善人"，相信人生来就具有道德良知、良能，在儒家那里更展现为仁义礼智信等善良品德。

四是"圣人"、"君子"的理想人格。中国人是很重视人格修养的，做圣人、君子是人们的普遍理想追求。作为统治者要注重"抱一为天下式"，要注重伦理道德教化，要实行德治，要相信"得民心者得天下，失民心者失天下"；作为民众要热爱和平、反对侵略、扶老携幼、济困扶危，这些对培养高素质的民族起了重大的作用。

五是"无为而治"论。在道家思想中，"为无为则无不治"占重要地位。道家认为掌握权力的国家管理者只需要顺应"自然"，而不需要过分的人为。有的思想家甚至提出"无君论"，批判"君主"专制和"家天下"，强调"公天下"的思想。

六是公私兼顾论。中华传统文化中长期存在"公私之辨"，道家并不单单重视"公"批判"私"，而是赋予"私"一定的存在的合理性，认为公和私并非绝对冲突的两个方面，如果以一方完全压制另一方不仅达不到目的，反而会加剧双方的冲突。

七是"均贫富"论。《道德经》主张"天之道，损有余而补不足"，也就是"均贫富"，认为圣人之治应使民众保持平常心态，衣食无忧，让民众过上甘食、美服、安居、乐俗的"小康"生活，这样的社会才是理想社会。

八是"知行合一"观。传统文化中虽然长期争论"知行"问题，但争论的是"先知后行"还是"先行后知"、"知难行易"还是"知易行难"之类，从来不将"知行"分开，而是要求"知行统一"，特别强调"言必信，行必果"，认为一个人失信于人则无以为人，一个国家失信于民则无以为国。这些思想在《道德经》中都有所表述，如"言善信"、"事善能"等。

九是"天下和谐"观。《道德经》明确反对发动战争，认为"兵者，不祥之器，非君子之器"，认为国与国之间有利害冲突，"不以兵强天下，其事好还"，总能找到不用战争解决的更好办法。天下应万邦协和，和谐相处。

十是"自强不息"观。"自强不息"是《周易》所言，而《周易》为《道德经》的前身，《道德经》为《周易》思想的全面阐述与扩展。《周易》的乾卦是要我们看到，一切都要建立在了解自然规律的基础之上，天之道是日月循环、四时更迭、周而复始，因此人之道也应顺应环境，该进则进，该退则退，自强不息，永不悲观失望。

以上概括只是想说明，中华传统文化的许多元素都是来源于道家的，总结道家文化对于认识中华优秀传统文化有着特别重大的意义。

# 第二章
# 《道德经》是中华优秀传统文化的代表

党的十八大强调文化建设，要求"树立高度的文化自觉和文化自信"。"文化自觉"是我们要清楚地认识自己的文化是什么，"文化自信"是我们要相信自己的文化是优秀的。五千多年的中华文明史，一代又一代的中国人一直致力于总结、丰富和提高，今天我们更要着力探索中华文明的代表问题。

在世界史上，产生过埃及、中国、印度、亚历山大帝国、罗马帝国、阿拉伯帝国等强大国家。除中国外，其他帝国大都在灭亡后即不复存在，中国则只是经历改朝换代，延续五千多年的文明史至今，这在世界上是绝无仅有的。一个大国何以延续数千年？根本原因在于中华传统文化的积淀与传承。综观中华文化，其源远流长无可比拟，其内容丰富、底蕴深厚、简约鲜明令人叫绝。贯穿五千多年的文化的，就是一个"道"字中。中华文化之所以经久不衰，就在于她是"道"文化，"道"文化的代表作则是老子的《道德经》。

## 第一节  关于中华传统文化代表的几个观点

中华传统文化因其历史跨度大、涵盖面宽、内涵丰富、涉及人物众多等方面的原因，个人即使耗尽毕生精力，也难以全面理解。然而，有些问题却是应该也能够形成共识的，什么是中华传统文化的代表就是其中一个。形成对中华传统文化代表的共识，对于建设文化大国、提升民族自信心、扩展中华文明的影响力具有重大意义。然而，正是这样一个根本性、总体性问题，长期以来竟莫衷一是，今天我们实有必要提出来重新讨论。①

历史上对中华传统文化代表的问题早有讨论，提出过多种观点。

## 一、儒家代表说

儒家代表说也可以说是孔子代表说。现代著名学者任继愈在《道教史·新版总序》中说："按照封建正统观点，认为只有儒家的经史子集才有资格代表中国文化传统，佛教、道教典籍属于旁支，文化价值不大。这是长期流行的一种偏见。"② 儒家的经史子集代表中华传统文化，确是汉代以来长期流行的一个观点，直到现在仍普遍流行。在中国人的心目中，孔子是一个文化地位很高的名人。以前很多中国人的家中都有一间堂屋，正中摆着"天地君亲师"牌匾，牌匾中的"师"虽然也有在其旁另加"太上老君"牌匾的，但大多数则默认指"孔圣人"，也就是孔子。任继愈先生说的这种"偏见"仍在流行，现在也还有不少学者认为只有孔子能代表中华传统文化。中国在世界各国开办了几百所孔子学院，这些学院的主要任务虽然不是宣传孔子学说，但名称已经表明中华传统文化的代表是孔子的儒家学说。

本来，孔子有孔子本人的思想，在《论语》中虽然有"大人儒"、"小人儒"之说，但孔子并未自称"儒家"，笼统地在"儒家"前冠以孔子之名是否恰当是可以讨论的；后世流传的儒家思想相当杂乱，有很多与孔子本人并无多大关系。孔子的思想和"儒家的经史子集"也不能等同，以此代表中华传统文化更确实是"一种偏见"，可惜直到现在这种"偏见"不仅未见纠正，反而更堂堂正正地向世界推出了。全面考察孔子及其学说，还孔子以传统文化中应有的地位，是并未解决的一个大问题。我们认为，孔子在中华传统文化中确有重要地位，但以孔子代表中华传统文化的观点却是有偏颇的，我们应郑重其事地纠正这种偏颇。我们这样说丝毫没有贬低孔子之意，只求准确地界定传统文化的代表。

## 二、儒、释、道三家代表说

中华传统文化百舸争流，总体观之难免让人眼花缭乱，这才有了需要明确以

---

① 这个问题在张尚仁、子愚著《众妙之门——〈道德经〉的思想体系》（华夏出版社，2014年）第1—4页做过论述，本书有所增补。

② 任继愈：《道教史》，江苏人民出版社，2006年。

哪一家为代表的问题。儒家代表说可谓清晰明确，但此说有其难解之处，因而就其要者而言提出儒、释、道三家代表说。

在上述一书中任继愈先生说："中国三大宗教（儒、释、道）是中国传统文化的三大支柱。"也就是说，不应只以儒家为传统文化的代表，而应以儒家、释家、道家三家为代表。从五千多年文明史看，诸子百家中，多家已成绝学，儒、释、道三家却一直延续，可见百家中这三家确实最为突出，社会影响最大，受众面也最广。如果从涵盖面来说，以儒、释、道三家为代表是有道理的。也有人认为，从传统文化考虑，释家原是外来文化，且历史比道、儒短，不应列入传统文化的代表，而《易经》在传统文化中的地位更高，被列为占卜之书是不确切的。因此，作为代表传统文化的三家应是易、道、儒，而不是儒、释、道。这个观点虽然有一定道理，但释家在中国百姓中的影响确实很大，因此我们还是认为儒、释、道三家代表说的观点更为确切。但三家是什么关系？三家有没有主次、源流之分？三家理论水平有无高下之别？……这些问题都还有待分析。而且三大支柱的表述，使人有各自独立之感。实际上过去早有三教合一的主张，且已成思潮。其实，道、儒、释三根支柱三足鼎立，"三足"又立根于坚如磐石的根基之上，才使传统文化延续数千年不衰。三根支柱的根基，表现为道、儒、释三家的融合。我们还应从三家融合中去概括中华传统文化的代表。

准确地说，儒、释、道三家只应表述为中华传统文化的主要表现，说三家代表中华传统文化有较为笼统之感。此三家在产生时间上有先有后，在学术观点上侧重不同，文化传承的原因也并一致。因此，三家代表说还有进一步概括之必要。

## 三、惠能代表说

惠能代表说也可以说是佛教禅宗代表说。台湾的星云大师2013年11月7日在广东韶关南华寺曹溪讲堂做"六祖惠能大师与人间佛教"的主题讲座时说："在中国能代表中华五千年文化的，仅惠能大师一人而已。"[①] 这一表述是明确的，给人以确定不移之感。佛教传入中国后，曾形成七大宗派：天台宗、华严宗、禅宗、三论宗、唯识宗、净土宗、密宗等。禅宗本为七大宗派之一。禅宗产生以后，经由一祖达摩、二祖慧可、三祖僧璨、四祖道信、五祖弘忍传至六祖惠

---

① 《广州日报》，2013年11月8日，A21版。

能（638—713）后，虽有分支，却不再能衣钵续传。就其流传范围来看，禅宗在中国佛教的众多派别中确实首屈一指，因而作为佛教大师，说惠能代表五千年文化也是有一定道理的。

六祖惠能的禅宗理论，如将其放在中华传统文化中考察，涉及多方面的问题。从概念上来说，"禅宗"理论表述为"禅道"理论更为确切；在文化传承中，道家思想对禅宗具有至关重要的意义。惠能创立的禅宗，准确表述应为"中国佛教"，其来源虽在印度，但内涵上与印度佛教已不能等同。首先，"道"的观念广泛引入禅宗，佛性与道性几乎在同一意义上使用了。其次，"自然观"成为重要观点。印度佛教本讲"因缘"，不讲"自然"，"自然"原是道家概念；"因缘"说认为众生是被三世轮回报应锁定的，必须刻意修持方可解脱；"自然"观却认为人只应自然而然处世，而不必刻意追求解脱，或者说，自然而然地处世本身就意味着解脱，这是两种不同的文化传统。最后，禅宗讲"明心见性"，道家以"道"为本体，道家说的"道"在禅宗那里则是"心"。这些都说明，如果以六祖惠能为中华传统文化的代表，是要经过深入论证的①。更何况惠能生活的时代距今只有一千多年，以他的思想来代表五千多年的中华文化似有不妥。一位佛教大师在一次讲演中发表的一个观点，我们不必过分认真深究。

## 四、道家代表说

江璟在《读子卮言·论道家为百家所从出》中说："上古三代之世，学在官而不在民，草野之民莫由登大雅之堂。唯老子世为史官，得以掌数千年学库之管钥，而司其启闭，故《老子》一出，遂尽泄天地之秘藏，集古今之大成，学者宗之，天下风靡，道家之学遂普及于民间。"这里说的《老子》一书，即现在大家熟知的《道德经》。

江璟的这一论述，观点非常鲜明，"道家为百家所从出"不仅肯定道家是百家的代表，而且认为道家是百家的祖宗。具体而言，有几个论点需要特别加以说明：

1. 诸子百家的总根源是道家。这一段所说的道家，并非仅指老子的学说，《老子》一书只是道家学说之"集古今之大成"者，这是江璟特意指明的。"道

---

① 可参看冯达文《禅道汇通的观念建构与境界追求》一文，载《学术研究》2015年第8期。

家者,上所以接史官之传,下所以开百家之学者也。"设立史官是中国有史以来的传统,有史之初的黄帝即设有史官之职,我们在理解道家时要谨记道家虽为百家之一,又是百家根源之总源头。

2. 我们曾论到,春秋战国时期的许多学术派别中,道家最为兴盛。而且,在黄帝之后、老子之前的两千多年间,并无百家而只有道家,道家是世上之唯一学派。因此,道家思想应是贯穿中国传统文化五千多年的思想,其为中华传统文化的代表更无疑了。

3. 诸子百家都是从道家分流而出的。"道家之学,无所不赅,彻上彻下,亦实亦虚,学之者不得全,遂分为数派。"本来只有一个道家,后来为什么会出现百家呢?这是因为道家的学说玄实参半,后人很难全面理解,于是各执一端,形成各家分立的局面。即使是儒家,"儒家以践实为务,以身体力行为归,其义即本于道家……儒学脱胎于道家无可讳言"。其他如法家、兵家、墨家、农家、小说家、杂家等皆出自道家。"是春秋战国之世,百家争鸣,虽各张一帜,势若水火,而其授受之渊源,实一一出于道家。"书中对各家源于道家曾逐一做出论证,且有理有据,实难推翻。

4. 对老子学说划时代的意义做了明确的说明:"古今学术之分合,以老子为一大关键。老子之前,学传于官,故祇有道家而无它家,其学定于一尊。老子始官而终隐,学始传于弟子,故由道家散为诸家,而成为九流之派别。是老子为当时诸家之大师,或亲授业于其门,或转辗相授,故诸子著书每多攻击,而罕有诋及老子之言,则不敢背本忘师之故。惟同一大师,而弟子则异派,则由于本其师说而附己见,遂致殊途,……不足怪也。"按此论,老子之前唯有道家,老子之后才有百家,老子学说的划时代意义的确有了明确的界定。

5. 老子的学说素以玄虚著称,江瑔则指出:"道家之言虽涉于虚,而其学实征于实。小之足以保身,大之足以治国。故三代以前之文化,以西汉之治术,皆食道家之赐。此其已试之效,载于史乘,尤彰明而较著者。"①《老子》一书的学说,本虚实兼备,而世人多注意其虚的一面,知《老子》学说实的一面者不多。江瑔视老子学说虚实兼顾,实在难得。

6. 老子之前的学术,限于官府之中,老子掌管官府藏书,向民间开放,"道家之学遂普及于民间",这是有重大历史意义的。中华民族有一大特点,就是虽

---

① 以上引文见江瑔:《读子卮言》,华东师范大学出版社,2012年,第63、64、65、72、73等页。

然过去民间文盲多，而中国历史知识的普及面却很广。传播历史有民间说书这一渠道，有戏曲普及的渠道，还有民间道教的渠道等诚然是重要原因，学者的渠道却未曾被注意到。江璎指出老子打开了"数千年学库"，是学术普及于民间的一大转折，这对民族文化的形成提供了一个新思路。试想我们的日常用语中，有不少都是《道德经》中的句子，有的是从《道德经》演变而来的成语，如"功成身退"、"返朴归真"、"宠辱不惊"、"虚怀若谷"、"自知之明"、"无为而治"、"知足常乐"、"顺其自然"、"上善若水"、"大器晚成"、"天网恢恢，疏而不失"、"千里之行，始于足下"等等。正因为《道德经》的许多思想，通过口诵耳闻，人们已经耳熟能详，也就很自然地融进人们的思想意识之中，并在人们的意识、心理和行为中起作用，成了中华民族的文化传统。由此看来，从文化传统的形成来说，老子的《道德经》真是功不可没。

江璎对道家学说做出以上几点正面评价，发人之所未发，然其文也未必都精到，有的地方说得有些过分，如说"道家之传后世殆绝"就不太准确。然仅从上面几个观点，已足以说明他认为道家是中华传统文化的真正代表。

我们列出认为了这几种观点，只是认为这个问题十分重要但并未解决，因此有深入探讨之必要。而为了阐明这个问题，则应先确定中华传统文化的代表应具备的几个条件。

# 第二节
# 中华传统文化的代表应具备的几个条件

上面四个观点，如果分别解释，都有可取之处。但界定中华传统文化的代表却不应泛泛而论，如果四种观点并立，那就等于将中华传统文化的主要表现等同于中华传统文化的代表了。因此，我们需要确定作为中华传统文化代表的几个条件。

我们认为，能代表中华传统文化的，须同时符合下面五个条件：一是博大精深，二是源远流长，三是独特价值，四是雅俗共赏，五是国际影响。这五个条件必须同时具备，缺一不可。博大精深说明这一思想的高尚境界，其境界之高是别的思想无法与之相比的；源远流长说明这一思想的历史之长，其历史地位无从替代；独特价值说明这一思想的应用范围特广，价值特高；雅俗共赏说明这一思想为全民族认可，其受众面之宽无与伦比；国际影响说明这一思想并非孤芳自赏，而是得到了外部世界的认同。五个条件同时具备，说明这一思想在世界范围内得到普遍重视，其民族性与世界性非其他思想可比。

# 一、博大精深

分别而言，老子、孔子、惠能创立的理论都可以说博大精深，但相比较而言，孔子的思想主要表现在对国家社会的治理和伦理方面；惠能的思想，主要表现在佛教禅宗的教理方面；只有老子的《道德经》，才完整地体现出对自然、社会和人的总体认识，也就是一种宇宙论。西晋时的葛洪在他的名著《抱朴子·内篇》开篇评论《道德经》时说："'玄者'，自然之始祖，而万殊之大宗也。眇昧乎其深也，故称'微'焉；绵邈乎其远也，故称'妙'焉。其高则冠盖乎九霄，其旷则笼罩乎八隅。……胞胎元一，范铸两仪。吐纳大始，鼓冶亿类。"[①] 这里"玄"即《道德经》所言的"道"，"深"、"远"、"高"、"旷"意即我们现在所谓博大精深。其意为：玄妙的大道，其"博"孕育出元气，铸造出天地，化育出原始物质，创生出万事万物；其"大"如巨笼笼罩四面八方，覆盖在九天之上；其"精"为万物的本原，自然的始祖；其"深"极度深奥，深邃难识。老子《道德经》讲的"道"是非经验的即"形而上"的对象，但不像黑格尔哲学那样只是概念的逻辑推演，而是将"道"的理念运用于认识世界和指导统治者治理国家，并指导我们的身心活动。世界的本体是"道"，"道"在天地中的表现是"德"，"道"在人身上的表现是人性。人类结成社会，社会有其历史发展，在社会历史过程中人性发生变异，造成人类的生存危机，为了摆脱危机，人必须认真修养。这样，《道德经》的全部内容，按其内在逻辑以道论、德论、人性论、社会历史论、修养论加以整理，顺畅通达，可见《道德经》建立了一部具有内在逻辑联系的思想体系。就理论的高度、深度和广度而言，我们不难看出，老子的思想是胜于孔子和惠能的。

老子《道德经》中隐含的中华民族文化的精髓是什么？概括地表述，就是尊重自然、关爱生命与和谐宽容。

尊重自然是《道德经》最基本的思想。

老子认为"道"是宇宙万物创生的根源，是世界的终极原则，所以天、地、人都要遵循道的法则。而"道"的本性就是"自然"，所以"道"是自然而然地

---

① 葛洪著：《抱朴子·内篇》，中华书局，2011年，第2—3页。

成为天、地、人的法则的。"道"生万物，从起始上说，也可以叫作"有无相生"。万物按其本性自然地生长发育，不受异己力量的干涉而得以实现其本性。老子在理论上用自然无为之"道"取代了有人格意志的神，因此否定了有目的、有意志的神创造世界的学说，是一种宇宙自然生成的哲学。老子的哲学，表现出我国古人高度的抽象思维。

《道德经》认为自然"无为而无不为"，也就是说自然是无目的的，但无目的地运动的自然却能创造出秩序井然的世界。因此，人在自然面前，只能顺应自然，利用自然，不能以自身的主观意志随意地改变自然万物的本性，强求自然与自身一致。到了现在，这一尊重自然本性的思想的现实意义越来越明显了。道家的"无为"即无目的的自然，却顺其自然"无不为"地创造出秩序井然的世界。用现代的术语来说，就是自然自身的运动变化形成生态平衡。尊重自然，保持自然的原生态，正是现代全人类关心的共同的时代主题。现时代的主题，在老子哲学中隐藏了两千多年，现在是将这一精髓挖掘出来的时候了。

关爱生命是《道德经》中隐藏着的深厚情怀。

关爱生命和尊重自然是直接相关的。老子在论述人、地、天、道这域中的"四大"时，特别突出"人居其一"，表明在他的哲学中，"道"或自然是基点，人则是重点。也就是说，老子所说的"道"或"自然"，并不是一个挂空的终极概念，它通过人的生命体现出来，表现为对人的个体生命和社会生命的双重关怀。"自然"之"道"，既是个体生命内在的原则，又是协调人与自然及人与人社会关系的准则。在老子的思想中，生命和自然的具体关系是：有生命的人并不在自然之外，而就在自然之中，是自然的一个有机组成部分，因此，人的生命和自然是统一的。人本来就来自自然，来自自然的人又生活在自然的天、地中，人要活得好、健康长寿，就要尊重自然、善待自然，不要破坏自然为我们提供的生活基础。要看到万事万物之间及它们和人之间，还有人和人之间，都存在着自身的自然联系，这个联系就是"道"。人顺着统一于自然之中的联系也就是"道"去生活和做事，就是顺其自然。老子哲学的人生观念，启发、诱导人们去探索人生、人体、命运、社会、宇宙等方面的奥秘，充分显示出中国人重人生、乐入世的积极人生态度，体现了中国人重实际和富于想象的传统精神。

在老子生活的时代，下层民众为了求生，往往只能"不畏死"去反抗。老子说："民之轻死，以其上求生之厚。"在生死对抗的阶级社会中，关爱生命尽管是人的情怀，却不能成为时代的一个主题。而在现代，人们的物质生活水平比之历史已经大为改善，关爱生命已成为全人类共同的情怀。

和谐宽容，是《道德经》健康的文化心态。

道家从崇尚自然和用"道"包容宇宙中的一切事物的世界观，引申出"知常容，容乃公"的原则，表现出一种宽容、和解的气度。在道家理论中，"和"、"容"都是重要概念，"和"即和谐，"容"即宽容。道家文化是主张和谐宽容的文化，这是相当清楚的。道家的这种文化心态表现在各个方面。例如，面对诸子蜂起、百家争鸣的局面，主张"和其光、同其尘、挫其锐、解其纷"。道家的学风及其文化心态，在诸子各家中最具开放性、包容性和前瞻性。道家主张"不争"、"无欲"、"以百姓之心为心"，认为无欲才能不贪，不贪也就不争，无逞强争夺之心，社会不致动乱，国家才能稳定。和谐宽容，于己于人于国都是最为有利的。做到和谐宽容，也就是顺应自然。

《道德经》自然生成的宇宙论、对人体生命的热爱以及追求人与大自然及人与人和谐的思想，作为中华民族优秀文化传统的精髓，正受到国内和世界的日益关注。我们今天提出坚持全球成为命运共同体，构建和谐社会，有其深刻的中华民族优秀传统文化的基础。弘扬《道德经》的传统文化精髓，有其重大的现实意义。

## 二、源远流长

"源远"是上溯，"流长"是下移。孔子的学说与老子同期，但源远不及老子，且孔子问"道"于老子，说明老子是孔子的老师。至于老子思想之源远，则可上溯到中华文化的起源之时。更重要的是，中华文明五千多年，老子处于中段，他身为春秋末年的史官，掌管朝廷保存的史料。身为史官的老子，不参与宫廷的政治斗争，潜心钻研古籍，将在他之前的文化融进他的智慧之中，在《河图》《洛书》《连山易》《归藏易》《周易》等的基础上述出《道德经》，再传世2500多年。正是《道德经》，将五千多年的中华文明史承上启下地联结成整体。

以"道"为核心概念的《道德经》在问世之前，其形成过程可以上溯至中华传统文化的源头。"道"概念之前是"阴阳"，"阴阳"之前是"八卦"，"八卦"的源头是伏羲所创的先天八卦。在中华传统文化中，流传着许多远古时代的神话传说。伏羲、女娲是中国人所熟知的远古神人，李冗在《独异志》中说，"昔宇宙初辟之时，止有女娲兄妹二人……议以为夫妻"，从而传下中国人，伏羲和女娲也就成了中国人的祖宗。伏羲是中华传统"道"文化的活水源头。伏羲与女娲议为夫妻，颇似西方文化上帝创世中的亚当和夏娃，实则根本不同：亚当和夏娃是上帝创造的两个最早的人,伏羲和女娲则为自然所生。在中华传统文化中是没有上帝的地位的。

伏羲的八卦图用的是图形符号而不是文字,《易经·系辞上》说:"书不尽言,言不尽意。然则圣人之意,其不可见乎?子曰:'圣人立象以尽意。'"这里包含着中国古人对世界及人类的深度抽象思维。就是说,世界本原只能运用抽象的图像和卦体符号来表达。伏羲作的八卦图,中为太极,太极为鱼形阴阳二图(俗称阴阳鱼),围绕太极的是八卦。传说中的伏羲时期,中国已经进入农耕时代,先民长期致力于探究天象以明季节,在思维中形成"阴阳"这个观念。

中华民族又自称炎黄子孙,因为正是炎帝和黄帝实现了华夏民族的统一。黄帝是中原各部落的首领,传说中的象形文字就是黄帝时代发明的。《庄子·知北游》中说:"黄帝曰:无思无虑始知道,无处无服始安道,无从无道始得道。"黄帝是一个崇尚道学的思想家,又是一个爱护生命的人。现存《黄帝内经》一书,据说就是他和岐伯、雷公讨论医学的著作。

伏羲和黄帝时期,先人观天象而作"易"书。据《山海经》记载,"易"在夏代为《连山》,在商代为《归藏》,在周代深化成《周易》,春秋战国时期,许多思想家逐渐又将它演变成了《易经》。前两部易书已经失传,《周易》编定在公元前七世纪前后。《易经》在总体上虽说是一部占筮之书,但其中包含深奥的哲理,这是世所公认的。《系辞上》说:"一阴一阳之谓道","生生之谓易","《易》与天地准,故能弥纶天地之道","形而上者谓之道,形而下者谓之器"。这是古典经文首次将"道"概括为一个哲学概念,并用"阴阳"和"形而上"概括"道"的特性。在中国传统文化中,《易经》被列为群经之首,是一部具有哲学意义的著作,成为东方文化的源头。《易经》虽然是中华文化传统中挖掘不尽的古典宝藏,充满人生智慧,深广而显微,彰往而察来,隐藏着"天道大律",但在形式上是一部占筮之书,直至现在,推崇命理学的人仍学《易经》。到春秋末年,老子的《道德经》实现了一个重大的转折,就是将"道"从占筮之学为形式的《易经》中独立出来,确立为"形而上"的哲学本体论概念。

从源头上看,《道德经》哲学无疑与上古神话传说密切相关。溯本求源,在哲学的思维系统形成之前,曾有过一个神话传说时代。神话传说与哲学思维是有渊源和承递关系的,神话传说中包含天文历法,与哲学共同组成了中国古代的宇宙模式。"疑古派"否定古代神话对于古代哲学的形成的意义,其观点是不可取的。

## 三、独特价值

以《道德经》为代表的道家哲学的"道"本体论，运用抽象思维论述高深的世界本原问题。但道家哲学的一个显著特点在于，其哲学一开始就体现出理论和现实的统一、抽象和具体的统一。道家哲学的抽象概念不是挂空的，而是从现实而来又回到现实中加以运用，在运用中体现"道"本体论的价值。"道"本体论的价值，体现在天地自然、人类社会和人的现实生活及精神活动之中。"道"生万物，"德"育万物，包括自然、社会和人在内的万事万物尊"道"而贵"德"，是人类生存和发展的根本要求。《道德经》建立了世界和人类可持续存在的基础理论，其系统性在其他哲学中是难得一见的。

无论东方还是西方，哲学产生之初，哲学家们思考的一个共同问题，就是建立世界和人类可持续存在的基础理论，而且他们有一个共同的观点，就是认为人类要生存下去，最根本的一条是服从自然。古希腊哲学家赫拉克利特说："智慧就在于说出真理，并且按照自然行事，听自然的话。"[①] 印度佛教创始人释迦牟尼，被人们称为如来佛，"如来"就是本来如此、自然而来之意。而真正建立起世界和人类可持续存在的基础理论体系的，则是老子的《道德经》。

《道德经》建立以"道"为本体的哲学，并非单纯去追求认识世界本原的兴趣，从根本上来说，是对人类自身生存的超越常规理性的思考。《道德经》哲学认为，人类生存存在着深沉的危机，这一危机深藏于人的自然本性与人为生存而"人为"的内在矛盾之中。自人类产生以来，这一矛盾就使人类历史呈现"失道"过程，发展下去，甚至可能导致人类灭亡。《道德经》的天道、地道、人道理论，概括地说，就是要世界和人类正视可持续存在的危机，找出危机产生的深层原因和化解危机的途径，为世界和人类建立可持续存在和发展的基础理论。世界和人类可持续存在的问题，也就是"生存还是毁灭"的问题。建立世界和人类可持续存在和发展的基础理论的独特价值，是其他任何理论都无法比拟的。中华民族的文明史，是一部不断探索"道"、不断践行"德"的历史。中华文明之所以能延续五千多年，至今仍充满生命活力，就是因为有"道"文化贯穿其中。中华民族是一个自始至终追求"道"、践行"德"的民族，也必将成为一个充分具备"道德"精神的民族。

---

① 《西方哲学原著选读》，上卷，商务印书馆，1981年，第25页。

## 四、雅俗共赏

以《道德经》为标志的"道"文化得到了雅俗认同。在雅文化中,"道"成为中华文化传统的核心概念;在俗文化中,"道"则成为民众普遍认同的观念。

中华雅文化,集中体现在诸子百家的学术思想中。百家争鸣说明学术思想各有侧重,但各家同根同源且都言"道",又是异中之同。明末清初的著名哲学家黄宗羲明确指出:"盖道,非一家之私,圣贤之血路,散殊于百家。"① 百家中道、儒及后来传入的释家对后世影响最大,道、儒、释三家被公认为中华文化传统的三根支柱。但三根支柱并不是各自独立的,而是植根于共同的基础之上,这个共同的根基就是"道"文化。

"道"是道家学说的核心概念,这一概念虽然在之前的《诗经》和《易经》中已广为使用,但老子的《道德经》才将其确立为宇宙人生的最高概念。以"道"为本体的哲学,虽然不一定被道家之外的各家作为本家的学说,但实际上得到了普遍的认同。《道德经》其实是老子以个人智慧对民族文化的传承和提升。古代的思想流派,除以老子、庄子为代表的道家外,其他各家如心学、理学也论述过本体问题,但大多数都侧重于社会治理和人生修养方面,道家则从宇宙观出发,并将其贯彻到社会人生,探索循"道"而为的社会治理规律和人生修养的内涵,也就是说明怎样治国,怎样为人。正因为如此,我们在论述中华传统文化时,以道家学说作代表是合理的。

在中华传统文化中,道、儒两家的区别主要在于,道家在强调天道与人道统一时,对天道做了深刻的论述,人道则是天道的引申;儒家则侧重于人道的说教,对天道只是表示敬而远之。当孔子说"吾道一以贯之"时,"道"主要表现为人的伦理原则。后来荀子说"千举万变,其道一也,是大儒之稽也"(《荀子·儒效》),更表明"道"也是儒学的基础性概念。释家是佛教的理论,佛教由印度传入中国,以唐玄奘为界,以前主要为传播印度佛教,以后自禅宗起,佛教中国化了,形成了中国佛教。中华传统文化中的释家,主要指中国佛教。禅宗并不主张人生在世只是为了死后进入天国做准备,而认为现世和来世不存在鸿沟,人生活在现世中,只要能"明心见性",即可"顿悟成佛"。释家的理论,亦与

---

① 转引自萧萐父:《吹沙集》自序,巴蜀书社,1991年,第4—5页。

道家相融。禅宗三祖僧璨大师的《信心铭》，开篇之句是"至道无难，唯嫌拣择"①。"至道"指根本的、终极的"道"。三祖将达到"至道"作为最高的追求。老庄的道学，本是禅宗六祖慧能思想的依据。禅宗认为"运水搬柴，无非妙道"，将"妙道"视为成佛。《六祖坛经·悟法传衣第一》中说："若识自心见性，皆成佛道。"《传香忏悔第五》又说："无上佛道誓愿成。"② 明确地将中国佛教的最高"愿"确定为"佛道"。六祖的"自性真空"说，实为追求精神的彻底解放和自由，这本是道家的代表之一庄子阐述的思想，难怪有人将庄子思想看作中国佛教的一个来源。

"道"文化同样贯穿于中华俗文化之中。中华民族是讲道理的民族，"道理"即"道"是"理"的准则，符合"道"才有理，不符合"道"则无理可言。合"道"为理是人的一切行为的指导，"有理走遍天下，无理寸步难行"，由此可见"道"文化是中华文化的灵魂。"道"又是正义的代称，打起"替天行道"的旗号，即意味着正义之举。"道"还融入了社会生活的方方面面，使人们的各种行为都具有文化的意味，如经商之道、为官之道、师道，连喝茶都有茶道。在宗教意识中，宗教哲学虽然包含雅文化，但从大众意识来说则是俗文化。中国的本土宗教称为道教。鲁迅先生在致许寿裳的信中说："中国的根柢全在道教。"在《小杂感》中又说，懂得道教，也就"懂得中国大半"。总之，信仰、习俗、行为准则、社会生活的各个方面，都与"道"紧密相连。与道、儒、释三教相对应，文化上亦有道、儒、释三家学说。在三家学说中，长期以来，人们最重视儒家，释家和道家被认为非主流文化，这是一种偏见。其实，三根支柱的根基，表现为道、儒、释三家的融合，但无论从历史、学术底蕴还是现实看，都可以概括为"道"文化。

《道德经》用"形而上"的"道"去说明"形而下"的"器"，用"形而下"的"器"去领悟和理解"形而上"的"道"，这是非常高妙的。看来，老子阐述的《道德经》不是专门给做学问的人或统治者讲的，他是面向大众，让大众都能了解他的哲理，所以，他总是用人们日常生活中的事例去说理。只要我们怀着崇敬的心态认真去读，不仅能读懂，而且会发现字字句句都是至理名言。我们甚至可以说，历史发展到今天，《道德经》的现实意义更大，其论证的和谐社会，正是人类社会文明最高境界的体现。

---

① 冯学成讲述：《信心铭》，南方日报出版社，2008年，第1页。
② 徐文明注释：《六祖坛经》，中州古籍出版社，2008年，第18、53页。

## 五、国际影响

我们现在理解"道"文化,既要立足中华文化,又要超越中华文化,将其看作人类共同的优秀文化遗产,看作现实中世界和人类持续存在的基础理论。《道德经》早在唐朝已被译成梵文传到国外。据联合国教科文组织统计,全球译本中,除《圣经》外就属《道德经》最多。在"全球村"的当代,全球各民族特别需要共同的基础理论作指导,西方文艺复兴时期形成的理论已经过时,新的基础理论正在逐步取代旧理论。

从世界范围看,文艺复兴以来约500年时间,占统治地位的人类生存发展的基础理论是西方意识形态的人类中心主义。人类中心主义的观点与道家学说是相反的。道家学说认为,人处在"道"、天、地的支配之下,"道"、天、地、人又必须服从自然的法则。人类中心主义则认为,人是世界上唯一具有内在价值的存在物,其他一切存在物对人来说只具有工具性的价值。因此,一切存在物应无条件地服从人的价值需要。人有无限的理性,可以以万能的科技根据自身的需要主宰自然和支配自然,使人过上高消费的"幸福"生活。人类中心主义是当代环境遭到严重破坏的思想根源。按照中华民族的"道"文化,"道"生万物,"德"育万物,都不去主宰万物。万物的生长发育并不是人类的功劳,人类更没有资格去任意肢解和支配万物。万物由"道"生"德"育,自然地形成生态平衡,是世界最好的状态。可是,近几百年来,在加速"现代化"的进程中,地球上的环境遭受到人为的严重破坏,人类的生存受到严重的威胁。人类在反思自身的行为时,才意识到人类中心主义的错误。用环境伦理取代人类中心主义的伦理,是当代伦理研究的趋势。在用环境伦理取代人类中心主义时,弘扬"道"文化具有重大的现实意义。

自文艺复兴以来,西方意识形态的人类中心论、无限理性论、科技万能论和消费至上论成了人类发展的指导理论。这一套理论带来的后果,正如文艺复兴时期意大利的历史学家维科所说:"人类首先感到必需,接着追求效用,再接下去就是讲求舒适,寻乐,然后在奢侈中变得淫逸,最后发狂,浪费他们的资产。"[①] 现在的人类孜孜以求的"文明"社会,正是维科说的"在奢侈中变得淫逸,最后发狂,浪费他们的资产"的社会。

---

① 《西方文论选》(上),上海译文出版社,1979年,第508—509页。

"现代化"带来的全球难题告诉我们,科学技术并不能解决世界和人类可持续存在这个根本性问题,这个问题要靠文化和哲学来解决。中华民族的"道"文化要现实得多,道家学说,就其本体论而言,是"玄之又玄"的。但其所论述的世界和人类存在的理论却是浅显易懂的。也就是说,道家学说本来"甚易知,甚易行",而"天下莫能知,莫能行"。"莫能知,莫能行"使世界和人类生存的危机越来越严重,"能知""能行"则是解除危机最有效的办法。中华民族传承和弘扬"道"文化,使之成为人类共同的文化,人类在这样的文化基础上生存,才是摆脱灭亡危机的"甚易知,甚易行"的现实途径。

文艺复兴以来占主导地位的世界和人类生存发展的基础理论,主张向自然无止境地索取,认为这才是人的幸福源泉。这种理论导致人类赖以生存的自然环境遭到严重破坏,至于核污染扩散和温室效应等问题,甚至可能导致人类的灭亡。对于这种理论,必须进行全面彻底的清理和批判,这是关乎人类生死存亡的问题。在人类遇到的所有问题中,没有比这个问题更大的了。

世界和人类生存的基础理论必须转换,用东方文化取代西方文化指引人类生存和发展是现实的必然要求。为此,首先要吸取人类文明创造的全部优秀成果。这个优秀成果就存在于中华传统的"道"文化之中。在"道"文化的基础上重新建立人类生存的哲学,其为全球社会认同之时,人类将在古老而常新的理论基础上存在和发展,人类历史发展的新时代也就到来了。现在,人们已经开始认识到人类生存基础理论变革的重要性,以《道德经》为代表的人类生存基础理论正在为人类所接受,以"道"文化取代人类中心主义的新时代已经开始,对人类的前景我们满怀信心,"道"文化将指引人类走向光明。

"道"文化已有五千多年的传承。它如一道洪流,离源头越远,就越浩大。当今世界,中华人民共和国国家主席、联合国秘书长、俄罗斯总统、美国总统等许多政要都在他们的讲话中引用《道德经》。《道德经》以近百种文字的译本走向世界。领悟和宣扬道家学说的精髓,传承和弘扬"道"文化,是时代交给我们的重任,是我们继承和弘扬优秀传统文化的重大课题①。从上面的论证我们可以明确地看出,用"道"来概括中华传统文化,肯定中华传统文化的代表是《道德经》阐述的"道"文化,是有充分根据的。现代西方汉学家李约瑟(1900—1995)在《中国科学技术史》第2卷《科学思想史》中说:"中国人性

---

① "国际影响"问题,在张尚仁、子愚著《众妙之门——〈道德经〉的思想体系》一书第25—27页有所论述,本书有增补、删节。

格中有许多最吸引人的因素都来源于道家思想。中国如果没有道家思想，就会像是一棵某些深根已经烂掉了的大树。"① 对道家历史地位的这一论述，确实深透。而道家的代表作正是《道德经》，可见《道德经》是可以代表中华文明的杰作。

# 第三节　中华传统文化代表者的崇高境界

老子的《道德经》之所以能成为代表中华传统文化的杰作，与老子这位古代哲学大师的精神追求、个人学养、形象、学术风格、逻辑思维、情怀及文体文风都有直接关系。形成老子思想的个人因素，是我们在以往的研究中未重视的问题，而我们认为，做这方面的研究是有其特定意义的。

## 一、"善为道者"的精神追求

老子的《道德经》自成书至今，得到的评价犹如冰火两重天。赞之者认为《道德经》的理论思维达到了无以复加的高度，贬之者则认为《道德经》本质上属于原始文化，充其量是原始文化向哲学的过渡。赞者如著名翻译家严复在《老子》评语中所说，《老子》第1章有"同谓之玄，玄之又玄，众妙之门"之语，"西国哲学所事者，不出此十二字"，"中国哲学有者必在《周易》《老》《庄》三书"，从中西哲学会通看，三书又凝结于"玄"。他解释说："玄，悬也。凡物理之所通摄而不滞于物者，皆玄也。""老谓之道，《周易》谓之太极，西哲谓之'第一因'，佛又谓之不二法门。万物所由起讫，而学问之归墟也。"② 贬者如清代魏源（1794——1857）所说，《老子》只是一本"太古书"。现在也有人认为，"由此可以看出，《老子》在概念抽象和理论思维上，至少是表述上的无力或无能。这也可以证明，《老子》的思想和观念与上古的原始文化之间有着一种很直接、很亲近的关系"③。也有人认为以老子的《道德经》代表中华传统文化是不

---

① 李约瑟著，何兆武译：《中国科学技术史》第2卷《科学思想史》，上海古籍出版社，1990版，第178页。
② 《严复集》第4册，中华书局，1986年，第1075页。
③ 章启群：《〈老子〉的"自然"与"无为"义考辨》，载《云南大学学报》（社会科学版）2009年第8卷第5期。

可能的，因为说生活在公元前七至六世纪的老子提出最高思维水平的"玄道"本体论有悖常理，如果真是这样，那现代人的思维就比不上古人了，人类的思维就不是发展而是倒退的了，而这与世界是发展的、人类思维也是发展的这一大前提就不一致了。这个理由似乎很充分，所以他们对老子的思维不做高评价。

现在看来，我们在研究古代文化时有一个错误的"先验"定式，就是认为今人在各方面都胜于古人，对古人提出的学说，我们可以去评价，总结经验教训，而不是从古人那里学习今人所需要的东西。这种一概而论的思维定式本身是不能成立的，因为这从根本上否定了研究历史的意义。在涉及人类生存基础理论的某些问题上，古人在当时的生活条件下，可能比现代人理解得更为深刻。古人的生活与自然更为亲近，对建立人与自然的和谐关系能形成更深刻的认识。现代人的很多时间和精力都用在"精彩"的外部世界和虚拟世界去了，古人却能深入细致地体悟人的内心世界。从中华民族的优秀文化传统来看，重视向古人学习是文明古国的一个文化特点。

德国现代哲学家雅斯贝尔斯（1883—1969）在其《大哲学家》一书中也表述过这样的思想。他认为，在科学方法的运用上，我们可以说我们所处的时代超过了亚里士多德，但就哲学本身而言，我们很难再达到亚里士多德的老师苏格拉底和柏拉图的水准。

张小木在《庄子解说》的前言中说了一段很深刻的话："因为庄子抓住了生命这个人人都关心的主题，抓住了人性中最本质的东西，他看到了人性中最美丽的善和最丑陋的恶。因此，无论历史如何更迭，无论世事怎样改变，人的本性都很难改变。俗话讲：江山易改，本性难移。庄子抓住了我们难移的本性，所以，他的思想和他的话语便具有了穿越时空的力量，他可以轻松地闯入我们的世界，叩击我们正在沉睡的心灵。"[①]《道德经》说："执古之道，以御今之有。能知古始，是谓道纪。"就是认为用古人的办法来解决现在的问题，是道的纲领。《庄子》一书在论述很多问题时都用了"古之人"一词，就是借重古人来阐发自己的思想。古今其实有相通之处，我们今天有兴趣去钻研2000多年前的老子、庄子的道家哲学，说明老庄的精神世界能穿行而来，一直延伸到今天的现实生活之中。精神世界的延伸，就是我们说的文化传统。在改造自然的科学方法和技术的运用上，我们可以说我们所处的时代远远超过了古代，但就哲学的某些基本问题而言，我们很难再达到老子、庄子的水平。哲学涉及的某些层次较低的问题在历

---

① 张小木：《庄子解说》，华夏出版社，2008年。

史中的发展是显而易见的，但我们并不能由此得出结论，说在哲学的基本问题上，后起的哲学家就一定超过前代。古代思想家提出的思想智慧之光，并不会因社会的发展而过时，他们思考一些问题的思路和提出的一些理念，具有万古常新的意义。在现代我们强调创新，包括理论创新，创新和复古是相反的，但在某些范围内，复古就意味着创新。由于历史的原因，在相当长的一段时期内，我们将古代思想家的优秀传统抛弃了。今天我们再将优秀传统挖掘出来，表面上看是在复古，实质上与现在人们长期接受的观点相比，却具有创新的意义。因此可以说，在一定意义上，复古正是创新的一种表现，在理论创新问题上更是如此。例如，自然遭到严重破坏，古代的理论强调人和自然的和谐，我们将尊重自然的观点从古文献中挖掘出来，就是很重大的创新。

东汉河上公撰的《老子章句》将《老子》分为81章，其中第15章和第65章都以"古之善为道者"开论，除此之外，还有多章也论及如何成为"善为道者"。"道"是老子哲学的核心概念，"善为道者"即是哲人。可见，老子对怎样做一个"善为道者"的哲人是相当关注的，而老子本人就树立了"善为道者"的哲人风范。老子的哲人风范对中华传统文化中公共知识分子阶层的形成起到了很大的作用。研究老子的哲人风范，不仅对理解中华传统文化有重大的历史意义，对今天知识分子的修养亦有其重大的现实意义。

老子关注"善为道者"，就是认为除"善为道者"外，还有不善为道者、不为道者和反为道者。"善为道者"是"圣人"，其他则是圣人之外的人，"圣人"和圣人之外的人的区别在于精神追求的境界不同。"圣人"追求的境界是最高的，他们追求悟道和"为道"的境界。悟道是以"心"领悟世界的最高存在，"为道"是言行完全遵循"道"的法则。"为道"必先悟道，悟道的目的是"为道"，在"为道"的过程中更深入地悟道，悟道和"为道"达到"抱一"并提升为精神追求的最高境界的就是"圣人"。

《道德经》所讲的"道"并不是实体性的存在，界定为精神性的存在也不准确，它而是物质和精神"混而为一"的存在。宇宙本来就是物质和精神"混而为一"的，排除物质或精神的任何一方，都不可能理解宇宙。从物质一方来说，科学力求做出解释，但那只是对形而下的"器"的理解，没有达到形而上的"道"的境界；从精神一方来说，宗教力求要人信仰，但那只是对"虚"的领悟，同样没有达到"混而为一"的境界。只有"道"才是对宇宙深刻的领悟，才是最高的境界。最高境界的道学，说的就是境界形而上学。

道学的境界形而上学，还可以从陆久渊的"心学"角度去理解。陆久渊说：

"宇宙便是吾心，吾心即是宇宙。"在这里，"心"和宇宙不是各据一方、互不相关，而是内在地统一的。"心"既然理解宇宙的要求并对宇宙做出解释，宇宙当在心中；"心"所理解的宇宙，也就是人所谓的宇宙。达到境界的"心"是无内外之分的，如果人为地将宇宙和"心"限隔开来，强调宇宙在"心"外独立存在，宇宙只是"心"的认知对象，二分了自我和宇宙，也就必然堵塞"心"的自觉，宇宙就不可能呈现在心中。除去了"心"和宇宙的限隔，这样的"心"才是澄明的，才是高境界的。精神所追求的高境界形而上学，正是"心学"。

"心"是古人常用的一个概念，所指不是作为身体器官的心脏，肉体的思维器官是脑而非心。"心"是诸多学派特别是佛教用来表达与精神相关的核心概念，佛教的一部著名经典就称"心经"。佛教说的"心"有肉团心、缘虑心、集起心和坚实心四种解释，"四心说"说的就是"心"的四层境界：虽然肉团心有生理学的心脏含义，但佛教说的肉团心的作用不是输送血液而是产生精神，所谓"起心动念"，说的是"念头"从心而起；缘虑心指心的认知功能，人的善恶、耳闻目睹产生的各种思想都总名为"心"；集起心指心中保存的物质和精神的一切"种子"，有了这些"种子"才生出对宇宙和万事万物的认识，说明"心"是一切事物和现象的根源；"四心"中最高境界是坚实心，亦称"真心"，指"心"所达到的恒常不变的清净境界，达到这种境界也就领悟到了形而上的本体。"四心"中前两种与认识直接相关，后两种与本体相关，由此及彼，已经意味着境界的提升。到坚实心阶段，集起心生出的所有认识内容全部清空，达到了"世上无一物"的精神境界，也就明心见性、即身成佛了。

精神追求的最高境界也就是"心"的最高理想，最高理想不是在现实中显现出来的，孔子说过："圣人，吾不得而见之矣。"(《论语·述而》) 因为理想属于未来，现实属于当下，而在人的精神中，既不可能脱离现实，又不可能没有理想。人的生命过程就是立足现实、为实现理想奋斗的过程，近期理想实现了，这一理想即不再是理想而成了现实，自然会提出更高的理想为之奋斗，由此而一步步提升至最高理想并为实现最高理想奋斗终生。能提出最高理想并终身奋斗者，唯有"圣人"，唯有"善为道者"。

《道德经》所谓的道、无、玄、妙、虚等概念，在魏晋玄学、隋唐佛学、宋明理学等学说中一直都有所阐发。中华传统文化中哲人所追求的就是精神境界一步步的提升，中国玄学就是境界形而上学。我们说老子及《道德经》是中华优秀传统文化的代表，这是一条重要的根据。

## 二、"微妙玄通"的哲人学养

《道德经》论述过"为士者"、"胜人者"、"知足者"等不同的人，对其他人的论述只是一般性的，对"善为道者"的论述则是深刻而全面的。"善为道者"的学养特质就是"微妙玄通，深不可识"，这是对哲人学养所做的规定。

"微妙"的"微"，《道德经》的解释是"搏之不得名曰微"。"善为道者"的哲人生活在平常人之中，并没有什么外在的装束打扮，是不能从外在表现上直接认识的。《道德经》多处用到"微妙"的"妙"字，如"众妙之门"、"观其妙"、"要妙"等。"妙"是幽远莫测的意思。一个对象，你体察得到它，似乎真实，但在现实中又找不到，而似乎虚幻，这样就会觉得奇妙。人们常惊叹世界极其玄妙，总想揭开世界的奥妙。对于人们具有的内在精神意识，人人都不可否定其存在，但却看不到、摸不着；人们可以想象自己站在月球上，可以想象自己与古人面对面对话，还有梦境等等，现实中不可能存在的种种，在精神意识中都可能存在，这使人更觉玄妙。分门别类的各门科学知识，是力求揭开世界某方面的奥妙；各种奥妙的总体则是"众妙"，"众妙之门"由什么学科来揭开？揭开"众妙之门"的就是玄学、哲学。哲人的职责，就是找到打开"众妙之门"的钥匙。

为了打开"众妙之门"，哲人应有"玄通"的学养。"玄"是《道德经》的关键词之一，魏晋时期的哲学称为"玄学"，足可见理解"玄"就是理解哲学，从事"玄学"研究者就是哲人。哲学所说的"玄"是世界的本体，在老子哲学中则是"道"，正因为如此，哲人被称为"善为道者"。

"善为道者"的哲人对"玄"的理解，还必须达到"玄通"的程度，就是要体悟得透彻通达。透彻是要将最根本的问题挖掘出来并加以回答，通达是要将世界本体和万物的关系论述得深广合理。

在"微妙玄通"的水平上，老子的境界是最高的。《道德经》明确规定"道者，万物之奥"，"道"是世界最奥妙的本体。"道"是"天下母"，是产生万象万物的本原。"孔德之容，惟道是从"，通达于一切事物和现象中的"德"，其内容和表现就是完全遵从"道"的法则。在"道"生的万物中，"人居其一"，"道"为人之"母"，人为"道"之"子"，"既得其母，以知其子"，人性的本质就是"道"性。对于由人结成的社会，应坚持"为无为，则无不治"。"不道"会导致人性的扭曲，必须通过人性的修养，复归于"道"。这就是《道德经》构建的具有内在逻辑的思想体系。

"善为道者"的哲人，其学养如果只是"微妙玄通"，那还是"深不可识"的，别人不可识，哲人的学说除孤芳自赏外，只能束之高阁，对世人起不了作用。因此，"善为道者"的学说，还必须具有"观其妙"和"观其徼"两个方面的特性，即既要运用抽象思维去理解世界的本体，又要运用形象思维去理解事物的具体形态。如《道德经》说"谷神不死，是谓玄牝。玄牝之门，是谓天地根"，意为深邃的山谷能源源不断地冒出山泉水，可见其内部隐藏着神奇不死的生命力。泉眼源源不断地冒出泉水，就像是深不可测的母体永不停歇地生殖一样。"道"如同母体的生殖之门，"道"生万物，如同母体的生殖之门永不停歇地生殖，产生出世间万事万物，所以"道"是"天地根"、是"天下母"。用泉眼冒出泉水的形象比喻"道"无止境地产生万物，非常高深抽象的问题形象化了。对于人内在的精神意识，《道德经》也是用"道"的学说去说明的，人之所以有精神意识，是因为"道""其中有精，其精甚真，其中有信"，内在的精神就是信息。这样的论述在《道德经》中有多处，用可见或可理解的道理去说明高深的哲理，"深不可识"的哲理转换成了"甚易知，甚易行"的通识。这才真正达到了"微妙玄通"。

## 三、"善者不辩"的学术风格

老子在世时，正是百花齐放、百家争鸣兴起之际。在各路学者都异常兴奋地参与到百家争鸣中去时，老子的态度却与众不同。《道德经》说："绝学无忧。唯之与阿，相去几何？善之与恶，相去几何？人之所畏，不可不畏。荒兮其未央哉。众人熙熙，如享太牢，如登春台，我独泊兮。其未兆，如婴儿之未孩，乘乘兮若无所归。众人皆有余，而我独若遗。我愚人之心也哉？沌沌兮，俗人昭昭，我独昏昏；俗人察察，我独闷闷。澹兮其若海，飘兮若无所止。众人皆有以，我独顽似鄙。我独异于人，而贵食母。"这一段说的"绝学无忧"指一种学说后继无人了，不用担心会产生什么不良的后果。"唯"指对一种思想，"阿"指不明确地随众附和，意思是对待一种学说，发表不同看法和阿谀奉承并没有多大区别，善良和丑恶有时也是很难分清的。"畏"，敬畏、佩服，意思是人人都敬畏的学说，不敬畏也不行。"荒"有迷乱、放纵之意，"央"表示终止、完结，"未央"即没有终结。汉朝一个宫殿叫"未央宫"，寓意为这个朝代世代相传，不会完结。"荒兮其未央哉"，即放纵各种学说在那里无休止地争辩，总是没完没了。

是非难辨的学说早已泛滥成灾了，很多人却还趋之如鹜，好像是去祭祀的大庆大典场所享受丰盛的宴席，又好像是在春暖花开时蜂拥去郊游。面对这样的热闹场面，我却淡然处之。我的样子，就像在母腹中还没有出生的婴儿一样茫然不觉，又像是长途跋涉的游子一样疲倦得昏昏欲睡连家都不想回。在别人将他们的学说吹得天花乱坠时，唯独我将它们像垃圾一样扔掉。难道我是一个愚蠢的人，生就一颗愚蠢的心吗？老子清醒地看到，他对百家争鸣持这种态度，人们很可能会说他是愚蠢的。愚蠢是智慧的反面，贬愚褒智是世人的通识。何以老子一反世俗通识，却要褒愚贬智？老子所褒的愚，是世人所理解的愚蠢，还是本来是智而故意假装愚？如果愚就是世俗所说的愚蠢，道家学者都成了傻瓜；如果本来是智而故意假装愚，道家又岂不成了两面派？这些问题是老子自己也意识到了的，所以才提出了"我愚人之心也哉"的问题。我总是混混沌沌，在俗人什么都清清楚楚时，我却什么都昏昏沉沉；在俗人明明白白时，我却糊里糊涂。我恍惚是在黑暗的海洋中漂泊，飘飘荡荡不知道哪里是岸。众人都以他们的丰厚成果而骄傲时，我却顽固地坚持自己的见解。《道德经》以"母"喻"道"，"道"为"天下母"，我和俗人不同，是因为我是由尊贵的"道"哺育成长起来的。

老子的愚智论，为人生的修养提供了理论的指导。它告诉人们，人在世上，要有所愚而不要大愚，要有所惑而不要大惑。不承认愚的人工于心计，在琐事上一点都不肯糊涂，大事却难免糊涂，自以为是大聪明，实则是大愚蠢；懂得愚的人在琐事上糊涂，大事却不糊涂，实则是大聪明。

在道家思想中，守愚才能达智，也就是愚中有智；小智其实是大愚，也就是智中有愚。守愚所领悟的智，是"形而上"之智，亦即哲学的领域；"形而下"的智，只是世俗的片断知识。世俗的知识虽然也是智，但只是"小知"。"小知"在一定领域中是有用的，但如果背离了"大知"，不仅不具有真理性，而且可能蜕变为"大伪"。道家的愚智论，真正确立了"大知"是哲学的领域。

老子的学术风格，集中地表现在通行本《道德经》的最后一段所说的"善者不辩，辩者不善"。这一句，在字面上我们可以解释为：善良的人做事不在乎别人怎样议论，不对自己的行为进行辩解，对自己的行为进行辩解的人不一定是善意的。但这样解释似乎未达老子的深意。从"辩"字看，老子写《道德经》时，百家争鸣的辩论之风已起，对各种问题的争辩，老子明确表明"我独泊兮"，他看得很淡泊，不愿意去纠缠。因此，老子说的"善者"，不应直译为"善良的人"，而应解为"善为道者"，"善者不辩"即"善为道者"不专注于与观点不同者进行辩论，而是一心一意去"为道"，也就是建立"道"的理论体系。老子在这里表明，我只是致力于建立从自然之理推论到人世之理的思想体系，别人接不接受我的观点我并不在意，"道"的理论体系不是靠辩论建立起来的，而是靠潜心悟道和"勤奋而行之"地"为道"建立起来的。同样的道理，"辩者不善"，也不是说进行辩论的人是不善良的，而是说总在辩论中纠缠并不是建立一种新理论的最好的方法。

## 四、"复归其根"的思维特点

老子是"善为道者"，老子的学识"微妙玄通"，老子的风格"善者不辩"，老子如何潜心思考世界本原，阐述出《道德经》？这就是老子的思维特点问题。老子哲人思维的特点就是"复归其根"。这也就是严复所说的"万物所由起讫，而学问之归墟也"。

《道德经》说："致虚极，守静笃。万物并作，吾以观其复。夫物芸芸，各复归其根。"这几句论述，从万物的起源到现实，又从现实反思回复到万物的起源。"各复归其根"是这一段所阐述的结论性思想。世界中的每一个事物，最后都要回复到它的根源上去，每一个事物的根源都是"道"。老子的思维从万物起源的"道"到万物，最终又复归于"道"，这里包含着十分深刻的哲理思维。

美国著名的系统论研究者拉兹洛说："早期的科学思维既是整体的又是思辨的，现代科学的崇高精神是依靠经验的又是原子论的思想方式达到的。两种思维方式都难免有不足之处，前一种用信念和洞察代替了翔实的探求，后一种牺牲了融会贯通以换取条分缕析。今天，我们正目睹另一种思维方式的转换：转向严谨精细而又是整体论的理论。这就是说，要构成拥有它们自己的性质和关系集成的集合体，按照同整体联系在一起的事实和事件来思考。用这种集成的关系集合体来看世界就形成了系统观点。这是现代的思维方式，也是原子论、机械论和未经协调的专业化三种思维方式之后的思维方式。"[①] 拉兹洛将人类思考世界整体的思维方式转换归结为早期的、后来的和今天的三种，第一种是对世界整体的和思辨的思维，第二种是条分缕析的理解，第三种是系统思维。从人类思维方式转换的整体过程考察，老子《道德经》无疑属于早期的整体又思辨的思维方式。从《道德经》整体和上段引文不难看出，老子同样认为思维方式经历三次转换，第一次也可以说是整体的和思辨的思维，《道德经》认为世界之始是"有物混成"，

---

① 拉兹洛：《用系统的观点看世界》，上海译文出版社，1987年，第14页。

"无，名天地之始"，都是从整体和思辨看的；紧接着"致虚极，守静笃"而来的是"万物并作"，"万物并作"的概括当然不等同于条分缕析，但"万物"从描写景象来说指有了一个一个事物，"并作"指产生和发展，总体上也相当于条分缕析；至于第三个阶段，老子用的是"吾以观其复"，"观其复"不等同于系统思维，而明显指向向第一种方式回复。而且老子认为，人类对世界总体只有做这样的思维才是"知常曰明"，才能"没身不殆"。拿老子对世界总体发展过程的思维与拉兹洛的观点相比较，可能有人会认为没有可比性，因为时间相隔了2000多年，但思考的对象是相同的，这也就决定了思考方式是可比较的。老子作为古代哲学大师，《道德经》所论确是人们应该怎样去思考世界及其发展的最为宏观的大问题，这是我们读《道德经》时必须注意到的。

"复归"是《道德经》中的一个重要概念，它多次出现在对各个问题的论述之中，如"复归于无物"、"复归其根"、"复归于婴儿"、"复归于朴"、"复归其明"等。老子讲述了他思玄悟道的思维路径，就是"吾以观其复"，即从现实回溯到本原，又从本原顺思到现实，体现出顺向思维与逆向思维的统一。也就是说，我们在思考万物生成的过程时，要看到"道"生万物，万物消亡又复归于"道"。从起点到终点，从终点又回到起点，这是一个"周行"循环的过程。对于个体事物来说如此，对于世界来说也是如此。

"道"生万物，"德"育万物，包括自然、社会和人在内的万事万物尊"道"而贵"德"，是人类生存和发展的根本要求。人为只有顺应自然才能达到目的。顺应自然而去"人为"，也就是《道德经》所说的"辅万物之自然而不敢为"。《道德经》得出这样一些结论，都与老子的思维方式直接相关。

"复归其根"的思维，仅从语言表述上已经明显可以看出是一种哲理思维，这种哲理思维方式是老子自觉地运用的。在《道德经》中老子说："我道大似不肖。"我论述的"道"是最大的对象，它不可能与任何一种具体的事物相像，如果与某种具体事物相像，那就不是"大道"而是"小道"了。"大似不肖"也可以说是哲理思维的模糊性，是一种模糊思维。

《道德经》的思维方式总体上是模糊思维，与西方哲学的实体本体论不同，"道"不是实体性的存在，而是"虚灵"性的存在。这种模糊思维使老子的理论带有一点神秘性。"道"贯穿于一切事物和人的活动之中，符合"道"万事大吉，违背"道"必遇凶险。这就使人模模糊糊地觉得"道"好像是"神"一样在人心中，在那里盯着人的一举一动。老子的《道德经》，也就可以起到警惕世人、规范世人行为的作用了。

《道德经》思维方式的一个显著特点是清晰思维和模糊思维的统一,在论述世界总体问题时运用的是模糊思维,在论述某一件具体问题时运用的是清晰思维。比如,《道德经》说:"我有三宝,持而保之:一曰慈,二曰俭,三曰不敢为天下先。"这就再清晰不过了。针对不同的对象运用不同的思维方式,是老子思维方式的特点。《道德经》思维方式的特点还表现在抽象思维与具体思维的统一、发展思维与复归思维的统一等方面。想读懂和理解老子的《道德经》,认清其思维方式的特点十分重要。

## 五、"深不可识"的敦朴形象

老子这位"善为道者",其学养"微妙玄通,深不可识"。《道德经》在"古之善为道者,微妙玄通,深不可识"后接着说:"夫唯不可识,故强为之容:豫兮若冬涉川,犹兮若畏四邻,俨兮其若客,涣兮若冰之将释,敦兮其若朴,旷兮其若谷,浑兮其若浊。孰能浊以澄静之徐清?孰能安以久动之徐生?保此道者不欲盈,故能敝而新成。"正因为"善为道者""深不可识",他们的精神境界不能直接看到,他们的形象却可以勉强地用比喻来形容。

形容"善为道者",有七个"若":一是他们的言行举止像在冬天履薄冰那样小心谨慎,二是他们待人处事生怕干扰了周围的人,三是他们的神态严肃端庄就像到别人家里作客,四是他们的风度潇洒自然如同春天冰雪自己会逐渐融化,五是他们厚道本分如同未曾雕刻过的原木,六是他们的胸怀像山谷一样旷阔幽深,七是他们和民众打成一片不分彼此。"善为道者"能使混浊的水慢慢澄清,能使稳固沉闷的局面经过持久的变动转变为生机勃勃,懂得"道"的哲人虽然道行高尚,但从不自满。正因为他们不自满,所以能不断推陈出新。这七个"若"可以说是老子为"善为道者"画的"大象",但"大象无形",所以这样的"象"也只是"无象之象"。"哲人"的形象之所以是"无象之象",根本原因在于"无象之象"正是"善为道者"的形象。

《道德经》这一段是对道家学者形象的最为集中的描述。从这一段可以看出,以老子为代表的道家人物,他们学问渊博,谦虚谨慎,彬彬有礼,自然潇洒,宽容大度,厚道淳朴,不断求新。这样的形象,其实也是老子对自身形象的刻画,使老子具有很吸引人的人格魅力。我们虽然没有看到老子像当时的许多学者那样招收门徒的史料记载,但登门向老子求教的人肯定不少,如孔子、庚桑楚、文子等都是老子的学生。老子的名气在当时就已经很大了,但他不挂牌招徒，如《史记》记载"以自隐无名为务"。《道德经》说："圣人终不为大，故能成其大。"老子就是这样，从不标榜自己，却成了万古不朽的伟大思想家。

先秦的儒家、法家、墨家、名家等，都有一个能表现其特点的形象，如儒家的形象是温文尔雅，法家的形象是冷酷严峻，墨家的形象是不辞劳苦，名家的形象是能言善辩。道家的形象是什么？《道德经》既为道家经典，也就十分注重形容道家的形象，以此作为修"道"者修身养性和实践修行的指导。《道德经》说道家"愚人之心"、"昏昏"、"闷闷"、"顽似鄙"、"独异于人"、"澹兮"、"飘兮"、"豫兮"、"犹兮"、"俨兮"、"涣兮"、"敦兮"、"旷兮"、"浑兮"、"泊兮"等，着意描写的都是道家"朴"和"愚"的形象特点。但道家的"朴"和"愚"，与人们平常所说的苯和愚蠢显然又不是一回事，因为这种"朴"和"愚"建立在"微妙玄通"的基础上，是领悟"道"的表现，而且有了这样的"朴"和"愚"才能"敝而新成"。从这方面看，"朴"和"愚"中包含着高深的智慧，其中的智慧还"深不可识"，将其称为"守愚之为智"①，实为一语中的。

我们完全有根据说，道家是中国历史上由文化精英构成的群体。文化典籍中的精品，有相当一部分都出自道家之手。他们中的许多人，年轻时即立志学道，并将毕生贡献给道学文化的钻研和创造，著述之丰，令后人叹为观止。如西晋的葛洪，毕生勤奋，博学多才，刻苦著述，可谓那个时代少有的百科全书式的学者。两宋之际的郑樵，隐居山中30年，著书一千卷，其中《通志》二百卷，具有很高的学术价值。在中国思想史中，勤奋治学的道家学者不胜枚举。老子和道家人物都是这样，外表上，他们与常人无异；内在精神上，他们却"独异于人"。他们看似平淡无奇，实则心怀天下。

## 六、"以百姓心为心"的情怀

哲人在古代属于"士"的阶层，也就是知识分子。知识分子是做学问的，在这一点上，老子在"微妙玄通"、"善者不辩"、"复归其根"等方面树立了哲人的风范。但哲人并不是书呆子，他们之所以将毕生的精力花在学问上，是因为他们有比学问本身宽阔得多的情怀。他们心怀天下，以拯救天下人脱离"失道""复归其明"为己任。为此，《道德经》说："圣人无常心，以百姓心为心。善者吾善之，不善者吾亦善之，德善；信者吾信之，不信者吾亦信之，德信。圣人在

---

① 林语堂：《老子的智慧》，时代文艺出版社，1988年，第4页。

天下怵怵，为天下浑其心。"就是自己心怀百姓，关注民生。对于民生问题，《道德经》有多处论述，提出必须关注民生，使民众"无狭其所居，无厌其所生"，改善民众的居住条件，使他们能安居乐业。"是以圣人自知不自见，自爱不自贵。故去彼取此。"所以，圣明的君主要知道，不能只从自己一方着想。想要维持自己的统治地位，就要像爱自己一样爱百姓，而不能将自己摆在比百姓高贵的地位，成为百姓的对立面。在害民和利民这两者之间，要抛弃害民的做法，采取利民的做法。"是以圣人之治，虚其心，实其腹，弱其志，强其骨。"所以，圣人之治，应是使民众经常保持平常心态，让他们衣食无忧，削弱他们争强好胜的斗志，使他们身强力壮，常使民众返朴归真，不生妄想。

庄子在《天下》篇中说："以事为常，以衣食为主，蕃息畜藏，老弱孤寡为意，皆有以养，民之理也。"以事务为日常活动，以衣食为生活的中心，增加物产和积蓄财富以防灾防病，关心老弱孤寡，使他们老有所养，这就是平民百姓生存的道理。道家学者对平民百姓的生活有深入的了解，对民生表现出深切的关注，在著作中专门概括出平民百姓生存的道理，这在哲学家中并不多见。他们对统治者的重税、刑罚、滥杀无辜等暴行多有抨击。历代道家人士多为小吏，且仕途波折，甚至屡遭迫害。他们隐居乡里，以"山林"为称，对社会底层民众的疾苦有较深入的了解。早在春秋战国时期，道家学者就以"布衣"自称。"布衣"这一平民的代称，竟成了道家的代名词，如"庄子衣大布而补之"、诸葛亮《出师表》称"臣本布衣"、范缜以"布衣穷贱之人"自居、李白《与韩荆州书》中自荐"白陇西布衣"等等。在作品中，他们常以平实的语言写出民众的苦境真情，表达平民的情结和愿望。

老子树立的哲人情怀还有许多表现，如爱憎分明。老子既心怀慈善又疾恶如仇，骂出"强梁者不得其死"，将残暴的统治者斥为"盗夸"即盗魁贼首，对为非作歹的坏人斩钉截铁地说"吾得执而杀之"。

老子的哲人情怀，集中表现在他主张"爱以身为天下"，也就是像爱惜自己一样爱护天下，认为为此天下人都必须修道育德。他建立"道"为本体的哲学，最终是为了让天下确立"天之道，利而不害"的人类共同的价值准则。

从《道德经》中我们确实能看到古之哲人老子的高尚理想和深厚情怀，他思考的是人类发展的未来前景；他忧心的是"万物无以生，将恐灭"会成为现实；他要做的是将人类从"不道"的现实中解脱出来，重新走上修道育德的正道；他殚思苦虑的是世界和人类可持续存在的基础理论，使人类能持续生存发展。对照老子的哲人情怀，今天的某些"哲人"汲汲于功名利禄，为蝇头小利苦苦专营，不惜偷窃抄袭，他们的作为与人类生存基础理论不沾边，又何能理解老子的世界和人类可持续存在的基础理论?!

我们认为老子是中华传统文化的代表者人物，《道德经》是中华优秀传统文化的代表作，这并非溢美之言。中华传统文化代表人物和代表作，自有其崇高的境界，这是其他人和其他著作难以比拟的。肯定老子及《道德经》在中华传统文化中的崇高地位，并不意味着贬低孔子及其他各家的地位，孔子及其他各家中的人物和学说有许多也是相当优秀的。百家都从道家而来，但他们只是接近老子和道家，从历史的角度全面评价，他们并没有达到老子和道家的水平。因此，我们应肯定老子和《道德经》是中华优秀传统文化的代表。

## 七、史诗式的文体文风

《道德经》在说理方式上有其独具一格的文体文风。

《道德经》论说的"道"是"玄之又玄"的，是深奥的哲理，但其说理方式是用浅显明白的事例让人理解。比如《道德经》讲"无"，"无"也就是"空"，"空"不是什么都没有，风箱中间是空的，拉动一下，风就出来了；天地中间是空的，正是这个"空"顶天立地，把天地分开了。还有用母体生殖比喻道生万物，用江海处下比喻万流归顺，用水比喻善（上善若水），用婴儿比喻柔弱等等。《道德经》用"形而下"的器去阐明"形而上"的"道"，手法是非常高妙的。《道德经》是面向大众的，目的是让大众都能了解"道"的哲理。老子的说理方式充分表现出公共知识分子的特点：总是用人们日常生活中的事例去说理，使最高领导者和普通民众都能理解，希望以此实现其社会和谐的理想。

《道德经》的文体文风是一个很值得研究的问题，总的来说，《道德经》是一部史诗式的哲理著作。用诗一般的语言来表达深奥的哲理，这很了不起，这大概也是《道德经》得到历代传诵和赞赏的一个重要原因。古代传下的典籍，有诗词歌赋论等不同表现形式，每一种形式都有其特点。《道德经》的写作特点用哪一种形式对照都不像，而又都很像，因而我们可以说它是一种综合形式。《道德经》的大部分内容，都是用格言诗的形式写作的，读起来朗朗上口，如"圣人之治，虚其心，实其腹，弱其志，强其骨"、"知其雄，守其雌，为天下溪。为天下溪，常德不离，复归于婴儿。知其白，守其黑，为天下式。为天下式，常德不忒，复归于无极。知其荣，守其辱，为天下谷。为天下谷，常德乃足，复归于朴"、"知人者智，自知者明。胜人者有力，自胜者强。知足者富，强行者有志。不失其所者久，死而不亡者寿"、"其政闷闷，其民淳淳；其政察察，其民缺缺。祸兮福所倚，福兮祸所伏"等等。这些句子不仅内容深刻，而且符合韵律，每一段的用字看起来都相当考究。有些句子，拼起来就是天衣无缝的一副对联，如"道生一，一生二，二生三，三生万物"、"人法地，地法天，天法道，道法自然"，对仗完美，作为一副对联恰到好处。其所用比喻浅显易懂，如"江海所以能为百谷王者，以其善下之"、"上善若水"等。许多排比句都妙不可言，如"有无相生，难易相成，长短相形，高下相倾，音声相和，前后相随"等。《道德经》的每一段，以读诗的心境去读都是好诗，这使人们读《道德经》时有一种其乐无穷的享受。司马迁在《史记》中说老子"以其修道而养寿也"，大概与其文体之优美相关。将《道德经》翻译成白话文，最难译的大概也是它的诗意文体，而译不出诗意文体，意境就差多了。《道德经》成为中华民族优秀传统文化的代表，与它的文体文风也是有密切关系的。

在表现形式上《道德经》也具有明显的特点，就是分析和结论巧妙结合。《道德经》的各段要阐述的问题，都既有结论性的语句，又有深入的分析。有些段落先给出结论再展开分析，有些段落先分析然后给出结论。第一种如"以正治国，以奇用兵，以无事取天下。吾何以知其然哉？以此：天下多忌讳，而民弥贫；民多利器，国家滋昏；人多伎巧，奇物滋起；法令滋彰，盗贼多有。故圣人云：我无为，而民自化；我好静，而民自正；我无事，而民自富；我无欲，而民自朴"，第二种如"善为士者不武，善战者不怒，善胜敌者不争，善用人者为之下。是谓不争之德，是谓用人之力，是谓配天。古之极"。这样，有分析，有结论，读之使人既理解信服，又容易掌握要点。

# 第三章
# 《道德经》哲学的思想体系问题

老子的哲学发展成道家学派，这大概是古往今来人们都承认的。这个学派的学说有没有体系？如果有体系，这个体系是怎样的？诸多评论老子的书并未论及这个问题，有的虽偶有提及，也未进行正面深入讨论。然而这个问题其实是回避不了的。老子和《道德经》在百家中既能代表一家和一个学派，其哲学成体系应是不言而喻的。只要深入而全面地研究老子，就不能不研究老子哲学的思想体系问题。

## 第一节 《道德经》有无哲学体系的歧见

《道德经》说："吾言甚易知，甚易行；天下莫能知，莫能行。""甚易知，甚易行"的《道德经》，何以又"莫能知，莫能行"？葛洪以"儒教近而易见，故宗之者众焉；道意远而难识，故达之者寡焉"① 做解释，显然不能令人信服。孔子的学说未必"近而易见"，老子的学说也并非"远而难识"，两种学说的真正区别不在远近，而在见识，关键是是否理解老子和孔子的学说体系。

现存老子和孔子的学说都是古文，古文中每个字都有丰富的含义。我们常说对一种学说要做到心领神会，"神"在文章的整体之中，而不是浅显地表现在字面意思上。读古文时入神，难度是很大的。但我们也要看到，《道德经》和《论语》是公共知识分子为民众写的，既艰深又浅白，可以由浅入深，一步步去领会著作的深意。公共知识分子不代表统治阶级说话，而是站在广大民众立场上为公

---

① 葛洪：《抱朴子·内篇》，中华书局，2011年，第231页。

众说话，并告诫统治者也必须站到广大民众的立场上来为民众说话办事，才能保住统治地位。我们研究历史，不能忽略公共知识分子的地位和作用。公共知识分子在中华文化传统中有特殊的重要地位，中华文化传承五千多年，与历代皆有一批公共知识分子发挥作用是分不开的。然而，由于传统文化的载体大都是古书古文，人们阅读之时容易只从字面意义理解而不去深入领会其中的精神，加上一段时期阅读者在"左"的思潮下形成的固定思维构架未能清除，造成了对古文的许多误解或误读。比如孔子说"学而时习之，不亦说乎"，如果只从字面意义理解，就是学习过程中要经常复习，那是很高兴的事情。直至现在，很多权威学者都是这样解释的。但如果从孔子思想的整体和字形来看，其表达的思想要深刻得多。"学而时习之"，"学"的目的是要成为君子或圣人，"习"字的原意是有长一对翅膀的鸟在天空中飞，"时"字不能只理解为时间，还有时局、时势等意义；全句说的是有志成为君子或圣人的人在理解时局时，要有像天空中飞的鸟看大地一览无余那样的胸怀，才能体会到其中的乐趣。这种解释的精神境界与学习过程中要经常复习的解释差别就是很大的了。

在漫长的历史过程中有重大影响的学说，都有其内在的体系，其中每一个观点的真理性都存在于体系之中，如果撇开体系，观点只能停留在句子的字面意义上，那是"莫能知，莫能行"的。无论是老子的《道德经》，还是孔子的《论语》，大概都不是出于本人之手，而是其后两三代学生整理而成的，后世流传过程中又有变动，整理者可能按所论问题分门别类，也可能力求按其所理解的师之体系整理，但其思想境界存在差距是难免的，后人是否能领会就更难说了。所以，我们在理解古人的著作时，整理他们的学说体系显得特别重要。

学界对于老子哲学有没有体系的问题，可以说众说纷纭、混乱不堪，甚难理出头绪。大概而言，主要有下面几个观点：

其一是"语录说"，认为老子的《道德经》无体系可言，整部《道德经》不过是一段一段语录的汇集，段落之间没有内在的联系，整本书更无体系可言。因此，人们读《道德经》就是从一段一段的"语录"去了解老子的一个个观点，再去判断这些观点的对错。持这种观点的人对《道德经》的态度基本上是批判和否定的，如有人从《道德经》中正话反说出发，断言《道德经》讲的是"阴谋论"。现在，认为《道德经》不成体系的观点虽然得不到多数人的赞同，但确实有人甚至是名人对《道德经》持否定和批判的态度。

其二是"论文汇编"说，认为《道德经》虽然全书不成体系，但可以看作是一本"论文汇编"，有些段落的内容有联系，有些段落则有各自的主题，独立成文，因此不能说五千余字的《道德经》构成了体系，只能说它是一本"论文集"。持这种观点的学者对《道德经》虽不至于全盘否定，但总的评价却不高。

其三是"体系说"，认为《道德经》是有体系的，前面是道论、后面是德论就是总的体系。持这种观点的学者对《道德经》多给予肯定的评价，但对它属于什么学说体系又看法各异，大概有这样几种：一种认为《道德经》是一部哲学著作，其根据是《道德经》讲的是"玄之又玄"的哲学问题；第二种认为《道德经》是一部政治学著作，认为这部著作是专门写给国家的统治者读的，讲的是政治主张；第三种认为《道德经》是一部讲人生修养或修炼的著作，就是人生要怎样修炼才能得"道"。

确定《道德经》是什么学科的思想体系很重要，因为我们认为它是什么著作，就往那个方面去理解和翻译。比如《道德经》有一段说："用兵有言：吾不敢为主而为客，不敢进寸而退尺。是谓行无行，攘无臂，仍无敌，执无兵。祸莫大于轻敌，轻敌几丧吾宝。故抗兵相加，哀者胜矣。"多数人认为这一章讲的是用兵打仗的问题，一位民间人士所著的《道德真经》认为这是一部教导人们修行的书，并把这一段译为：修行的人，经常处于内心修行要求和外界引诱的争斗之中。这时，修行者要坚持退隐避让的原则。对外界的干扰，不要动手动脚。这样，你就可以避开外人的干扰，也可以避开外物的干扰。修行时千万不要轻视外界干扰的破坏力，轻视就会丧失修道的法宝。在内心修行和外界干扰力量相当时，慈悲为怀才能达到修行的目的。同样的一章，原文文字相同，不同的译本对内容的理解差别却很大。

其四是"哲学体系说"，认为《道德经》是中国思想史上第一个哲学思想体系。

《道德经》问世两千多年来，关于体系问题一直争议不断，直至现在仍远未达成共识。这种现状，从一方面来说有积极意义，有争议人们就会继续思考，《道德经》就仍有生命力；但从另一方面来说，负面影响更大，如果人们一直都不明确《道德经》究竟说的是什么，甚至连基本上应予肯定还是否定都没有定论，《道德经》在现实社会中的作用必然大打折扣。因此我们认为，在讨论中华传统文化时，将《道德经》的体系问题正面提出来是很有必要的。

# 第二节 《道德经》哲学体系的相关问题

现在我们在思考一门学科时，经常使用"体系"一词，但对"体系"的认识却相当模糊。因此，我们在讨论《道德经》的哲学体系具体内容之前，先要对与《道德经》哲学体系相关的问题做一点说明。这些问题有：一、哲学体系的形成过程；二、构建哲学体系的基本方法；三、形成哲学体系的意义；四、哲学体系的构成。

## 一、哲学体系的形成过程

一般来说，比较成熟的学科都是已经形成体系的，哲学的思想体系则是各门学科中层次最高的，这是由哲学的研究对象决定的。哲学的研究对象不是世界的某一方面，而是世界的总体。早在古代就有人提出过研究宇宙大系统的问题，如古希腊的德谟克利特；中国的现代学者也有过研究宇宙大系统的设想，但迄今为止并没有拿出一个确定的成果来讨论。哲学体系是早有成果的，如中国哲学史上有老子的《道德经》，西方哲学史上有亚里士多德的《形而上学》，还有黑格尔的《逻辑学》等。这些哲学体系虽然以某一个哲学家的著作的形式出现，但其产生不是某一个哲学家个人认识的结果，而是人类一段历史过程认识的总结。老子的《道德经》是中华文明产生以来中华民族对世界认识的总结，如传说中的伏羲、黄帝，还有《周易》。亚里士多德的《形而上学》之前，有他的老师柏拉图，柏拉图的老师苏格拉底，往前还有很多哲学家，直至早期希腊哲学思想来源的东方文化。某一个哲学家论述某一种哲学体系的著作对形成哲学体系的贡献是巨大的，但哲学体系反映的是一个历史时代人类对世界总体的认识，因此必须放在历史过程中去理解。正如恩格斯所说："每一时代的理论思维，从而我们时代的理论思维，都是一种历史的产物，在不同的时代具有非常不同的形式，并因而具有非常不同的内容。因此，关于思维的科学，和其他任何科学一样，是一种历史的科学，关于人的思维的历史发展的科学。"[①] 这就告诉我们，要形成对某种哲学体系的认识，必须有历史的眼光和宽阔的思维。

---

① 《马克思恩格斯选集》第 3 卷，人民出版社，1972 年，第 465 页。

## 第三章 《道德经》哲学的思想体系问题

以《道德经》来说，它对世界总体的认识在很多段落中都有所表述，最为集中的是"道生一，一生二，二生三，三生万物。万物负阴而抱阳，冲气以为和"这一段。这一段讲的就是世界总体的哲学理论，包括本体论、本原论和生成论等问题。本体论是从现实存在的万物逆向思维去思考万物产生之前的共同基础及万物消亡之后向共同基础的复归，本原论是从本体顺向思维去思考本体与万物的关系，生成论是对本原到万物的过程做理论的说明。老子认为，万物是由"道"分化出阴阳，又经阴阳调和"抱一"而产生的。按老子的观点，阴和阳是万物的基本属性，因此每一种事物都有阴阳二性，每一种物体中阴性和阳性的构成不同，以不同的方式调和"抱一"，从而形成不同的事物。

《庄子·齐物论》中对"道生一，一生二，二生三，三生万物"有一段抽象思辨的解读："既已为一矣，且得有言乎？既已谓之一矣，且得无言乎？一与言为二，二与一为三。自此以往，巧历不能得，而况其凡乎！故自无适有，以至于三，而况自有适有乎！"庄子的解说是很抽象的，其意是说："道"体现了有和无的"抱一"，"抱一"也就是没有分界，没有分界只能无话可说。因为如果对一个对象说了什么，那就意味着有所界定，而一旦加以界定，就分出了彼此，那就不是"抱一"了。但说"抱一"，就是说了话。本体的"道"是一，加上对它说的话，那就是二了，二与一加起来是三。由此推论下去，就是善于计算的人也数不清楚，何况是普通人呢？所以，从无到有，已经推算出三了，又何况是从有到有呢？庄子在这里运用的是思辨思维，认为本原的"道"是"无"，"无"的本义是什么都没有，就连名称也没有。但既然有了"无"的名称，"无"也就成了"有"，这就叫作"自无适有"。产生了"有"，从"有"发展出万物，万物相生，则是"自有适有"。这是庄子运用思辨思维对老子关于万物从本原到生成的理论的说明。

"道生一"，说的是万物有"道"，"道"是万物的统一性，所以"道"也可称为"一"。"一生二"的"二"，可如庄子那样做抽象的思维，但从"万物负阴而抱阳"来看，解读为阴阳二性更切合老子的思想。总之，在宇宙生成中都以"二"为最初的结构。自然界有日月、天地；动物有雌雄，人有男女。宇宙万物虽然气象万千，但它们有同一的来源、同一的质料、同一的结构、同一的法则，甚至有同一的品性。宇宙万物同源、同质、同构，根源在于同"道"，所以它们是相互依存的。

"二"是从"一"到"三"的中间环节，经"二"为中介则进展到"三"，"三"代表事物的多样性，指产生出多样性的世界万物。当然，在世界万物中，最重要的是天、地、人。

将"三"理解为"万物",也就很自然地与"万物负阴而抱阳,冲气以为和"相接了,其意为统一的"道"在它的运动过程中自然地分化出阴阳,阴阳交合而产生出第三种事物。第三种事物呈现出无限的多样性,也就有了万事万物的存在。"负阴而抱阳"的"负"是背面,"抱"是正面,也就是说任何一个事物都有正面和背面,正面和背面并不是两种相反的实体存在物,而是每一个存在物的两个方面,如同一枚硬币的两面。"冲气以为和"的"和"是"中和",说明事物是通过"中和"而形成的。

以上分析说明,《道德经》的这一段,只用简短的几句,就将从本原到万物的生成过程、结构、机理做出了概括。这是对世界总体的最概括的说明。

《道德经》的这一段是老子对世界总体的表述,但其思想来源应追溯到伏羲八卦图的"阴阳鱼"。传说中的伏羲八卦图的"阴阳鱼"其实是古人对世界总体的最早认识,是"阴阳"这个概念的起源。八卦图是一个圆圈,圆圈是"一";圆圈内分出对称的阴阳二"鱼",是"一生二";一个圆圈加上阴、阳二"鱼",合在一起就是"二生三"了。"阴阳鱼"分黑白二色,白色表示阳,黑色表示阴,黑白虽然分明却不绝对分开。在代表阳的白"鱼"头上有一小黑点,表示阳中有阴;在代表阴的黑"鱼"头上有一小白点,表示阴中有阳。进而,伏羲八卦图中的阴阳二"鱼"之所以画成圆圈,是要我们注意这幅图不是静态的,而是在圆圈中不停息地动态旋转,即《道德经》说的"周行而不殆"。"阴阳二鱼"在旋转过程中同步变化,白"鱼"中的黑点也就是阳中的阴逐渐变大,最后取代白"鱼"的位置,但白"鱼"变黑"鱼"也就是阳变阴后却保留着一点阳即一个白点;同样,黑"鱼"变白"鱼"也就是阴变阳后却保留着一点阴即一个黑点。一幅伏羲八卦图的"阴阳鱼",隐含着"道生一,一生二,二生三,三生万物。万物负阴而抱阳,冲所以为和"。这就说明,老子在《道德经》中说的"道生一,一生二,二生三,三生万物。万物负阴而抱阳,冲所以为和"的对世界总体的最早认识,在数千年前已包含在伏羲的八卦图中,后又经黄帝、《河图》、《洛书》、《易经》而至《道德经》。《道德经》构思出哲学体系,是对中华民族早期关于世界总体认识的总结。

## 二、构建哲学体系的基本方法

理解哲学体系要区分体系的创立者和整理者。现在人们所说的哲学体系,通常按理论或创立人命名,如辩证唯物主义哲学或说马克思哲学,其名表明体系阐述的理论或体系创立者。但体系阐述出来的理论并不一定就是创立者本人的理论,也就是说,人们在教科书中见到的哲学体系通常并不是创立者本人编写出来的,而是后来的人根据对创立者的思想的理解重新整理的。理解创立者的思想,会不可避免地加入整理者的思想倾向。整理者能将创立者的思想整理成体系,说明创立者的思想应是有体系的。创立者的思想需要经过多年研究分别进行论述和写作,在论述和写作过程中某些思想也可能有变化。如我们说的"黑格尔的哲学体系",就是后人为研究或教学之需从黑格尔的多本著作中整理出来的。体系创立者的著作如同一座矿山,体系整理者如同探宝人,矿山中的矿藏要经探宝人的探寻才能发现,发现了还要挖掘,挖掘出来了还要提炼,提炼出宝藏才能发挥其价值。体系创立者思维中的体系是怎样的?体系整理者怎样整理编写体系?这就是构建哲学体系的基本方法问题。

许多人在读老子的《道德经》时都会提出:老子怎么会想出这么深奥宏大的《道德经》来?他的预期目的是什么?其实,这个问题在《道德经》通行本第21章中是有回答的,这个预期目的就是为了"知众甫之状"。通行本第21章在论"道"的本质属性之后说:"自古及今,其名不去,以阅众甫。吾何以知众甫之状哉?以此。"说明理解"道"的目的是为了"知众甫之状"。对于"道",老子的解释是"天下母",即万物由"道"所生;按《辞海》的解释,"众甫"的"甫"有"众"和"大"的含义,严复在《老子评语》中说"众甫者,一切父也",因而可以将"众甫"解释为一切事物和现象的共同之处。老子所说的"天下母"和严复所说的"一切父"其实是一个意思,其不同之处是,在"万物负阴而抱阳"中,前者突出"负阴"的"母",后者突出"抱阳"的"父"。阴阳本是事物的两个方面,"天下母"和"一切父"就是这一切事物和现象都具有的这两个方面,因而都是指"万物"。老子作《道德经》的预期目的就是要知道"众甫"或"万物"的来龙去脉,直接地说是为了认识世界的总体。而认识和阐述对世界总体的认识,必须采用一定的方法,运用一定的方法阐述出来的就是哲学体系。

人们生活在同一个世界中,对世界的解释却多种多样,有的说世界的本原是水，有的说是地、水、火、风，有的说是上帝，有的说是"道"，有的说是绝对精神，如此等等。对世界的多种解释也就形成了多种哲学体系。不同的哲学体系的建构方法也不同，但流传时间长、影响面广的哲学体系如老子和黑格尔的哲学体系在建构方法上却有共通之处：一是从抽象上升到具体的方法，二是历史和逻辑统一的方法。

哲学是人类对世界总体的理论思维，恩格斯说："一个民族想要站在科学的最高峰，就一刻也不能没有理论思维"，"但理论思维仅仅是一种天赋能力。这种能力必须加以发展和锻炼，而为了进行这种发展锻炼，除了学习以往的哲学，直到现在还没有别的手段"①。在2500年前产生的《道德经》，表现出了高度的理论思维，说明中华民族已经站立在世界民族之林的最高峰。运用高度理论思维建构的哲学体系，其主要建构方法就是从抽象上升到具体。马克思说："从抽象上升到具体的方法，只是思维用来掌握具体并把它当作一个精神上的具体再现出来的方式。"② 这里告诉我们，具体和抽象是一对互相关联又相反的思维方式，但具体还可以分出感性的具体和思维的具体，抽象也可以分出知性的抽象和具体的抽象。感性的具体和知性的抽象是低层次的，思维的具体和具体的抽象是高层次的。在低层次上，人们只能认识个别的事物或一事物和相关事物的直接的片面的联系；在高层次上，人们才能达到本质的和对事物的全面的总体的认识。从思维方法上看，《道德经》的哲学体系正是运用了从抽象上升到具体的方法。我们开始接触"道"这个概念时，对它的理解是空洞而不具体的，只理解到这是一个很"玄"的概念；在多次阅读和思考后，逐步理解到"道"生万物，万物还可以引申出"德"、人性、历史过程、社会治理、圣人修养等问题，"道"这个概念在我们的头脑中就是一个包含着丰富的具体内容的概念了，或者说是一个具体的抽象了。我们肯定《道德经》是一个哲学体系，因为它在建构方法上具有明显的从抽象上升到具体的哲学特性。

《道德经》的哲学体系另一个显著特点是运用了历史和逻辑统一的方法。恩格斯说："逻辑的研究方式是唯一适用的方式。但是，实际上这种方式无非是历史的研究方式，不过摆脱了历史的形式以及起扰乱作用的偶然性而已。"③ 老子

---

① 《马克思恩格斯选集》第3卷，人民出版社，1972年，第467、465页。

② 马克思：《〈政治经济学批判〉导言》，《马克思恩格斯选集》第2卷，人民出版社，1972年，第103页。

③ 《马克思恩格斯选集》第2卷，人民出版社，1972年，第122页。

的《道德经》的"道"、"德"理论，其实是在中华文明历史发展过程中逐步形成的。本书前面的论述已经说明，"道"是中华文明的古老观念，"道"分阴阳的思想在伏羲的八卦图中已经很明显，"道"的其他特性在老子之前的文献中也有所阐述。《道德经》总结了以前历史过程中的认识，又为后人开启了认识的新时期，运用的就是历史和逻辑统一的方法。中华文明历史进程中产生的一个个概念，在老子的《道德经》中构成了具有逻辑联系的系统，这就是历史和逻辑的统一。

从抽象上升到具体的方法以及历史和逻辑统一的方法是构建哲学体系的基本方法，《道德经》正是运用这两种方法构建的哲学体系。这个哲学体系我们将在后面做详细分析，这里要说明的是，《道德经》哲学体系中包含这两种方法，并不是说老子论述过这两种方法。从体系中将运用的方法整理出来，是体系整理者的工作而不是体系创立者的职责。

## 三、形成哲学体系的意义

《道德经》构建了一个博大精深的哲学体系。中华传统文化中产生这个哲学体系的意义是十分重大的，我们可以从中华文明的历史方面、对中国社会文化的影响方面及解决世界面临的难题方面做分析。

首先，从中华文明的历史方面来看。中华传统文化经历了五千多年的历史发展，是多样的、多维的，多样多维的文化比较集中地体现在春秋战国时期的诸子百家之中。百家文化都在历史中打下了烙印，但有大小深浅之分，多数烙印因不大不深，现在已经模糊不清了，唯有道家、儒家和法家的烙印至今还较为清晰。在历史过程中，百家不可避免要被筛选淘汰，何以只剩下道、儒、法三家？根本原因只能从三家的理论本身去寻找。三家的理论，从内容和形式的统一看，道家最为突出，并表现在《道德经》创立的哲学体系之中。

《道德经》的哲学体系，其博大至"万物之宗"，精深至"窈兮冥兮"，"自古及今，其名不去，以阅众甫"。这样的哲学体系"踩"在历史前进的道路上，留下的印记深厚坚实，永不磨灭。在中外哲学史上，产生过许许多多的哲学家，留下许许多多的哲学体系，有的昙花一现，有的浮光掠影，有的若隐若现，有的烙印不深，唯有中国的《道德经》和西方黑格尔的《逻辑学》最为引人注目，而《道德经》比《逻辑学》早了两千多年。这就是哲学体系的魔力，这就是哲学体系的意义。一种学说要在历史发展中留下印记是不容易的，学说的体系越坚实，留下的文化记忆也就越深刻，这正是学者的愿望，正是学者的追求。

其次，从对中国社会文化的影响来看。哲学体系在历史中留下的印记主要表现在文化传承中，文化并不只是在博物馆、书籍、文物中传承，更重要的是在社会生活中传承。社会生活中的各类人群，大多数都在不知不觉中传承着不同的文化，这些文化元素是他们中从生活环境中获得的。社会环境中的文化元素聚集起来，就形成了社会文化。中国社会文化的各种表现不能说都从《道德经》而来，但深入体察却可以发现许多《道德经》的痕迹。历代有重大作为的人物，很可能从小就接受过《道德经》的教育。《道德经》说："立天子，置三公，虽有拱璧以先驷马，不如坐进此道。"对于统治者来说，掌握和运用《道德经》的思想，可能比什么宝贝都重要。历代的公共知识分子，最高的追求是"成其私"即成就自我，为此，他们牢记《道德经》的教导："上士闻道，勤而行之。"社会上的广大民众，普遍懂得"美言可以市尊，美行可以加人"的道理，在社会交往中得到更多人的尊重，交到更多的朋友，由此形成良好的社会风气。

我们应当承认，《论语》在各类人群中留下痕迹比《道德经》更为显著，但《道德经》的影响可能比《论语》更加深远，而且《论语》中即已包含着《道德经》的影响。尽管文化在公共生活中的作用有时看似微乎其微，比如人和人之间的友善关系表现在哪些方面可能很难具体描述出来，反面的、不友善的暴行却更具轰动效应，然而似乎不具轰动效应的微乎其微的影响为社会秩序提供的正能量对维护社会秩序来说更加重要。努力将《道德经》哲学思想体系包含的各种思想潜移默化到文化之中，使其发挥更大的正能量，是我们应更加重视的工作。

最后，从解决世界面临的难题方面来看。现在的世界与老子在世时的世界相比可谓有天壤之别。老子在世时的世界就面临许多难题，《道德经》多次悲叹"不道早已！"老子深思世界的本原，探索揭开世界奥秘的哲学体系，对人们进行教育，都不是空发议论，在很多方面是为解决当时的现实难题有感而发的。哲学理论给人以海阔天空的印象，实质上都有很强的针对性。不着边际的理论是不可能源远流长的，理论的生命力从来都存在于解决现实问题之中。创立和运用不同的哲学、不同的理论、不同的学科、不同的技术、不同的方法，在不同的历史时期解决不同的难题，这就是人类的历史。人类之所以能不断地解决新出现的问题，一个重要的原因就是不断总结以往解决难题的经验教训，从中得到启示，找到解决现实难题的办法。

当今世界，人类社会无论是物质文明还是精神文明都取得了巨大的进步，有许多进步是古人完全不能想象的。但与此同时，当今世界面临的许多难题也是古人完全不能想象的。比如，自然环境的严重破坏、核污染、贫富差距持续扩大、物欲追求奢华无度、个人主义恶性膨胀、社会诚信不断消减、伦理道德每况愈下……解决这些难题，不仅需要运用人类今天发现和发展的智慧和力量，而且需要运用人类历史上积累和储存的智慧和力量。在中华优秀文化传统中，隐藏着解决当代人类面临的难题的重要启示。习近平在纪念孔子诞辰2565周年国际学术研讨会的讲话中，列举出中华优秀传统文化中的十五种思想，摆在首位的就是《道德经》所论的"道法自然"，充分说明了当代领导人对《道德经》意义的肯定。

## 四、哲学体系的构成

体系泛指一门学科重大问题之间的内在逻辑联系。《道德经》的内容涉及多门学科，这些内容如何编排至今没有定论。现在流行的通行本的编排难以体现内容的内在逻辑联系，而且各种解说读物混乱不堪，让许多学习者无所适从。这种现象存在的时间实在是太长了，导致《道德经》这部伟大经典难以发挥应有的作用，损失实在是太大了，我们再也不能漠视这种令人难堪的现实。将《道德经》的哲学体系整理出来，是历史交给当代学者的重任。

现存的《道德经》的各种版本都不是按内在逻辑编排的，如同散乱在场地上的一堆堆建筑材料，并未成为一座"建筑物"。《道德经》有没有思想体系？如果有，是什么样的思想体系？这是至今没有定论的一个重大问题。研究《道德经》的思想体系，就是将《道德经》的内容按一定的逻辑联结成具有内在联系的体系，使之成为一座恢宏的"建筑"。本书所论是我们对《道德经》哲学体系的一种构想，虽然不能肯定这一定是老子的原意，但我们认为这样编排更符合老子的思想，而且更有利于老子思想的传播和中华文明的弘扬。

我们认为，《道德经》是中国思想史上的第一个哲学思想体系，思辨哲学在《道德经》中占有重要地位。《道德经》讲的"道"就是非经验的即"形而上"的对象。"道"和外部世界的关系就是"道"和"德"的关系。外部世界是"道"的表现，正因为如此，"道"贯穿于外部世界的万事万物之中。这样，从关于"道"的论述也就进展到了关于"德"的论述。在外部世界的天、地、人中，《道德经》又特别突出"人居其一"，因而其中有许多段落专门论述人的问题，首先论述人性，接着论述人结成的社会历史及社会治理，最后论述人的修养。如果我们按道论、德论、人性论、社会历史论、修养论这几大部分对《道德经》的全部内容做重新安排，即能认识《道德经》作为一部具有内在逻辑联系的思想体系的整体面貌。

# 第三节　《道德经》哲学的范畴体系

确立一种哲学的历史地位，将其范畴体系整理出来是最为关键的。所谓体系，泛指一门学科重大问题之间内在的逻辑联系。这种逻辑联系就是通过范畴体系表现出来的。通俗地说，范畴是一门学科的大概念，各门学科的范畴是从某方面认识世界的工具，如光、声、电、磁等是物理学的大概念，构成物理学的范畴。一门学科的范畴又是分层次的，一级范畴展开为二级范畴，二级范畴又展开为下一层次的范畴。一门学科的最高范畴是一级范畴，最高范畴派生出二级范畴，二级以下范畴可能为数太多，人们常选择重要范畴加以论述。范畴的层次结构关系，就是一门学科的范畴体系。人们正是通过理解范畴体系掌握一门科学的知识的。哲学体系的范畴是人类认识世界总体的工具，如我们使用了很长时间的哲学教科书，就是唯物论、唯心论、物质、运动、时间、空间、认识、真理、对立、统一、社会、历史等范畴构成的体系，掌握了这些范畴，排列出范畴之间的层次结构，也就基本掌握了现在的哲学教科书的内容了。研究《道德经》，将《道德经》哲学的范畴体系整理出来，《道德经》哲学的思想体系也就大体清楚了。

## 一、《道德经》哲学的一级范畴

《道德经》以整个宇宙为认识对象，以"知众甫之状"为预期目的，对象和目的均宽阔无边、深广无限。《道德经》说的"域中"就是宇宙中，《道德经》阐述的是对整个宇宙的根本看法，就是我们现在说的宇宙论。用以概括宇宙万物的范畴很多，理清其层次结构及范畴之间的逻辑关系是相当困难的。然而，既然我们要整理《道德经》的哲学体系，而哲学体系的内容表现在范畴体系中，那么我们就要知难而上、尽力而为。

《道德经》哲学体系的一级范畴，也就是理解整个宇宙的最高范畴。这样的范畴的特点首先是其概念的外延无限宽泛，因而内涵难以确切表述，只能经过领悟而加以理解。《道德经》用自然、道、一、玄德这四个一级范畴对原始的也就是包括天地万物的世界做出最为宏观的描述，使人们对无限宽泛和无始无终的宇宙有一个总体的想象，形成对空间无限宽泛和时间无限遥远的宇宙的总体观念，由此建立哲学宇宙论。

## 1. 自然

《道德经》说:"人法地,地法天,天法道,道法自然。"清楚地表明"自然"是一切范畴中的最高范畴,也就是哲学的一级范畴。

"自然"本是一个多义词,主要有以下几个意思:一是指自然界,即包括人和人类社会在内的一切存在;二是指不经人力干预的自身变化;三是指理所当然的自在自为。三种含义的具体指向虽然有所不同,但说的都是自然而然、本来如此之意。准确理解"自然"范畴对理解《道德经》哲学极为重要。"自然"二字要分开来考察,"自"是自我、自己,"然"是因果产生的样态、状态,二字合成的"自然"则指自己如此或自己使自己成为这样的样态。诚如有的学者所说:"老子之学,其最后之归宿乃自然也。"也正因为如此,历来研究《道德经》的学者,无不重视对"自然"概念的解说。关于"道法自然"中的"自然",多数学者的解释都是相近的。河上公注为"'道'性自然,无所法也。"陈鼓应注为:"'道'纯任自然,自己如此。"冯友兰在《中国哲学史》上册中也认为"道"的作用并非有意志的,只是自然如此,在"道"之上没有一个比"道"更高的"自然"实体去支配"道"。"道性自然","纯任自然","自然如此","自然"即"天然"、"本然",这样解释无疑都是符合《道德经》的本意的。

"自然"有下面几点特性:

一是唯一性。自然是唯一的,是完全独立的原始存在,用《道德经》的话说就是"独立而不改",在它之外无存在可言,因此自然无从接受外来指令。自然就是"一",宇宙就是自然,存在就是自然,自然是自身存在而不是产生出来的,因此自然"象帝之先"。在《道德经》的宇宙观中,"帝"有"神"之意,但"神"是精神,创造世界的上帝在《道德经》中是没有地位的,在《道德经》中找不到西方人的创造世界的上帝观念。《道德经》要我们确立的是表明原始永恒存在的"自然"这个观念,用"自然"观念去观照一切就是"抱一为天下式",这是《道德经》的根本要求。学习、宣传《道德经》,从根本上来说,就是要人们树立"抱一为天下式"的"道法自然"的观念。

二是混成性。在《道德经》中,"混"是一个具有重大意义的概念,如"有物混成"、"混而为一"。自然包罗一切于其中,这一切处于"混成"状态,一切混成在自然中,浑然一体,不分彼此。将"有物混成"解释为"世界的原始状态是混沌模糊的物质世界",只看到了一方面的含义,还不够全面、不够确切。如果世界只是物质世界,那么这样的世界就是纯粹的而不是"混成"的。"物"

只是原始世界的一个方面。"道之为物，惟恍惟惚。惚兮恍兮，其中有象；恍兮惚兮，其中有物"，仅从物质方面解释世界，得到的只是"恍惚"，"其上不皦，其下不昧。绳绳不可名，复归于无物。是谓无状之状，无物之象，是谓恍惚"。看世界时还必须看到"窈兮冥兮，其中有精。其精甚真，其中有信"，原始自然是物质和精神"混而为一"的混合体。万事万物从原始自然演变而来，原始自然是物质和精神"混而为一"的混合体，万事万物也必然包含物质和精神。哲学教科书纠缠于一元论、二元论、多元论、物质第一性还是精神第一性，在《道德经》中，这些问题都被取消了，都是不存在的问题。

三是物性和灵性。原始自然是物质和精神"混而为一"的混合体，这样的自然因有物性而恍惚有形有象，因有精神而有"灵"性。既有物性又有灵性的自然也就有了活性，有了生命。这就是《易经》说的"生生之谓易"。有生命是自然的原生态，因而原始自然是生态自然，保持自然的原生态包括保护自然固有的生命。有生命的人和万物同样是自然的产物，生命的根源都在自然之中，因此人在自然面前只能"辅万物之自然而不敢为"，如果肆意破坏自然的原生态，最终结果是人类自取灭亡，万物也难逃灭亡的命运，也就是《道德经》说的"万物无以生，将恐灭"。

## 2. 道

在《道德经》中，"道"和"自然"同样是最高范畴，说的是宇宙中的一切都是自然而来，从自然而来才符合"道"，按"道"的法则运行就是一切都自然地运行，让事物顺其自然地变化发展。因此，"道"和"自然"可以看作同一层次的同义概念，是同一的思维对象。

在《道德经》的研究中，最为混乱也最难说清的就是"道"这个范畴。对这个范畴的理解出现偏差，对整部《道德经》的理解也必然出现偏差。"道"字在《道德经》中共出现73次，通行本《道德经》第一章第一句是"道可道非常道"，古文无标点，理解时先要断句，绝大多数注释本都将其断句为"道可道，非常道"，释义时几乎都释为"可以用语言说出来的道就不是常道"。就是说，第一个"道"字和第二个"道"字的意义是不同的，第一个"道"字指世界的本原，第二个"道"字是指"说"。这样一来，《道德经》中出现的第一个"道"字也就有了两个含义。在多数译本中，"道"还有下面几种含义：一是本原，二是真理，三是规律，四是方法，五是道路，六是说话，还有技艺、策略、系统等含义。从这个前提出发，对出现了73次的"道"字，先要判断每个的

"道"字是在哪种含义上使用的。由于各人的判断不同,对《道德经》的理解也就歧义百出。实际上,《道德经》中有很多字是表示"说"的意思的,但用的是"言"、"谓"、"云"、"曰"等词,并没有用"道"。将通行本《道德经》这一句的第二个"道"字解释为"说",只是后人根据已有的习惯去解释,并不符合《道德经》的原意。我们并不是认为"可以用语言说出来的道就不是常道"这种说法是错误的,而是认为《道德经》这一段说的不是这个意思。那么,这一句要怎样断句和解读呢?应为"道可,道非,常道",意译为"对'道',人们可以认可,也可以非议,但不论人们认可还是非议'道'本身都是恒常存在的"。

下面说说这样断句和解读的理由。

从老子生活的时代到现在,"道"早已成为人们经常论及的问题,你讲"道",他讲"道",各讲各的"道",如师道、经商之道、为官之道、做人之道、茶道等等。老子的《道德经》,表明自己是"独异于人"的,就是说,我在《道德经》中讲的"道",和你们讲的有一个根本性的不同,你们讲的都是这方面或那方面的"道",因此你可以认同,他可以非议。比如,正道、人道是人们认可的,黑道、歪门邪道是人们非议的。《道德经》讲的不是这方面或那方面的"道",而是独立存在的、自身常在的世界本原的"道"。这样解读"道",适用于整部《道德经》,符合老子的思想。如果按现在许多书上的解读,认为"道可道,非常道"即可以说出来的"道"就不是我讲的"常道",那《道德经》用这六个字就写完了,不能再写了。再写写什么?写"道",那不就是在说"道"吗?你已经说了可以说出来的"道"就不是"常道",又在说"常道",这不是自相矛盾吗?其实,历史上也早有人认为,老子并没有"道"不可说的观点,如宋朝的司马光就持这种看法。

上面的例子说明,对《道德经》中的"道",如果一下译为"说",一下译为"道路",一下子译为"规律",一下译为"真理"等等,那是会造成极大误解和混乱的。在《道德经》中,"道"就是世界的本体、本原,是万物共同的内在本质①。这里有一个问题,要理解宇宙,为什么有了"自然"范畴,还要再出来一个"道"范畴呢?为什么"道"和"自然"是同义的概念却要用不同的词来表述呢?"自然"和"道"虽然是不同的词,其所指却是同一的对象,两个词所指不能看作两个对象,也不能说对"自然"和"道"要等量齐观,否则"自

---

① "道"的含义问题,可参阅张尚仁、子愚著:《众妙之门——〈道德经〉的思想体系》一书第二章第一节。

然"和"道"就都不是唯一的了。思考宇宙整体时,首先必须明确的是宇宙整体是唯一的,"道"和"自然"只是对宇宙整体的解释,同样具有唯一性。"道"和"自然"说的是同一对象的两个方面。这两个方面从显现看是自然,从隐秘看是"道",具有从现象到本质的意蕴。

### 3. 一

在《道德经》中,"一"字多次出现,它并不单是通常意义的一个数量词,而且是一个重要的哲学概念,如"昔之得一者"、"道生一"、"抱一为天下式"等,都是在哲学意义上使用的。

在最为完整的意义上论"一"的一段是通行本的第 39 章:"昔之得一者,天得一以清,地得一以宁,神得一以灵,谷得一以盈,万物得一以生,侯王得一以为天下贞。其致之。天无以清,将恐裂;地无以宁,将恐发;神无以灵,将恐歇;谷无以盈,将恐竭;万物无以生,将恐灭;侯王无以贞,将恐蹶。故贵以贱为本,高以下为基。是以侯王自谓孤、寡、不谷。此其以贱为本耶?非乎?故致数誉无誉。故不欲琭琭如玉,珞珞如石。"这段话说的是:最早的时候,一切事物和现象都是从唯一的"道"所生的,"道"生养万物,才有这丰富多彩的大千世界。天得到唯一的"道"的作用才清澈明亮,地得到唯一的"道"的作用才安宁稳固,精神得到唯一的"道"的作用才具有灵性,溪谷得到唯一的"道"的作用才盈满不枯。天、地、神、灵都不是具体的事物,具体的事物太多,用"万物"做概括,万物得到唯一的"道"的作用才生机勃勃。"侯王"代表的是国家社会的治理者,意为国家社会的治理者得到唯一的"道"的作用天下才能长治久安。"其致之",即到了极端而走向反面。如果没有唯一的"道"的作用,天不会再清澈明亮,恐怕裂变而不成其为天了;地不会再安宁稳固,恐怕爆裂而不成其为地了;精神不会再具有灵性,恐怕早已精力衰竭了;山谷中的溪流不会再盈满,恐怕干涸而不成其为溪流了;万物不会再生机勃勃,恐怕已经灭绝了;侯王不会再能使天下平安,恐怕早已被推翻了。正反两方面说明,"道"作为本体的价值,体现在天地自然、人类社会和人的精神活动之中,它的价值是无穷大的,但"道"的品德却非常高尚,"道"成就了一切,自身却从不显露。从这里可以看出,尊贵要以贫贱为根本,位居高层要以底层为基础。再做一个比喻,就像侯王本来地位很高,却谦称自己是无人供养的孤家寡人一样。"数誉无誉"是说,荣誉太多跟没有荣誉其实是一回事。"不欲琭琭如玉,珞珞如石"是说,不要像美玉那样以光彩夺目去引人注意,不要像用珠宝穿成的璎珞戴在颈项上那样自我炫耀。一块美玉、宝石，其外层本来包着普通的石头，包着美玉的石块我们称为璞石，拥有璞石和拥有美玉本来是同样的，但拥有璞石更为安全。其所表述的意思是，具有高贵的品质不必处处以高贵品质自我炫耀，还不如以黯淡无光的璞石存在。"道"就是这样，"道"产生一切也拥有一切，自身却质朴得像一块璞石。

《道德经》中，"自然"、"道"、"一"在一般意义上是可以通用的概念。庄子在《大宗师》中说古之真人"其一也一，其不一也一"，就是认为最初的"一"是完全独立的，没有任何东西可作比较，古之真人回复到世界之初，所以能认识到万物同一。葛洪在《抱朴子·内篇》中也说"胞胎元一"，指孕育万物的同一的"道"在本原的意义上就是"一"，"一"也就是"元"，"元"也就是"一"，所以叫"元一"。中医理论中将人的生命理解为"元气"，"元气"充实则健康，"元气"受损则生病，治病的根本在于恢复人"元气"。天下万物各各不同，这是世界的差异性；千差万别的事物有共同的来源和本质，共同的来源深藏于万物之中，这是世界的统一性。世界万物为什么具有统一性？根本原因就在于一切事物和现象有一个共同的母体或说本原，这个母体或本原就是唯一的"道"。

《道德经》之所以提出"自然"、"道"、"一"这三个范畴，其实是一步步从抽象向具体进展，是为了进入到对世界万物的论述，所以才有"道生一，一生二，二生三，三生万物"之说。

### 4. 玄德

老子的思想表述在《道德经》中，说明在《道德经》中"德"和"道"都是最重要的范畴，"道"是《道德经》哲学的一级范畴，"玄德"同属一级范畴。

《道德经》所论的"德"，大致可以分出三个层次：第一个层次指与"道"直接对应的"德"即"玄德"，也叫"常德"、"孔德"，属于哲学体系第一层次的范畴；第二个层次指人类社会应遵循的"德"，如"上德"、"下德"，属于哲学体系中社会治理论的范畴；第三个层次指人应具有的品德，即人掌握"道"而形成的"德"，如"仁"、"义"、"礼"等范畴，属于哲学体系中的德论范畴。我们在这里论述的是哲学体系中的一级范畴的"玄德"。"玄"其实是"道"的代称，"玄德"也可以理解为与"道"直接同一的"德"。

在一级范畴的层次上，"玄德"、"孔德"、"常德"是同义的。"孔德之容，惟道是从"，通达地理解的"德"，其内容完全遵循"道"，在这个意义上，"道"

和"德"完全一致。完全一致却用两个不同的词表述，因为"道"是宇宙的内在本质，"德"是内在本质的外在表现。本来是同一的对象，从内在本质看是"道"，从外在表现看是"玄德"。本质表现于现象，现象中深藏本质，本质和现象是"抱一"中的"不二"。这与西方观念不同。西方观念认为，本质是真实的却不显现，现象是显现的却不真实；中国人的观念则认为，本质是真实的同时显现于现象中，因而显现本质的现象也是真实的。古文中的许多词都是用一个单字表述的，如道、德、一、仁、义、礼等，用两个或更多字表述时则含义有所变化，如"德"和"玄德"。

在道论阐释"道"之后，《道德经》要进入德论，不过先要将道论和德论连接起来。"德"虽然可以分出不同的层次，但从总体上说，《道德经》讲的"德"都不在"道"之外而就在"道"之中。《道德经》说："生而不有，为而不恃，长而不宰，是谓玄德。"这几句在通行本第10章和第51章中重复出现，其意为：生养万物而不据为己有，促成万物有序而不自恃功高，哺育万物发育成长而不作它们的主宰，这就是最玄妙的"德"。在这里，"玄"其实是"道"的代称，"玄德"也可以理解为"道"显现的完满的"德"。冯友兰先生说的"道之与德无间"的"德"，严格地说应指"玄德"。

"玄德"有这几方面的含义：其一是说，这种"德"具有"道"的总体特征，因而本书道论中关于"道"的论述对于"玄德"来说也是适用的。其二是说，"玄德"贯穿于万物生成的全过程。通行本第51章论"玄德"时说的"故道生之，德畜之，长之育之，成之熟之，养之覆之"，就是对万物生成全过程的概括。其三是说，符合"道"的"玄德"的内涵深不可测，领会到它的精义并加以运用，具有深远的意义。通行本第65章"玄德深矣，远矣，与物反矣。然后乃至于大顺"，说的就是"玄德"的理论与仅仅考察物质世界的理论是不同的，"玄德"贯穿宇宙，不仅可以运用于自然界，而且可以用以解决国家社会治理中的各种难题。其四是说，因为"玄德"和"道"是可以视为同一的，因此，其他层次的"德"要根据与"玄德"接近的程度来划分。这一点从下面关于上德、下德、仁、义、礼的论述中可以清楚地看到。其五是说，"生而不有，为而不恃，长而不宰"是"玄德"的主要特征。

"玄德"还可称为"孔德"和"常德"。"玄德"所指是一切按照"道"的要求去做，这就是"孔德之容，惟道是从"；"玄德"也就是"常德"，"常德不忒，复归于无极"。"不忒"是不出现差错，"无极"是对"道"的别称，"复归于无极"也就是复归于"道"。

"自然"、"道"、"一"、"玄德"在一级范畴的意义上，都是涵盖宇宙的。因其涵养面最宽，所以这四个范畴也可以在二级和二级以下范畴使用，但使用时其涵盖面不及一级范畴。

## 二、《道德经》哲学的二级范畴

二级范畴是一级范畴的展开，范畴的前后次序排列，已经表现出哲学的内容从抽象走向了具体。一级范畴是最高抽象的范畴，延伸到二级范畴，哲学的内容向具体化前进了一步。二级范畴用于进一步解说一级范畴。在《道德经》的范畴体系中，由"自然"、"道"、"一"、"玄德"的一级范畴展开的二级范畴有：阴、阳，无、有，逝、远、反，天、地、人。

### 1. 阴、阳

《道德经》认为，"万物负阴而抱阳"。万物本来各不相同，但在"负阴而抱阳"这一点上却是相同的。万物之所以有这个共同性，是因为共同根源是自然之"道"，"道"是"负阴而抱阳"的，"道生之"的万物也必然"负阴而抱阳"。这就说明，"阴阳"范畴是"自然"和"道"的共生范畴，"自然"和"道"是《道德经》哲学的一级范畴，"阴阳"为"道"所生，是《道德经》哲学的二级范畴。

在理解"阴阳"范畴时，必须注意"阴阳"是一个对象的两种属性或说两个方面，而不是两种不同的对立的存在实体。"自然"、"道"、"阴阳"都"视之不见名曰夷，听之不闻名曰希，搏之不得名曰微。此三者不可致诘，故混而为一"。"自然"、"道"、"阴阳"都不是感性的视、听、搏能直接感知的，要运用包含辩证思维在内的悟性才能领悟和理解。"阴阳"就在"自然"和"道"之中，它们之间不存在互相矛盾，不互相排斥、互相对立，也就是"不可致诘"，并因"不可致诘"而只能"混而为一"，只有在悟性中才分开来悟知，通过悟知获得关于宇宙整体的理解。

运用悟性理解宇宙整体时必须悟到，宇宙整体中的阴、阳是互相混同的两个方面。承认阴阳是一个整体的两个方面才有"混而为一"的问题，从它们是两个方面的角度看，阴不是阳，阳不是阴；从"混而为一"的角度看，阴中有阳，阳中有阴；从"周行而不殆"的角度看，阴阳互相转化；阴阳互相转化而不是互相消除对方，阴转化为阳后阳中有阴，阳转化为阴后阴中有阳。无论是宇宙整体还是万事万物，阴阳两个方面是永远存在的，在整体或每一事物中，只有阴阳成分比例的变动，也就是"混而为一"状态的变动。在变动过程中，可能出现阴盛阳衰或阳盛阴衰的状态，也可能出现相对的中性状态，而不可能出现有阴无阳、有阳无阴的状态。假如出现有阴无阳、有阳无阴的状态，那就意味着原事物的消亡。

阴阳是抽象性的，抽象思维能力不够高时是难以领悟的。为了使人较易领悟，《道德经》常用"母"喻阴，隐含的意思是用"父"喻阳。《道德经》将"道"喻为"天下母"，在于突出"道"的阴性方面；严复将"道"喻为"一切父"，在于突出"道"的阳性方面，这种不同是由人的思维倾向造成的。《道德经》本来强调"柔胜刚，弱胜强"，并因而突出"道"的阴的方面；严复是一位现代翻译家，在现代的语境中，人们常用的许多语词，如乾坤、天地、强弱、刚柔、父母、男女等，都包含"阴阳"含义，但表示阳性的字都在前面，表示阴性的字在后面，也就不是"阴阳"而是"阳阴"了。这就说明，"道"是"天下母"还是"一切父"是不必深究的，《道德经》说的"天下母"、"柔胜刚，弱胜强"需要另做解说。在理解"阴阳"范畴时，重要的不是哪一方面更重要，而是理解"万物负阴而抱阳，冲气以为和"。

《道德经》在论述"阴阳"问题时，从抽象上升到具体，迈进一步，引进"气"的概念，将"阴阳"具体化为阴阳二气。阴阳二气"冲气以为和"，也就是"冲"为"和气"。这里的"冲"有对冲之意，"和"则是"和而不同"，就是说"阴阳"对冲但并不互相否定，而是通过"冲"达到"抱一"，达到"混而为一"，达到和谐相处，如庄子在《田子方》中所说："两者交通成和而物生焉。"即事物中的阴阳都处在适度的状态。适度就是"中"，《道德经》说："多言数穷，不如守中。""守中"的"中"不能机械地理解为一段线条的中间点，而是指适宜的状态，也就是和谐、合适的状态。可见，"冲气"的"冲"和"混而为一"的"混"意义是相近的，准确地理解"混而为一"，就是"冲气以为和"。在我们的思维中，对立统一的范式挥之不去，如能将"对立统一"的思维范式改变为"和谐抱一"的思维范式，其意义难以估量。

## 2. 无、有

人们在现实中思考"阴阳"时，总会有某种似无若有的感觉，从而进入无、有的范畴。

《道德经》说："无，名天地之始；有，名万物之母。故常无，欲以观其妙；

常有，欲以观其徼。此两者同出而异名，同谓之玄，玄之又玄，众妙之门。""无"和"有""此两者同出而异名"，"两者同出"表明都是从"道"推演出来的，"道"是一级范畴，"无、有"就是从一级范畴推演出来的二级范畴，是阐明"道"的抽象的两个方面。从"道"推演出"无"和"有"，显现出"道"是宇宙的本原，"无"和"有"是从本原向万物进展必经的两个环节。

我们先来分析从"无"方面"观其妙"，即对世界做概念思维的抽象性思考。

在思考世界本原的范畴体系中，中国传统哲学特别重视"无"这个范畴，其特殊意义在于它是哲学体系中阐述万物产生时的逻辑起点。以"无"为逻辑起点的传统正是从《道德经》开始的，"无"字和"道"字在《道德经》中同样出现了70次左右。在《道德经》确定"无，名天地之始"后，历代影响较大的哲学家都十分重视对"无"的阐发，以此论述"天地之始"即世界本原和产生的问题。

庄子在《齐物论》中相当机智地论述过哲学只能将"无"作为逻辑起点，因为如果不从"无"开始，那就是还有别的开始："有始也者，有未始有始也者，有未始有夫未始有始也者。有有也者，有无也者，有未始有无也者，有未始有夫未始有无也者。俄而有无矣，而未知有无之果孰有孰无也。"其意是说：如果说世界是有开始的，那就有还没有开始之前的开始，还有没有开始之前的开始的没有开始之前的开始。世界有"有"的状态，也有"无"的状态，还有还没有"有""无"的状态，更还有还没有"有""无"的没有"有""无"的状态，忽然之间出现了"有"和"无"，但不知道这个"有"和这个"无"，究竟谁是"有"谁是"无"。总之，在解释世界时，如果不是从"无"开始，那就会没完没了，永远说不清楚了。而如果承认世界是从"无"开始的，那也就等于说世界是没有开始的，即世界是永恒的。

庄子之后，魏晋玄学的创始人之一王弼致力于老子哲学的研究，著有《老子注》《老子微旨略例》等书，对老子哲学的"无"做过多方论证。王弼说："天下之物，皆以有为生；有之所始，以无为本；将欲全有，必反于无也。"（《老子注》第四十章）就是说，天下万物，形形色色，各有不同的规定，说明任何一种具体的事物都不可能成为所有事物存在的共同的根据。能作为万物存在的本体的，只能是"无"。在王弼看来，任何事物都是有规定性的，只有没有任何规定性的"无"，才能成为所有有规定性的事物的共同本体。可见，"无"并不是不存在，而是一种没有规定性的本体的存在。这是以天地万物皆以"无"为本来论证"无"的存在。

魏晋玄学之后，隋唐佛学中"无"的地位亦十分重要。在唐朝玄奘法师译的仅260字的《般若波罗蜜多心经》中，"无"字出现21次，是该部经中出现次数最多的字，也是阐述佛的空性最重要的一个字。《般若波罗蜜多心经》中的"无"字，是在"诸法空相"后连续出现的，用以表达不同层次的超越和空性体悟。第一层次是超越"五蕴"，经文为"是故空中无色，无受想行识"；第二层次是超越"十二处"，经文为"无眼耳鼻舌身意，无色声香味触法"；第三层次是超越"十八界"，经文为"无眼界乃至无意识界"，也就是从"无眼界"到"无意识界"，其间有"六根"、"六尘"、"六识"，共计"十八界"；第四层次是超越"十二因缘"，经文为"无无明，亦无无明尽，乃至无老死，亦无老死尽"；第五个层次是超越"四谛"，经文为"无苦集灭道"；第六层次是超越"六种波罗蜜"，经文为"无智亦无所得"；第七层次也是最高层次是佛的境界，经文为"以无所得故，菩提萨埵，依般若波罗蜜多故，心无挂碍，无挂碍故，无有恐怖，远离颠倒梦想，究竟涅槃"。

《道德经》说要从"无"去"观其妙"，就是从"无"去思考宇宙时，只能运用纯粹的概念思维，而不能掺杂任何实体的指向，无任何实体指向的概念思维是非常玄妙的，所以叫"观其妙"。

我们再来分析从"有"的方面"观其徼"。《道德经》说："有，名万物之母。""万物"是对能实指的所有事物的总称。从对应于"无"来说，"有"也是属思辨的概念思维的范畴；从对应于"万物"来说，"有"则属于低一层次的有实指性的理性思维。这就说明，"有"兼有思辨的概念思维和实指的理性思维的成分，是从纯粹思辨思维向指向现实的理性思维过渡的一个范畴。经过这个范畴，老子的哲学也就从本体的"道"，经"无"和"有"而通向现实世界了，或者说从抽象通向具体了。

按老子哲学，"道"是世界的本原，由"道"而"无"，由"无"而"有"，由"有"而天地，由天地而万物。既然万物由"道"经"无"而"有"再生天地和万物，"道"和"无"也就存在于天地万物之中。我们只有将"有"放在与"无"同等重要的地位，才能对《道德经》哲学形成全面的理解。

"有"和"无"，用哲学概念来表述，也可叫作存在和非存在。西方哲学的传统是将存在或"有"放在第一个范畴，也就是作为哲学体系的逻辑起点。黑格尔哲学认为，哲学是研究存在的，"存在"是黑格尔哲学体系的第一个范畴和逻辑起点。黑格尔论证说，当我们思考存在时，最初的存在是纯存在，也就是除了表明自身存在外，没有任何其他的规定性。存在是"有"，纯存在是没有规定性的存在，因此又是"无"。从"有"到"无"是消灭，从"无"到"有"是产生，产生和消灭则是变化。这样，就得出了黑格尔哲学体系的第一个正、反、合即"有、无、变"。而老子的哲学把"无"或非存在放在第一个范畴，作为他的哲学体系的逻辑起点。老子说天地开始于"无"，在概念的逻辑思维上，要问天地是从哪里开始的，我们只能回答说是从"无"开始的。因为开始就是产生，没有产生之前只能是"无"，所以，"无"是老子哲学的逻辑起点。如果说黑格尔哲学体系的第一个正、反、合是"有、无、变"的话，那么老子哲学的第一个正、反、合则是"无、有、变"。"无"是比"有"抽象程度更高的概念，这就说明，在抽象的概念思维的层次上，老子的哲学达到了无从超越的高度。

《道德经》关于"有"的规定主要有两条，一是"有，名万物之母"，二是从"有"去"观其徼"。所谓"万物之母"，就是说万物都是从"有"产生出来的，"有"是"母"，万物是"子"；所谓"观其徼"，就是说要从"有"去理解万物的具体形态。

### 3. 逝、远、反

从无、有范畴再推进一步去思考，则引申出逝、远、反范畴。

《道德经》在论"道"的特性时说："吾不知其名，字之曰道，强为名之曰大。大曰逝，逝曰远，远曰反"。这里说得很清楚，"大"是"道"的同义语，"道"和"大"同样属于《道德经》哲学的一级范畴，"逝"、"远"和"反"是"大"的引申和说明，因而是从属于"大"这个一级范畴的二级范畴。

老子哲学中的"逝"、"远"、"反"三个概念，在以往《道德经》的研究中并未引起注意，其实这是三个重要的哲学范畴，用现在的哲学术语来表述，就是时间、空间和无限："逝"指时间，"远"指空间，"反"指无限。而且这三个范畴是有内在关联的，就是"大曰逝，逝曰远，远曰反"。

首先是"逝"。古文中"逝"字偶有出现，《诗经》中有"逝将去女，适彼乐土"，《论语》有"子在川上曰：逝者如斯夫，不舍昼夜"。有人认为，孔子说的"逝"是"誓"的通假字，意思是孔子在河的源头立下誓言，永远行圣人之道。这样解说虽有可取之处，但将"逝"按通常的理解解释为流逝、消逝亦无不可。《道德经》这里说的"逝"，就是指时间的流逝、消逝。时间流逝具有一维性、不可逆性，总是沿着过去、现在、未来一个方向流逝，不可逆转。时间的过去、现在、未来也只是相对而言，过去在其存在之时曾经是现在，现在在还未出现时是未来，现在出现之后即成过去，未来随时间流逝也将成现在，过去、现在、未来的划分只有在确定条件下才是有意义的。比如，我们将一个时限内要做的事称为现在要做的事，这个时限以前则是过去，以后是未来。老子说"大曰逝"，所要表述的意思是，"道"是无穷大的，如同时间流逝一样无始无终。

其次是"远"。"远"字在古文中也有使用，《论语》中有"有朋自远方来，不亦乐乎"之句。有人认为，这里的"有"是"友"的通假字。古时的字没有现代多，通假字常有，如我们熟知的"见"和"现"、"悦"和"说"等。《论语》中还有"性相近也，习相远也"，"人无远虑，必有近忧"等。"远"的字义是遥远、远方、源远流长，都有空间的含义。老子说"逝曰远"，所要表述的意思是，"道"在无始无终的时间里向四面八方的无限遥远的远方扩展。如果说时间具有一维的特性的话，那么空间的特性就是广延性，即"道"在长、宽、高三个方向上都可无限延伸，由此说明"道"在空间上是无边无际的。

再次是"反"。"反"字在《道德经》中不止一次出现，还有"反者道之动"等。"反"字在其他古文中亦有使用，如《论语》中有"小人反是"的句子。《道德经》中"远曰反"的"反"包含相反、反向、反面、返回、反复、往返等义，所要表述的意思是，"道"在无始无终的时间里向四面八方无限延伸的运动形式是"周行而不殆"，即大大小小的圆球"周行"而返回，起点成终点，终点成起点，也可说任何一点都既是起点又是终点。比如一天的早晨经白天黑夜后返回早晨，春天经夏秋冬后返回春天，种子发芽长大结果后返回种子等等。宇宙之大，其间无数大小不等的圆球交错地"周行而不殆"，这就是宇宙的运动形式。"动"有活动、运动、动力等义，"周行"就是自身运动，是万物运动的形态。

最后是"逝"、"远"、"反"的关联。分别地说，逝、远、反是三种不同的运动形式，"逝"是时间，"远"是空间，"反"是无限。但这三种不同的运动形式不是互不相关、各自独立的，而是"大曰逝，逝曰远，远曰反"，一环一环互相衔接，在"道"或称"大"的无限宇宙整体中表现出来的宇宙运动的形式。老子要告诉我们的是，从空间看，上下四方之谓宇，从时间看，古往今来之谓宙，"道"遍及宇宙，宇宙的特点是无限"大"，无限"大"的宇宙是"周行"运动的，时间和空间的统一是宇宙"周行"运动的形式。

通过"逝"、"远"、"反"及其关联的阐述，在人们头脑中，十分抽象的宇宙形态便"其中有象"了，而这种"象"又是"无象之象"，因为"象"不是具体事物的"形象"，而是概念的抽象。

### 4. 天、地、人

从逝、远、反再进一步具体化，天、地、人的范畴便引申出来了。

《道德经》在"大曰逝，逝曰远，远曰反"后接着说："故道大，天大，地大，人亦大。域中有四大，而人居其一焉。人法地，地法天，天法道，道法自然。"这里说的"域"指无限"大"的宇宙，"域中有四大"表明在理解宇宙时，道、天、地、人都是"大"的范畴，四个范畴排列次序的表述，已经表明它们之间的从属关系是"人法地，地法天，天法道，道法自然"，"四大"的次序从低到高为人、地、天、道、自然，它们的关系是低一层次的存在必须以高层次的存在为法则。人以地、天、道、自然为法则，地以天、道、自然为法则，天以道为法则，道以自然为法则。"道法自然"表明道、天、地、人都必须服从"自然"的法则。排列出人、地、天、道从低到高的序列，不是让高一级去支配低一级，而是说每一级都必须将比自身高层次的存在融会于自身，才能保持自身的存在。在法则上，"自然"和"道"在整个序列中处于最高位，因而天、地、人都要遵守自身的自然法则。"自然"和"道"是《道德经》哲学的一级范畴，天、地、人在序列上从属于"自然"和"道"，故属二级范畴。

在《道德经》哲学中，论"天"的内容所占比重特大，冯友兰先生说："在中国文字中，所谓天有五义：曰物质之天，即与地相对之天；曰主宰之天，即所谓皇天上帝，有人格的天、帝；曰运命之天，乃指人生中吾人所无奈何者，如孟子所谓'若夫成功则天也'之天是也；曰自然之天，乃指自然之运行，如《荀子·天论》篇所说之天是也；曰义理之天，乃谓宇宙之最高原理，如《中庸》所说'天命之谓性'之是也。"[①] 我们在分析《道德经》哲学关于"天"的理论时，应重视"天有五义"的看法。作为二级范畴的"天"，在《道德经》中主要是和"地"相对应的范畴，同时包含自然之天即自然之运行之义。但"天"作为哲学范畴，仍包含形而上的含义，因为在规定本体的"道"的本质属性时，"天"和"道"经常联用，组成"天之道"或"天道"的概念。将"天"和"道"直接联系在一起，以"天"明"道"，说明我们首先要运用抽象思维把握"天"所具有的形而上意义。"天"是与"道"最接近的一个范畴，这两个范畴合称为"天道"。在中国人的观念中，"天"代表可见和可想象的事物中最高的存在。在范畴排列的次序上，"道"排在"天"前面，但"道"是不可见的，

---

[①] 冯友兰：《中国哲学史》上册，华东师范大学出版社，2005年，第35页

"天"则是可想象和恍惚可见的。"天道"指"道"对世界的最高的、总体的、确定不移的、不可违抗的规定，如果违抗，必遭惩罚。"天之道，利而不害"。"天道"的最高要求就是只做对世界有利的事情，不做对世界有害的事情。"利而不害"是"道"所规定的最高的价值准则。这个规定是先天的，具有康德哲学中所说的"绝对命令"的性质，世界上的任何事物，都必须绝对服从"利而不害"的"绝对命令"，因为这是关系到"道"作为本原存在的根本问题。如果危害了"道"，本原受到损害，一切也必受损害，最终必遭天谴。

"地"是与"天"最接近的一个范畴，这两个范畴可以合称"天地"。"天地"有多义，第一义是对万事万物的总概括，如"无，名天地之始"、"玄牝之门，是谓天地根"、"有物混成，先天地生"。这几处所说的"天地"都没有特指的对象，而是与本体的"道"联系在一起的。"天地"的第二义是指物质自然界，如说："希言自然。故飘风不终朝，骤雨不终日。孰为此者？天地。"意为天地自然本来如此，自然之义和我们现在使用的"自然界"一词基本上是同义的。"天地"的第三义是以"天地"的本性喻"道"的品格，《道德经》中多处用到"天地"概念时都有此意，如说"天地不仁，以万物为刍狗"，就是说自然的天地没有人格意志，万物在天地间，如同用草扎的小狗一样，天地是任其自然的。这里用刍狗的比喻，说明天地任物自然而不会厚此薄彼。《道德经》说："天地相合以降甘露，民莫之令而自均。""道"生万物并存在于万物之中，如同天和地相互作用，降下雨露，自动均匀地分布一样，社会中的民众不需要什么命令，本来也应是平等的。《道德经》哲学以天地喻"道"，用天地的品性说明"道"的品性。一方面，从本体上说，"道"是天地的本原，天地是万物的总称，"道"是抽象的，"天地"比"道"有现实感，使抽象的"道"有了现实的品性；另一方面，天地的品性有现实感，天地有任物自然、天长地久、不厚此薄彼、与时俱化等品性，不需多做论证而人们能认知。这样，关于"道"的品性的理论也就易为人们所接受了。以人们容易理解的现实说明抽象的哲学理论，是《道德经》哲学的一个重要特点。《道德经》并没有对"地"做专门的界定，约定俗成，比"天"接近人的就是"地"。比如，人类现在居住的星球称为地球，"地"所指近似于地球。在我们的用语中，有宇宙一词，又有世界一词，两词虽然有时可以通用，但世界一词隐含地球上的自然界之义。"天地"其实是对无限宽泛的自然界的总称，在天地中存在的是万物，万物中最高的存在则是"人"。

正因为"人"是万物中最高的存在，所以在"天"、"地"后的范畴是"人"。道、天、地、人的排列是自然的，而《道德经》为了显现"人"特定地位的重要性而加以强调"域中有四大，而人居其一焉"，意为《道德经》论道、论天、论地，最终的落脚点在论人。在域中的"四大"中，《道德经》哲学特别突出"人"，因而对"人"的范畴最为关注，深入论述了人的生命、形神关系、人生修养和人的精神养生等一系列问题。

对宇宙次序的这种规定是意义重大的，说明道、天、地、人都有其自身在宇宙次序中的定位。在万物中"人"的地位虽然最高，但"人"决不能如人类中心论那样自认为是世界的中心，世界上的其他存在都要服从人的需要。《道德经》认为，在自然、道、天、地、人的法则序列中，人其实处于最下层，人生活在地球上，必须服从地的法则，地在天之下，必须按天的法则运行，天的运行必须服从道的法则，这些都是自然而然的，也就是自然的法则。人类明确了这样的定位才能生存，如果违背了这样的定位，人为地破坏自然形成的宇宙次序，人类的灭亡是不可避免的。老子在这里提出的是人类生存的基础理论。

天、地、人三个范畴全称"三才"，"三才"理论在中华传统文化中有特别重要的地位，《周易·系辞下》说："《易》之为书也，广大悉备，有天道焉，有人道焉，有地道焉。兼三才而两之。"《说卦》又说："昔者圣人之作《易》也，将以顺性命之理。是以立天之道，曰阴与阳；立地之道，曰柔与刚；立人之道，曰仁与义。"天、地、人三才的理论，长期影响着中华民族文化，在中华传统文化中扎下深根。

## 三、《道德经》哲学的二级以下范畴

在一级学科中，一级范畴和二级范畴构建起学科的基本构架，从二级范畴再往下延伸，则是二级以下的范畴。因为哲学这个学科二级以下范畴包罗世界万物，范畴之间的逻辑关系交叉重叠，所以只能概括出世界万物中的基本关系。《道德经》哲学的二级以下范畴所论就是世界万物中的基本关系，包括人与自然的关系、人与社会的关系和人与人的关系。

### 1. 人与自然的关系

"自然"和"人"是《道德经》哲学的一级范畴和二级范畴，它们之间的关系则是二级以下范畴。在二级以下范畴讲人与自然的关系，"自然"主要是指人类生活在其中的物质自然界。《道德经》哲学关于人与自然关系的理论除"道法自然"的观点外，主要有生态自然的观点和"辅万物之自然而不敢为"的观点。

生态自然的观点本属于现代生态学。现代生态学起初是研究生物体的生物生态学，继而发展出以研究人为主的人类生态学，接下来又发展出研究人类与自然为统一系统的全球生态学。《道德经》哲学提出的生态自然观包含全球生态哲学的基本观点。

生态自然观所说的自然带有实体性，主要是指物质自然界中的所有事物，虽然也包括人和人类社会，但着重点在论述人和自然界的关系。《道德经》哲学的生态自然观点，就是认为世界上的一切存在物应构成总体的生态平衡。

在老子哲学的生态自然观中，"生"是一个相当重要的概念。《道德经》以"母"言"道"，表明"道"与万物的关系如同母子一样都是生命体。庄子继承老子的学说，认为万物都是具有灵性的。老子心目中的自然，是充满生命力的生态自然。正因为如此，人不应将自身从万物中独立出来，更没有权力凌驾于万物之上。如果为了自身的利益而危害宇宙的和谐，破坏宇宙的生态，人类自身也就必然处于危险之中。这些理论所坚持的，正是宇宙是一个有机统一的整体的宇宙观。这一宇宙观是建立宇宙生态理论的基础。在《庄子》一书中，庄子描写的形象如"大鹏"、"北冥"、"神龟"、"倏鱼"、"大树"等等，无不和人类一样呈现出生命的活力，甚至"尘埃"都是有生命的。在《齐物论》中，他描写"地籁"：大地吐出的气息，名字叫风。这风不发作则已，发作起来万物怒号。山陵中高低错落的地形，大树上大小不同的窍穴，有的像鼻子，有的像嘴巴，有的像耳朵，有的像瓶罐，有的像瓦盆，有的像石臼，有的像深池，有的像浅洼。发出声音时，有的像湍水冲击，有的像羽箭离弦，有的像呵斥，有的像吸气，有的像呐喊，有的像号哭，有的像呻吟，有的像哀叹。前面的风呜呜地唱，后面的风呼呼地和。小风则小和，大风则大和。强风过后，一切窍孔又寂静无声。这里形容的，是力量壮美、气势雄伟、激荡生命、充满变化的生态场所。

《道德经》的"辅万物之自然而不敢为"的观点要求人只应遵循事物自然的趋势去辅助事物的发展，万万不可胡作非为。

"自然"本是《道德经》哲学的一级范畴，一级范畴中唯一的"自然"是指原始的、人类产生之前的"自然"，也就是"莫之命而常自然"，这样的自然因其唯一性而完全是自足的，没有任何外在的存在向其发出命令。但在人类产生之后，"人类"是不是也包含在"自然"之中呢？"自然"还是不是"莫之命而常自然"呢？人类产生以后虽然也生活在自然之中，但"自然"已经开始不完全"自然"了，自然中有了"为之而有以为"的人，出现了"噪音"，出现了偏离自然甚至违反自然的现象。"为之而有以为"指人的有意识、有目的和为达到目的而人为设计的自然之外的技术和操作程序。人的目的和操作程序有可能是与自然相符的,也有可能与自然不相符,这样本来唯一而自足的自然变得既有自然也有反自然,也就产生了人与自然的关系。《道德经》既看到了人包括在自然中的一面,又看到了人有反自然的一面。解决这一问题的途径既不是要人类完全放弃自己的"为之而有以为",如同人之外的万物那样"无为而无以为",也不是坚持自己的"为之而有以为"去对抗自然的"无为而无以为",而是"辅万物之自然而不敢为"。

为了做到"辅万物之自然而不敢为",大前提是必须认真领悟大道的真谛。如果所为之事妨碍领悟大道,那么实用性再强的事也宁可不做。庄子在《天地》篇中讲到我们现在看来有些走极端的事:孔子的学生子贡在路上看见一位老人用瓮从井里提水浇菜,十分吃力,便对他说,你可以用一种木头做的前轻后重的灌溉机械从井里将水提上来,又快又省力。老人说,你以为我不懂吗?我是不屑用那个东西。因为"有机械者必有机事,有机事者必有机心。机心存于胸中,则纯白不备;纯白不备,则神生不定;神生不定者,道之所不载也"。就是说,使用机械的人肯定要从事机械方面的事务,从事机械方面的事务的人肯定将心思用在怎样取巧上。人的心思一旦被取巧所吸引,纯朴自然的天性就不完备了;没有完备的自然天性,就会心神不定;心神不定,大道也就不能在心中停留了。为了保持纯朴的自然天性,连现成的能省力的机械也不用,这似乎让人难以接受。但庄子在这里提出的重点并不是否定机械的作用,而是告诫人们不能让运用机械影响悟道,如果不在"道"的指导下运用机械技术,机械技术对人的意义势必走向反面,造成对人的生存的危害。这里提出的人的投机取巧心思与机械相关联的观点,又确包含独到的见解;所说的人保持纯朴的自然天性才能心神安定,亦不失为至理名言。能不能找到既有利于人又不致影响人悟道的办法呢?这样的办法就是"辅万物之自然而不敢为",最终也就是要人类"复归于朴"。

老子和庄子认为,在宇宙中万物本应各得其序,人也本应安于自然生态中的定位。但老子、庄子生活的时代,各诸侯国的统治者一方面标榜知识和仁义以欺骗人心,另一方面却嗜杀成性、掠夺财物、残害百姓。人类想取代"道"而以自己的意志去安排自然,如同不懂木活的人去代替手艺很高的木匠劈木头,"希有不伤其手矣",这样做最终必然自食恶果。这里表明《道德经》哲学极力反对以人的意志去破坏自然生态。联想到现代整个世界生态环境的严重恶化,人类面临生态危机和人性异化的危机,我们不能不深深感到《道德经》的哲学思考是何等的深远,见解是何等的超前。

## 2. 人与社会的关系

《道德经》中并没有"社会"一词,而频频出现"天下"。"天下"的概念也不是都在同一意义上使用,有的地方具有本体论的意义,有的地方具有方法论的含义,有的地方则具有社会的意义。从哲学的角度看,"天下母"、"天下式"、"天下正"、"天下定"等等,无论其所指的是哪个方面,都有一个共同的倾向:天下是统一的,和谐统一才是天下的正常状态。因此,在现实中,我们要以"抱一为天下式"的指导思想去处理各种关系。

"天下"概念虽然广泛,但主要是在"人类社会"这个意义上使用。这从《道德经》的修道育德理论中可以看出:"修之于身,其德乃真;修之于家,其德乃余;修之于乡,其德乃长;修之于国,其德乃丰;修之于天下,其德乃普。故以身观身,以家观家,以乡观乡,以国观国,以天下观天下。吾何以知天下之然哉?以此。"从身、家、乡、国、天下一级一级扩展的排列可以明显看出,"天下"就是我们现在说的超出国界的人类社会。

我们在理解人与社会的关系时首先要看到,人与社会的关系是在人与自然的关系基础上产生的。生活在自然中的人要"为之而有以为",也就是以人的活动在自然界实现自己的目的,是由人的生存的特点决定的。我们可以对人的生存和动物做个比较:动物只能利用自然,在自然不足以提供维持其生存的资料时就难免灭亡;人却必须改变自然,向自然索取生活资料,这就促成人制造工具的能力的提高。工具不是自然存在的事物,也不能供人直接消费,是人制造出来作用于自然事物从而达到自身目的的东西。这样一来,动物和自然的关系便只是自然自身事物之间的关系,人和自然的关系则变成了人—工具—对象的关系。正是工具将人和自然既分割开来又连接起来了,使这种关系扩展成为人、工具、对象的三层结构[①]。人既要从自然直接获取生活资料,又要通过改造自然去索取自然本身所不能产生出来的生活资料。原始自足的自然不再自足了,由人为了增强自身的力量而结成的社会更不能自足,而必须不断地向社会外部索取。由于社会的发展、人口的增长,人与自然的关系及人与社会的关系也就变得越来越复杂和难以预测了。

从身、家、乡、国、天下一级一级扩展的排列可以看出,老子已经模糊认识

---

① 关于人和社会的关系及人与人的关系问题,请参看张尚仁著:《社会历史哲学引论》第四、第五、第六章,人民出版社,1992年。

到社会是一个系统，有其要素、层次和结构。社会系统的运转需要消耗物质、信息和能量，也就是需要与环境进行物质、信息和能量的交换。在这样的交换过程中，社会的各个层级产生利益冲突是不可避免的，由此而出现大量的人与社会关系问题。怎样看待和处理这些问题，成为《道德经》论述的一个重点。《道德经》说："执古之道，以御今之有。""古之道"即从古以来就存在的"道"，研究历史的目的是"以御今之有"，即解决现实中的问题。又说："失道而后德，失德而后仁，失仁而后义，失义而后礼。"道、德、仁、义、礼都是用于解决人与社会关系问题的可供选择的方法。而要全面解决问题，最重要的是坚持对社会的"正善治"。

### 3. 人与人的关系

《道德经》中有大量的内容都可以从论述人与人的关系方面去解读。人与人的关系和人与社会的关系有所不同，前者的侧重面在个人，也就是个人和他人的关系。个人和个人的关系是人与社会的关系的基础，更是人与自然的关系的基础，亦是研究人的各种问题的出发点。马克思和恩格斯说："任何人类历史的第一个前提无疑是有生命的个人的存在。"[①] 应当承认，中华传统文化历来重视对个人及他们之间的关系的研究，但后来这方面的研究有所减弱，似乎个人之间的交往是具体问题，不属于哲学的领域。而德国著名哲学家哈贝马斯说过："交往理论意欲解决的问题是哲学性的，并关涉社会科学的基础。"[②] 今天我们重温《道德经》关于人与人的关系的理论，既有其理论意义，又有其现实意义。

《道德经》说："道者，万物之奥。善人之宝，不善人之所保。美言可以市尊，美行可以加人。人之不善，何弃之有？"又说："常善救人，故无弃人。""道"是"善人"的珍宝，经常讲"道"和"德"的美好语言，在人和人的交往中可以得到更多人的尊重。人们按"道"行动，可以交到更多的朋友。以"常善"救人，救的是所有的人，任何人都不会被抛弃。教人向善，是《道德经》关于人与人关系的总的指导。

《道德经》教导我们："不可得而亲，不可得而疏；不可得而利，不可得而害；不可得而贵，不可得而贱。故为天下贵。"在处理人与人的关系时，不去区分亲疏、利害、贵贱，承认天下平等，这是最宝贵的。《道德经》哲学还认为：

---

① 《马克思恩格斯选集》第 1 卷，人民出版社，1972 年，第 24 页。
② 哈贝马斯：《交往与社会进化》，重庆出版社，1989 年，第 99 页。

"知和曰常，知常曰明。"知道了"和"才能说领悟到了"常道"，领悟到了"常道"才能说明白了世界的奥秘。"和"之所以对领悟"道"有如此重要的意义，是因为万物都由阴阳和合而成。实现人与人平等，社会不致动乱，国家才能稳定，和谐宽容，于己于人于国于天下都是最为有利的。做到和谐宽容，也就是顺应自然。

《道德经》中还有许多理论直接或间接论及人与人的关系，如社会自治的理论、"有余以奉天下"的理论、欲望不可过度膨胀的理论、反对侵略战争的理论等。中华文化发展到孔子和孟子时，处理人与人之间关系的理论更加丰富化和具体化了。

人与自然、人与社会、人与人这三种关系是内在地联系在一起的。首先是人与自然的关系，也就是人与万物的关系。在万物中人又居于首位，这就使得正确处理人与社会的关系及人与人之间的关系有了特殊的重要地位。处理好了这种关系，世界的和平发展也就有了现实的基础。

## 四、《道德经》哲学范畴体系的内在逻辑

《道德经》哲学表现为一系列范畴构成的体系。一级范畴的自然、道、一、玄德是高度抽象的；至二级范畴的阴、阳，无、有，逝、远、反，天、地、人，展开了较为具体的内容；到二级以下范畴扩展为人与自然的关系、人与社会的关系、人与人的关系，范畴的具体性得到充分的展现。《道德经》哲学的范畴体系，构建出由抽象上升到具体的哲学思想体系。

哲学的范畴体系所要追求的，是在思维中再现宇宙的多样性统一。马克思说："具体之所以具体，因为它是许多规定的综合，因而是多样性的统一。因此它在思维中表现为综合的过程，表现为结果，而不是表现为起点，虽然它是现实中的起点，因而也是直观和表象的起点。"[①] 哲学所说的世界既是现实的，又是思维的，在现实中是多样性的世界，在思维中是多样性统一的世界；在现实中是起点，在思维中是结果；思维中达到世界的多样性统一时，思维中的世界就不再是抽象的抽象，而成了具体的抽象。《道德经》范畴体系的内在逻辑，正是由抽象上升到具体的逻辑。

在《道德经》范畴体系中，最高范畴是本体，也就是"道"。所谓本体是思

---

① 《马克思恩格斯选集》第 2 卷，人民出版社，1972 年，第 104 页。

维对宇宙万物的抽象概括,是思维的产物。关于这个问题,马克思指出:"具体总体作为思维总体、作为思维具体,事实上是思维的、理性的产物;但是,绝不是处于直观和表象之外或驾于其上而思维着的、自我产生着的概念的产物,而是把直观和表象加工成概念这一过程的产物。整体,当它在头脑中作为被思维的整体而出现时,是思维着的头脑的产物,这个头脑用它所专有的方式掌握世界。"①

《道德经》哲学认为,万物有"道",本体的"道"就是对万物中的"道"所做的哲学概括。从哲学来说,越高抽象的哲学范畴,内涵是越丰富和具体的,只有将抽象范畴的具体性揭示出来,这个抽象范畴才可以理解。《道德经》的"道"是最高抽象的范畴,如果我们将"道"的内涵弄清楚了,最高抽象的范畴也就成了最具体的范畴。哲学是要研究范畴的,所谓研究范畴,就是一层一层地分析范畴的具体内容,使抽象范畴成为具体范畴。范畴的层次关系就是范畴的内在逻辑。

《道德经》哲学以专有的方式掌握世界,这个专有方式就是作为起点的"道"经过层层范畴的展现又在终点中回复。本体的"道"是最高抽象的范畴,经阴、阳,无、有,逝、远、反,天、地、人,再展现人与自然、人与社会、人与人的关系,"道"这个最高抽象范畴的多样性揭示出来,成了包含丰富多样性的具体范畴。在"道"到"人"的范畴中,"人"回复到"道",终点回复到起点,构成了具有内在逻辑的范畴体系。

---

① 《马克思恩格斯选集》第2卷,人民出版社,1972年,第103页。

# 第四章 《道德经》哲学的道论

"哲"字在古文中就被使用过，如《诗经·大雅·抑》说："靡哲不愚，庶人之愚，亦职维疾，哲人之愚，亦维斯戾。"意为哲人之愚并不是普通人的愚蠢，而是大智若愚。《论语·子罕》中也有"哲人"一词。古时"哲"、"哲人"通常指对自然、社会和人的发展有理性思考的人。那时"哲"只是内心领会之意，并非一门学问。延续几千年的中华文化史，没有专用"哲学"作一门学科的名称，用于表述现在的"哲学"的词是"玄学"、"道学"、"理学"、"心学"等。直至19世纪，日本学者西周开始用"哲学"一词表述西方哲学学说，晚清学者黄遵宪将这一表述介绍到中国，中国学术界接受过来，"哲学"才普遍为人们接受并用来表述中外哲学学说。

哲学常用"论体"论述，本书前面三章虽然有时用叙述体写作，但主要还是用论体。《文心雕龙·论说》篇说："详观论体，条流多品：陈政则与议说合契，释经则与传注参体，辨史则与赞评齐行，铨文则与叙引共纪。故议者宜言，说者说语，传者转师，注者主解，赞者明意，评者平理，序者次事，引者胤辞。……论也者，弥纶群言，而研精一理者也。"论体可以陈政、释经、辨史、铨文，这些作用本书均有涉及，而以释经为主，前三章为综论，后面各章为分论。道论又分本体论、运动论、方法论、认识论。通过综论和各分论，虽难及"弥纶群言，研精一理"，亦力求为读者呈现老子《道德经》哲学之概貌。

## 第一节 《道德经》哲学的本体论

哲学其实是包括众多学科在内的大学科群，从总体上来看，哲学的学科群可以分为三个层次：第一层次叫元哲学，就是对宇宙的元问题进行思考的哲学；第二层次叫领域哲学，就是对自然界、人类社会和人的精神世界三大领域分别进行研究的哲学，即自然哲学、社会历史哲学和精神哲学；第三层次叫哲学学科，是在第二层次下建立的哲学，研究自然界的有物理哲学、化学哲学、生物哲学等等，研究人类社会的有历史哲学、社会哲学、法律哲学、行政哲学、管理哲学等等，研究人的精神世界的有心理哲学、心灵哲学、逻辑哲学等等。在第三层次下面也有人再去建立各种哲学的，就不必再分层次了。除纵向层次的划分外，还有横向的哲学，如信息哲学、系统哲学、控制哲学等。另外又有研究哲学史的，如中国哲学史、欧洲哲学史、印度哲学史等。学科群的顶端是元哲学，本体论哲学是探讨元问题的哲学。所谓元问题，也就是追思到最初的根源性的问题，其他层次的哲学都由本体论哲学所统率。按亚里士多德在《形而上学》一卷A中的解释，所谓"本体"，就是"万物始所从来，与其终所从入者"①，也就是说，本体论是论述万物从它产生、构成，最后又复归于它的哲学理论。

《道德经》的哲学本体论，由"玄道"本体论、"道"为"天下母"的本原论、"道生之"的生成论和"惟道是从"的价值论构成。

# 一、"玄道"本体论

《道德经》说："道者，万物之奥。""道"包含着一切事物中最深奥的哲理，"道"中最深奥的哲理就是哲学的本体论。哲学本体论的对象是"形而上"的存在。《易经·系辞上》第十二章说："形而上者谓之道，形而下者谓之器。""形"指有形体、形象的物体，这些物体是人的感官可以感知的；"形而上者"即在有形体的物体之上、超越人的感官的超经验的存在，超经验的存在不是实体性的存在，而是虚灵性的存在。这样的存在靠感官不能认知，只能靠抽象的概念去思维。中国人说的"道"和西方人说的"上帝"都是超经验的对象，眼看不到，手摸不着，要靠概念思维去思考。对超经验对象进行思考的最高层次就是元哲学或称形而上学。形而上学与以经验为对象进行思考的学问不同。黑格尔在《小逻辑》中说："经验主义一般以外在的世界为真实，虽然也承认有超感觉的世界，但又认为对那一世界的知识是不可能找到的，因而认为我们的知识须完全限于知识的范围。这个基本的假设若彻底发挥下去，就会成为后来所叫作的唯物论。……只要经验主义认为感官事物是外界给予的材料，那么这学说便是一个不自由的学说。因为自由的真义在于没有绝对的外物与我对立，而依赖一种'内容'，

---

① 亚里士多德：《形而上学》，商务印书馆，1959年，第7页。

这内容就是我自己。"① 他又写道:"经验主义的彻底发挥,只要其内容仅限于有限的事物而言,就必然否定一切超感官的事物。"② 否定了对超感官的对象的思考,所承认的就只有感官所能感知到的事物了,形而上的"道"本体论哲学也就被否定了。这样的唯物论在中华传统哲学中是没有地位的,中华传统哲学所讲的"道"、"理"、"心"等都是超经验的,传统文化中也有一批学问是研究能经验到的事物的,但那不是哲学,而是各门具体科学。

传统文化中最典型的哲学就是《道德经》哲学。《道德经》说"道"是"天地根",即产生万物的根源,"夫物芸芸,各复归其根",万物最终又回复到"道"。可见,"道"正是"万物始所从来,与其终所入者",也就是说,在元哲学的意义上,"道"就是世界的本体,人认识了"道","道"也成了人的理念。人对"道"的思考既"玄"且"妙",也就是说只能进行超经验的抽象的概念思考。这样的思考所得,就是哲学的本体论。

《庄子》中有一篇《知北游》,《知北游》共十二节,都是讨论"玄"的问题的。篇中说道,一个叫"知"的人——"知"是一个假托的人名,《庄子》书中很多人名都是假托的,但又有一定的含义,"知"这个人名,意为这是一个求知的人——"北游于玄水之上",就是向北游历到"玄水"这个地方。"玄水"是一个假托的地名,"知"到那个地方去,想求得"玄"的体悟。他遇到一个叫"无为谓"的人。"无为谓"同样是一个假托的人名,意为一切顺其自然、无为无谓的人。《知北游》中提出的问题概括起来有三个:一是什么是"道"?二是"道"在什么地方?三是人能不能得到和拥有"道"?对这三个问题,《知北游》中的回答都是"玄之又玄"的。

关于第一个问题,"知"问了三个人。第一个人不回答;第二个人说,我正想开口告诉你,但突然忘记自己要说什么了;第三个人回答说,没有思索、没有考虑才能懂得"道",没有处事、没有行动才安于"道",没有途径、没有方法才能得到"道"。"知"听到第三个人的回答后对他说,现在我懂得什么是"道"了,看来我问的第一和第二个人还不懂。第三个人说,第一个不回答的才是真正懂的,第二个想回答又说不出来也是懂的,我和你还差得远呢!就是说,对于什么是"道"的问题,不知道的才知"道",知道的不知"道",知道"不知道"才是真正的知"道"。关于什么是"道"的问题,"有问道而应之者,不知道也。

---

① 黑格尔:《小逻辑》,商务印书馆,1980 年,第 120 页。
② 黑格尔:《小逻辑》,商务印书馆,1980 年,第 117 页。

虽问道者，亦未闻道。道无问，问无应。无问问之，是问穷也；无应应之，是无内也。以无内待问穷，若是者，外不观乎宇宙，内不知乎太初"。这里包含的意思是：被问什么是"道"而给予回答的人，是不知道什么是"道"的。问这个问题的人，也是没有悟到过"道"的。"道"是无法问的，问了也无法回答。无法问的问题而要问，这样的问题必然是空洞的；无法回答的问题而要回答，这样的回答也必然是没有内容的。以没有内容的回答去回答空洞的问题，这样的人，对外不能观察宇宙万物，对内不能理解万物产生的本原。总之，"道"不可问，不可答，不可听，不可见。那是什么意思呢？一句话："道"只可悟。

第二个问题是有人问庄子"道"在哪里，庄子回答说："无所不在。"问的人一定要庄子说出个具体的地方来，庄子说：在虫子里、在杂草里、在砖瓦里、在屎尿里。庄子的意思是，在任何卑贱低下的地方"道"都存在，高贵地方就更不用说了，也就是说"道"无处不在。

第三个问题是人能不能得到和拥有"道"。对这个问题，庄子借他人之口回答说：你的身体都不是你所拥有的，而是天地赋予的；你的生命也不是你所拥有的，是天地赋予了气你才有生命；你的灵性同样不是你所拥有的，是顺应天地才有灵性；甚至你的子孙都不是你所拥有的，是天地赋予你变化的结果。一切都是天地间变动的气，连你都不是你所拥有的，你想得到和拥有"道"又从何谈起呢？这里包含了一个非常重要的思想：悟"道"是从彻底认识自我开始的，不是从观察纷繁复杂的社会现象或气象万千的自然现象开始的。而彻底认识自我，就是认识到自我并不是现在自以为是的我，自我其实是无我，因为我的形体、生命、灵性甚至子孙都是由于"道"的作用才得以产生和存在。可见，无我就是将自我融会于"道"，我与"道"一体，也与万物一体。认识到这一步，能悟到自己和万物是一个整体，不应分割也不可分割。到了这个境界，精神平静如镜。以平静如镜的精神心境去体悟外在的世界，外在的世界才是美的。如果将自我从整体世界中独立出来，以自我为中心，自我想要拥有自我之外的世界，这样的自我的精神世界是扭曲的。以扭曲的精神世界去观照外在世界，外在世界在精神世界中必然变形。所以，我们不能说自我能得到和拥有"道"，而是无我才能得到和拥有"道"，而无我是我和"道"一体。因此，得到和拥有"道"的主体并不是"道"之外的我，而就是"道"本身。

《道德经》的本体论哲学，构建出颇具特色的宇宙图景，我们可以将其称为"一体多性"的宇宙观。"一体"指宇宙的一个本体，"多性"指一个本体存在多重本质属性。所谓本质属性，即存在本身所具有的而不是外来的属性，如说运动是"道"的本质属性，那么运动就不是外力推动的，而是"道"本身就是运动的。

《道德经》说："有物混成，先天地生。寂兮寥兮，独立而不改，周行而不殆，可以为天下母。"又说："道之为物，惟恍惟惚。惚兮恍兮，其中有象；恍兮惚兮，其中有物。窈兮冥兮，其中有精。其精甚真，其中有信。"这些都是对本体所做的规定，认为本体自身包含多重本质属性：

其一，"道"具有物质的属性。先天地生的"道"是一种"有物混成"的状态。"道之为物，惟恍惟惚"，这是对"混成"状态之物的进一步描述，恍惚中的"物"、"象"，预示着"道"能向万物转化。

其二，本体的"道""独立而不改"。在它之外没有任何存在，它是唯一的和完全独立的，没有任何力量可以改变它，即使认为有一个"上帝"，它也"象帝之先"。唯有如此，它才成为本体。

其三，作为本体的"道""周行而不殆"。它永不停息地作"周行"即圆周式运动，才成为产生万物的根源。老子的这个观点，是中外哲学史上最早对本体与运动关系的哲学论述。

其四，本体的"道"也称为"大"。"道"之大，永远在流逝，在时间上无始无终，在空间上无边无际，在时间和空间上都是无起点和无终点的，或者说，任何一点都既是起点又是终点，因此"道"具有无限性。以上说明，老子的玄道本体论中，已经包含物质、运动、时间、空间、无限以及它们之间的联系这几方面的哲学论题的观点。

其五，"道"具有精神的属性，具有有精、气、神。《道德经》说："道""窈兮冥兮，其中有精。其精甚真，其中有信"。"窈"有精细之义；"冥"指与物质世界对应的另一世界，也就是精神世界。"精"指精神，"信"指信息。这样解释有人可能难以接受，认为有将现代人的观念强加在古人身上之嫌。有人认为，老子说的"精"指精细的实在物，并引《易经·系辞上》"精气为物"作证。我们认为，从"窈兮冥兮"的"窈"解，确有精细之义，但"精气"的"气"已经不限于物质之"气"而具有抽象的精神性了。并且《易经·系辞上》是在对"男女构精"的"精"做解释时将"精"解为"精气为物"的，而孔颖达在作疏时说"谓阴阳精灵之气"，这里的"精灵"已是精神的含义了。《道德经》说"神得一以灵"，表明"道"还具有"神"性，精、气、神都是精神属性的体现。道教中也有外丹派和内丹派，外丹派以铅、汞等为丹药，建造炼丹炉；内丹派则认为人体就是一个炼丹炉，精、气、神是丹药，内炼精、气、神就是内炼精神。

上面的分析说明，《道德经》哲学的本体论可以概括为：世界的本体是"道"，"道"具有唯一、无限、物质、运动、时间、空间、精神、信息等多重本质属性。"道"具有多重本质属性，因此才能产生出世界上的一切事物和现象，用这样的本体论观点也才能理解世间的各种事物和它们的奥秘。一切事物和现象都是由"道"产生的，"道"也存在于一切事物和现象中，具体事物消亡后回归于"道"。老子在这里提出的正是非常深刻的"一体多性"的宇宙观。

"一体多性"的宇宙观包含宇宙万物的统一性、万物循"道"的有序性和以万物平等构建生态自然等哲学的基本观点。

按照《道德经》哲学，宇宙万物都由"道""始所从来"，由"道"而来的万物因有同一的本体而形成整体。"天地与我并生，万物与我为一"是庄子的传世名言。《庄子·德充符》中说："自其同者视之，万物皆一也。"万物各有不同的生命形态，但都是从有生命的"道"而来的生命体，在生命体这一根本属性上，万物是同一的。在这个统一体中，所有事物处于平等的关系，人也不例外。"号物之数谓之万，人处一焉"（《庄子·秋水》），当我们以"万物"统称所有事物时，人不过是万分之一。人在生命体的意义上与万物平等，只是名号不同而已，只能以宇宙万物的一分子参与整个宇宙系统的活动。所以庄子告诫人类要秉持"独与天地精神往来而不傲睨于万物"（《庄子·天下》）的态度与万物和谐相处。这些理论所坚持的，正是宇宙是一个有机统一的整体的宇宙观。

《道德经》论述宇宙整体是由道、天、地、人形成的结构，构成宇宙结构的基础要素并不是各自独立的，而是处于低层次结构的要素以高层次结构的要素为法则，这样宇宙才形成有机统一的整体。正因为如此，我们在考察每一层次时，诚然要看到它与其他层次的区别，但更要注意与其他层次的联系，在总体联系中去认识每一种存在的事物。用现代复杂系统论的概念来表述，就是在宇宙生态系统中，各结构要素是互参的，这种互参又是在宇宙生态总过程中实现的。这正是宇宙生态思维的基本要求。

《道德经》哲学将宇宙视为广大无边、生生不息、循环往复的生态系统。这个系统的根源处有一个有生命的"道"在无形中发挥着神妙的作用，使万物和谐并生、运行有序、永葆生机。庄子在《知北游》中说："天下莫不沉浮，终身不故；阴阳四时运行，各得其序。惛然若亡而存，油然不形而神，万物畜而不知。此之谓本根，可以观于天矣。"这里明确指出：天下随大道运行，万物此起彼伏，不会始终如一；阴阳变化，四时运行，各自有其秩序。昏昏暗暗的好像什么都没有，但又好像什么都存在；任何东西都像是自动自发在起作用，不见形迹，但又具有神妙的配合；万物受到养育，自己却毫不知情。这就叫作本来的根源，这样也就可以观察明了自然了。这里所表述的思想，用现代系统论的概念来说，就是一种自组织的宇宙观。

在宇宙中，万物本应各得其序，人也本应安于自然生态中的本位。但老子、庄子生活的时代，正如《道德经》所说："朝甚除，田甚芜，仓甚虚，服文彩，带利剑，厌饮食，财货有余，是谓盗夸！非道也哉！"那时的统治者，宫殿外表十分辉煌，里面却极其腐败，农田已荒芜，仓库已空虚，官服却很华丽，官员佩带锋利宝剑，美食也已食厌，个人财产多得用不完。此类人只能称为盗魁贼首！这都是违背道造成的恶果啊！人的妄为，不仅造成社会祸害，自然界亦遭殃。"乱天之经，逆物之情，玄天弗成，解兽之群，而鸟皆夜鸣，灾及草木，祸及止虫。"（《庄子·在宥》）由于人的活动扰乱了自然的常规，破坏了万物的常态，自然神妙的生态恢复功能无法完成，结果是群兽纷纷离散，鸟儿夜夜悲鸣，灾害涉及草木，祸患殃及昆虫。而这一切，都是"治人之过也"。这里表明道家哲学极力反对以人的意志去破坏自然生态。

《道德经》哲学产生以来，有关它的论著难计其数。对于《道德经》哲学的本体论，庄子做出过独特的概括和阐述。在《天地》篇中，庄子论述说："泰初有无，无有无名。一之所起，有一而未形。物得以生，谓之德；未形者有分，且然无间，谓之命；留动而生物，物成生理，谓之形；形体保神，各有仪则，谓之性；性修反德，德至同于初。同乃虚，虚乃大。合喙鸣。喙鸣合，与天地为合。其合缗缗，若愚若昏，是谓玄德，同乎大顺。"在世界起始前只是"无"，那时还没有"有"，也没有出现名称。从无产生出的最早的"有"只是"一"。"一"虽然还没有形体，但万物只有获得它才能生成。得到"一"的作用才生长，这叫作"德"。从未有形体的"一"分出阴阳二气，二气往来流转没有间断，就叫作"命"。阴阳二气在不断流动中有所停留，相对稳定，便形成了物。万物产生时各有结构和条理，这就叫作"形"。形体中寄寓和保守着精神，使各种事物的运动有一定的规则，这就叫作"性"。本性经过修养，回复到最初产生时"德"的境界，再由"德"而推论到极致，与起初的状态混同，混同于初就是进入虚无的境界。万物各有局限，混同于虚无了，万物在虚无中贯通，贯通而无所不包，所以无限广大。这个过程和鸟兽鸣叫出于无心一样，是合乎自然的。与天地相合而不留下任何痕迹，又像是愚昧又像是昏沉，这就是最深奥的"玄德"。到了这一步，也就完全顺应大道了。在这里，庄子以百字的篇幅，论述了从无产生一，从一产生万物以及万物的命和性，经过修炼又回复到世界起源，这就是"同乎大顺"的整个过程。这一过程包括无、有、一、生、德、分、命、形、性、同十个阶段，这十个阶段正是表明"万物始所从来，与其终所从入"的"道"是本体。

道家哲学开启了人类认识世界的思路。如果后来人类认识到的场、波、力、辐射、能量等能经论证是本体的"道"的本质属性，那我们对大千世界的认识就更为丰富了。

《道德经》认为，只有具有多重本质属性的"道"才能产生出世界上的一切事物和现象。一切事物和现象都是由"道"产生的，"道"也存在于一切事物和现象中，一切事物和现象最终又回复于"道"。理解了《道德经》的本体论，世界"万物之奥"的"道"就不再深奥莫测，而是可以悟知的了。

关于世界的本体是什么、本体有什么自身的本质属性、物质和精神是什么关系及世界的层次结构等问题，古今中外的哲学家和科学家们做过许多研究和论述。在现存的所有文献中，《道德经》的论述可以说是最早也是最完整的。中华优秀传统文化的这一重大成果，我们应予以充分肯定和评价。

## 二、"道"为"天下母"的本原论

在哲学用语上，"本体"常与"本原"通用，"世界的本体"也常表述为"世界的本原"，反之亦然。其所以能相通用，在于"本体"本来指"万物始所从来，与其终所从入者"，而"万物始所从来"即万物都是从"本体"产生出来，这里的"本体"就包含着"本原"的意思。我们使用"本原"这个概念，侧重于说明万物从它产生，它是万物的根源。因此，对本体论的进一步展开，必然引申到万物本原论。万物由本原产生，也是对本体的确证。

对世界本原的思考是哲学产生的标志，古希腊早期的哲学家大都阐述过世界本原的观点。我们的西方哲学史将"本原"翻译为"始基"，泰勒斯认为世界的始基是水，赫拉克利特认为是火，阿那克西米尼认为是气，还有认为是水、火、土、气"四根"的，等等。"始基"的含义表明，人总是追求从形形色色的世界万物中去概括共同的本原，亦即提出从总体上去认识世界的任务。西方哲学史上的早期哲学家多以个别事物去确定始基，中国哲学史上的哲学家确定的本原则具有抽象性，虽有"气"本原论，"气"也不是特指与其他事物不同的空气，而是一个抽象概念。《道德经》所论的"道"，其抽象性最为明显。

对世界本原，我们也只能做超越经验的概念思辨论证。"无"和"有"就是论证本原的两个范畴，"无"是本原的"道"衍生的第一个哲学范畴，是由

"道"进入"有"的中介。在未进入"有"之前，万物还没有产生，本体的"道"只能视为"无"；但作为本体，在"万物始所从来"的意义上，又必须推论到"有"，因而又是"有"的开始。有了"有"，则确立了万物之"母"，从而从关于世界的本体论进入本原论。

《道德经》在论述本原的"道"时说"道"是"天下母"，这是对"道"的含义的规定。"天下"泛指世界上的一切事物和现象，"母"指母体，"天下母"就是产生一切事物和现象的母体。人们读《道德经》时最常问的一个问题是"什么是道"，老子最直接的回答就是"道"是"天下母"。"母"是对产生和养育一切事物的形象表述，用现在的概念来说，就是本原。在对世界所做的最高概括上，"道"是本体；在本体产生万物的意义上，"道"是本原。

本原论主要论述两个问题，一是从本原到万物的逻辑，二是本原产生万物的机理。

从逻辑上说，本原论是本体论的解说和深化，同样属于《道德经》所说的"观其妙"的问题。本原也就是一切事物的终极存在，一切事物都是从本原产生的，因而认识了本原，也就能理解和把握事物终极存在的本质，能揭示事物发展的内在根据。

在老子的思想中，"道"贯穿于一切事物和现象中，包括自然界的事物、人类社会和人的精神。由"道"产生的万物、人类社会和人的精神，只有得到"道"和"德"的生养维护，才能清澈明亮，安宁稳固，生机勃勃。如果"道"的自然安排遭到破坏，必然灾害丛生，甚至天崩地裂。自然是人类生存的基础和环境，自然环境遭到破坏，人类的生存也就必然陷入危机甚至走向灭亡。

《道德经》说："谷神不死，是谓玄牝。玄牝之门，是谓天地根。绵绵若存，用之不勤。"深邃的山谷能源源不断地冒出山泉，可见其内部隐含着神奇不死的生命力。泉眼源源不断地冒出泉水，就像是深不可测的母体永不停歇地生殖一样。"道"如同母体的生殖之门，产生出世间万事万物，所以它是天地万物总的根源。"道"生万物是永无止境的，好像它内部有永远用不完的储存。"道"顺其自然地产生万物，形成秩序井然的世界。《道德经》又说："道冲而用之，或不盈。渊兮似万物之宗。""道"如同一深渊，储存着无数构成事物的元素，这些元素恍恍惚惚，未显形象，它们通过不同成分的"中和"作用而形成各种各样的事物，这些事物永远不会超出它的大系统，所以它成为产生一切事物的渊源。这里所论，都是"道"作为世界的本原如何产生万物的问题。

从本原产生万物的机理上说，《道德经》做了高度的哲学概括，就是"道生一，一生二，二生三，三生万物。万物负阴而抱阳，冲气以为和"。这个问题在本书第三章第二节做了详述，这里不再重复。

以上分析说明，《道德经》只用简短的几段，就将从本原到万物的机理做出了概括。

## 三、"道生之"的生成论

由本体论进入本原论，是从最高抽象的存在向现实世界的存在进展，进展到本原得出几对基本范畴，如无和有、天和地、阴和阳、人和万物等，进而还需要论述从基本范畴向万物的转变，论述向万物的转变的就是生成论。

《道德经》说："道生之，德畜之，物形之，势成之。是以万物莫不尊道而贵德。道之尊，德之贵，夫莫之命而常自然。故道生之，德畜之。长之育之，成之熟之，养之覆之。生而不有，为而不恃，长而不宰。是谓玄德。"万物生成的过程，包括"道生"、"德畜"、"物形"、"势成"，还有长、育、成、熟、养、覆，这是对万物生成过程的总体概括。

"道生之"，其意为一切事物都由"道"产生和生成。"生"是老子哲学乃至中华文明最为重视的一个范畴。老子哲学将整个宇宙看成是有生命的，宇宙永远处在生生不息的过程之中。无论是《易经》还是《道德经》，都认为宇宙是有生命的，不仅人有生命，万物同样有生命，而无论是人的生命还是万物的生命，都来源于"道"的生命，"道"正是生命之源。所谓"生生之谓易"中的第一个"生"指产生，第二个"生"指生命，"生生之谓易"就是变易产生出有生命的事物。生命之源是"道"，生命不是从无生命之物产生的，而是从有生命的"道"产生的，或者说是有生命的自然产生的。即使是现代发达的科学技术，也不可能用无生命的物质制造出生命体来。因为"道"是物质和精神的"抱一"，物质和精神"抱一"才有生命，因而"道"所生的万物也都是有生命的。

与"道生"直接相连的是"德畜"，说明"德"是论证万物生成的继"生"之后的最重要的范畴。这里的"畜"同"蓄"，是养育之意。由"道"所生的万物在自然中必然发生相互影响和相互作用，如果万物杂乱无章甚至互相摧残，那就不可能形成生存发展的生态平衡。所以，万物生长发育的环境，还需要"德"来营造、养育和维护。《韩非子·解老》说："德者，道之功。""道"的功用就是通过"德"去实现的。在这里，"德"的作用表现为形成万物生存发展的总体环境和条件。

接着是"道生"、"德畜"而"物形"。作为世界本原的"道"包含着物质，但在本原中的物质是"混成"、"恍惚"的状态，从普遍性的"混成"、"恍惚"的物质到区分出来的形形色色的个别物体的过程就是"物形之"，也就是赋予物质以不同的构成和形象，使各种事物能加以区别。这样，"道"的作用就是使万物从不存在到存在了。

最后是"道生"、"德畜"、"物形"而"势成"。万物生成之后并不是固定不变的，而是永不停息地流转变化。万物的流转变化又不是杂乱无章、盲目地变动，而是都有相对稳定的趋势，都依一定的自然之势而形成和谐有序的世界。这里说的"势"即自然变化之趋势，因为正是由于"道生"、"德畜"才有万物和万物的秩序。"道""德"是"天下母"，对产生和养育的"母"，万物当然应当珍重和尊敬。万物"尊道而贵德"，并不是遵从别的指令。"道"产生万物，"德"养蓄万物，是它们的本性，是自自然然的表现。

"长之育之，成之熟之，养之覆之"，这里的长、育、成、熟、养、覆是对"道"生万物生成过程具体阶段的论述。这六个阶段中的前五个阶段，指"道"生的万物还需要养育和呵护，才能成熟繁衍。具体一点说，生后会长，生长时要培育，通过培育而成熟，成熟后还要养护。就像一个人那样，我们常说生老病死，其实人并不是生后就老，中间还有一个长的过程，所以称"生长老病死"才能概括一个人的生命过程。第六个阶段的"覆"同"复"，既有"覆灭"的含义，又有"回复"、"复归"的含义，说的是万物生长发育的最后一个阶段是消亡，而消亡之后又回复到新生。也就是说，"道"生万物，每一物消亡又复归于"道"，从起点到终点，终点又回到起点，这是一个循环轮回的过程。这里包含"道"生万物并不是一次完成而是周而复始地轮转的思想。"道"和"德"生养万物而不据为己有，促成万物而不自恃功高，哺育万物成长而不做它们的主宰。"是谓玄德"是总结，指"道"生万物，"德"育万物，这就是"道"体现出来的最玄妙的"德"。这里的"玄"其实可以作为"道"的代称，"玄德"也可以理解为与"道"直接关联的"德"。

从生成论来看，老子讲述了他思玄悟道的思维路径，就是"万物并作，吾以观其复"，即从本原顺思到现实，又从现实回溯到本原，体现出顺向思维与逆向思维的统一。从这里可以看出，《道德经》哲学的万物生成论是对本体到本原再到生成最后又回归本体的抽象思维。本体到本原再到生成是顺向思维，顺向思维的最后回复到本体则是逆向思维。这里既有个体和整体的统一，也有阶段和过程的统一，而且都是在宇宙时空无限的背景下运思的。

## 四、"惟道是从"的价值论

2014年4月1日,习近平在欧洲学院发表要讲话,说:"中国人看待世界、看待社会、看待人生,有自己独特的价值体系。中国人独特而持久的精神世界,让中国人具有很强的民族自信心,也培育了以爱国主义为核心的民族精神。"中国人"独特的价值体系"的内容是什么?中国人文化血脉中存在的独特的基因就是道德传统,中国人独特而持久的精神世界就是有道德含义的精神世界,因为有这样的精神世界,所以中国人看任何问题都注重其中的道德属性,中国人道德传统的深厚的文化土壤就是人的道德植根于世界本体的"道"中,中国精神和民族精神就是道德精神。

中外哲学史上,哲学家大都论述过哲学的本体论问题,但将本体与道德直接关联的哲学家并不多。谈到哲学的起源时,古希腊哲学家亚里士多德说:"哲学起源于惊异。"① 这只是对哲学起源的诗意表述,哲学的真正价值,在于为人和万物确立道德基准。这个道德基准也就是道德价值,人做任何事情都必须符合道德价值的要求,人生活在世界上,应和世界上的一切存在物一起,形成和谐共处的生态平衡系统。这是中华文化传统的精髓,其意义是永恒的。

在现代人的观念中,"道德"是伦理学的范畴,其所指是社会的行为规范和准则。但在老子的《道德经》中,"道"和"德"是相互联系而又分开使用的两个概念,"道"是世界的本原,"德"是"道"的表现,都是本体论、本原论的范畴,"万物莫不尊道而贵德"说的是世界万物本身就具有内在的道德属性和万物对道德的尊重。"万物"当然包括人,但人不过是万物中的一物,人和所有事物处于平等的关系,都内在地具有道德属性。"羊有跪乳之恩,鸦有反哺之义",社会上的人如果不遵守道德,那就猪狗不如。这就将道德价值提到了首要地位。

老子的《道德经》反复强调万物的道德属性:"大道泛兮,其可左右。万物恃之以生而不辞,功成而不名有,衣养万物而不为主。常无欲,可名于小。万物归焉而不为主,可名于大。以其终不自为大,故能成其大。""泛"有活动的意蕴,"大道"是万物中活动着的存在,因此而"其可左右",也就是"大道"自然地规定万物发展的方向和变化。"大道"的品格特性包括:一是"万物恃之以生而不辞",所有事物都依靠"大道"才能生存,但"大道"却从不要求万物对

---

① 亚里士多德:《形而上学》,商务印书馆,1983年,第5页。

它表示感恩道谢；二是"功成而不名有"，"大道"成就了万物，但从不将功劳据为己有；三是"衣养万物而不为主"，为万物的生长发育提供各种条件，却让万物顺其自然地发展变化，而从来不去主宰它们；四是"常无欲，可名于小"，就是没有任何自身的欲望要求，从不显露自己的名声；五是"万物归焉而不为主，可名于大"，尽管自己不显露名声，但万物都归附于"大道"，可见从万物归向"大道"来说则"名于大"；最后是"以其终不自为大，故能成其大"，"大道"为什么"大"？"大道"之"大"不是自吹自擂，反而是自己从来不自以为"大"，因此才成为伟大的创造者。"大道"覆天盖地、无古无今、泽及万物、雕塑众生，它所创造的一切是那样的自然和和谐，这正是"道"的价值。

"大道"的价值和品性，是最高的价值准则，形成了中国人道德传统的深厚的文化土壤。"大道"的价值是普遍的，这种价值不仅是做人的准则，而且是社会国家治理的准则。社会国家的统治者的治理只有符合"大道"的准则才具有正当性，才符合道德标准。如果道德违约，则失去了统治的正当性，推翻失去正当性的统治者是理所当然的。人、社会和国家都必须"惟道是从"，"惟道是从"是普遍的价值标准，是衡量一切存在的正当性的准则，遵之则可存，违之则可废，概莫能外。

# 第二节　《道德经》哲学的运动论

在对《道德经》的研究中，即使对老子的思想持批判观点的人，也普遍肯定老子的辩证法思想。但以往人们通常将辩证法称为矛盾辩证法，认为对立统一规律是矛盾辩证法的核心，因此以矛盾的对立统一规律去对照老子的观点，将与矛盾辩证法对上号的思想说成是老子的辩证法思想，结果造成了对《道德经》许多观点的曲解。例如，在肯定老子的辩证法思想时，引用最多的就是"反者道之动"。对此的解释是，"反"就是矛盾的两个事物，一个是正面，另一个是反面，"动"就是动力，"反者道之动"就是矛盾的两个事物既对立又统一，形成运动发展的动力。然而，这样的解释是不准确的。在《道德经》中，其实并没有关于两种不同的事物"矛盾对立"的观点，而是和谐抱一的观点。因此，我们在理解老子的"反者道之动"思想时，不能用以往说的"矛盾对立"思想去解读，而用辩证的和谐抱一运动论去解读。

# 一、反向转化是"道"的运动形态

《道德经》说:"反者道之动,弱者道之用。万物生于有,有生于无。"这一段话是老子哲学运动论的集中表述,理解这段话对理解老子哲学的运动论至关重要,我们将一字一句分析。

"反者道之动"由"道"、"反"和"动"三词构成。

首先是"道"。哲学运动论的首要问题是运动的主体问题,比如唯物主义哲学说运动的主体是物质,老子哲学说"反者道之动",指明运动的主体是"道"。在分析本体论时我们已说明"道"是宇宙的本体、本原,本体的"道"为什么能成为产生万物的本原?根本原因在于本体的"道"同时又是运动的主体,运动是"道"的本质属性。本体的"道"自身就是运动的,"道"的运动是"道"的生命力的表现。有生命力的"道"才能产生万物,在产生万物和万物复归于"道"的意义上,本体的"道"是宇宙运动的主体。

老子哲学的主体论在理论水平上比西方基督教哲学要高得多,基督教哲学说上帝是全知、全能、全善的,世界就是上帝创造的,上帝创造世界就是说话,说要有什么世界上便出现什么。老子哲学的本体"道"同时又是产生万物和万物复归的主体,对主体产生万物和万物复归,老子哲学有深刻的理论分析,即分析了"道之动"的问题,也就是"道"的运动的形态的问题。

其次是"反"。主体的"道"的运动形态就是"反者道之动","反"有相反、反面、往返等义。"反"即"返",有"皈依"之意。而"皈依"的"皈",在唐朝佛学家翻译佛经时,不是"白"字旁,而是"自"字旁。此字见于敦煌变文,后世写成"白"字旁是流传过程中造成的,既然约定俗成了,也就不必再改回去了。造出"自"和"反"的结合,说明"反"的本意是向自我回复,或返回自我的原本。从古文"反"的这个含义看,"反者道之动"的原意应是万物的运动表现为向自身的反向转化,这种转化是循环往返地进行的。比如,生命体呼吸时,呼气到头了,自然就要吸气;吸气到头了,自然又要呼气,通过和谐的呼吸保持生命的活力。这样的观点与其叫对立统一的矛盾学说,不如叫和谐抱一的学说或辩证运动的学说,这样更为确切。

和谐抱一运动的学说认为,每一事物都是由不同元素按一定的比例形成和谐抱一关系构成的,如同化学中的各种分子是由几种原子混合而成的,各种原子混合形成的结构相对稳定,混合形成的分子的结构及产生的性能与分别开来的原子的性能有根本性的区别。例如，两个氢原子和一个氧原子和谐结合成一个水分子，水能灭火，但单独的氢和氧在一起却会发生爆炸，而要将水分解为单独的氢和氧极难做到，因为它们是"抱一"才成为水的。世界上的大部分事物都具有稳定性，就是因为它们是由不同元素按一定的比例形成和谐关系构成的。事物不同，构成的比例也不同，而比例的成分构成是无限多样的，这就形成了无限多样的事物。

能不能将"反"解释为矛盾的反面呢？这样理解，就将老子的观点纳入到矛盾辩证法的构架中去了。其实，老子的观点与矛盾辩证法的学说无关。"矛盾"这个词出自战国末期的韩非子的《难一》篇："楚人有鬻楯（盾）与矛者，誉之曰：'吾楯之坚，莫能陷也。'又誉其矛曰：'吾矛之利，于物无不陷也。'或曰：'以子之矛陷子之楯，何如？'其人弗能应也。夫不可陷之楯与无不陷之矛，不可同世而立，……矛楯之说也。""矛盾之说"的原意，就是矛和盾两个相反的事物"不可同世而立"。《道德经》说的"反"却是向自身反向转化，并不是和另一事物"不可同世而立"，因此用"矛盾之说"去解读"反者道之动"是说不通的。

《道德经》讲过很多相反的两个方面，但都是指一个事物的两个方面，而不是指相反的两个事物。如"曲则全，枉则直，洼则盈，敝则新，少则得，多则惑。是以圣人抱一为天下式"，这里列举的六个相反方面，都是用来说明"抱一为天下式"的。"曲则全"的"曲"是象形字，有中空之意，"全"指完满充实，意为心中空虚，处事时才能完满无缺；"枉则直"的"枉"有弯曲之意，意为走过弯路才能找到直路；"洼则盈"，低洼之处积水才会盈满；"敝则新"，一个东西陈旧了，意味着新的东西将要产生；"少则得"，一个容器里面的东西少，可以装得更多；"多则惑"，东西太多了容易造成心中的迷惑；"是以圣人抱一为天下式"，对待上面这些相反的两个方面，"圣人"都用"抱一为天下式"的理念去把握。从哲学概念来说，"天下式"也就是对待和处理一切问题的"抱一"的方式，具有认识论和方法论的意义。"天下式"的特点在于，观察问题要放在"抱一"的整体中去认识才能认识清楚。坚持"抱一为天下式"方法，就是看到一个事物的正面时想到反面，看到反面时想到正面，将正面和反面放在"抱一"中去认识。正面和反面"抱一"说明正面和反面不是"不可同世而立"的矛盾对立而是辩证的和谐，是"和而不同"。老子强调"抱一为天下式"是"圣人"看待一切事物的方式，其中隐含的意思是常人没有注意到这个理念，所有人都必须向"圣人"的"抱一"理念靠拢，掌握"抱一"理念观察和处理遇到的所有问题。

还有"合抱之木，生于毫末；九层之台，起于累土；千里之行，始于足下"。大树是由细小的种子生长起来的；九层的高台，是由一筐一筐的土堆积起来的；走千里的路程，是从走出第一步开始的。大树和种子、高台和筐土、千里和一步，都不是如矛和盾那样的两个不同事物，而是一个事物发展过程中的两种形态。

又有"有无相生，难易相成，长短相形，高下相倾，音声相和，前后相随"。"有无相生"指有生于无，有也会变无，有和无是相反的，但能互相向反面转化；"难易相成"，难事可以分解为易事，易事也会变成难事；"长短相形"，一件条形物，放在比它短的另一物面前，它是长的，放在比它长的物面前，它又是短的；"高下相倾"，一个高度，对照比它更高的成了低，对照比它低的又成了高；"音声相和"，高音和低音的和谐才成为乐曲；"前后相随"，相对于前才有后，相对于后才有前。这说明，任何一个事物中都包含相反方面，相反相成，向自身的反向转变是事物发展的总趋势。

当我们用"抱一为天下式"的思维去思考天下万物及万物之间的关系时，我们思考的基点应放在"一"。"一"中有"二"，但"一"中的"二"是"不二"，因为"二"是"抱一"中的"二"，而不是矛盾着的两个事物。如一个人有前胸后背，前胸和后背是"二"，但却是一个人的"二"而不是两个人。"不二"一词有深义，《吕氏春秋》用过这个词，"不二法门"更是佛教的重要教义，《六祖坛经》说："佛言：善根有二，一者常，二者无常。佛性非常非无常，是故不断，名为不二。一者善，二者不善。佛性非善非不善，是名不二。"佛教经论《大乘起信论》中有"一心开二门"的理论。这里说的"一心"指万事万物自身共同具有的本心，具有不生不灭、不增不减、绝对无差别的本性。就人来说，"一心"存在于一切人的本性中。但是，人有觉者和未觉者的分别，觉者已经觉悟到自心即"一心"；未觉者只看到"自心"和"他心"是不同的，并未自觉到自心即"一心"。觉者之心称为"心真如门"，未觉者之心称为"心生灭门"。"心生灭门"并不是从"一心"分离出来的另外的"心"，只是没有觉悟到"自心"的"心"。因此，"心真如门"和"心生灭门"就是"一心"所开的"二门"。"一心开二门"的"一心"是不变的，其现象则是可变的。犹如海水，无风时是平静的，有风时是起波浪的，但平静时是海水，起波浪时也是海水。这就是"一心"和"二门"的变与不变的关系。以佛教的术语来说，"一心"是"一"，"二门"是"二"，但"二门"其实是一体不二，"二门"只是"相"，

"体"是同一的。这就是"一心开二门"中的分而不分的关系。"一心"作为"真如",本性自在,不因"生二门"而有所改变。从"一心"生出"二门"来说,"一心"不一;从"一心"不变来说,"一心"不二。所以,"一心"是不一不二的,而且"二门"中的"心生灭门"经佛教修习而觉悟,能回归于"一心"。曲全、枉直、洼盈、敝新、少多及大树与种子、高台和筐土、千里和一步等等是天下的万物和现象的表现,我们都要用"抱一"的方式去看待和处理。

"抱一"这个词,除了《庄子》一书外,在其他古书中少见。《庄子》中的这个词也是从《道德经》来的,我们甚至可以说,"抱一"是《道德经》特有的词汇。《道德经》中两次使用这个词,如"载营魄抱一",还有"见素抱朴"、"善抱者不脱"等相近的用语。《道德经》中也使用"合"字,指的是两个不同事物的结合,如说"牝牡之合"。老子说的"抱"、"合",不同在哪里?按《道德经》的说法,"视之不见名曰夷,听之不闻名曰希,搏之不得名曰微。此三者不可致诘,故混而为一"。人类认识现实中的具体事物是从感觉开始的,常用的感觉是视觉、听觉和触觉。但"道"却"视之不见",就是运用视觉去看却看不到,这就叫作"夷";"道"想听也听不到,这就叫作"希";想用触觉去触摸也摸不着,这就叫作"微"。"夷"、"希"、"微""三者不可致诘,故混而为一","诘"是诘难,用视觉、听觉和触觉去认识"道"虽然不一定会导致矛盾冲突,但它们都解决不了"道"是什么的问题,我们就只能将它们混合在一起,将"道"思考为是一种"混而为一"的存在。可见,"抱一"和我们现在说的"合一"有所不同,"合一"是不同东西的结合的意思,如说"合二为一"等。老子并没有否定合一现象的存在,但我们在观察合一时,应扩大视野,在更大的范围内来观察"合一"的事物时,也要看到它们是"抱一"的。比如,我们在理解"载营魄抱一"时,不能理解为肉体和灵魂两样东西的结合,而应理解为肉体和灵魂"混而为一"。在老子看来,每一个事物都是物质肉体和精神灵魂"混而为一"的,不同的事物只是"抱一"中物质和精神成分不同和"混而为一"的不同状态,"抱一""不可致诘"却能相互和谐,不会互相对立冲突。这就是老子的和谐辩证运动。我们不能认为只有矛盾才是运动的形态,其实和谐更是一种运动形态,而且是《道德经》强调的运动形态。《道德经》之所以强调和谐的运动形态,是因为这种运动形态更具普遍性。

最后是"动"。"动"有活动、运动、动力等义。老子哲学中,在本体论上,运动是本体"道"的本质属性,本体上的"道""周行而不殆","周行"就是"道"自身的圆周运动。就是说,运动作为"道"的本质属性,"道"自身本来就是运动的，不必再去追究运动的动力问题。所以，"反者道之动"论述的不是"道"运动的动力，而是万物运动的形态，即运动表现为向自我的反向转化，通过反复转化达到平衡和谐。

以上论述说明，如果我们用对立统一的矛盾学说去解说老子的辩证法思想，解说出来的就不是老子的思想了。老子的辩证法思想虽然受到多数人的肯定，但如果将老子的辩证法说成矛盾辩证法，其实是对老子辩证法的曲解。在我们厘清中华传统文化时必须明确老子的辩证法不是矛盾辩证法而是和谐抱一的辩证法，实现这一思维方式的转变，其现实意义是无比重大的。

## 二、弱者的反向转化是"道"的功用

《道德经》何以在"反者道之动"后，直接引出"弱者道之用"？对这个问题做深入思考的人不多，但这个问题的意义其实非常重大。"弱者道之用"说明，在现实中，"动"的起点是"弱者"，"弱者"才是现实中的"反者"的起点。我们在理解运动时，重点应关注"弱者"这一方面。而且这里直接论述到"道之用"即"道"的功用、效用、作用、意义的问题，这应是"道"的哲学运动论的一个不可或缺的重要观点。

在理解强弱两方面时，人们习惯注意"强"的一方，老子强调的则是"柔胜刚，弱胜强"。老子多次表述过这个观点，如说"坚强者死之徒，柔弱者生之徒"、"强大处下，柔弱处上"、"玄牝之门，是谓天地根"、"报怨以德"、"勇于敢则杀，勇于不敢则活"、"善下之"、"天下母"等。据此，有人认为老子强调"柔"、"弱"、"母"、"下"，老子的哲学是"阴柔哲学"、"弱者哲学"、"女人哲学"、"退让哲学"，学习宣传这样的哲学只有负面意义，不值得提倡。老子的这个观点常被人解释为肯定"弱"贬低"强"，并受到批判，因此必须认真辨析。

在辨析老子的思想时，我们要注意的是《道德经》的语言常是"正言若反"的。最能说明"正言若反"的就是"反者道之动，弱者道之用"，而且这两句连在一起说，就是要用"反者道之动"去理解"弱者道之用"。

首先，我们在理解"强"和"弱"的辩证和谐运动时，一定要有"逝、远、反"的宽阔的思维空间。这里论述的是宇宙的普遍现象，任何事物在任何发展阶段都是从柔弱向刚强转化的，这是"道之动"，是本体的"道"的运动形态，是从"道之动"引向"道之用"的关键。就是说，"道"的功用是使事物的"弱"

的元素经过运动向反向转化为"强"。

"道之动"表现为向自身反向转化，这种转化是"道"运动的形态。既然是一种运动形态，就必须说明其表现就是每一事物在运动开始时是柔弱的，柔弱状态的事物向刚强的方向发展，使柔弱转化为刚强，但刚强中仍然存在柔弱，因此柔弱向刚强转化是一个持续不断的过程，"道"发挥的功用就存在于这个过程之中。这就是"道之用"的含义。

"道生"的事物都有"弱"、"强"两个方面，而且这两个方面总是同时存在的。事物运动过程中表现出弱的方面时弱中有强，表现出强的方面时强中有弱。比较一个事物运动过程的不同阶段，某一个阶段比另一个阶段强，但强中有弱，如多年前的一棵小树现在长成了大树，小树的生命力比大树强，但小树的材质比大树弱；从材质上我们可以说小树是弱、大树是强，但从生命力上看我们也可以说小树是强、大树是弱。而就一个事物来说，同一阶段从不同角度看，同样有弱有强。就一棵大树来说，从材质上说是强，但"物壮则老"，从树龄上说又是弱。弱、强又向自身反向转化，小树的材质弱，向材质强的大树转化；大树材质强，却"物壮则老"，而大树结的果子发芽生长，又向生命力强转化。老子说"弱胜强"，是指任何事物都是弱的方面胜于强的方面，而不是指一个弱的事物和另一个强的事物，不是要我们永远做弱的事物而不做强的事物。在老子的运动论中，不存在弱比强好或强比弱好的问题，因为弱和强在运动过程中都是向自身反向转化的，老子所要强调的是，我们在看到同时存在弱和强的两个方面时，同一事物中弱的因素胜于强的因素，因为弱总是在向自身的反向即强转化。这是我们要特别注意的。

老子的辩证运动论认为，当我们在现实世界中从动态观察"道"时，能预示事物变化方向的是柔弱的方面。但肯定柔弱并不是为了否定刚强，反而是肯定刚强，因为"道"的运动是通过柔弱"反者道之动"而实现刚强。刚强发展到致极又向柔弱转化，柔弱和刚强的往返转化，就是万物的运动形态的现实表现。因此，理解"反者道之动"还要从"弱者道之用"去理解，"弱者道之用"的真正作用在于能最好地说明"反者道之动"。

其次，"弱者道之用"的"用"，庄子的解读是："用也者，通也；通也者，得也。"（《齐物论》）"用"就是通过贯通而获得。学习《道德经》的意义在于通过"弱者道之用"去贯通世界最深奥的理论而获得功用。比如，嫩芽是柔弱的，通过吸收土地、阳光、空气、水等中的养分成长成了大树。大树是刚强的，但刚强的大树只有经过柔弱的嫩芽阶段才能长成，没有嫩芽不可能有大树，在这个意义上，柔弱在先，刚强在后，"道"的作用在于经过柔弱去实现刚强，因此柔弱胜于刚强。事物发展的任何一个阶段，都存在柔弱和刚强两个方面，在任何一个阶段我们都要将观察运动的重点放在"弱"的一方，以保持运动发展可持续地进行。如果将重点放在强上而无视弱，那就意味着发展到尽头而开始真正向反向的柔弱转化了。正因为如此，《道德经》有多段都强调柔弱方面的作用。

　　柔弱的功用还表现在"天下之至柔，驰骋天下之至坚。无有入无间，吾是以知无为之有益"。"天下之至柔"指天下最柔顺的存在物，《道德经》曾以水喻"道"，水是可见可触的事物中最柔顺的。在老子、庄子的著作中还有以"至柔"的风、气、光、乐等来比喻"道"的。最具柔性的水却能"驰骋天下之至坚"，也就是说只有水才可以在起伏崎岖的石头山中自由流动穿行。能不能将"无有入无间"解释为水能"入无间"呢？有人以水滴石穿说明水能"入无间"，这是不准确的。老子虽然以水比喻"道"之柔，但水只是"几于道"，即接近于"道"，还不等于"道"。所以，这里的"无有入无间"不是指水而就是指"道"。"无有入无间"是指毫无间隙的地方"道"的"无"也能进入，而不能用"水滴石穿"来形容。水滴虽能致石穿，但要千百年的功夫，而不是轻易地"驰骋""入无间"的。老子从至柔之水进而思考到能"入无间"的"道"的"无"，通过层层深入的思考，"吾是以知无为之有益"，表明我正是从水可以"驰骋天下之至坚"，进展到"道"的"无"能"入无间"，才悟到"无为"的益处。"无为"是相对于人的"有为"的用语。在许多事情上，人们总是太过相信人为的力量，以为靠人力完全能够改天换地，实际上人为的后果更直接的可能是破坏自然生态。而"无为"是遵照自然趋势而为，是在保持自然的原生态的前提下"辅万物之自然而不敢为"。老子明确地说，我为什么知道"无为之益"呢？就是从"反者道之动，弱者道之用"领悟到的。

　　《道德经》的这一段，其实就是进一步论证"反者道之动"。"无有"就是"反者"，"入"、"驰骋"就是运动。具有"无有"特性的"反者"才能"驰骋"地运动，可见"反者道之动"。

　　"悟道"必须悟"无有"，悟运动也必须悟"无有"，"悟道"最难悟的也是"无有"。如果领会不到"无有"的奥妙，是很难读懂《道德经》的。

　　最后，《道德经》说："大成若缺，其用不弊；大盈若冲，其用不穷。大直若屈，大巧若拙，大辩若讷。躁胜寒，静胜热。清静为天下正。""大成"是伟大的成就，"若缺"是好像还有缺陷，意思是能取得重大的成就，是因为总认识到过程中还有缺陷。"其用不弊"是说懂得承认缺陷才能取得成就的道理，它的作用永远都不会被弊弃。"大盈若冲，其用不穷"，意思是盈满到超出了容器，反而好像越是空虚，懂得空虚才能充实的道理，它的作用不可穷尽。"大直若屈，大巧若拙，大辩若讷"，意思是特别长的直线看上去好像是弯曲的，特别灵巧的看上去好像是笨拙的，特别能言善辩的人看上去好像是木讷的。这里说的"缺"、"冲"、"屈"、"拙"、"讷"在人们的印象中都是"弱者"，老子要我们注意看到事物和现象的"反"即"弱"的一方，但这些只是"若"，即现象上好像是，实际上并不一定是，真实的是其运动发展是会向反向转化的，它们的实质是"大成"、"大盈"、"大直"、"大巧"、"大辩"，是真正的强大。

"躁胜寒，静胜热。清静为天下正"这三句仅从字面意义并不难解释，就是躁动战胜寒冷，清静战胜炎热，清静是天下的正常状态，很多书也是这样翻译成白话的。但这样解释至少有两个问题，一是"躁"和"静"就无褒贬之分了。而《道德经》中的"躁"是贬义的，认为"躁则失君"；"静"则是褒义的，"静"才能"天下正"。二是和最后一句联系不上。如果前面两句只是一般性的描述，则得不出后面一句"清静为天下正"的重要结论。因此，我们对后三句的理解应是：躁动发热虽然可以战胜寒冷，但在躁动发热后就要用清静去使过热的现象降温，让天下回复到清静的正常状态。在社会运动的过程中，经济、政治、社会等方面在一段时期内都有可能出现过热的现象。出现这种现象时，应采取措施使其降温，这样社会才能回归清静的正常状态。如一个国家的经济原来是落后的，在采取一定的政策刺激下可能快速增长，快速增长又产生过热，这时就应采取措施使过热现象降温，回复经济的常态。老子主张"清静"，也就是再次提醒我们在思考运动时，"动"的反面是"静"，"动"是"强"，"静"是"弱"，但"反者道之动，弱者道之用"，我们一定要注意"弱者道之用"的方面。在现实中我们也有过经济过热的现象，一些行业产能过剩，因此我们要努力使经济回到新常态。

上面几段引文中，"成"与"缺"、"盈"与"冲"、"直"与"曲"、"巧"与"拙"、"辩"与"讷"、"躁"与"寒"、"静"与"热"，都是相反的方面。在相反的方面中，"若缺"、"若冲"、"若屈"、"若拙"、"若讷"都是"反者"，而正是因为这些"反者"，才达到"其用不弊"、"其用不穷"和"天下正"的状态，由此证明"反者道之动，弱者道之用"是普遍的。我们在对待相反两方面时，都要重视"反者"、"弱者"方面，才能保持运动的势头；不能让一个方面过了头，才能保持"清静为天下正"的正常状态。

《道德经》还说："将欲歙之，必固张之；将欲弱之，必固强之；将欲废之，必固兴之；将欲夺之，必固与之。是谓微明。柔胜刚，弱胜强。"这里所要说明的中心思想是"柔胜刚，弱胜强"。这句的前面有四个"将"，都是用来说明"柔胜刚，弱胜强"的道理的。"将"是将来、快要到来的意思，"歙"是收缩、合起来，"张"是张开、扩大。想要让一样东西收缩起来，可以先使它张开，因为收缩的东西原先肯定是张开的，张开之后自然会走向收缩；想要让一样东西走向衰弱，可以先使它先强大，因为强大的东西原先必定是衰弱的，强大之后又意味着要走向衰弱了；想要废除一样东西，可以先让它兴盛，因为想要废除的东西原先必定是兴盛的，兴盛之后向反面转化，也就容易废除了；想要夺回一样东西，原先必定是给予的，一样东西给了对方，才有从对方那里夺回的问题。懂得了这四个"将"，"是谓微明"。"微明"就是明了最微小的细节，明了人们通常容易忽视的小节。《道德经》说"知小曰明"，说的是能认清微小的事物和现象才是真正的明白。这些话都是告诉我们，认识事物，不能只是看到大的方面，还必须注意细小的方面，要从细小方面去"观其妙"。从大的方面我们看到的是刚胜柔、强胜弱，但从微小的方面去深入细致思考，我们就能认识到"柔胜刚，弱胜强"，能"微明"，对事物的理解才达到"要妙"。

《道德经》说："人之生也柔弱，其死也坚强；草木之生也柔脆，其死也枯槁。故坚强者死之徒，柔弱者生之徒。是以兵强则灭，木强则折。强大处下，柔弱处上。"我们从现象上就可以看到，活人的身体是柔软的，柔软其实隐含着生命力，是活力的表现；人在死亡之后失去了活力，也就不再柔软，反而变得僵硬了。草木也一样，正在生长的草木是柔软而且有弹性的，死亡后就干枯了。这些现象可以说明，"坚强者死之徒，柔弱者生之徒"。"徒"是从属的意思。坚强是死亡的属性，坚强和死亡是联系在一起的；柔弱是生命的属性，柔弱和生命是联系在一起的。"是以兵强则灭，木强则折"，正因为如此，兵力太强大了意味着快要灭亡了，树木太强硬了意味着快要折断了。这些事例证明的真理是："强大处下，柔弱处上"。

"强大处下，柔弱处上"这个论点人们很难接受。人们总是追求强大，克服柔弱，怎么会是"强大处下，柔弱处上"呢？如果是"强大处下，柔弱处上"，那是不是我们永远处在柔弱的地位更好呢？这样看来，老子的这个观点有悖常理。其实，老子并不是要我们反对强大，而是要我们注意，真正的强大是由柔弱而来的。柔弱就总具有发展的趋势和潜力，总存在发展的空间，总是保持着发展的势头。柔弱当然是向强大发展的，但由柔弱发展到强大恰恰说明刚强来自柔软，说明柔弱胜刚强。一个事物与自身原来的柔弱相比是强大了，但原来的柔弱和更往前的柔弱相比也是强大的，所以现在的强大与未来的更加强大相比也是柔弱的。这就告诉我们，柔弱和强大本来就是事物发展过程中每一个阶段都存在的两个方面，我们如果自居强大，忽略柔软，发展就达到尽头了，那样的强大是"死之徒"，是不可取的。而在任何一个发展阶段都认清自己还有柔弱的一面，才是"生之徒"，才能保持生命力，才能继续生存和发展。

"反者道之动，弱者道之用"是《道德经》的一个重要的运动论思想，但这个观点与常人的认识相反，常人难以理解和接受。常人都追求强大，而且要将自己的强大向外展示，对别人的强大也非常羡慕。老子深知，这样发展下去很危险。所以，老子着力从反向观察，反复阐述"柔弱胜刚强"的观点，说明这个观点十分重要，包含着深奥的哲理，是《道德经》要告诉世人的一条真理。我们读《道德经》，也要从理论和实践的结合点上切入这一"众妙之门"，去体悟其中的奥妙。

## 三、"无、有"转化的运动哲理

在"反者道之动，弱者道之用"后，《道德经》接着说："天下万物生于有，有生于无。"这是以有、无范畴对"反者道之动，弱者道之用"做哲理概括。

"有"是存在物之意，"万物生于有"说的是任何一个现实中的事物，都是从存在的事物产生的，如母生子，母是有，子也是有，可见"万物生于有"。对"有生于无"这个观点，过去有一些书将其评说为老子讲"无中生有"是唯心主义，这是对老子思想的曲解。老子说的是万物生于"有"，而不是说"无中生有"。就世界上的事物来说，都是由"有"产生的，但为什么又说"有生于无"呢？这里说的"有生于无"既是从现实过程来说的，也是从哲学的逻辑思维来说的。在现实上，我们看到的都是存在的事物，每一个事物都是产生出来的，一个事物产生出来之前，就还没有这个事物，也就是"无"。事物产生出来了，成了"有"，每一个事物先"无"后"有"，在这个意义上，"有"都是从"无"产生出来的，可见是"有生于无"。深入到对世界总体的认识上，要问世界是从哪里产生出来的，我们只能回答说是从"无"产生的，因为产生就是开始，开始之前就是还没有产生，还没有产生当然只能是"无"，所以，"无"是老子哲学的逻辑起点。

《道德经》为什么在"反者道之动，弱者道之用"后接着说"万物生于有，有生于无"呢？这里要着重从"弱"与"无"的关系和"弱"与"用"的关系去理解。

从"弱"与"无"的关系来看,"弱"不是"无"但通向"无"。"天下万物生于有","弱"也是物存在的一种形态,就一物而言总是有强有弱,从一物的产生来说,刚产生时是弱的,往后才逐渐由弱向自身的反向转化为强。这就告诉我们,如果我们将现实中存在的一个事物看成是强的,那么逆向去思考,它原来是弱的,一步一步逆向思考下去,最初是微弱的,从微弱再逆向一步,那就是"无"了。我们从"逝、远、反"的宇宙无限时空去思考,一物的弱相对于另外的事物来说可能是强,一物的强相对于另外的事物来说可能是弱。这样的思考方式,就是《道德经》说的"致虚极,守静笃。万物并作,吾以观其复"。"观其复"就是反向思考,反向思考最终得到的是"虚极"、"静笃","虚极"、"静笃"状态也就是"无"的状态。可见,虽然我们在现实中看到"万物生于有",但在反向思维中我们却要确认"有生于无"。万物都是经过无—微弱—弱—强—弱—微弱—无这样"周行"转化的。从起点的"无"到终点的"无"是"周行"的一个周期,而终点的"无"却是新周期的起点的"无",这就是"万物并作,吾以观其复"。而终点回复到起点后,又发生"夫物芸芸,各复归其根",万物中的"各"物,最终又要回到它的根源上去。"归根曰静,静曰复命",对于每一个事物来说,回复到空虚清静的命运是不可改变的。"复命曰常,知常曰明",从空虚清静中产生出来的生机盎然的事物,又回复到它的根源上去,这样的命运是常规。这是《道德经》构造出来的宇宙运动全过程的范式,运用这样的范式来认识和理解事物,可以使我们的思维更加清晰。

从"弱"与"用"的关系来看,对"弱者道之用"的理解还必须延伸到"有生于无"的"无"去说明。《道德经》说:"三十辐共一毂,当其无,有车之用;埏埴以为器,当其无,有器之用;凿户牖以为室,当其无,有室之用。故有之以为利,无之以为用。""弱者道之用"的"用"就是"无之以为用",在这里老子用非常浅显明白的事例来让人理解深奥的"无之以为用"的哲理。老子举了三个日常生活中的实例来说明"无":第一个是三十根辐条安在毂上,毂中间要留下空隙,车轴才能安装上去,车轮才能转动,车才可以使用;第二个是用陶土制作器皿,器皿中间是空的,才能盛放物品;第三个是修建房屋,墙壁上的门窗是空的,墙壁围起来的中间也是空的,房屋才能进出、采光、空气流通,才能作居室之用。上面这些事例说明,"有"是事物起作用必须具备的条件,"无"才使事物真正发挥作用。这一段有四个"用"字,可以看作对"弱者道之用"的继续解说。

对于"有之以为利"的"利",有的译本将其译为"提供便利",有的译本将其译为"利益",这些都不准确。这里的"利"指发挥作用必须利用的条件,"用"则是指发挥效用。就是说,只有在"有"提供一定条件后,"无"才能真正发挥效用。以"埏埴以为器"为例,器皿是有形的物体,器皿本身是"有",由器皿形成的中间是空的,是"无"。人制作器皿的目的是盛放东西,"无"的空间才能盛放东西,发挥器皿的效用。但如果没有有形的物体为条件,盛放东西的空间也不能形成。老子以车轴、器皿、房屋为例,其意在于说明条件和效用的关系。"无"和"有"相比,"无"是弱者,"弱者道之用",讲到效用、功用时,都是就"弱者"来说的了。

对于这一段的理解,人们多侧重于以此论证"无之以为用"。其实,理解"有之以为利"是同样重要的。在现实中,任何一个事物,都要由"有"和"无"两个方面互补才能发挥作用。庄子讲过一个普通的事例:人走路,脚踩着的地方就是脚掌那么大,对走路来说这是"有"用的;脚掌外的地方要大得多,对走路来说这是"无"用的,但修路如果只修成脚掌那么大,这样的路人却是走不了的。脚掌之外的地方对走路来说是用不到的,但如果没有用不到的地方提供的条件,路也走不了。庄子由此说明"无"并非无用,而是"无之以为用",甚至是"无用之大用"。

在"有"和"无"这两方面中,相对于人的认识来说,"有"或"实在"的方面是较容易理解的,"无"或"空"却难以理解。老子将重点放在对"无"的研究时,也意识到人们可能感到迷惑,所以《道德经》说:"上士闻道,勤而行之;中士闻道,若存若亡;下士闻道,大笑之。不笑不足以为道。"也就是说只有善于借助宇宙间的一切事物去领悟,才能成就"道"的修炼。"道"是老子哲学的最高概念,但如果只是看到到处有"道"的存在,那还没有达到"上士"的境界;如果还能悟到"无隅"、"无名"、"无形",也就是"道"到处都有,又到处都无,那才有点哲学"味"。而如果真要如"上士"那样"闻道"即觉悟到"道"并"勤而行之",那就还要进展到"反者道之动"和"弱者道之用"的运动论上来。

为了让人们确信无形的大道确实存在,论"道"的哲学家既注意到用人们日常经验去证明"无"的存在,又注意到对"无"做理论的论证。

"无"依靠视觉、听觉、触觉这三种感官都不可能感知,要在经验中去证明,只能运用形象的比喻。《道德经》说:"天地之间,其犹橐籥乎!虚而不屈,动而愈出。"这是对"无"的存在的很形象的说明。天地中间是空的,空也就是无。但这个"无"犹如一个中空的大风箱，中空不等于没有东西存在和不起作用，拉动风箱时，越拉动它，风力出来越大。这就证明，风箱中间的空无，是与有形实物不同的另一种存在形式。"大音希声、大方无隅、大象无形"也属于类似的证明。

## 四、运动论在《道德经》哲学中的地位

一部《道德经》包含丰富的辩证法思想，这是大家公认的，但《道德经》的辩证法是矛盾辩证法还是和谐辩证法却需要澄清。由于矛盾辩证法已经成了人们的习惯用语，在这样的语境中，如果不专注思考，很容易将矛盾辩证法套用到《道德经》的辩证法中去，结果造成对《道德经》辩证法的严重曲解。

现在人们常说的矛盾辩证法，在中华传统文化中并不占什么地位。如果从《周易》算起，中国哲学有约三千年的历史，其间产生的许多哲学家，都十分注重探讨具有辩证法意义的范畴，用过诸如阴阳、有无、动静、强弱、祸福、虚实、形气、道器、生死、治乱、奇正等用语，却没有多少哲学家用"矛盾"说明对立统一关系。这就是说，中国哲学史上的哲学家，普遍没有认同"矛盾"具有辩证法的意义，用"矛盾"说明辩证法是没有思想史根据的。中国哲学史上的哲学家不用"矛盾"来说明辩证法是有一定道理的，我们将"矛盾"这个用语跟阴阳、有无、动静、道器等用语做个比较，不难发现其抽象程度有明显的差别。"矛盾"属于简单范畴，而哲学范畴必须具有高度的抽象性。马克思在《〈政治经济学批判〉导言》中说："简单范畴是这样一些关系的表现，在这些关系中，较不发展的具体可以已经实现，而那些通过较具体的范畴在精神上表现出来的较多方面的联系或关系还没有产生。"[①] 概念按照抽象程度是分层次的，比如，松树、树、植物、生物、事物，抽象程度就一个比一个高。哲学范畴的特点是具有高度的抽象性。如物质、运动、时间、空间、认识、真理、历史等概念，都是高度抽象的概念。但"矛盾"概念说的矛和盾却是古代的两种兵器，因而"矛盾"只能称为"简单范畴"，只能表现"不可同世而立"的关系，而不能表现较多方面的联系或关系。

《道德经》哲学的范畴都具有较高的抽象性，都能"在精神上表现出来的较多方面的联系或关系"。最高范畴的"道"是世界的本原，由"道"而"无"，

---

① 《马克思恩格斯选集》第 2 卷，人民出版社，1972 年，第 20 页。

由"无"而"有",由"有"而天地,由天地而万物。既然万物由"道"经"无"而"有"而天地,"道"和"无"也就存在于万物之中了。这样,通过范畴的推演,宇宙总体的图像也就展现出来了。当然,为了展现宇宙的图像,范畴也是要分层次的,如从最高范畴"道"推演出来的"无",在本质都是相同的,但其存在形式又有所不同。从总体上分,可以分出普遍性的"无"、特殊性的"无"和个别性的"无"。

普遍性的"无",就是作为"道"的本质属性之一的"无"。《道德经》说"无,名天地之始",这里的"无"就属于普遍性的"无"。特殊性的"无",指存在于万物之中的带某种特定性的"无"。《道德经》说"无有入无间",意思是说无形无象的"道"连毫无间隙的东西都可渗透,能在无间隙的东西之间自由穿行的只能是特殊性的"无"。个别性的"无",则是特指某对象的"无",如车毂中间、器皿中间、房屋中间的"无"等等,都是属于个别性的"无"。将"无"区分为普遍性、特殊性的和个别性三类,并不是说有三种不同的"无",只是说"无"贯穿于宇宙,但在宇宙及其万物中又有不同的存在形式。这样论述"无",能使我们对难以理解的"无"形成较为具体的认识。哲学要悟"无","无"并不是现实中一无所有,而是人的意识中既能容纳一切,又能抛开一切。"无"是古代东方哲学的一个关键性概念,以老子哲学来说,不把握"无",就无法理解老子哲学。但"无"不是一个感性的对象,靠感官无法理解"无",不能认识"无",也就不能领悟"道"。怎样由"无"而悟"道",成了老子哲学理论的一个重点问题。

提到"无",人们总是觉得高深莫测。世界本原的问题,确实使人感到玄妙。而从另一方面来说,本原存在于万物之中,万物则是我们日常生活中天天都接触的,我们从日常生活入手,也可以领悟到"道"中之"无"。高深的哲理问题其实是可以借助常识来理解的。常识是人所共有的智慧,是人天生的良好判断,是你一眼看到的事物真实面貌,是社会公认的明显事实。既然我们都懂得常识,从常识出发进而去领悟"道"也就不是可望而不可即的事情了。说从日常生活中也可以领悟到"道",只是说明领悟"道"并不是遥不可及的事情。从常识而到领悟玄"道",需要不断修炼和提升。

在《秋水》篇中,庄子写风"蓬蓬然起于北海,蓬蓬然入于南海,而似无有"。风就不是一种有形的存在,但它可以从北海吹到南海,能吹断大树,吹倒大屋,它的力量无可比拟。风看似"无",力量却是"有",所以"而似无有"。"光耀"的"光"也是这种"无有"。光无形无状,对于有形有状的事物来说是

"无";但光也是一种存在,从光的存在来说它又是"有"。从"无有"再进展到"无无"时,那就连这种无形的力量和无形的存在也去掉了,这才是彻底的"无",所以庄子叫它"无无"。庄子笔下只有悟道的真人才能悟到"无无",但真人并非是在人世之外不食人间烟火的神仙,而是就在尘世之中。真人虽然很了不起,但也与我们一样,所不同的只是精神境界。他在人世之中却能与天地同游,能天人合一。总之,真人其实是达到了思玄悟道境界的常人。虽然真人在现实中寥寥无几,但现实中人人都有可能成为真人,成为真人的途径就是思玄悟道。

哲学的以"无"悟道,从理论上说很深奥,实则"甚易知,甚易行"。说"甚易知",是说这些理论也是常识;说"甚易行",是说并不改变你的日常生活,不过是你该做的事就做,做就努力做好,做好了就放下,放下也就"无"了。这样的人,心中无挂碍,活着任逍遥,人也成了活神仙。

《道德经》哲学从抽象的"道"进展到"无",又从"无"进展到"有",进展到"无"和"有"则有"无"到"有"和"有"到"无"的转化,这就从哲学的本体论扩展到了哲学的运动论。哲学的本体论包括本原论和生成论,生成是一个运动的过程,也就需要运动论做解说。万物生成的总体过程也就是运动的总体过程,运动的总体过程表现出运动的多样性。具体地理解运动,要理解运动的多样性;抽象地理解运动,则要概括出运动的本质。运动的本质就是从"无"到"有"。老子哲学很注重论述从"无"到"有",因为从"无"到"有"即"为之于未有",也就是创造与创新。"道"遵照自然的法则从"无"到"有"地创造创新,才产生出万物。从这里我们也就可以理解运动论在《道德经》哲学中的重要性了。

# 第三节 《道德经》哲学的认识论

《道德经》的哲学的道论中,从本体论到本原论、生成论再到运动论,都是相当深奥的。这些理论说明,世界本原及本原与万物的关系是《道德经》哲学的认识对象。哲学要怎样去认识这样的对象?认识这样的对象有什么意义?对这些认识应怎样评价?这些都是《道德经》哲学认识论要回答的问题。

中国哲学史教科书对老子哲学贬多褒少,关于认识论的思想赞者更鲜见。褒贬的标准,是对照哲学原理教科书,一致之处则褒,不一致则贬。《道德经》

说:"不出户,知天下;不窥牖,见天道。其出弥远,其知弥少。是以圣人不行而知,不见而名,不为而成。"这样的认识论,与哲学原理教科书相背,只会被批判为神秘主义认识论。然而,这是错解《道德经》认识论思想造成的误判。《道德经》的认识论思想,其实包含许多现在的哲学研究都未触及的重大问题,深入剖析,意义重大。

## 一、哲学认识论研究的对象

在《道德经》中,表明认识时所用的概念是"知"。"知"在《道德经》中多次出现,在各段中的意思并不都指认识理论,如说"易知"、"莫能知"等,就是在"知道"这个通常意义上使用的,而"不出户,知天下;不窥牖,见天道"、"知不知上"、"知者不言"、"知常曰明"、"知者不博"、"明白四达,能无知乎"等几处阐述的"知"则是认识的理论。

在理解《道德经》的认识论时,我们必须注意的是,《道德经》的全部理论是围绕宇宙本原的"道"展开的,老子探讨的是怎样领悟"道"的问题,所以认识论主要是怎样悟"道"的理论。领悟"道"的认识论和认识现实中具体事物的认识论是很不同的,我们不能用认识现实中的具体事物的理论去评论老子的认识论。"道"不能靠感觉去认知,只能靠悟性去领悟。然而,在人的认识中起重大作用的悟性认识,正是我们现在的哲学尚未深究的领域。

在老子创立《道德经》哲学后,庄子是第一位深入论悟道的思想家。庄子认为,"道"只能悟,悟道的途径是思"无",思"无"悟道是一个思辨思维的过程。在庄子看来,悟道得道的是"真人"。庄子只谈古之"真人",意为"真人"在古代才出现过,而且少之又少。后来的人,被外物所蒙蔽,要修炼到"真人"境界已难上加难了。然而,"真人"本是常人修炼而成的,每一个常人只要潜心去悟道,下足功夫,排除障碍,达到悟道的境界,也就能成为"真人"了。《道德经》的认识论,就是告诉人们怎样才能修炼成为思玄悟道的"真人"的理论。

理解了《道德经》的认识论是悟道的认识论,老子的思想就不难理解了。"不出户,知天下","户"是门户,"知天下"是认识关于天下的根本问题。"不窥牖,见天道","窥"是看,"牖"是窗户,"见天道"是悟到"天道",整句的意思是说,"见天道"不是靠识别千差万别的个别事物所能达到的,反而是排除外界事物的干扰,通过沉静的深思才能领悟的。"其出弥远,其知弥少",指越是见多识广，越被外界事物所蒙蔽，对"道"的领悟就越少。"是以圣人不行而知，不见而名，不为而成"，指领悟大道的圣人不是靠行动去获得认识，不是看见了那个事物才理解那个事物的"名"，不是做了那件事才达到对那件事的认识。其中包含的思想是：关于"道"的认识，主要不是靠对外物的观察，而是靠"内视"，靠内心体悟。"道"虽然存在万物之中，但更在人心中，从内心体悟道，才能真正"见天道"。

《道德经》的认识论是关于"形而上者"的"道"的认识理论，哲学教科书的认识论是关于"形而下者"的"器"的认识理论。"形而下者"是经验的对象，"形而上者"是超经验的对象。对于"形而上者"，我们只能做抽象的概念思维，运用思辨去论证；对于"形而下者"，我们则要通过感性、理性、概念、判断、推理去说明。"形而上者"和"形而下者"虽然有关联，但其认识过程显然是不同的。哲学教科书以"形而下者"的认识论去批判《道德经》"形而上者"的认识论，实是南辕北辙。

领悟"形而上"的"道"虽然不同于认识"形而下"的"器"，但二者也并非没有关系。对于"形而上"的"道"和"形而下"的"器"，老子并不是将其看作互不相关的两种对象，而是认为二者是"抱一"的，要将二者放在"大制不割"中去理解。"道"生万物，"道"存在于万物之中，悟道不是排除万物去悟，而是通过具体事物但不滞于具体事物才能领悟，这种不滞于具体事物的领悟就是老子说的"玄"。著名翻译家严复在《老子》评语中说，《老子》第1章有"同谓之玄，玄之又玄，众妙之门"之语，"西国哲学所事者，不出此十二字"。"中国哲学有者必在《周易》《老》《庄》三书"。三书中，从中西哲学会通看，又凝结于"玄"。他解释说："玄，悬也。凡物理之所通摄而不滞于物者，皆玄也。"[①]"道"并不在"器"之外，而是在所有的"器"之中，但任何一个"器"又不是"道"，这就是严复说的"道"是"物理之所通摄"；每一事物中均有"道"，而任何具体事物都不等于"道"，必须"不滞于物"，经"通摄"抽象出来才能领悟到物中的"道"。人们面对"器"，可以通过感性、理性去认识。理性虽然是一种抽象，但理性的抽象是对有限事物的抽象，因此还需要辩证理性才能进入无限对象的思考。辩证理性思考无限对象时是超经验的，纯粹的辩证理性是对纯粹理性概念的思维，如对"本体"概念的思维。这样的思维非常深刻，一般人难以理解，如黑格尔哲学中的绝对理念就是很难理解的。只有将通

---

① 《严复集》第4册，中华书局，1986年，第1075—1077页。

常的经验认识包含在超经验的对象之中，一般人才能从经验对象中"悬"至超经验的"道"。这种从经验对象中"悬"至超经验的"道"的认识就是悟性认识。所以，悟性认识是高于辩证理性的认识阶段，是超经验的辩证理性向其起点的经验的回复，领悟到超经验的辩证理性是从经验中"通摄"而来的。

悟性认识我们可以一般地统称为领悟，根据领悟的对象和程度又可分出感悟、体悟、觉悟、醒悟、渐悟、顿悟、迷悟、了悟等不同类别。从对个别事物的感觉领悟到的是感悟，从有限事物构成的整体领悟到的是体悟，从超越有限上升到无限宇宙得到的悟性是觉悟，领悟得到认识之后原来长期思考不明的事理却一下子明白了是醒悟，经过长期逐渐领悟才明白事理是渐悟，从一件平常事突然认清深奥理论是顿悟，由于悟的方法不对而长期得不到答案是迷悟，从辩证理性得到完全彻底的理解是了悟。佛教是很强调了悟的，达到了悟，原来迷悟的头脑完全彻底清醒了，这就是悟性的最高阶段。由此看来，悟性认识其实是比辩证理性更高的认识阶段。

怎样将悟性认识纳入哲学认识论？从我们现在的哲学来说，全面地阐述悟性认识还是有待研究的认识论新课题。《道德经》的许多理论是要靠悟性来领悟的，从《道德经》引申出悟性认识问题，对我们的哲学认识论研究来说很有意义。

## 二、以"不知"为前提的哲学认识论

悟性认识是我们的认识论有待研究的新课题，理解"不知"同样是《道德经》哲学强调而长期被我们忽视的又一个重要观点。《道德经》说："知不知上，不知知病。夫惟病病，是以不病。圣人不病，以其病病，是以不病。"这一段的深入解读，是《道德经》研究中最为困难的。

对"知不知上"，有的书解释为："知道了还以为知道得不够，这是高明。"有的书解释为："天下事无所不知。但却知而不露，似若'不知'。"等等。各种解释可谓五花八门，有不少实属误解。应如何解读，实有深研之必要。

在字面上，"知不知上"说的是知道"不知道"才是上等的知道，"不知知病"意为如果不知道在我们面前永远存在"不知"的领域，这样的认识存在严重的缺陷。接着说的"夫惟病病"是说，不知道在我们面前永远存在"不知"的领域是头脑的"病"，不知道就不知道，不再去追问为什么会不知道这个问题，那就是"病病"了。"病病"本来是"病"上加"病"，但问题到此为止其实是大彻大悟，反而是"不病"。能大彻大悟的只有"圣人"，我们为什么说"圣人不病"？就因为"圣人"是大彻大悟的人。他们不仅不去理会存在"不知"的领域，而且不去追问为什么会永远存在"不知"的领域。他们真正做到了"明白四达"却"能无知"，也就是看到了"知"在任何时候都是受限制的，都是相对的。这也就是庄子说的"知恃其知之所不知而后知"。"知不知"是上等的"知"，"不知知"是残缺的"知"，"后知"是圣人的"知"。整段话用白话文表述是：认识到人的认识对象是无限的世界，其中永远存在不知的领域，这样的人头脑健全清醒，这是上等的认识；认识不到人的认识在无限的世界中永远存在不知领域，这样的人头脑有毛病；如果认识到自己知道的事情中仍然存在无知，不再无休止去追问"不知"后面还有什么问题，这样的人的头脑又是没有毛病的了。圣人的头脑是没有毛病的，因为圣人很清楚，本来自己在很多问题上是无知的，大彻大悟到了认识的界限，说明圣人的头脑没有毛病。

在这里，老子是将"不知"作为一个特定的思维对象，在人的认识面前，永远存在"不知"的领域，因为存在不知，人才去求其知，求其知后仍然存在不知。可见，《道德经》讲的认识论，是以承认"不知"为前提的理论。就是说，要想得到"知"，先要承认"不知"，理解"不知"本身就是一种"知"，这就是"知不知"。这样的认识论，我们可以称为不知论，因为它肯定永远存在"不知"；也可称为相对的可知论，因为肯定"不知"是求"知"的前提。"不知"和"知"在《道德经》哲学的认识论中是"混而为一"的，"不知"本身是一种"知"，"知"中永远存在"不知"。

为什么说承认"不知"是"知"即认识的前提？

首先，从个人的认识来说，每一个人的认识都是受限制的，到了这个领域的界限，认识只能止步。试想，世界无限，个人所认识的只不过是其中极小的有限的一点。对于这个问题，庄子说："吾生也有涯，而知也无涯，以有涯随无涯，殆矣。"（《养生主》）认为我的生命是有限的，而知的领域是无限的，以有限的生命去追随无限的知，必定疲惫不堪而且永远不可能达到目的，对身心造成的危害却极大。求知是正常的，我们也承认学无止境，但如果将个人的求知变成无限制的欲望，一切事情都想知道，那不仅做不到，而且会扭曲生命的正常状态。庄子在《齐物论》中又说："知止其所不知，至矣。"在知道自己所不知道的地方停下来，到此为止，知识就达到顶点了。"古之人，其知有所至矣。有以为未始有物者，至矣，尽矣，不可以加矣。"古时候的人，给"知"设定了一个极限：宇宙在万物产生之前是什么样子，就是"知"的极限。因为"知"到这里已经到达尽头了，再也不能增加什么了。"已而不知其然，谓之道。"不去追问为什么会有"道"，"道"的来源在哪里，"道"产生万物的原因等，只承认这是自然而然的，这就叫作对"道"的领悟。"六合之外，圣人存而不论。"对于东西南北上下六方之外的事，圣人只是在心中默认其存在，而从不做具体的谈论。比如，人们费尽心机去追问万物为什么是同一的，去追问天地之外是什么样子，去追问为什么早上会刮风刮一会又停了，去追问为什么下了一天的雨晚上又不下了……其实，承认"道"生万物，承认万物同一，承认天地包容一切，承认绝大多数的事情是自然如此就行了。如果一定要追问下去，那这类问题就没完没了了，而且也确实不可能得出确定无疑的答案。所以我们的头脑一定要清醒，面对"大道"，如果我们将无限时空的"大道"称为"万"的话，我们永远是知一遗万。我们自以为所知的一就是万，一生一世在那里打转，其实是很愚蠢的。我们平常讲的认识论，基点放在"知一"上，是"知一"的认识论；《道德经》的认识论，基点放在"遗万"上，是"遗万"的认识论。"知一"不是不要，但在"遗万"的基点上"知一"，才是有意义的"知一"。如果自以为所知的"一"就是"万"，其实是既不"知一"也不知"万"。随着科学的发展，人类的认识领域越来越宽，但"不知"的领域是永远存在的。我们要承认，有许多问题是不必去追问的，排除不必去追问的问题，对寻求必须弄清的问题的答案也是有很大意义的。

其次，从群体的认识来说也是受限制的。科学家群体的认识领域是很宽的了，但真正的科学家都深有感触，随着认识的扩展，绝不是认识越来越接近终点了，而是没有认识到的领域反而越来越大了。认识是没有终点的，如同一根针和无边无际的大海的关系，大海捞针是难以想象的。而一根针与一架大型客机相比，在一架大型客机中找一根针，同样无异于"大海捞针"。如果一架大型客机落进大海，要找到这架大型客机，还是只能用"大海捞针"来形容。人类的认识无论怎样扩展，如同一根针扩展到一架大型客机，认知的内容在无限宇宙中都不过是"一根针"。

再次，从人类的认识来说，古往今来全人类知识的总量的确是在增加，但"知"的总量增加不能认为"不知"的总量就在减小。因为"不知"的范围是无限的，没有"总量"可言，无限的"不知"和有限的"知"不存在总量相比的关系。所以，就人类的认识而言，同样要知"不知"。

最后，就人类已经掌握的知识来说，虽然可以称为"知"，但"知"中的"不知"仍然是无限的。"一尺之棰，日取其半，万世不竭。"在人类认识面前摆着的任何一个具体事物，人类都不能妄称对它完完全全认识清楚了。即使对这个事物本身认识得很彻底，事物之间的联系是无限多样的，这个事物与其他的关系、与人心的关系等普遍联系也是永远认识不完的，也就是永远存在"不知"。

庄子曾深为感叹，世俗的人遵循的违反自然本性的准则已中毒太深，"人皆尊其知之所知，而莫知恃其知之所不知而后知，可不谓大疑乎！"（《则阳》）人们只知道尊重他们已经知道的知识，而不知道要以他们所知道的知识去理解还不知道的"知识"，然后才能得到有用的知识，这不是很大的迷惑吗！"后知"是在"知不知"后仍然存在"不知"，还要继续不断去求知。"故天下皆知求其所不知，而莫知求其所已知者，皆知非其所不善，而莫知非其所已善者，是以大乱。"天下人都知道要追求他所不知道的，却不知道要探究他已经知道的；都知道要非议他所认为不好的，却不知道要非议他所认为好的，因此才会造成天下大乱。庄子的意思是，现在世上占主导地位的观念是是非颠倒的，但世人却并不觉醒，在是非颠倒的道路上越陷越深，这样下去，是非常危险的。"求其所已知者"和"非其所已善者"，就是要对现实世界中占主导地位的观念进行反思和批判，从其源头上重新考察是否正确，将颠倒的是非标准重新颠倒过来，这才是挽救世界的出路。庄子说的"恃其知之所不知而后知"，"后知"就是要我们将"不知"确立为认识的前提，领悟"知不知"这样的认识论中最玄妙的问题。

以"不知"为前提的认识论，换句话说就是肯定认识的相对性。从《道德经》的认识论看，人的认识永远都是相对的。这里说的"相对"有多种含义。首先，关于"道"的认识永远不可穷尽。其次，就人类已经掌握的知识来说，虽然可以称为"知"，但"知"中的"不知"仍然是无限的。再次，人的认识对任何一个具体事物、在任何时候都是受限制的，都不可妄称达到了完全的认识。最后，人类"明白四达，能无知乎"，即使达到"明白四达"，仍然存在无限的"无知"。看到了"知"在任何时候都是受限制的，都是相对的，就是"知恃其知之所不知而后知"。

理解人类面前永远存在无限的"不知"领域，对认识论有重大意义。它告诉我们，人类的"知"确实在扩展，但在"知"面前永远存在无限的"不知"领域，因此"知"是无止境的。人类对自身的认识一定要保持警觉，绝不可滥用自以为是的认识成果。如果滥用认识成果，自以为可以用自身的"知"将世界改造成完全符合自身的需要，那可能对人类造成极大的危害，甚至导致人类的灭亡。

著名科学家霍金也承认，科学技术的进步或导致人类"自毁"。2016年初，霍金在英国广播公司发表年度讲话时表示，科学技术的进一步发展将制造出"新危机的可能性"，科学进步将会成为新的危机的源泉，解决的办法是确保科学技术发展"走正路"，应对风险的路子是利用更先进的科学技术到其他星球落脚①。这个观点霍金在2012年1月8日70岁生日来临时就说过："人类灭绝是可能发生的，但却不是不可避免的，我是个乐观主义者，我相信科学技术的发展和进步最终可以带人类冲出太阳系，到达宇宙中更遥远的地方。"霍金说"人类灭绝是可能发生的"，我们在《众妙之门》一书中对这个观点做过评论："《道德经》早在2600年前就说了，如果背离'道'，'万物无以生，将恐灭'。不过，《道德经》是以哲学的睿智做的预言，霍金则是著名的科学家。科学家的警告我们要重视，哲学家的预言更要深思。霍金先生提出的人类逃避灭绝的办法是用更加先进的科学技术冲出太阳系到其他星球上去生存。可是，霍金先生是否想过，如果说人类在几十年中运用先进的科技制造的核武器和造成的温室效应就导致地球灾难，那么到其他星球上运用更加先进的科技不会导致其他星球的灾难吗?！其他星球上不能生存了，是不是又逃避到更遥远的星球去呢？难道人类的使命就是到处制造宇宙的灾难吗?！"②我们丝毫没有贬低科学技术的意思，只是想从认识论方面再次说明人类明确"知不知上"的意义。

## 三、从"不知"到"知不知"的认识过程

认识过程理论是哲学认识论不可回避的问题，以往我们的哲学认识论也主要是关于认识过程的理论。概括地说，辩证唯物主义的认识论是可知论，认识过程就是在实践的基础上从感性认识到理性认识。已有的各种认识论中，《道德经》哲学的认识论在理论的深度和广度上更为深广。在总体上，《道德经》哲学的认识论是探讨宇宙本体的理论，承认存在"不知"领域是认识论的前提，但在限定的领域，《道德经》哲学的认识论是肯定"知"的，也就是肯定从"不知"到"知"是一个认识过程，而"知"的最高境界是"知不知"。从有限领域的"知"飞跃到无限领域的"道"是认识的整个过程，这里包含一个中华传统文化长期探讨的重大理论和实践"混而为一"的问题，就是"道"、"器"、"技"和物的"抱一"问题。

庄子在《养生主》中讲的"庖丁解牛"的故事，对我们理解物、器、技、

---

① 见《广州日报》2016年1月20日A9版。
② 张尚仁、子愚著：《众妙之门》，华夏出版社，2014年，第32页。

"道"的关系很有帮助。《养生主》说的是厨师庖丁在文惠君前解牛,技术非常熟练。他对牛身上的经络走向烂熟于心,解牛从不生硬砍劈,而是顺着经络进刀,然后轻轻一拉一提,牛的全身就像一堆草一样散落在地上了。解牛这件事是"器",解牛如何运刀是"技",运用刀具解牛中包含的深奥哲理则是"道"。庖丁解牛后向文惠君讲述他解牛的经历,文惠君听后说:"善哉!吾闻庖丁之言,得养生焉。"解牛和养生,似乎风马牛不相及,怎么会从解牛那里懂得养生的道理呢?这的确使人费解。解读《庄子》的书,要么说这篇故事讲的是"处理世事"的道理,要么直接说"至于其中的养生之理,则人人皆可体会"。解牛和养生的关系,还是要靠读者自己去体会和领悟。

庖丁解牛时,他的手、肩、脚、膝动作和运刀发出的声音,无不切中音律,既配合《桑林》舞曲,又吻合《经首》乐章,才使文惠君情不自禁地大呼"好极了!"庖丁说他解牛的前三年看到的是整头牛,后来看到的只是牛的关节,"方今之时,臣以神遇而不以目视,官知止而神欲行"。面前的牛不用眼睛去看,"于物无视",牛在自己的心中,解牛的整个过程得心应手,那把刀在牛身体的间隙自由穿行,用了十九年,宰了数千头牛,刀刃仍然像刚磨过一样锋利。牛解完了,"提刀而立,为之四顾,为之踌躇满志"。在这个过程中,解牛已经演化成了舞曲乐章、精神驰骋、随心所欲、心满意足。也就是说,主客观统一的实践过程几乎完全精神化了,解牛的行动成了"神行"。文惠君从中懂得的养生道理,就是"物化为神",人在与物的相互作用中得到的是精神的满足。精神的满足对养生来说是最重要的,是养生的"督脉",或说精神满足就是"养生主"。

解牛和养生的关系,庖丁已经说得很清楚了:"臣之所好者道也,进乎技矣。"我真正爱好的是"道",对"道"的追求高于技术层面的追求。庖丁虽然有高超的解牛技术,但真正喜好的并不是技术,而是包含在技术中的更高层次的"道"。万物都有其"道",技术也不例外。但"道"仅靠技术是得不到的,而我们做的是技术活,怎么才能从技术活中得到"道"呢?那就要将技术提升为艺术。反过来说,艺术的境界又是表达技术的最佳境界。将技术提升为艺术,是一个不断深入显现技术中的"道"的过程。庖丁说,普通的厨子解牛,几个月就要换一把刀,好的厨子解牛,一年也要换一把刀,十九年前我也是这样的。在这个过程中,主体不断深入客体,客体也不断主体化。客体主体化达到某一水平时,客体中包含的主体因素向主体自身回归和升华,主体把握到客体中的"道",客体的"道"和主体的"道""混而为一",主体也就感受到了主客体相互作用中同一的"道"。这种对"道"的感受正是艺术感受。

庖丁所解之牛是一个物，如何解牛是"技"，以"技"解牛是属于"器"的层面问题，庖丁"所好者道也，进乎技矣"，即"物"、"技"、"器"最终所要达到的是"道"。这整个过程，其实就是认识和实践"抱一"的完整过程。

庖丁所述的解牛的整个认识过程表现为从"形而下"的"器"飞跃到"形而上"的"道"，这里既说明"器"和"道"是有所区别的两个阶段，又说明两个阶段是统一的过程。从区别性来看，"器"相对于"道"而言是一个特定对象，"道"相对于"器"而言是整体的普遍对象。在认识和实践"抱一"的过程中，"器"扬弃有限性上升到无限的"道"，这是认识过程中的飞跃。无限的"道"中存在多种多样的"器"，人类认知了一个一个的"器"，却不可能将其机械地叠加成"道"。"器"是限定的对象，"道"是无限的对象，限定的对象是可以认知的，无限的对象不可能运用认知限定对象的工具去认知，因此永远存在"不知"的领域，认识过程永远不会完结。这样理解的认识过程，就是从"不知"到"知"再到"知不知"的过程。

"器"作为特定的对象，彼此存在界限，从而使世界呈现分离状态。即使是"万物"，认知停留在各物，各物也是分离的。所以，认识"万物"也不能停留在各物的层面，而必须飞跃到"道"，这样才能领悟到宇宙的完整性和"抱一"性。所以，为了得到对宇宙的完整"抱一"的领悟，必须以"道"作统率去理解"器"和"万物"，否则认识必然出现偏差。荀子在《天论》中说："万物为道一偏，一物为万物一偏。愚者为一物一偏而自以为知道，无知也。"中华传统文化中的哲学认识论特别重视对"道"的领悟，就是凸现对宇宙整体的把握，在整体把握的领悟中去认识"器"和"万物"，达到对真实世界的整体理解。而这样的认识论理论，正是由老子的《道德经》开启的。

《道德经》说："为学日益，为道日损。""为学"和"为道"是两种有区别的"为"，"为学"是一个求知识的过程，"为道"是一个领悟"道"的过程。"为学"限于经验的"器"为对象，虽然经验知识可以提升，但没有超出"器"的范围；"为道"以超越经验的世界整体为对象，是在"为学"基础上的飞跃。在"器"的领域"为学"，不断地得到的知识要积累起来，这是有益的，所以"为学日益"。但积累的知识越来越多，形成知识的结构却不能固定化，还必须在"为道"的统率下将结构分解，经过解构才能将在"器"中的"道""悬"即"通摄"抽象出来，从区分的"万物"中经"损之又损"而领悟到"道"，这样的"为道"过程也就是认识的过程。

《道德经》关于认识过程的理论是很难领悟的。对经验的领域的认识人们较易理解，在超经验的领域则容易迷惑。庄子在《天下》篇中说："天下之人，各为其所欲焉以自为方。悲夫！百家往而不反，必不合矣。后世之学者不幸不见天地之纯，古人之大体，道术将为天下裂。"老子之后是百家争鸣的时代，诸子百家各取《道德经》认识论的某一片面"为其所欲焉以自为方"，各种学说相互争论，导致"道术将为天下裂"的局面，这一局面可以说一直延续至今。荀子在《解蔽》篇中说："凡万物异则莫不相为蔽，此心术之公患也。""蔽"可以理解为抓住某个片面而丢弃全面，这确是认识过程中普遍存在的弊端。我们研究理解《道德经》哲学的认识论，对克服这一认识误区应是有帮助的。其中最为关键的是认识时既要注意分阶段，更要注意各个阶段的关联，从一个一个阶段往上提升，达到最高阶段的"道"的领悟。

## 四、"知者不言"的认识境界

《道德经》论"知"还有一个问题是难解的，就是怎样理解"知者不言"。

《道德经》说："知者不言，言者不知。"对"知者不言"这一句，不能停留在字面意思上，理解为知道的人是不说的，也不能理解为有知识的人很谦虚，不夸夸其谈。这里的"知者"，是上面说的"知不知上"的人。他所"知"的是"不知"，对"不知"的领域，只能无话可说，因为一说就是有所知了，所以只能"不言"。"言者不知"说的是，滔滔不绝地谈论其所"知"而不懂"知不知"的人，其实是无知的。

《道德经》多段说"言"，除"知者不言"外，还有"言善信"、"犹兮其贵言"、"希言自然"、"多言数穷"、"信言不美"等。"言"本是指交流"知"所用的语言，但人心中领悟的"知"并不是都能用语言来进行交流的。达到最高境界的"知"无法用语言传递，这种"知"境界太高，语言表达不出来，也不可能用语言传递给别人，别人亦无法从语言中去真"知"这种"知"，最多只能为了表达而给所要表达的对象起一个名字，如老子要表达的对象"吾不知其名，字之曰道"。所以，"知者"对自己心中的这种"知"只能"不言"，别人对"知者"的这种"不言"之"知"最多也只能心领神会，而心领神会到这样的"不言"之"知"才是最高境界的"知"。

《道德经》说："致虚极，守静笃。万物并作，吾以观其复。夫物芸芸，各复归其根。归根曰静，静曰复命。复命曰常，知常曰明。"用"言"表述的万物从本原到产生再回复本原的思想，仍只是可言之"知"。这种可言之"知"所告诉人们的，也只是人的内心保持宁静，就是回复到人的自然本性。通过修炼使自己的心地保持宁静，内心才能清朗光明。在清朗光明的精神世界中，自我的本来面目清楚地显现出来，就是人对自身自然本质的回归。但从接受者来说，绝不是由此即达到了自身精神中显示的人的生命的本质。接受者要真知自身对自然生命的回归，不是从"言"中可学到的，而要经自身精神修炼才有可能领悟。领悟了也无法用语言来表达，这就是"知者不言"。

庄子在《天道》篇中讲了个木工轮扁的故事，有助于我们理解"知者不言"。

该篇塑造出一个"木工艺术家"：齐桓公在堂上读书时，一个叫轮扁的木工在堂下干活。木工问齐桓公读什么书，齐桓公说圣人的书。木工又问圣人还活着吗，齐桓公说已经死了。木工说那么你读的不过是死人的遗言。齐桓公生气地说，你一个木工竟敢对我读的书说三道四，讲出道理来！讲不出就杀了你。木工说我从我所做的事情来说，干木活，榫头和榫眼安装要不松不紧，不快不慢，"得之手而应于心，口不能言，有数存焉于其间，臣不能以喻臣之子，臣之子亦不能受之于臣"。干木活心手相应的奥妙，那是有口也说不出来的，也就是"口不能言"或"知者不言"，只是心中有数。这种奥妙我不可能用语言传授给儿子，我儿子也不能从我说的语言得到。

轮扁和庖丁一样，是一个已经"物化为神"的普通人。世界上的许多事情，一般性的认识和实践并不难，要达到领悟其中的"道"的艺术的境界就难了。但难又并非不能，只要像庖丁那样，"臣之所好者道也，进乎技矣"，立志于悟"道"，在长期实践中提高悟性，都有希望成为那个职业的艺术家。正如法国伟大的艺术家罗丹所说："希望所有的人都变成艺术家……因为我认为艺术家这个词的最广泛的含义，是指那些对自己的职业感到愉快的人。所以希望一切职业中都有许多艺术家：木工艺术家，熟练地装配榫头和榫眼而觉得快乐；泥瓦艺术家，心情愉快地捣烂泥灰；驾车艺术家，由于爱护他们的马匹，不撞路人而感到骄傲。这样就能造成一个可赞美的社会。"[①] 如果罗丹读了庄子的庖丁解牛和轮扁论木活的故事，一定会感叹，庄子在公元前4世纪，已经刻画了一个解牛艺术家和木工艺术家。而且庄子作为一个哲学家，对艺术家的理解比罗丹更高，认为职业达到艺术的境界，就是达到"知者不言"的"道"的境界。

《道德经》哲学的认识论，开启了认识论研究的新课题，对后世影响很大。

---

① 转引自《当代青年理想形象》，中国青年出版社，1989年，第304页。

后世有意义的哲学认识论，不再将认识论研究局限于有限的知识领域，而是以智慧去统率知识，将知识提升为智慧。中国的象形文字中许多字都含哲理，如"悟"字，左为"心"，右边上为"五"下为"口"，即眼、耳、鼻、舌、身五官，五官随心才能"悟"。佛教的认识论提出"六大"的概念，"六大"指眼、耳、鼻、舌、身、意，我们以往讲感觉器官讲的是眼、耳、鼻、舌、身五官，"六大"则加了一个"意"，"意"即心的意识。佛教说"心色虽异，其性是同"，五官是色界，心则是意识界，色界和意识界是"相异"的，但"性"是相同的，这里的"性"即"心性"，理解"相异"的色界和意识界，要由"性"相同的"意"作统率，才能显现真心的高尚。进而，《心经》提出"无眼耳鼻舌身意"，也就是"六大"皆是假象，其"性"是"空"、"无"，领悟到"性空"即本性，也就最终成佛了。这里所谓"无眼耳鼻舌身意"和"性空"，用《道德经》的话来说，就是"知不知"。人们将佛教的认识论称为"不知之知"的认识论，近似于《道德经》哲学的"知不知上"的认识论。

# 第四节 《道德经》哲学的方法论

《道德经》哲学在范畴的第一层次上有本体论、运动论、认识论和方法论，它们之间有直接的逻辑关联：本体论讲的是"万物始所从出，而终所从入"者，运动论论述的是本体自身的运动属性，认识论讲的是怎样领悟本体和本体运动的本性，方法论论述的则是运动和认识过程的理论在方法上的运用。

哲学历来重视方法论问题，但过去哲学讲的方法论无非是辩证法在方法上的运用，对这些方法的阐述虽然详细，过后却难以让人留下什么印象。《道德经》哲学的方法论不同，它不是局限在对某个方面的对象分析的方法，而是对各类事物全过程有指导意义的普遍的方法。

《道德经》说："其安易持，其未兆易谋，其脆易破，其微易散。为之于未有，治之于未乱。合抱之木，生于毫末；九层之台，起于累土；千里之行，始于足下。为者败之，执者失之。是以圣人无为故无败，无执故无失。民之从事，常于几成而败之。慎终如始，则无败事。是以圣人欲不欲，不贵难得之货；学不学，复众人之所过。以辅万物之自然而不敢为。"这一段主要讲的就是方法论问题，其他段落也有论述方法论问题的，讲的都是事物全过程各阶段应注意的方法。这些方法应用范围很广，"其用不穷"。

# 第四章 《道德经》哲学的道论

## 一、"为之于未有"

人们所要处理的任何一件事情，都有一个从没有发生到有苗头到发展再到产生结果的过程，这个过程是自然而然的，有许多事情也是会重复发生的。"为之于未有"的"为"是做事，包括做各种各样的事，"未有"是还没有发生，但可能发生。"为之于未有"是对"创新"的界定。如果问什么是创新，可以回答创新就是"为之于未有"，也就是在一种事物还没有出现时，即着手去发起做这件事，创造条件促成它从无到有，产生出与已经存在的事物不同的有新价值的事物。从最为宏观的"道生之"去思考，"道"生万物都可以视为是"为之于未有"，而在这里则主要是偏向于万事万物的较为具体的层次。"未有"、"未兆"、"未乱"都是《道德经》的用词，都是用来表示现在没有而可能有的事情。人所从事的大多数事情，都是在沿用前人的创新，是模仿；也有人能"为之于未有"，创新出新的有价值的事物，其意义比模仿要大得多。

我们现在十分强调创新，而许多人认为创新是很困难的事。创新存在困难是事实，但从另一方面来看，创新也有容易的一面，因为"其未兆易谋"。"兆"是兆头、苗头，"谋"是谋划、办法。在兆头还没有出现时，较容易做好谋划、准备好办法。现在比较流行的未来预测学，研究的就是"其未兆易谋"；我们在危机管理中所说的预警、预案也属于"其未兆易谋"。注重"其未兆易谋"，就能做到"为之于未有，治之于未乱"。

"为之于未有，治之于未乱"、"其未兆易谋"的主要依据是事物发展的自然趋势，人们依据自然趋势采取措施使现实中还没有的结果产生出来或阻止其发生，都是属于"为之于未有，治之于未乱"和"其未兆易谋"。中华传统文化历来强调"人无远虑，必有近忧"，我们在谋划时既要做好长远规划，又要做好近期计划。如我们国家很注意做好远景规划，也注意做好下一个五年计划。

现实中有很多事情都是属于"为之于未有，治之于未乱"的，最为常见的如养生防病。养生是相对于死亡而言的。趋生避死是人之常情，为了延长生命、避免夭折、享尽天年，人在一生中都要注重保养。葛洪在《抱朴子》中提出"形神相卫"理论，"形"指人的身体、肉体，"神"指人的精神；"形须神而立"，"形者，神之宅也"；肉体有了精神才有生命，精神有了肉体才有依托。要做到精神与肉体的完美结合，就要注重"内养形神"，"令正气不衰"。正气不衰才能"外祛邪祟"，由此而延年益寿。要想长生，还必须立志，"夫求长生，修至道，诀在于志"，"志成坚果，无所不济，疑则无功"。如果自己没有立下长生之志，对是否能长生持怀疑态度，修炼断断续续甚至半途而废，那是达不到长生的目的的。近几十年来，古代的炼养术被加以科学的改造，运用于医疗与气功养生，证明有治病健身、延年益寿之效，其影响有日益扩大之势。养生防病就是在身体健康时防止疾病的发生，达到长寿的目的。

"其未兆易谋"的"未兆"并不是毫无迹象，如果毫无迹象也就无所谓"谋"了，这里说的"未兆"是相对的，有的属于长远的、模糊的，有的属于偶然的、突发的，有的属于有利的，有的属于有害的。长远的要有所谋划，突发的要做好预案，有利的要谋划好扩大其利，有害的要做好准备使其减少损失。比如，国家的长远规划不是空想，要在通盘考虑历史和现实条件的基础上去做；地震等灾害虽然有的难以准确预测，但要随时做好充分的应对准备；国家未来发展的前景要努力争取早日实现，可能发生的重大自然灾害和战争等要尽力避免，等等。总之，无论是远虑之事还是近忧之事，都要"其未兆易谋"。"易谋"也绝不是轻易可谋，而是要认真去谋，做到真正的"为之于未有，治之于未乱"。

## 二、"其安易持"

老子很重视"安"，《道德经》中"安"字虽然只有几处，如"其安易持"、"安平泰"、"安其居"等，但每处的"安"字都举足轻重。"安"有安稳、安康、安全、安定、平安等义，主要是指事物的安稳状态。"其安易持"的"持"是把持、控制，在事物处于安稳状态的时期，是容易把持和控制的。比如，社会治理中，总是力求保持社会的和谐稳定；在事物处于安稳状态的阶段，我们要经常注意维护稳定和谐；如果发生了动乱，就要采取措施尽快消除动乱，恢复稳定。

生生不息是自然的常态，自然的事物从"未兆"而显现兆头，又从显现兆头至持续发展。大树是由细小的种子生长起来的；九层的高台，是由一筐一筐的土积累起来的；走千里的路程，是从走出第一步开始的。每一事物在从开始到结束的过程的中段都有一个较为安稳的阶段，安稳阶段对事物的成长特别重要，如同人生的青壮年是人生中精力最旺盛的时期一样。但在事物发展的安稳阶段也存在许多变数，变数出现时仍要注意控制使其不要超出自然趋势的范围。控制就是让事物保持相对的平衡安稳，比如工作和休息，国家利益、集体利益和个人利益，身体各个器官等等出现不平衡、不安稳，都要用使它们恢复一定的平衡的办

## 第四章 《道德经》哲学的道论

法来实现安稳。平衡安稳是柔性、软性的手段。人有善良的本性,唤起人的善良本性才是根本的措施。

为什么"其安易持"?因为事物按自然趋势发展到安稳阶段时,自然趋势使其形成有利于自身存在和发展的结构,一种结构形成后,各要素之间有自然的拉力使其稳固,如果没有强烈的外力冲击是不会自动解体的,保持要素之间的自然拉力比较容易做到。我们要在了解自然的基础上顺自然的过程去作为,绝不可打乱自然过程去人为。如果打乱自然过程胡乱人为,那是肯定要失败的。执着地坚持违反自然趋势的人为,就是破坏自然形成的结构,最后必然失败。圣人不去人为,也就没有失败。他不固执己见,也就不会丢失什么。这是从上面的事实中看到的深一层次的见解。

圣人行事和"民之从事"是有所不同的。"民"泛指没有领悟《道德经》真义的非圣人,"民之从事"总是先有自己的非自然或反自然的欲望,强求进程与自己的欲望一致。圣人不是这样,如果有什么欲望的话,那就是不抱任何欲望,不去追求获得难得的财货;而且特别重视从不该出现的错误中吸取教训,不去重复别人犯过的错误。

"其安易持"所得出的最为重要的结论是"辅万物之自然而不敢为"。《道德经》强调自然,反对人为,但人在世上,天天都做事,做事不就是人为吗?老子在这里告诉我们,"为"必须顺自然而为,只能做"辅自然"的事,万万不可做逆自然或说反自然的事。做"辅自然"的事人类就能生存,做反自然的事人类会走向灭亡。对反自然的事,我们要有畏惧之心,时刻记住"不敢为"。

《淮南子·修务》中对老子说的"辅万物之自然而不敢为"有一段很好的说明:"夫地势水东流,人必事焉,然后水潦得谷行;禾稼春生,人必加功焉,故五谷得遂长。"即在认清水势东流、春华秋实的自然秩序的同时,人们顺自然之势而为,才能使五谷丰登,人和自然得到充分的和谐。举个简单的例子来说,干旱时树木缺水,给树木浇水,就是"辅自然"的"为"。"辅万物之自然"的"为"从现象上看是人的"为",但从实质上看是"辅"自然的"为"。所以,人顺自然的这种"为"只是帮助自然产生结果,结果仍是自然产生的,人的作用只是协助自然,实质上不是人为,而是自然的"为",是人的"无为"。

在方法论意义上,"其安易持"的含义是事物在处于相对稳定状态时比较容易把握和控制,"其脆易破,其微易散",这跟脆的东西容易打碎、细小的东西容易消散的道理是一样的。不懂这个道理,梦想一步登天,必然失败,固执己见、勉强去做也必然半途而废。圣人根据自然无为的原则一切顺应自然,所以不会失败，不固执己见，也就不会造成损失。以上说明，人类只能遵循万物自然趋势去辅助事物的发展，万万不可胡乱作为。

## 三、"图难于其易"

《道德经》中的这一段话主要也是讲方法："为无为，事无事，味无味。大小多少，报怨以德。图难于其易，为大于其细。天下难事，必作于易；天下大事，必作于细。是以圣人终不为大，故能成其大。夫轻诺必寡信，多易必多难。是以圣人犹难之，故终无难。"习近平2014年4月1日在欧洲学院发表重要讲话，在讲到推进改革的原则时，就引用了这一段中说的"图难于其易，为大于其细。天下难事，必作于易；天下大事，必作于细"。

从事物运动发展的全过程来看，虽然"其安易持"，但也不是万事大吉、一帆风顺，事物的发展总是曲折的，发展过程中遇到困难是常有的事，遇到难题怎么办？解决困难的方法就是"图难于其易"。在事物运动过程中，和谐安稳受到冲击，"图难于其易"是使震荡恢复安稳和谐的重要方法。

"为无为"可以解释为人顺自然的作为。"为无为"的"为"和"无为"并不是互相对立的两种作为，而是同一种作为的两个方面。同样是作为，如果是顺自然而为，自然才是作为的主体，人只是起辅助的作用，结果是自然产生的，对人而言实质上就不是人为而是人的"无为"。如果是自然本身不能产生的结果，而是人们根据自身的需要确定目的，然后设计出程序和运用技术，按程序技术运作使反自然的结果产生出来，那就是人为。人为和"无为"虽然都是"为"，但两者又是不同的，人为是指反自然的"为"，"无为"则是指人的顺自然的"为"。反自然的人为是"伪"，顺自然的"为"则是"为无为"。可见，在老子的哲学中，"为"和"无为"并非对立的，而是"抱一"的。

"事无事"和"为无为"意思相近。医生医治病人是做事，医好了病人医生就无事了。如果一个地区在医生的努力下防病工作做得很好，没有人生病，医生医治病人的事就没有了，也就无此事可做了。做到因无人生病而不需要医生治病，这样的医生就是最高明的医生。传闻三国时期的名医华佗说过，他兄弟三人，大哥专治未病，二哥专治小病，自己则治大病；大哥医术最高，二哥医术也高，自己的医术在三兄弟中只能排最后。大哥治未病是"为无为"，二哥治小病接近"为无为"，自己治大病离"为无为"最远。治未病、治小病和治大病都是医生的"为"，医生"为"的最终目的都是治好病，病人的病治好了，医生也就

"无事"了。可见，医术高低虽不能单纯以所治的病的大小来衡量，但在根本性的目的上确实要明确，医生治病是为了"为无为"、"事无事"。

"味无味"同样如此，"无味"本身就是一种味，相对于浓味或杂味来说，无味也是一种美味。

"大小多少，报怨以德"说的是大和小、怨和德的转化关系。大事可以化作小事，小事也会转化为大事。如果善于归纳，多可以转变为少；如果不善于归纳，积少成多。别人对我有怨恨，我以恩德去回报，怨恨也就最终化解了。

"图难于其易，为大于其细"，想要做很困难的事，从容易做的事做起，一步一步去做，难办的事情也就办成了。做大事从小事做起，将大事分解为小事，做好了一件件小事，也就成就了大事。

"天下难事，必作于易"，天下难办的事，要从容易做的事做起，这样难以做到的事也就成了容易做到的事。做了一件件容易做的事，难事也就做成了。总之，大小、多少、怨德、难易、粗细等等，都是互相转化的，都不能只看到一面而看不到另一面。举例来说，整顿党风是大事，如何整顿？从"八项规定"做起，一项一项都不算很大的事，但涉及面广，这些事做好了，党风也就好转了。

接下来说的"是以圣人终不为大，故能成其大"是做个小结，说明成就大事的圣人，并不总是在做大事。这里的"为大"指做大事的作为，"不为大"是不作大事，但不作大事却成就了做成大事的伟大的圣人。这其中隐含着"玄道"的奥秘。

"夫轻诺必寡信，多易必多难。是以圣人犹难之，故终无难"，"夫"是一个感叹词，在发了上面的议论后，老子深为感叹，意为"啊！原来如此！"要大家特别注意。不要轻易许诺，如果轻易许诺、承诺，那么许诺、承诺的事情做不到，信誉就丢失了。看不到难易的转化，任何事情都看得很容易，不认真去对待，结果是困难越来越多。理解这些道理就是对于圣人来说也有难处，但如果真正理解了，那就没有难处了。

这一段说的"图难于其易，为大于其细。天下难事，必作于易"，容易使人认为老子的思想是教导人们只做容易的事，只做小事，不要去做困难的事，不要去做大事。这就将易事和难事、大事和小事对立起来了。而老子在这里说的易事和难事、大事和小事不是对立的两件事，而是"抱一"的同一件事。同一件事，方法不同，易事会变成难事，难事也可以变成易事；大事可以变成小事，小事也会变成大事。总之，常人在为人处事时，容易从对立方面去理解。而老子则是要我们从"抱一"中去看里面包含相反的方面。比如，一个国家有很多事情都要做，都去做也很困难，我们就可以从中找出不大的、容易做的先做好，做好一件少一件，做好一件又影响其他要做的事，使其他要做的难事也变得比较容易做了。这样一件一件做下去，天下就无难事了。这就是老子说的"圣人终不为大，故能成其大"，"是以圣人犹难之，故终无难"。

只要我们联系现实想一想，并不难理解《道德经》这一段具有重要的方法论意义。

## 四、"慎终如始"

"民之从事，常于几成而败之。慎终如始，则无败事"，这几句是从反面和正面总结日常生活中的教训和经验。人们在做事的时候，常常在将要做成时却突然失败了，就是我们说的功败垂成。要想功成名就，特别要注意始终如一，在事情的最后环节都要跟开始时一样谨慎从事，才不会有失败的事情发生。这几句虽然说不上是深奥的理论，但时刻记住，却是至关重要的。

任何一个事物，都有从没有发生到发生，从发生到发展，在发展中克服困难，最后终结的全过程。在事物没有发生时，我们要注意"为之于未有"，"其未兆易谋"；从发生到发展时，要注意"其安易持"；在遇到困难时，要注意"图难于其易"；在终结时，则要注意"慎终如始"。上述四个要点，概括了运动的事物从未有到发生、安稳、终结的全过程的方法，具有普遍的方法论意义。

"慎终如始"有两层意思，第一层是在过程处于终结状态时要像刚开始时那样慎重对待，第二层是一件事情终结了，同时下一件事情也就开始了。

人们常说"万事开头难"，开头之所以难，是因为我们面对的是一张白纸，上面没有任何文字，虽然"其未兆易谋"，但前景没有显现，充满变数，充满不确定性，随时都有可能发生突发事件而改变事件发展的方向。正因为如此，人们在事情的开始时总是小心从事的，往往能从多方面考虑可能发生的问题，做好应对的准备。但万事开头难不等于开头以后就不难了，发展过程中的任何事物都处在复杂联系之中，一个环节的变化可能引起连锁反应，一着不慎满盘皆输，所以在这一个阶段要"图难于其易，为大于其细"，既要注意大环境，又要重视小环境，步步为营，着着小心，使过程能顺利进展。但是到了临近终结时，人们绷紧的神经很可能会放松，感到预想的结果很快就会实现了，不会出现大问题了，从而麻痹大意。其实，在过程临近终结时，无论是大环境还是小环境的变数仍然存在，危险仍可能发生，如果放松警惕，功败垂成、前功尽弃的事情是有可能发生的，这样的教训实在是太多了。所以老子告诫我们要"慎终如始"，在事情终结时要像开始时那样谨慎从事，才不至于失败。

从过程的连续性来看，一个过程的终结意味着下一个过程的开始，因此除原过程需要善始善终外，同时谋划下一过程的事也要提上日程。也就是说，这时既要瞻前也要顾后，瞻前是总结经验教训以利提高，顾后是谋划未来继续发展。因此，"慎终如始"中也包含万事开头难之意。在哲学的方法论中，过程的始和终是连接在一起的，一过程的终点就是另一新过程的起点，"慎终如始"正是说明终和始的"抱一"。

"为之于未有"、"其安易持"、"图难于其易"和"慎终如始"这四种方法，概括了一个事物运动的全过程。任何事物都要经历这四个阶段，说明这种方法具有普遍的意义。

## 五、"大制不割"

以上关于一个过程各阶段的方法从认识上说是浅显明白的，理解起来也不困难，只要我们在实践过程中认真去做就行了。但这并不是说方法论的哲理性不强。为什么许多问题理解起来不困难，实践起来却常常出问题呢？从认识论来总结，就是因为对方法的哲理理解不深。事物运动的全过程应注意的方法是可以分阶段来阐述的，但过程本身是统一的，而且许多过程是交叉重叠的，分阶段论述是阐述认识的需要，在认识中分阶段论述后也还要提高到从总体去把握，从总体去把握就是"大制不割"。掌握了"大制不割"的理论，实践中对贯彻方法论更能产生实际的效果。

所谓"大制不割"，就是对过程既要分阶段去理解，更要放在统一的整体中去认识，而不能将统一的整体分割得支离破碎，孤立地认识某一阶段或事物的某一个片面。《道德经》说："知其雄，守其雌，为天下溪。为天下溪，常德不离，复归于婴儿。知其白，守其黑，为天下式。为天下式，常德不忒，复归于无极。知其荣，守其辱，为天下谷。为天下谷，常德乃足，复归于朴。朴散则为器，圣人用之则为官长。故大制不割。"这一段讲了知雄守雌、知白守黑、知荣守辱，三个"知守"引申到三个"复归"，最后说明处理问题必须坚持"大制不割"的观点。

知雄守雌的"雄雌"指雄性和雌性，雄性有阳刚之气，雌性有阴柔之性。人在自己有雄性的阳刚之气时，更要坚守雌性温顺柔弱的品质，切不可称雄逞强。这样，你就能像高山下的溪流那样，周围山上的水都很自然地流往那里。在社会上，就是天下人都向你归顺。要达到这种境界，就要将永恒的德融进你的行为，使你的行为处处不离德。为此，还要使自己的心境回复到婴儿那样纯洁无瑕。

知白守黑的"白黑"指明白和摸黑，说的是人们在知道自己对事情已经看得明白时，还要继续如同在黑暗中那样摸索思考，切不可夸夸其谈、自我炫耀。这应该成为天下人探求"道"和"德"的模式。"为天下式，常德不忒，复归于无极"，指对任何问题都要放在统一的整体中去认识和处理，才能达到"天下式"境界。为此，"常德不忒"，就要对永恒的"德"的理解不出现任何差错，终身都要坚持不懈地追求，因为对"道"和"德"的追求是永远都达不到极限的。"无极"、"太极"都是"道"的别称，"复归于无极"也就是复归于"道"。

知荣守辱的"荣辱"指荣耀和耻辱，说的是人们在知道自己能得到荣华富贵时，更要自觉地磨炼忍受屈辱的意志，切不可得意忘形。这样，你的胸怀就如同山谷那样包容，才能容纳具有极其丰富的内涵的"德"。你的胸怀中容纳了充足的德，就能参悟到"道"的真谛而返回到人的自然质朴本性。"朴散则为器"的含义是，保持这种自然质朴，既可以运用于处理大大小小的各种事情，更重要的是掌握整体能成就大事，圣人运用它也就能成为社会的治理者。

"故大制不割"是总结，指坚持大的制式而不分割，就是要求我们在世间碰到各种事情时，要从大处着眼，要用一个总原则去对待。这个总原则就是看任何事物都要看到其中有道性即道理，做大大小小的事情都要放在总体上去理解和处理，要以"道"为指导处理所有事情。

这一段的方法论意义在于人们观察问题要坚持"大制不割"，也就是放在统一的整体中去认识，当正反的双方显现出其中的某一方时，不要只注意显现的一方，更要注意没有显现的另一方。在这一段中，老子连续用了雄雌、白黑、荣辱等相反方面来说明在认识事物时必须坚持"大制不割"方法。看到正面时想到反面，看到反面时想到正面，将正面和反面放在统一中去认识，是"道"和"德"的理论在现实中最重要的运用。

老子哲学方法论的特点在于，在理解正反方面的统一时，立足点不在分割为相反的两方而在"抱一"，从"抱一"中去理解各方的关系。立足点之所以要放在"抱一"，是因为万物都是从唯一的"道"产生的，最终也要复归于唯一的"道"。同样是讲统一，以对立为基点去讲统一，还是以"抱一"为基点去讲统一，在现实中运用的效果可能是很不同的。以"抱一"为基点去把握相反的方面，就是要看到，相反方面是"抱一"中的分别，因而相反中本来就包含着"抱一"，而且相反最终还是要复归"抱一"。

"大制不割"的"大"是一个重要概念。《道德经》说"大曰逝，逝曰远，远曰反"，"曰"表明前后是一个概念的含义，这在《道德经》中有多处运用。"大"说明的是无边无际，"大制不割"这种方法虽然对某一事物的过程来说是适用的，但这一方法的运用绝不限于某一具体过程，而是可以运用于任何事物。哲学的方法论是带普遍性的，佛教说"佛法无边"，哲学的说法则是"方法无边"。对任何事情要运用的根本方法就是"大制不割"，也就是"抱一为天下式"，要在"抱一"的前提下去理解"为之于未有"、"其安易持"、"图难于其易"和"慎终如始"，将这四个要点放在"大制不割"中去理解和运用。在"大制不割"的视野中，不是只有一件事情发生，而是同时交错地发生发展着许多事情，每一件事情在同一时间上要用四个要点中的哪一个来处理可能是不同的。我们要根据不同事情的具体阶段选择具体的方法，也就是在"大制不割"的前提下运用方法。如果将其中的某一阶段的方法从整体中抽取出来单独运用，将某一件事情的某一个阶段的方法当作普遍的方法，那本来是正确的方法很有可能变为错误的方法，这是我们一定要注意的。

# 第五章 《道德经》哲学的德论

《道德经》的研究离不开"道"和"德",研究"道"和"德"的首要问题又是它们之间的关系。有人认为,"德"的意义与"道"相同,在很多地方可以用"道"代替"德",也可以用"德"代替"道"①。如果这样推论下去,道论也就可以代替德论了。我们在道论之后另辟德论,就是认为两论虽然关系密切,其义则有所不同。德论并非只为界定"德",更重要的是让人们通过"德"去理解"道"。《道德经》的德论,在着重阐明"道"、"德"关系之后,主要分析"德"的层次结构。从现实性来说,论德是为育德服务的,怎样在人身上培育"德"也是德论必须论述的问题。

## 第一节 "道"、"德"关系的多种解释

"道"和"德"同样是《道德经》的核心概念,关于二者的关系,存在多种解释:第一种认为"道"和"德"是内在本质和外在表现的关系,第二种认为"道"和"德"是整体和部分的关系,第三种认为"道"和"德"是形而上和形而下的关系,第四种认为"道"和"德"是万物共有和人的品德的关系,第五种认为"道"和"德"是无意识和有意识的关系,第六种认为"道"和"德"是超经验和经验的关系。在上述解释之外,或许还有其他的解释。

---

① 参见胡道静主编《十家论老》,上海人民出版社,2006年,第383—391页。

## 一、"道"是内在本质,"德"是外在表现

"道"和"德"是内在本质和外在表现的关系,这种解释可以看作主流观点。早在魏晋时代,就有论者认为"德"和"道"是一致的。王弼《老子注》说:"何以得德?由乎道也。""德"不在"道"之外,而是从"道"而来,"道"规定"德",因此"道"、"德"一致。《管子》中也有类似的观点:"德者,道之舍。……故德者,得也。得也者,其谓所得以然也。以无为之谓道,舍之之谓德。故道之与德无间。"这里的"舍"为居住、存在于的意思,即言"德"是"道"存在的地方;"无间"即无分别,完全一致。

《道德经》说:"道隐无名。夫惟道,善贷且成。""道"是世界的本原,是"万物之奥"。"道"十分深奥,隐藏于万物之中,老子也不知道那个东西叫什么,只是"字之曰道"。想领悟"道",只能借助于它显现出来的东西,这就是"善贷且成",亦即"道"的显现就是"德"。

《道德经》说:"孔德之容,惟道是从。""孔"有"通达"的意思,"容"有包容、内容、容貌等含义。这一句可以解释为:通达于一切事物和现象中的德,其内容和表现完全遵从道的法则。简要地说,什么叫德?遵从"道"的法则就是"德",或者说,"德"的内容就是"惟道是从"。这是关于"德"的最一般的含义。可见,所谓"道"和"德"的关系,并不是说在"道"之外有一个"德",而是说"道"和"德"本来就是同一的,但又要分开来论述,因为作为世界本原的"道"是无法被直接体验到的对象,本原的"道"有其外在表现,这个外在表现就是"德"。"德"是"道"的显现,是"道"的运行方式,是"道"对万物、社会和人的作用。可见,"道"和"德"是"抱一"的关系,"道"包含着"德","德"就在"道"之中,"道"通过"德"表现出来。但又不能将"道"和"德"完全等同,因为"道"和"德"是"一"中的"二";"一"中的"二"又是"不二",因为"二"是"抱一"的"二"。"道"和"德"的关系,可以说是内容和形式的关系、本质和现象的关系、体和用的关系。对"德"和"道"的关系做这种解释,笔者是同意的。

在老子看来,"道"和"德"是相生相依的,"道"显现为"德"即本质显现为现象,是体用一源。这与西方观念不同。按西文观念,本质存在但不显现,现象显现但并不是本质。例如,在西方观念中,上帝面前人人平等,而人和上帝不能平等,上帝是上帝,人是人,上帝和人是"二";在中国人的观念中,神和

人是"二"而"不二",神和人不同,所以是"二",但神就在人心中,如禅宗所说,人"明心见性"即是佛,佛未"明心见性"就是人,因而人和神是平等的。道教说的神仙也是由人修炼而成的,葛洪在《抱朴子·内篇》中就大量论述人怎样修炼成仙。在中国人的观念中,人和神平等,是"二"而"不二",因而又是"一"。"道"和"德"也是这样,它们是分开的又是同一的。

## 二、"道"是整体,"德"是部分

这种解释认为,《道德经》提出了一种宇宙论的哲学,道论着重于提出宇宙论,确立一个根据,论述的是宇宙整体的问题;德论是道论的贯彻,将道论贯彻到自然及人生和国家管理之中,重点在于说明人生要怎样度过和国家要怎样治理的问题。人生和国家治理涉及多方面,各方面的信条或准则就是德论的问题。因此可以说,"道"是整体,"德"是部分。

《道德经》说:"自古及今,其名不去,以阅众甫。吾何以知众甫之状哉?以此。""众甫"指世界上的一切事物和现象。我为什么能知道世间各种事物和它们的奥秘呢?因为我是从"道"的显现去理解的。只有"道"才能产生世界上的一切事物和现象,"道"也存在于一切事物和现象之中,通过"道"显现的"德"就能认识一切事物和现象。"道"显现为"德",说明"道"是整体,"德"是整体中的部分。"道"显现为"德"并不只是为了让人通过"德"去认识"道",还要以此来发挥自身对万物的作用。

上述解释本来并无不可,但陈鼓应先生说:"如果我们了解老子思想形成的真正动机,我们当可知他的形上学只是为了应和人生与政治的要求而建立的。老子哲学的理论基础是由'道'这个观念开展出来的,而'道'的问题,事实上只是一个虚拟的问题。'道'所具有的种种特性和作用,都是老子所预设的。……'道'……是应和人的内在生命之需求与愿望所开展出来的一种理论。"①"道"通过"德"发挥作用的说法是不错的,但如果认为在《道德经》哲学中,"道"只是一种"虚拟"的"预设","'道'的问题事实上只是一个虚拟的问题",言下之意似乎真正有意义的是"德",这个观点却值得商榷。我们知道,西方古希腊哲学侧重于提出宇宙论,至于以某种现实存在如水、火、土、气等为本体的宇宙论怎样发挥作用的问题,却并不受重视。如果认为中国最早的哲学刚

---

① 陈鼓应:《老子注释与评介》,中华书局,1984年,第1页。

好与之相反，宇宙论只是"虚拟"的，真正的动机是在人生和政治上的应用，那么，西方重视理论思维、中国重视现实运用这一长期存在的观点也就多了一条论据。而实际上，这个观点是颇为偏颇的。抽象思维水平是一个民族发展水平的重要标志，《道德经》哲学探讨"万物之奥"的"玄之又玄"的"道"，就算是在当代，其抽象思维的高度都是无可逾越的，绝不能用"虚拟"、"预设"来评价。西方古代哲学讲宇宙论而不重视实际运用，如果中国古代的宇宙论"只是"或"事实上只是一个虚拟的问题"，那无异于说中国古代没有哲学只有实证科学。我们在上面已经论证了老子的《道德经》是世界哲学的开创性著作，它开创了理论和实践统一的传统。可以说，在世界民族之林中，从古代起中华民族的抽象思维水平就高于其他民族。

如果说"道"和"德"是整体和部分的关系的话，那么"道"也是有整体和部分的，"道"是整体，天道、地道、人道就是部分；同样，"德"也是有整体和部分的，"玄德"是整体，上德、下德就是部分。"道"和"德"的关系是本质和表现的"抱一"，不能说"道"是整体而"德"是部分。所以说，这一解释并不准确。

## 三、"道"是形而上，"德"是形而下

陈鼓应先生说："形而上的'道'是不能为我们人类的直觉感受到的，但形而上的'道'下降到物界，作用于人生，就可以成为我们的生活方式和处事的原则，这个时候的道就称为'德'"，"'道'是指未经渗入一丝一毫人为的自然状态，'德'是指参与了人为的因素而仍然返回到自然的状态"[①] 形而上的"道"落实到物界、作用于人生，便可称为"德"，这种解释与上述解释并无大的差别，只是加上形而上和形而下的说明，使"道"和"德"的关系似乎更为清晰了，即"道"是"形而上"，"德"是形而下。然而，"道"就仅指形而上而不包括形而下，"德"就仅指形而下而不包括形而上吗？所谓"形而下"，也就是"器"。关于"道"和"器"的关系问题，在理论上分别说明是有必要的，认为《道德经》将其分得一清二楚却不仅没有必要，而且容易造成误解。

《易经》说"形而上者谓之道，形而下者谓之器"，本来是就理论认识而言的，并不是说有一个"形而上"的"道"摆在那里，有另一个"形而下"的

---

① 陈鼓应：《老子今注今译》，商务印书馆，2003年，第34页。

"器"摆在那里。理论上，"道"和"器"是"抱一"的世界的两个方面，是分不开的，分开说明则不可取。如果认为这只是"道"而不是"德"，那只是"德"而不是"道"，那么《道德经》说的"玄德"、"孔德"、"常德"究竟是"道"还是"德"呢?!

在《道德经》中，正面讲的"道"从其显现来说就是"德"，正面说的"德"从其本质来说就是"道"。"道"和"德"本来就是一而二、二而一的两个方面，而不是两种不同的存在。"道"中有"德"，"德"中有"道"，"道"和"德""抱一"。

## 四、"道"为万物共有，"德"是人的品德

上述陈鼓应先生的观点，其实是认为"道"是纯自然的，"未经渗入一丝一毫人为的自然状态"，"德"则"参与了人为的因素而仍然返回到自然的状态"；或者说，"德"是人领悟了"道"之后所做的行为，"道"则是纯自然而没有一点一滴人为的因素，也就是与人毫无关系。这样，纯自然的"道"当然就是"虚拟"和"预设"的了。可是，《道德经》说"是以万物莫不尊道而贵德"，这里"尊道而贵德"的"万物"，能将人排除在外吗？如果"道"纯自然而与人无关，又怎么能说"他的形上学只是为了应和人生与政治的要求而建立的"呢？产生人之后的自然已经不是纯自然了，这时"道"还存在吗？如果产生人之前只是"道"不是"德"，产生人之后只是"德"不是"道"，那么"道"和"德"就都不具有普遍性了，"故道大，天大，地大，人亦大。域中有四大，而人居其一焉"的观点还能成立吗？推论到极限，还有《道德经》吗？

"德"是人掌握"道"之后产生的品德，不少人都这样认为。但这样理解"道"和"德"的关系也是不准确的。人掌握"道"之后产生的品德是"德"并不错，但如果"德"仅限于此，那么在人产生之前就无"德"可言了，"万物莫不尊道而贵德"也就不能成立了，环境伦理问题也就不存在了。而按《道德经》的观点，"道"和"德"本是同一本原的两个方面，存在"道"也就存在"德"，人产生之后只能说"德"的表现更丰富了，而不是这时才有"德"的存在。总之，将"德"只是理解的人的品德是不确切的，万物符合"道"的表现都是"德"。在现代，环境伦理学日益引起人们的重视，我们不应将伦理问题局限于人类社会，而应扩大至整个环境，环境中的万物之间都存在伦理问题。

## 五、"道"无意识,"德"有意识

说"道"发挥作用时无自觉意识和目的诚然不错,但说"德"就是有自觉意识和目的的行为却不尽然。《道德经》说:"上德无为而无以为。""无为"是无自觉的意识和目的,"无以为"是无预先设定的程序和技术,也就是说"上德"无意识、无特定目的,怎么能说"德"就是有意识和目的的呢?

以无意识和有意识来区分"道"和"德",与以人的产生与否来区分"道"和"德"其实是一回事,因为在这里意识显然是指人的意识。据上文所述,不能用人的产生与否来区分"道"和"德",这也就说明了不能以无意识和有意识来区分"道"和"德"。习近平《在文艺工作座谈会上的讲话》将中华民族在长期实践中培育和形成的独特的思想理念和道德规范概括为"崇仁爱、重民本、守诚信、讲辩证、尚和合、求大同等思想"、"自强不息、敬业乐群、扶正扬善、扶危济困、见义勇为、孝老爱亲等传统美德"。这里说的许多美德虽然都是人的行为,但许多行为并不是有明确的意识的、有意的作为,而是中华民族长期形成的自动自发行为;最美的行为是自发的,而不是有意识、有目的的,这才是中华民族道德行为的独特性。从各种传统美德来说,有意识、有目的地去培养传统美德虽然重要,但传统美德在现实生活中真正发挥作用却不是靠明确意识实现的。试想,在见义勇为者行动时,他的头脑中会首先出现"我要见义勇为"的意识吗?称为传统美德,就是说这种美德发挥作用是靠人的无意识的自发行为。

## 六、"道"超经验,"德"可经验

"道"是超经验的对象,但"德"这样的对象在特定的意义上也是超经验的。如"常德",《道德经》说:"常德不忒,复归于无极。"具有超经验的性质,才能"复归于无极"。这样的"常德"就不是经验的对象而是超经验的对象。

总之,以上观点对我们理解"道"和"德"的关系都有启发,但也有着共同的缺陷。一是认为"道"和"德"是可以区分开来考察的两个对象,不明白"道"和"德"是"抱一"、"混而为一"的一个对象的两个方面。研究《道德经》,不是说将"道"和"德"分得越清楚越好,而是将"道"和"德"的联系分析得越深入越好。二是将"德"看作一个可以独立考察的对象,不明白将"德"与"道"关联起来才能考察。如果要相对独立地进行考察,对象是"德"

的层次结构。对不同层次的"德"虽然要注意其同一性，但也应有所区别地进行考察。

总的来说，"道"和"德"的关系就是"道生之，德畜之"。这说明万物为"道"所生，但生长发育还需要营造生长的环境，也就是要"德"来养育和维护。在这里，"德"的作用表现为形成万物生存发展的总体方向。生命体的生存需要一定的环境，生命体的存在需要哺育和维护，起营造环境和维护生命作用的就是"道"表现的"德"。在《道德经》中，"道"和"德"是同样具有最大普遍性的哲学概念。

# 第二节 "德"的层次结构

"道"的外在表现"德"是由"玄德"、"上德"和"下德"构成的，"下德"包含"仁"、"义"、"礼"。因而在总体上，除在范畴体系中论述过的"玄德"之外，我们可以将"德"看作由五个层次形成的结构：第一个层次的是"上德"，第二个层次的是"下德"，第三个层次是"上仁"，第四个层次是"上义"，第五个层次是"礼"。至于"上礼"，老子将其排除在"德"之外。

## 一、上　德

通行本《道德经》第38章说："上德不德，是以有德；下德不失德，是以无德。上德无为而无以为，下德为之而有以为。上仁为之而无以为，上义为之而有以为，上礼为之而莫之应，则攘臂而扔之。故失道而后德，失德而后仁，失仁而后义，失义而后礼。夫礼者，忠信之薄而乱之首也。前识者，道之华而愚之始也。是以大丈夫处其厚不处其薄，居其实不居其华。故去彼取此。"这一段论述的是除"玄德"之外的"德"的第一至第五个层次。第一至第五个层次的"德"与"玄德"的区别在于：玄德是存在于自然界的万事万物中的"德"，是天道、地道、人道的总体显现；这里的第一至第五个层次的"德"则是社会之道和人之道的表现，是社会范围中显现的"德"。社会之道和人之道中的"德"与"玄德"在表现范围上可能不完全一致。

《道德经》对"上德"的规定有两点，一是"上德不德，是以有德"，二是"上德无为而无以为"。

"上德不德，是以有德"有些费解。只看文字，很容易认为"不德"指不是"德"，即无德；既然"不德"，又怎么会"是以有德"呢？在这里，"上德"指社会范围内上层次的道德规范。"上德"在人类产生以后才出现，之前无所谓社会道德规范，所以用"玄德"对照社会上的道德规范，说"上德不德"。我们不能认为"玄德"不包括社会道德规范，只能认为在其产生之前，"玄德"中不存在社会道德规范；如同生命体很早就出现了，人体是生命体，但在人类产生之前却不存在人体这种生命体一样。可见，"上德"是社会中存在的与内在的道相一致的德，是"玄德"在社会之道和人之道中的直接显现，因而是社会之道和人之道中最高尚的德，所以"是以有德"。这种"德"是人们在社会生活中自然形成的，不需要明文规定人们也会无意识地自动自觉自发地遵行。

在社会德行中，有许多是不需要做出规定的。习近平说的"崇仁爱、重民本、守诚信、讲辩证、尚和合、求大同等思想"、"自强不息、敬业乐群、扶正扬善、扶危济困、见义勇为、孝老爱亲等传统美德"大都属于"上德"，社会上有这些德行是很自然的。《道德经》说："希言自然。故飘风不终朝，骤雨不终日。孰为此者？天地。"天地之间有很多事情本来没有必要去寻求解释，承认是天地自然形成的就行了，很多道德问题也是这样。为什么要保护生态？为什么要孝顺父母？为什么不能乱拿别人的东西？为什么有客人来了要好客？……这些德行在生长环境中自动养成，在人的一生中自动发挥作用，人们也没有想过为什么要这样做。如果非要问为什么，只能回答："孰为此者？天地。"是自然要这样做的。硬要将最基本的德行明文写进道德规范甚至法律条文，是社会德行败坏后的无奈之举。这些本来不必明文规定的德行，是最基本的、不言自明的德行。"上德不德"，是说在明文规定的规范中不必做规定；"是以有德"，是说不用明文规定的这些德行完全符合"德"。

《道德经》"上德不德，是以有德"的观点有非常重大的意义。它告诉我们，维护社会基本秩序，不在于明文规定很多德行。基本的德行是自发自动形成和普遍存在的，不做明文规定人们也会将它们看作常识，人人都会这样做，违反者自然会受到谴责。其实，都做明文规定也规定不过来。现在连孝顺、常回家看看、在地铁车厢里不要吃东西等都做明文规定，甚至写进法律，是有点无奈的事。有许多事情不做明文规定比做出明文规定更好，不做明文规定说明自然就是如此，做出明文规定说明人为才能如此。将不必做规定的行为写进法律，实际上也难以执行，违反了也难以惩罚。自然就能做到的，总比明文规定要求必须去做的好得多。

"上德无为而无以为"也有些难以理解，但如果不解释清楚，后面的下德、仁、义、礼都难免模糊。这里的"无为"是说这些德行循自然而为，相对于人们有明确意识的、按规范要求的作为来说就是"无为"；"无以为"是说没有人有意识地去制定程序和运用技术手段，只要自然地发展就能达到目的。不存在有意识的"为"就能达到目的，即"无以为"。"无为而无以为"说明，社会中循自然而为的"德"才是"上德"。

从《道德经》的总体内容来看，在高低序列上，低一层次问题的开头，论述过的高一层次问题往往以某种新形式再次部分地出现，因此似乎显得有些重复。如范畴论中有"道"的范畴和"德"的范畴，进入"德"的范畴后，首先论述的是"玄德"，"玄德"就是"道"的总体显现，显得与"道"有些重叠；从道论进入德论后，首先论述的社会上的"德"是"上德"，"上德"是"玄德"在社会领域的总体体现，又显得与"玄德"有些重叠；从"上德"进入"下德"的论述时，首先论述的是"上仁"，"上仁"兼有"上德"的"无以为"的品性，与"上德"又有些重叠。由此可见，一个层次到下一个层次不是脱节的，而是紧密相连的，一层一层地进展。上一层次和下一层次的某些重叠更能显现《道德经》内在的逻辑关系。

## 二、下　德

"下德"是对应于"上德"的下一个层次。"下德"的"下"不含贬义，只是与"上德"相对应。王弼在《老子注》中曾论述过"上德"和"下德"："是以上德之人唯道是用，不德其德，无执无用，故能有德而无不为，不求而得，不为而成，故虽有德而无德名也。下德求而得之，为而成之，则立善以治物，故德名有焉。求而得之，必有失焉；为而成之，必有败焉；善名生，则有不善应焉。故下德为之而有以为也。……凡不能无为而为之者，皆下德也，仁义礼节是也。"王弼的解释确有其可取之处，如说"上德""唯道是用"、"不求而得"，"下德""求而得之"、"为而成之"等，都是准确的。但其仅以有无"德名"来区分"上德"与"下德"，则似乎未达老子的深意。

在读《道德经》时，我们要谨记"圣人抱一为天下式"这一警句。老子虽然分出上德、下德及仁、义、礼，但是在"抱一为天下式"的前提下区分的；下德及下德中的仁、义、礼首先都是与"上德""抱一"的，只是因人的意识而在"抱一"中产生区分；区分并不否定"抱一"，"抱一"也不否定区分，区分是"抱一"中的区分。"上德"和"下德"的真正区别不在于无"德名"和有

"德名",而在于自然和人为;自然是贯穿始终的,在出现人为之后,自然的"德"仍然存在,人为只是掺杂在自然之中。这里说的"自然"是自然而然之谓而非自然界之意。在理解这个问题时,有自然则无人为、有人为则无自然的非此即彼的思维是不适用的。"上德"和"下德"的关系也是这样,我们不能说有"上德"就无"下德",有"下德"就无"上德","上德"和"下德"非此即彼、互相对立。在社会规范的德行中,"上德"始终起作用,只是"下德"掺杂于一部分"上德"中。

"下德"的规定主要也有两点,一是"下德不失德,是以无德",二是"下德为之而有以为"。

"下德不失德,是以无德"与"上德不德,是以有德"相反,但同样有些费解:既然"不失德",就是还有德,怎么又"是以无德"呢?这里首先要确定的是,所谓的"下德"指社会上人为制定的规范,所以王弼说:"凡不能无为而为之者,皆下德也,仁义礼节是也。"由于社会治理的复杂性,必须做出明文规定来规范人的某些行为。人为制定的行为规范是可以与"上德"相符的,因而"不失德";但规范是人为制定的,而不是自然形成的,相对于自然形成的行为习惯而言"是以无德"。如果人为规范与"道"相符,就还是"有德";如果违背"道",那就不是"无德"的问题,而是"不道"的问题了。

"下德为之而有以为"与"上德无为而无以为"相反,"为之"指不是由内在的"道"自然产生,而是在领悟"道"后有意识地设定符合"道"的目的,为了达到这样的目的而做的有意识的作为;"有以为"指人设定规范时即"以为"按规范办就能达到目的。人们为了形成和维护社会秩序而制定的各种行为规范,在与"上德"要求相符时是"下德"。老子并没有全盘否定人为制定规范和设计程序,只是认为要区别这些规范和程序是否与自然一致,一致的是"辅万物之自然"的人为,是"下德",反自然的则是"不道",是要反对的。

关于"下德"的规定,其实是老子在表明其对仁、义、礼的看法。老子将仁、义、礼归属于"下德",意为这些虽然也是"德",但要将它们与自然的"玄德"和"上德"区别开来,也就是说要承认在社会范围内"下德"是起作用的,是有意义的,只是总体上不属于"上德"。既然如此,在排列"德"的层次结构时,要将它们排在"玄德"和"上德"之后,称为"下德"。既然"下德"是社会的"有以为",就确实存在王弼说的"求而得之,必有失焉;为而成之,必有败焉;善名生,则有不善应焉。故下德为之而有以为也。凡不能无为而为之者,皆下德也,仁义礼节是也"的情况,也就是说有可能走向反面。

## 三、上 仁

"上仁"排在"下德"的首位,其特点是"为之而无以为"。在"为之"这一点上,"上仁"和"下德"是相同的,说明"上仁"在总体上属于"下德";在"无以为"这一点上,"上仁"又具有"上德"的特点,说明"上仁"虽然属于"下德",但与"义"、"礼"相比更靠近"上德",所以它的意义和作用比"义"和"礼"都高。在"下德"中,儒家还进而分出"大德"和"小德"。《论语·子张》说:"大德不逾闲,小德出入可也。"意思是说,在重大的节操上人是不能逾越仁、义、礼的界限的,至于其他小节则不必那么认真。老子对"上仁"是肯定的,孔子则对"仁"做过更深入的研究,《论语》中"仁"字出现过104次。"仁"是孔子学说的核心概念,"仁论"是孔子的中心理论和思想主旨。孔子将人的优秀品质集中在"仁"上,"仁者爱人"、"己所不欲,勿施于人"、"夫仁者,己欲立而立人,己欲达而达人"、"克己复礼为仁"等,都是孔子在老子关于"上仁"的论述基础上展开的。由此我们也可以看出,老子和孔子并不是对立的两派,他们都肯定自然和人为,区别只在于老子更重视自然因而理论更宏观,孔子更重视社会政治因而理论较具体。

"上仁"的"为之"即人做的规定而非自然而然产生,"无以为"指不是为了达到特定的目的而去设定专门的程序。从"无以为"方面说,如果"上仁"在总体上属于"下德"的范围,"下德"的特点是"为之而有以为",那么"上仁"也应该是"有以为"的,怎么又"无以为"呢?这就说明,"为之"和"无以为"并不是必然联系在一起的,"为之"可能"有以为",也可能"无以为"。在社会范围内,有许多事情是必须按人为设定的明文程序去办的,比如朝廷设立官职,要考核任命才能任职,这是社会范围中明文规定的"有以为";有很多事情则不需要设定专门的明文程序,如人人都要尊老爱幼、热心助人等,这是社会范围内的"无以为"。社会范围内的"上仁"具有"上德"的"无以为"的特性,说明"上仁"在社会德行中具有比"义"、"礼"更重要的地位。在社会上施行"上仁"的德性,不能只是为了实现个人的目的。如果只是为了实现个人的目的,就可能是违背"德"的,不是"上仁"的德行,而变成了个人的钻营,走向了"德"的反面。那些在官场买官卖官的腐败分子,在表面文章上也可能与程序相符,但实际上与"德"不沾边。

"下德"中的"上仁"表现出"上德""无以为"的特性,但"下德"是社会德行规范,"上仁"要求人的道德意识要尽可能接近"上德"的水平,也就是说人在精神境界上也要以"上德"来要求自己。孟子说:"仁之实,事亲是也。"(《离娄上》)"亲"就是精神性的,并不能明文规定达到"亲"的程序,只能要求人要"事亲",所以说"上仁"是包含"无以为"的。不论官民,在以"上仁"要求自己时,都不应只为自己而应为了社会。

## 四、上 义

"上义"的特点是"为之而有以为"。这一特点与"下德为之而有以为"在文字上是相同的,说明"上义"属于"下德"。但"上义"既与"上仁"的"为之而无以为"有所不同,又与"下德"的"为之而有以为"有所不同。

"上义"和"上仁"同属"下德",同是"为之"即同属人为。在"下德"中,"上仁"具有"上德"的"无以为"的特性,"上义"则与"下德"一样是"为之而有以为"。由此观之,"下德"的外延比"上义"要宽,"下德"可以包含某些"上义"所不具有的因素,如"上仁"的"无以为"。"上义"则不包含超乎"下德"的因素。

"上义"和"下德"有所区别,"下德"的"为之而有以为"是符合"德"的要求的,"上义"的"为之而有以为"则有可能符合"德"的要求,也有可能不符合"德"的要求。如我们说的凭义气做事,做的可能是好事,也可能不是好事;个人目的与社会目的一致时就是好事,反之则不一定是好事。

"仁"和"义"组成的"仁义"一词,是中华优秀传统文化中的重要概念。对于"义",传统文化虽然多有论述,但不在本书专论范围。大致地说,"义"有正义之意。"义"的理论在儒家思想中也有发展,如《论语》说"信近于义",认为许下的诺言如果合乎"义"的话,就可以遵循和实践。孔子之后的思想家对义的问题也有许多论述。孟子在表明"我善养吾浩然之气"后,对"浩然之气"做解释时说:"其为气也,配义与道。"(《公孙丑上》)做正义之事,必然是符合"道"的。孟子还说:"舍生而取义。"(《告子上》)正义之事比生命还重要。至于"义"的一般含义,则为"义者宜也"(《礼记·中庸》),就是指思想行为合适,恰到好处,对人和社会有利。总之,"义"是具有正面含义的词,是"德"应当包含的。

有的人认为老子是反对"仁义"的。《中国当代作家文库》中收录的陈起兴的《夜读老子》说:"在老子看来,'仁、义、礼'都是'失德'以后衍生出来

## 第五章 《道德经》哲学的德论

的对'道'产生危害的东西。"还引经据典地分析"为什么老子如此反对'仁'"的问题。看来我们确实有必要考察一下老子是否真的反对"仁义"。

首先，我们应确定地说，在《道德经》中，"仁"是一个正面意义的词。通行本《道德经》第8章是讲"上善若水"的重要的一章，这一章提出的"七善论"是老子的重要思想。"七善"中有一善是"与善仁"，意为应以仁慈之心行善、做善事，由此即可证明老子是提倡"仁"的。理解这一点很重要，因为它从大前提上否定了老子反对"仁"的观点。

其次，陈起兴用于证明老子反对"仁"的主要论据是《道德经》第5章"天地不仁"和"圣人不仁"、第18章"大道废，有仁义"、第19章"绝仁弃义"等。其实，这些语句并非反对"仁"。第5章说的"天地不仁，以万物为刍狗；圣人不仁，以百姓为刍狗"，本是说明天地和圣人的平等观的。"刍狗"是用草扎的小狗，古人用动物祭祀，但通常以草扎的小狗代替动物。"天地不仁"和"圣人不仁"说明自然的天地和圣人对待任何事物都如同对待草扎的小狗一样一律平等，不特意对某些物或人施行仁爱，不会厚此薄彼。"大道废，有仁义"讲的是历史过程中的伦理逻辑，而且说明在大道不能起作用时只能用仁义来治理天下。"绝仁弃义"这一句不见于楚简本，我们也不必去讨论《道德经》中是否应该有这一句的问题，这句激烈的文字本来是"正言若反"即正话反说，其意是不能让那些满口仁义道德的人在那里糊弄百姓。总之，根据《道德经》中的这些句子说老子反对仁义是毫无道理的，说老子反对仁义而孔子倡导仁义，是企图为老子是孔子的对立面的观点找证据。

最后，说老子反对"仁义"，其实是长期以来矮化老子的一条论据。中国人历来都重视仁义，如果老子的《道德经》反对仁义，那么就不仅不能肯定而且应当批判它。传统文化中"不仁不义"是不道德的同义词，可见说老子反对"仁义"是明显地矮化老子。我们今天研究《道德经》，必须将这一观点纠正过来，必须恢复老子在形成中国优秀传统文化过程中的举足轻重的地位。正是有了老子对仁义的倡导，孔子才传承老子的思想，在弘扬仁义上发挥了重大作用。孔子的许多思想，虽然我们不能证明来自老子，但可以看出与老子相关，如：老子说"知不知上，不知知病"，孔子说"知之为知之，不知为不知，是知也"（《论语·为政》）；老子说"知人者智，自知者明"，孔子说"不患人之不己知，患不知人也"（《论语·学而》）；老子说"天地不仁，以万物为刍狗；圣人不仁，以百姓为刍狗"，孔子说"祭神如神在"（《论语·八佾》），等等。我们详解老子关于仁义的观点，只是力求恢复老子在中华优秀传统文化中应有的重要地位。

## 五、礼

由于《道德经》中有"夫礼者，忠信之薄而乱之首"的语句，人们普遍认为老子对"礼"持批判态度。按司马迁的《史记》的说法，孔子推崇"礼"，受到老子的批评。如果老子反对"礼"而孔子推崇"礼"，他们的观点就是相反的了，老子反对"礼"也就更无可疑了。要理解老子的"德"的层次，这个问题很值得澄清。老子是不是否定和反对"礼"？老子和孔子是同时代的圣人君子，孔子是推崇"礼"的，如果孔子推崇的是老子反对的"礼"，那么儒道相黜就可以成立了。

从《道德经》看，老子少有直接论到"礼"的地方，通行本第38章的中心思想也不是论"礼"而是论"德"，"礼"的问题只是引申而来的。我们还必须注意，老子真正反对的是"上礼"，也就是将"礼"抬高到至上的地位。"上礼"一词从"上德"、"上仁"、"上义"对应而来，这在文字的表述上可以看得很清楚："上仁为之而无以为，上义为之而有以为，上礼为之而莫之应，则攘臂而扔之。故失道而后德，失德而后仁，失仁而后义，失义而后礼。"后面所说的"礼"，实应为"上礼"，只是省略了"上"字而已。因此我们毋宁认为老子并不一般性地反对"礼"，而是反对将"礼"的作用抬高到与"道"、"德"、"仁"、"义"平等的地位，认为社会可以按"礼"来治理。"礼"虽然是形式，但如果是"德"的某些内容在形式上的固化，"礼"中包含"德"的内容，有助于"德"的普及，使之贴近人情并具有真实感和现实性，老子是不会反对的。在《道德经》中，老子对某些"礼"也曾正面肯定，如论战争时就认为，战争杀人众多，"战胜，以丧礼处之"，此外还有多处谈到各种礼仪。

至于"上礼"，老子将其排除在"德"之外，"德"的五层次结构不包括"上礼"。对于"上礼"，老子毫不客气地骂道："夫礼者，忠信之薄而乱之首。""上礼"是诚信丧失之后社会动乱的最早的表现。老子和孔子是生活在同时代的人，孔子强调"礼"，"克己复礼"是孔子的追求。在老子看来，社会走到穷途末路时，才不得不将"礼"抬到"上"的地位，以之治理社会。所以他认为"失义而后礼"，在道、德、仁、义都丢掉之后，才会特别强调"礼"即"上礼"。但人们对那样的"礼"其实是不买账的，大喊大叫讲"礼"也"莫之应"，硬拉着人们的手要人们去行"礼"，人们也会"攘臂而扔之"，甩开手走掉。老子的这个观点，描述得很生动形象。这个观点其实也很现实。试想我国在"文化大革命"中,什么"三忠于四无限",什么"早请示晚汇报",还有全民跳"忠字舞"等,把"礼"发展到了登峰造极的地步,那不正是老子说的"乱之首"、"道之华而愚之始"吗!表面上看起来非常热闹华丽,其实相当愚蠢。老子对形式主义的"上礼"深恶痛绝,"是以大丈夫处其厚不处其薄,居其实不居其华。故去彼取此"。"处其厚不处其薄"指看重深厚的"上德"而不看重轻薄的"上礼";"居其实不居其华"是做实事,不去搞华而不实的花架子;"去彼取此"指去除"上礼"而取"上德",去除形式主义的"华"而取实实在在的"实"。对照一下现实,那些不为民办实事,而热衷于搞劳民伤财的"形象工程"的人,按老子的说法,是完全失"德"的。可见,《道德经》的德论很有现实意义。

## 六、道、德、仁、义、礼的逻辑

《道德经》说:"故失道而后德,失德而后仁,失仁而后义,失义而后礼。"这里包含着历史和逻辑一致的思想。从逻辑来说,道—德—仁—义—礼,一步步后退却有其内在联系;从历史来说,"能知古始,是谓道纪","太上,下知有之;其次,亲之誉之;其次,畏之;其次,侮之",历史过程一个阶段一个阶段地后退,深层存在着的正是道—德—仁—义—礼的逻辑。

在中华传统文化中,道、德、仁、义、礼都是重要的范畴。老子的《道德经》从道论而至德论,德论包括遍及自然的"玄德"也包括社会和人世的"德",或者说德论贯穿天道、地道和人道。《周易·说卦》说:"立人之道,曰仁与义。"说明人之道主要是树立社会理想、文化理想、政治理想和道德理想等价值原则。既然要树立社会理想的价值原则,就必须树立各种社会规范,所以,人道表现出某种道德规范系统,这种道德规范系统告诉和引导人们能做什么和不能做什么。社会在树立道德规范系统时以什么做指导呢?以"道"和"德"做指导,将人的行为引导到符合"道"和"德"的要求上来。这种符合"道"和"德"的要求的社会规范,就是我们常说的"礼"和"法"。古语说:"礼者,人道之极也。"(《荀子·礼论》)"法者,天下之至道也。"(《管子·任法》)礼法之于社会犹如规矩之于方圆。在中华文化传统中,尽管礼、法具有不同特点,但都应是体现"道"和"德"的,故有"得道者多助,失道者寡助"(《孟子·公孙丑下》)之说。由此看来,老子在《道德经》中一般性地反对礼是不可能的。还有"大国以下小国,则取小国;小国以下大国,则取大国。故或下以取,或下而取。大国不过欲兼畜人,小国不过欲入事人。夫两者各得其所欲,故大者宜为下"、"立天子，置三公，虽有拱璧以先驷马，不如坐进此道"等，描述的都是社会上通行的礼。对这些通行之礼，老子承认其存在的合理性。

老子赞许"道"、"德"，反对"仁"、"义"、"礼"，这个观点由来已久。王弼解释《老子》时即说："夫礼也，所始首于忠信不笃、通简不阳，责备于表，机微争制。夫仁义发于内，为之犹伪，况务外饰而可久乎？"意为在人的忠信已经败坏到极点时才不得不以礼来维持社会秩序，但也不过是粉饰外表而已；发自内心的仁义尚且有诈，用外表的礼只能是图安反危。提出仁、义、礼存在内外相反情况的警告是有益的，但认为老子反对仁、义、礼则不公平。对"仁"老子是肯定的，对"上义"老子也认为属"下德"，对"上礼"老子是反对的，对"礼"老子认为可以存在，但不要过分抬高其意义。

# 第三节　人的"育德"

《道德经》的德论对"德"的内涵和层次结构做出揭示和论述，并不只是出于理论的兴趣，而是有其现实的意义，就是有利于人在现实中培养德行，使之德行天下。

人道中的"德"是需要培育而且可能培育的，《周易》已经提出"君子以果行育德"，即君子勇于在实践中培育自己的德行。"育德"的具体要求是什么？就是人们经常说的慈善。慈善在《道德经》中被着重论述，就是著名的"三宝"论和"七善"论。"三宝"是"一曰慈，二曰俭，三曰不敢为天下先"，"七善"是"居善地，心善渊，与善仁，言善信，正善治，事善能，动善时"。

## 一、"三宝"论

《道德经》说："我有三宝，持而保之：一曰慈，二曰俭，三曰不敢为天下先。慈故能勇，俭故能广，不敢为天下先，故能成器长。今舍慈且勇，舍俭且广，舍后且先，死矣！夫慈，以战则胜，以守则固。天将救之，以慈卫之。"老子注意到，遍及世界的"德"，特别是在人和人类社会中表现出来的"德"的内容是十分广泛的。在所有"德"的表现中，他特别强调"三宝"，提出著名的"三宝论"。

首先是"慈故能勇"，就是"慈"导致"勇"，因慈而勇。"慈"是慈悲、慈善,"勇"是勇气、英勇、勇武。慈悲、慈善和勇气、英勇、勇武似乎建立不起直接的联系,因而"慈故能勇"难以理解。老子在这里说的"勇"是以"慈"为内涵的"勇",是由"慈"激发出来的"勇"。"慈"能激发出"勇",所以说"慈故能勇"。如在母子关系中,母是慈善的,当子有危险时,母能表现出令人震撼的勇。

其次是"俭故能广"。"俭"也就是勤俭节省,有爱惜、珍惜、保养、不浪费等含义。现在,人们都知道勤俭节省是一种美德,是我国传统的人生信条。这种美德的形成,与《道德经》的关系十分密切。老子不仅将勤俭节省作为个人的一种美德,而且将它看作治理国家社会,使国家社会达到长治久安的根本措施之一。"俭故能广"的"广",有多、丰富、宽广、大方等意思。从字面上去理解,勤俭节省才能积累更多的财富。这似乎也说得过去,有的书确实是这样解释的,但没有将老子的深意解释出来。《道德经》说:"圣人不积,既以为人己愈有,既以与人己愈多。""俭"并不是为了积累财富,而是说勤俭节省的人才更大方;不是为自己积累财富,而是更能"为人"、"与人",用自己的财富去帮助别人,为人一点都不小气,这才是真正的"俭"。那这样一来自己的财富不是少了吗?不是的,因为这样"己愈有"、"己愈多",自己更加充实,得到的更多,也就更"广"了。这里的"既以与人"应和"与善仁"联系起来理解,"与人"是用仁爱之心帮助人,是"无以为"即不是为了达到个人的目的的德行。

最后是"不敢为天下先,故能成器长"。"不敢为天下先"就是不自大,有守柔、处下、谦让、不争等意思。"不敢为天下先"与前面讲的"慈"和"俭"是密切相连的。"慈"是对人对物都要有爱心和同情心,有了这样的爱心和同情心,也就不会想与别人争斗。不与别人争斗,本身就是"不敢为天下先"了。"俭"是节俭,少私寡欲,不奢侈,也就不必去与人争,即不必"为天下先"了。"成器长"是做成大事,成为有用的人才。《道德经》说:"是以圣人欲上民,必以言下之;欲先民,必以身后之。"这要结合"反者道之动"去领悟,只有"不敢为天下先"的人,才能"上民"、"先民",才能"成器",才能成为众人拥戴的领袖人物。

老子上面说了正面的道理后,反过来对照现实,指出现实与他讲的道理刚刚相反。老子生活在周朝末年,那时的社会是腐败的。慈悲丢掉了,人们追求的是恃强凌弱;节俭丢掉了,人们追求的是奢侈豪华;不敢为天下先丢掉了,人们追求的是出人头地。这样发展下去,"死矣!"个人和人类都只有死路一条。老子向我们发出的警告,我们必须时刻牢记。

"今舍慈且勇"的"且"字，王弼解释为"取意"。"且"就是"取"，因而"舍慈且勇"就是"去慈取勇"之意，丢掉了"慈"而表现出"勇"。本来上句说"慈故能勇"，有慈才有勇，现在说"舍慈且勇"，丢掉"慈"取得"勇"，这不是相反了吗？《道德经》说："勇于敢则杀，勇于不敢则活。""慈故能勇"的"勇"显然指"勇于不敢则活"的"勇"，"今舍慈且勇"的"勇"则是"勇于敢则杀"的"勇"。丢掉了"慈"的"勇"，也就是失去了内涵的"勇"，只能是莽撞，是有勇无谋，是盲目地残害无辜的人。这样的"勇"，老子当然要怒斥了。

"舍俭且广"指现今社会上勤俭节省的风气丢掉了，人们都不择手段地追求一夜暴富。前面说"俭故能广"，这里说"舍俭且广"，与"俭"相连的"广"是为人大方的"广"，"舍俭且广"的"广"是奢侈摆阔。同样是"广"，"俭"而"广"符合"德"，"舍俭"而"广"违反"德"。

"舍后且先"指"不敢为天下先"丢掉了，人都自我炫耀，买官卖官，对出人头地梦寐以求。这样的"先"，最终必然栽跟头。

"死矣"是说国家灭亡、生灵涂炭的日子不远了。

以"慈"为宗旨，人心和顺，团结一致，力量无穷，作战时进攻能取胜，防守能稳固。只有"天道"才能拯救腐败的社会，只要人人都有慈善之心和爱心，国家社会就有救了，因为仁慈本来就是"天道"用来护卫社会的。

为什么在"三宝"中要特别突出"慈"？因为"慈"属于内在的品德，与"道"的精神最为接近。老子讲的"慈"，并非专对人与人的关系而言，而是说对世间一切事物都要施以慈爱、仁爱。所谓慈爱、仁爱，首先是对世间一切事物都要一视同仁，不可偏心。"天地不仁，以万物为刍狗；圣人不仁，以百姓为刍狗"，在"天地"和"圣人"看来，一切事物和人都是天生平等的，应如同对待祭祀用的草狗一样，祭祀完后即丢弃。在"德"的内容中，"慈"能演化出许多优秀的品德，如仁慈、慈爱、慈祥、慈和、慈孝、慈悲、慈善等等。慈善的德行，是达到社会和谐的最有效的途径。

与慈、善、不敢为天下先直接相关的还有《道德经》说的"治人事天莫如啬。夫惟啬，是谓早服。早服，谓之重积德。重积德，则无不克。无不克，则莫知其极。莫知其极，可以有国。有国之母，可以长久。是谓深根固蒂、长生久视之道"。"治人"指处理人与人之间的关系，"事天"指处理人与自然的关系，"莫若啬"指最基本的原则是爱惜和节俭。为什么"治人事天"都必须坚持爱惜和节俭呢？因为这样才能"早服"。"早服"意为及早服从"道"，在还没有出现问题时就按"道"的要求做事，使各种矛盾和问题在萌芽阶段得到解决，这就叫作通过社会治理而在社会中积聚"道"和"德"。社会中积聚了充足的"道"和"德"，各种矛盾和问题在萌芽阶段得到解决，所产生的效果是无限深远的。产生了无穷的效果，才有国家的存在。"有国之母"指国家的治理有"道"作指导。国家有"道"指导，社会也就可以长治久安了。这就叫作根深蒂固的、永远活在民众心中而且民众可以长远看见的"道"。

上面只是文字上的解释，然而仅仅这样还难以领会这一段的意义。想全面理解这一段的意义，要从"道"、"德"、"国"、"啬"的关联去认识。就是说，在社会治理中，养成民众"啬"的风气，并不只是勤俭节约的小事，而是事关国家长治久安和人类世代长存的大事。所以，培养民众的这种道德风尚，必须及早进行。如果让奢靡之风在社会上蔓延开来，那么，治将不存，国将不保。对于这个问题，我们一定要以小见大、以暂见长。

老子为什么将"啬"提到如此高的地位？因为人和人类社会靠自然提供的生活资料才能维持生存。直到现在，人类中心主义者还认为，人或者人类与自然环境系统的关系是一种索取关系，人类对自然的索取造成的对自然的破坏，自然可以自行修复，人类也有能力去修复对自然的破坏，甚至有人试图"人为"地制造人类生态系统。然而，自然遭到人类的破坏，其实只能靠自身修复，人类对自然环境系统的补偿可以说微乎其微。自从进入工业社会以来，这种情况更加明显，自然环境系统和生态的破坏可谓触目惊心。倘若这样无休止地继续下去，就不是自然环境系统和生态能不能承受得住人类继续扩大消费的问题，而是人类自绝于自然环境系统和生态平衡破坏的问题了。就是说，并不是人类非常强大，而是人类过于自负，高估了自己的能力。在自然环境系统面前，脆弱和渺小的是人类自身。清醒地认识到这一点非常重要，否则人类难免被自命不凡和贪得无厌逼进难以为继的困境。老子在这一段中将"啬"提高到"治人事天莫若啬"的高度，包含生活在自然中的人类如不懂"啬"将走向灭亡的思想，其无比重大的现实意义是我们应予以特别重视的。

"治人事天莫如啬"是对"三宝"论的高度概括，一个"啬"字，包含的内容何等丰厚！"啬"包含"三宝"在其中，慈善才能节俭，节俭本身就是"啬"，慈善和节俭也就"不敢为天下先"了。人类所要做的事情总括起来无非是"治人事天"四个字，怎样"治人事天"？总括起来无非是一个"啬"字。在人类思想史上，唯有老子才有如此高的概括水平。世上每一个人都时刻记住和践行"治人事天莫如啬"，人类面临的任何重大问题就都有解决的希望了。

## 二、"七善"论

"三宝"论中的"慈"已经包含着慈善之意，对此意老子特别关注，又提出"七善"论展开论述。

《道德经》说："上善若水。水利万物而不争，处众人之所恶，故几于道。居善地，心善渊，与善仁，言善信，正善治，事善能，动善时。夫唯不争，故无尤。"这一段人们用四个句号将其分开读，我们就分四个问题来分析。

第一句是"上善若水"。这是中华民族优秀传统文化中的名言。

"上善若水"，也就是最上等、最高的"善"的品性可以用水比喻，因为水的品性和"道"的品性几乎是相同的。"善"是伦理学的最高范畴，伦理学的基本范畴有六个——责任、义务、良心、荣誉、幸福和善，"善"这个范畴最高。老子以水喻"善"，也就代表了"德"的内容。因此，可以通过分析水的特性来理解"道"和"德"。

通行本《道德经》一共五千多字，"善"字出现了约50次，但并不都是在同一意义上使用，有的地方是现在说的"善于"这个意义，如"善摄生"是说善于养生，"上善若水"的"善"则是在伦理道德的意义上用的。从伦理学的意义上讲的"善"属于德论。"道"生万物，万物的生长要培育，培育万物的就是"德"。"德"怎样去培育呢？概括起来就是用"善"去培育。就是说，"道"通过"德"发挥善性去培育所生的所有事物，包括人类。如果"道"生的万物特别是人类都具有"善"这种德性，"道"生的世界就是美好的世界；如果人类丧失了"善"这种德性，那世界就会陷入混乱，人类也将陷入难以生存的境地。

用"善"去培育万物，也就是说我们对世界上的任何事物都要有善心，有爱心，不能随意去改天换地、破坏自然，破坏自然的最终结果是人类自取灭亡。我们心中有了一个"善"的观念，就要善待自然，保护自然，不然的话不论取得多少成果最终都毫无意义。人类都灭亡了，搞多少建设还有意义吗？！老子之所以把"善"提高到上等的地位，就是告诫人类，一定要善待世界。

第二句是"水利万物而不争，处众人之所恶，故几于道"。

这一句是直接解释上一句的。为什么"善"是最上等的德性呢？因为水的品性"几于道"，"几"是"几乎"、"相当于"之意，"几于道"即几乎与"道"相同。这种品性就是"利万物而不争"。"善"的最主要的表现就是对万物都是有利的，水促成万物的产生并滋润万物，万物的生长都离不开水，水却从来不与它们争长论短、讨价还价。西方哲学的发源地是古希腊，古希腊的第一个哲学家叫泰勒斯，他就认为水是世界的本原，世界上的一切都是由水产生的。整部《道德经》讲的道理，就是"天之道，利而不害；圣人之道，为而不争"，"水利万物而不争"就包含了"利"和"不争"这两个概念。老子对"不争之德"做出了很高的评价，认为"不争之德"与"道"最为吻合，"是谓配天。古之极"，是自古以来最重要的"德"。

老子说的"不争"并不是逃避竞争。自古以来人类经常处在激烈的竞争环境中，在竞争环境中而逃避竞争是不可能的。老子认为，"不争"是竞争的利器，也就是通过"不争"去取得竞争的胜利。老子说的"不争"是手段，是"为之下"，是"身后之"。比如，"不武"不是不要用武力，而是不炫耀武力，不用武力去发动侵略战争。我自身武力强大，对手不敢轻易侵犯，武力的竞争就成了"不争"。"善胜敌者不争"说的是学问之争，在学问之争中，我只是专心研究自己的理论，阐述自己的观点，不花费精力与对方针锋相对地进行辩论，我的观点为人们接受了，对方的观点自然就没有市场了。"为之下"、"言下之"、"身后之"，说的是自己不与百姓争利益，领导地位才最稳固。可见，"不争"是达到目的的最有效的途径，因为这样就达到了"以其不争，故天下莫能与之争"。

对于"不争"，老子是很重视的。从现象上看，"不争"是一种被动的表现，而在现实中，"被动"常常是保存自身的最有效的办法。庄子在《山木》篇中说到一种叫意怠的鸟，这种鸟飞行缓慢，好像没有什么本事，要靠别的鸟带领才肯飞行，要和别的鸟在一起才肯栖息，前进时不敢领先，后退时不敢落后，饮食时不敢先尝，一定吃剩下的，所以它在鸟群中不受排斥、不受伤害，总是可以避开祸患。意怠鸟所喻，就是自觉地将自己摆在被动的地位。主动地追逐外物则不同，那是张扬自己，想要彰显自己的名声，结果是招致无穷的祸患。人在处事时总是想要占据主动地位，其实，在许多情况下，自觉保持被动地位反而可能更主动。

从水"处众人之所恶"来看，它总是甘愿向下流动，即使是其他事物都不愿去的阴暗低下的角落，它也愿意停留。但这一句不能机械地理解，水其实能上能下，如果不能上，那往下流的水就没有来源了，"反者道之动"，善为下的水才能真正占据上位，可见水的德性与"道"的本性非常接近。

第三句是"居善地，心善渊，与善仁，言善信，正善治，事善能，动善时"。

这七个"善"从字面上去理解或翻译并不太困难，但要将这些内容都围绕"水"这个中心论题来释义就相当困难了，而不围绕"水"这个中心来解释，显然与这一句的原意有所偏离。难就难在这一段中连用了七个"善",而这七个"善"又都要与以水喻"道"关联起来。比如,"言善信"直接释为言而有信是可以的,但与"水"就没有什么联系了。要将每一句都与水的特性联系起来,就需要我们认真思考了。

水性的七个"善":

一是"居善地",说的是水自然地选择居住的地方。水甘愿安居卑下地位而与万物无争,修道育德的人像水那样,也就具有了谦让的德性。水顺其自然,能居高地,也愿居低地,而不是像有些人那样一心只想往上爬,什么都要争第一。人如果一天到晚都想往上爬,会活得很累,最后很可能是爬得越高,摔得越惨。能上能下,顺其自然,就没有什么负担。

二是"心善渊",指积聚水的地方能自然地汇成深渊。修道育德的人像水那样,也能得到天下人的归顺,也就是《道德经》说的"江海所以能为百谷王者,以其善下之,故能为百谷王"。还有一层意思,就是深渊的水很沉静,不波涛汹涌,我们的心胸也要像水那样"善渊",积累的知识很丰富,但心境平静如水,不要成天与别人争吵。

三是"与善仁",指水泽及万物,从不分亲疏。修道育德的人也应像水那样对百姓深怀仁爱之心。"仁"是真诚,我们为人就要像水那样真诚待人,有能力帮人时要真诚地帮,不求回报,不计较,人家帮了自己要懂得感恩。这样的人人缘很好,活得就很开心。真诚待人不是做样子给人看的,如果是做样子,那本身的作秀就不仁了。

四是"言善信",指水在影照万物时总是如实地再现其形象。修道育德的人也应像水那样表里如一,忠信诚实。"言善信"要求我们一定要守信用,不要随意许诺,答应人家的事情就要做到,实在做不到也要说明理由。人们现在普遍轻易许诺,所以恢复诚信、建设诚信社会是一个迫切的任务。

五是"正善治",指如人们常说的"一碗水端平"那样将水视为公平的象征。修道育德的人处事也应像水那样坚持公平正义。古代的字比现代少,不少字称为通假字,就是音、形相同或近似的字通用。在古文中,"政治"的"政"和"正确"的"正"就是通用的。所以,"正善治"也就是"政善治",这对我们国家机关来说特别重要。我们现在搞政治体制改革、行政改革,就是要实现"政善治"。我们还要注意,过去我们经常讲管理,现在也讲,但习近平讲得更多的是"治理",虽然只是一字之差,却有很大区别:管理的倾向性指向是上面做出规定要求下面执行,"治理"的倾向性指向是上下一起朝共同的目标行动。很多事情群众自己能办好，政府要少管，发挥群众自我治理功能，这样才能真正做到"正善治"。

六是"事善能"，指水能在万物生长中发挥养育的作用。修道育德的人也应像水那样努力去成就各种事业。我们做各种事业都要发挥自己的功能，做事就要做好、做成，不要机构人员越来越多，大家都忙得不得了，许多事情却办不成，群众的意见也越来越大。《道德经》说："取天下者，常以无事，及其有事，不足于取天下"。这里说的"无事"当然不是说不作为，但如果要做的事越来越多，群众却意见越来越大，那就确实说明事情没有做好。

七是"动善时"，指水顺应天时而来。修道育德的人也应像水那样顺势而行，才能水到渠成。我们做事也是这样，一定要掌握时机，时机对头，事半功倍；时机不对头，事倍功半。

最后一句"夫唯不争，故无尤"，指水性与世无争。修道育德的人像水那样与世无争，就没有什么需要忧虑的了。这最后一句是总结，水是无忧的，为什么无忧呢？就是因为它"不争"。在这一段短短的几句话中，两次用到"不争"，一句说"利万物而不争"，一句说"夫唯不争，故无尤"，说明"不争"是老子的一个重要观点。为什么不争就无尤呢？这里的"不争"用一句话来概括就是顺应自然，做什么事情顺应自然，做得成功，对万物都有利，当然就无忧了。顺应自然不是什么都不做，而是像《道德经》说的那样"辅万物之自然而不敢为"。要认识自然的势头，按自然的势头去为，自然的势头是变化的，我就随机应变。水就是这样，"天下之至柔，驰骋天下之至坚"。在石头山上能自由穿行的就是水，水遇到石头就绕过去，但发起威来什么都没有它厉害，无论是山还是大坝都可以冲垮。水淹没大地时，地上的生物通通被淹死。我们读《道德经》"上善若水"这一段，就是要理解一切顺自然而应变的这种特性。

《道德经》认为，"江海"是"百谷王"，原因是"其善下之"。这里仍然是以水喻"道"，主要讲领导人应有的德行。领导人具有这样的德行，地位才能巩固。这里首先肯定江海是"百谷王"，"谷"即山谷，山谷能积水，但不多，相比之下，江海蓄的水就真称得上是"百谷王"了。为什么江海能成为百谷王呢？就是因为江海所处的地势比山谷更低，地势低，万溪归流，就成为"百谷王"了。就江海来说，这里所说的"其善下之"，并不是自身有意地处下，而是自然处下。庄子在《秋水》中讲过一个寓言，"秋水时至，百川灌河"，数以百计的小川，在秋天下雨时都流到大河里去了。河伯自以为了不起，顺河而下，到大海边，面对大海才感到自身的渺小。百川不是有意要将水流进大河，而是大河地势比小川低，小川的水也就自动地流进大河了。大海的地势比大河更低，大河的水又自动地流进大海了。对于领导者来说，"善下之"的"善"是自然而然的"善"，而不是故作姿态地表现自己在低下的位置。如果"下之"是一种作秀，民众是反感的，那是成不了"百谷王"的。要想真正成为"百谷王"，就要像江海那样"善下之"，这样天下人才不会讨厌他，都乐意推举他当领导者。老子讲的道理是很深刻的，也是浅显易懂的。无论在什么时代，领导者都要牢记老子讲的道理。

老子从抽象的"道"论到显现的"德"，进而论述"德"的层次结构，最后提出"德"的具体要求。整个德论从抽象上升到具体，既有深刻的理论性，又有明显的现实性。

# 第六章 《道德经》哲学的人性论

《道德经》在论述了道论、德论之后，在其内在逻辑的要求下进入"人"这个范畴。对"人"这个范畴的研究就是人性论。《道德经》哲学中，人的问题占有突出的地位。《道德经》中用了很多"人"字，有的地方指自然的人，有的地方指违背自然的人，有的地方指具有理想人格的人，用得最多的则是"圣人"，"圣人"一词在通行本《道德经》中共出现29次。关于"圣人"的理论，除论述"圣人"修养问题外，主要是论述怎样的人才真正符合人性。

人性论问题主要有四个：一是人性与道性，二是人性与人为，三是人性与人欲，四是人性的复归。

## 第一节 人性与道性

人性问题也可以说是人的本质问题，是理论界长期探讨的重大问题之一。马克思说过："人的本质并不是单个人所固有的抽象物。在其现实性上，它是一切社会关系的总和。"① 这个观点无疑是正确的，但人们在阐述这个观点时通常不注意"人的本质……是一切社会关系的总和"是从"其现实性上"来说的，而科学研究却要求深入到其根源性上来说，而且根源性在现实性之前，探讨了根源性才进展到探讨现实性，探讨现实性也应包含探讨根源性。正如马克思指出的："人和人之间的最直接的、自然的、必然的关系是男女之间的关系。在这种自然的、类的关系中，人同自然界的关系直接就是人和人之间的关系，而人和人之间的关系直接就是人同自然界的关系，就是他自己的自然的规定。"② 《道德经》哲

---

① 《马克思恩格斯选集》第1卷，人民出版社，1972年，第18页。
② 《马克思恩格斯全集》第42卷，人民出版社，1979年，第119页。

学的人性论正是首先从根源性理解人的本性。根源性比现实性层次更高，人性本质的根源性在宇宙之中，人只是无限宇宙自身发展过程中的一种产物。理解人，首先要理解人在宇宙中的地位，这是对人的本质认识的一个前提。从"道"理解人的本质，也就是理解人的本质的道性实质是自然性。诚如庄子在《马蹄》篇中描述原始时代时所言："当是时也，山无蹊隧，泽无舟梁；万物群生，连属其乡；禽兽成群，草木遂长"，"同与禽兽居，族与万物并"。那时的世界，山上没有道路和挖掘出来的隧道，水上没有架设的桥梁和船只，万物众生，不分乡里，禽兽成群，草木茂盛，百姓与禽兽同居，与万物共处。人类的原始时代，人是自然的，和万物并没有什么区别。总之，这个阶段人类和自然几乎是"抱一"的。至于人的社会性问题，虽然在自然的人中也有所表现，但在往后的发展过程中才逐步更为明显。

## 一、人的自然本性

人性的首要问题是人性的产生。宇宙中的一切事物和现象都是"道生之，德畜之，物形之，势成之。道之尊，德之贵，夫莫之命而常自然"的，人也不例外，人与"道"是什么关系？"道"生万物，包括人，人的本性也就必然是道性；作为人的自然本性的道性，也就是人的自然性。马克思早已说过："人直接地是自然存在物。"[①] 我们以往研究人性问题，通常只注意到人的社会性，却常常忽略了从根源性上说的人的自然性。其实自然性是研究人性问题的任何时候都要记住的，忽略了人的自然本性，将从根源上导致对人的巨大危害。道性和人性的关系，"直接就是人同自然界的关系"，最明显而形象的理解就是"母子"关系。

《道德经》说："天下有始，以为天下母。既得其母，以知其子；既知其子，复守其母。没身不殆。塞其兑，闭其门，终身不勤。开其兑，济其事，终身不救。见小曰明，守柔曰强。用其光，复归其明，无遗身殃，是谓习常。"天地万物是有开始的，也就是说每一个事物都是产生出来的。既然是产生出来的，就必然有母体，也就是根源。上面已经说明了"道"是"天下母"，即"道"是产生万物的根源，所以"道"是万物的共同的母体。知道了万物共同的母体是"道"，也就能认识到由"道"产生的万物中都包含着道性。"复守其母"的

---

① 《马克思恩格斯全集》第42卷，人民出版社，1979年，第167页。

"守"是坚守、保持的意思,说的是我们在认识万物和处理万物之间的关系时,必须深入领悟事物与"道"的关系,必须坚守"道"的法则,绝不可背道而驰。这样,就能"没身不殆",人的一生和人类的世世代代就不会有什么危险了。

那么,人和万事万物怎样保持道性呢?这里包含正反两个方面。从正面说,首先要"塞其兑"。"塞"是堵塞,"兑"是交换,"塞其兑"就是堵塞内外交换的通道。也就是说,为了保持道性,就要堵塞不符合"道"的要求的各种邪欲邪念进入的通道。其次是"闭其门"。"闭"是关闭,"门"是门户,"闭其门"就是关闭外物进入的门户。为了保持道性,就要关闭各种物欲诱惑进入的门户。做到了这两点,就可以"终身不勤",终身不去追求永不满足的欲望,也就不用为此而一生一世都在那里劳碌奔波了。从反面说,"开其兑"是打开邪欲、邪念进入的口子,"济其事"是奔波于满足欲望的琐事,"终身不救",那必然终身饱受煎熬,陷入无可救药的地步。能够看清楚微小的事物,叫作眼睛明亮;能够坚守柔弱的地位,称为意志坚强。用"道"的眼光去体察一切事物,又从一切事物中去发现共同的本质,才能明白真理。明白了真理,也就不会给自己留下遗憾和祸殃,这就叫作"习常"。达到了这一步,说明你掌握了"常道"。为什么"常道"又称"习常"?"习常"之"习",本为天空中的鸟学习飞翔之意,从空中看大地,也就有了宽广无边的"常道"的意蕴。就是说,我们将"道"和万物的关系理解为"母"和"子"的关系,作为"子"的"人",心中有"母"、有"道"、有宇宙、有自然,心胸开阔,无限包容,对真理的认识就清楚透彻了。

自然系统的观点说明,在自然中,人必须摆正自己的地位,人、地、天、道都要服从自然的法则,人要顺应自然才能有效地利用自然。顺应自然和利用自然是应当统一也能够统一的。庄子有过一个比喻:齐国有一个人打井打到水,就觉得因为自己打井这里才有水。其实水来自自然,没有水的地方,怎么打井也打不出水来。人打井要打到水,只能顺应自然,在有水的地方打井。有水是自然,打井是人为,人为只有顺应自然才能达到目的。人们常认为,老子的思想是自然无为,在自然面前不可有任何作为,这是误解。人是要有所作为的,只是不能自以为是,以为人定胜天是不可能的,所以只能"希言自然"。

在宇宙这样的自组织系统中,人只是系统内的一个要素。老子讲的"道"和自组织宇宙系统是相当接近的。在自组织系统中,各要素依其定位联结成一定的结构,按一定的程序自动运行。当某种要素或结构发生变动时,其他要素和结构并不需要外部的指令,就会自动进行调整,产生新的要素,形成新的结构,使系统得到重组更新。这就是"夫莫之命而常自然"。

人是宇宙这个系统中的一个要素，《道德经》说："从事于道者同于道，德者同于德，失者同于失。同于道者，道亦乐得之；同于德者，德亦乐得之；同于失者，失亦乐得之。信不足焉，有不信焉。"要按照"道"的要求去做事，顺应自然的变化，努力与"道"保持一致，"道"会使你做事成功；要按照"德"的要求去做事，努力与"德"保持一致，"德"会使你做事成功；不按照"道"和"德"的要求去做事，肯定会失败。如果不完全相信上面所讲，等结果出来了，就不得不信了。

　　老子说的"同于道"、"同于德"是个重要的概念。我们在任何时候，做任何事情，都要努力做到"同于道"、"同于德"。人"同于道"、"同于德"，心愿会实现；失去了"道"和"德"，只会失败。为什么呢？因为人性的本质是道性、德性，"同于道"、"同于德"了，说明保持了自身的本性。对此只能完全相信，"信不足"都不行，最后的事实会使你不得不信。

　　《道德经》在 2500 年前提出的"常自然"的观点是非常重要的，可惜自工业革命以来，人们几乎将这个重要的思想忘记了，以至自然遭到严重的破坏，人类陷入生存的危机。我们今天重温《道德经》时才发现，《道德经》的观点与马克思主义的观点是基本一致的。有些人可能不以为然，觉得这是生拉活扯，硬将马克思主义的"帽子"戴在《道德经》头上。其实这并不奇怪，研究"人"首先要研究人"自己的自然的规定"，马克思在这里只是提出了常识的真理，这种真理早已被中国古代思想家论述过，而马克思主义本来就是在总结人类认识史成果的基础上形成的。将最深刻的真理明确地提出来，确实浅显如常识；浅显的常识深入进去，里面隐藏着深刻的真理。《道德经》的人性本自然的观点和马克思主义的观点一致毫不奇怪，只有忘记了最基本的人性是自然性的人才会觉得奇怪。

## 二、以"圣人"喻复归自然本性的人

　　有人将《道德经》的学说称为"圣人学"，这是有道理的。"圣人"是胸怀宇宙的伟人，看问题时能以宇宙的宽阔的眼光去理解。在描述"圣人"时，《道德经》说："载营魄抱一，能无离乎？专气致柔，能如婴儿乎？涤除玄览，能无疵乎？爱国治民，能无为乎？天门开阖，能为雌乎？明白四达，能无知乎？生之畜之，生而不有，为而不恃，长而不宰。是谓玄德。"

　　前面的德论已经分析过"玄德"，但讲的是宇宙万物表现出来的"道"的

"德",这里讲的是宇宙万物的"玄德"在人身上和社会治理上的体现,也就是"道"表现在人身上的最玄妙的"德",或者说是人性中的道性。能全面地体现"玄德"的正是"圣人"。

这一段有六个问句,说的是人要达到"玄德",需要经常检查自己能不能做到的问题;也可以说人要保持自身的道性,必须经常检查自己是不是与道性完全一致。

第一个问句是"载营魄抱一,能无离乎?""载"是承载,"营"是住所(如营房),"魄"是魂魄、灵魂、精神,承载灵魂、让灵魂居住的是人的身体、肉体。老子这句话的意思是你能保持灵魂和肉体的完美"抱一"而不分离吗?从正面说则是:灵魂和肉体完美"抱一",才能成为保持自然本性的圣人。

我们不能将"载营魄抱一"理解为肉体和灵魂两样东西的结合,而应该理解为肉体和灵魂"混而为一"。在老子看来,每一个事物都是物质和灵魂"混而为一"的,不同的事物只是"抱一"的物质和精神的比例和混同状态不同。圣人和常人的区别只在于圣人的肉体和灵魂"抱一"得更完美,真正达到了"冲气以为和",因而圣人的灵魂最能体现道性,或者说最具灵性。

如果我们将"载营魄抱一"理解为肉体和灵魂"混而为一",那么肉体是物质的,灵魂是精神的,能不能认为肉体和精神"混而为一"呢?这确实是一个棘手的问题。恩格斯说过:"思维和存在同一……这两者即一个事物的概念和它的现实,就像两条渐近线一样,一齐向前延伸,彼此不断接近,但永远不会相交。两者的差别正好是这样一种差别,这种差别使得概念并不无条件地直接就是现实,而现实也不直接就是它的概念。由于概念都有概念的基本特性,因而它并不是直接地、明显地符合于它必须从中才能抽象出来的现实,因此,毕竟不能把它和虚构相提并论。"[①] 恩格斯说的思维和存在,与老子说的灵魂和肉体似乎是一回事,起码相类似,如果思维和存在"永远不会相交",那就不可能"抱一"或"混而为一"了。但我们应该看到,恩格斯讲的思维是指概念的思维,属于认识论的问题;老子讲的是作为事实的存在,属于本原论的问题。在认识论的范围内,确实"概念并不无条件地直接就是现实",但在本原论的范围内灵魂和肉体本来是"混而为一"的,也就是说没有无肉体的灵魂,也没有无灵魂的肉体,如果说有区别,只是肉体和灵魂比例和混同状态的区别。

在物质和精神的关系的问题上,老子的哲学并不将世界归结为物质或精神,

---

① 《马克思恩格斯选集》第4卷,人民出版社,1972年,第515页。

也不存在谁决定谁的问题,而是将世界看作多样性的存在,作为万物本原的"道"就包含着物质和精神,由"道"产生的一切事物也都包含着物质和精神。《道德经》哲学的"道"本体论,不仅给物质世界带来了统一性,而且给物质世界带来了灵性。在人身上,物质和精神的统一就是肉体和灵魂的"抱一"。

人们常常讨论这样的古老而又常新的哲学问题:有没有精神性的灵魂存在?人是不是由精神性的灵魂和物质性的肉体混合而成的?这是早在人类的原始时代就已经出现的问题,而且原始时代的人对此都是做肯定回答的。在中国人的传统观念中,不仅人是有灵魂的,而且自然事物也有生命和灵魂。例如,直到现在,有许多人都相信"风水"。所谓"风水",就是认为土地和土地外的各种事物都是有生命的,到处都有"气场",人要与周围自然界的风和水和睦相处,使人的"气场"和自然界的"气场"协调而混为一体。从中国古老哲学和占卜发展而来的"风水",要求金、木、水、火、土五个要素取得平衡,要求精神的和谐与自然的和谐一致。千百年来,"风水"观念深植于人心,很难抹去。在人类的思想史上,许多杰出的思想家对这个问题也发表过见解。老子《道德经》提出"载营魄抱一"的观点,就是认为理解生命,不能只看肉体的生理现象,还必须将灵魂看作生命的有机组成部分。"抱一"不是两样东西的合一,而是混同于一体不可分开的意思。在有生命的人体中,肉体包含着灵魂,灵魂融汇于肉体。

从灵魂存在的学说出发,我们可以认为灵魂就是人的精神生活。精神不是起源于人脑的机能,而是如老子所说,是世界本体自身的本质属性之一,灵魂则是精神在人身上的表现。人不是因为有物质的大脑才有精神生活,恰恰相反,是有了灵魂才使人的大脑有精神动活。就肉体而言,我们承认,人天生是平等的,作为生物体的人的肉体器官结构是基本相同的。因而从肉体来说,人没有高低贵贱之分。人与人的真正区别,应是"抱一"于人的肉体中的灵魂的区别。也就是说,每一个人所拥有的灵魂是不同的,正是灵魂的区别,才造成人与人之间的差异,才造成人的个性。

应当承认,在有生命的人中,与肉体相比,灵魂更加重要,因为灵魂使得他成为区别于他人的这个人。正因为如此,老子在论述人性时,将灵魂和肉体的"抱一"放在人性的首位。

第二个问句是"专气致柔,能如婴儿乎?"指在保持自身的人性时,要时刻注意检查气的呼吸吐纳,看是否做到了像婴儿一样柔和。《道德经》多次提到婴儿,原因是婴儿出生时,与自然最为接近。与自然最为接近的婴儿,其呼吸吐纳是相当柔和的。呼吸吐纳能不能柔和、不急不慢、不争不躁,是人性是否纯真的一种表现。

第三个问句是"涤除玄览,能无疵乎?""玄览"指后天从外界得到的各种各样的经验认识。人性在修道育德时,需要将后天得到的不符合"道"的成分涤除干净,不要留下瑕疵。这很难做到,必须在"静笃"心态下才能体悟到"归根曰静,静曰复命,复命曰常,知常曰明"。繁荣茂盛的世界中的每一个事物,最后都要回复到它的根源上去,每一个事物的根源就是"归根曰静,静曰复命"。对于每一个事物来说,回复到空虚清静的命运是不可改变的。从空虚清静中产生出来的生命盎然的事物,又回复到它的根源上去,这是命运决定的常规。认识到这样的常规,就能明了世间的一切道理。这样去认识才是明智的。明智了,心胸开阔,宽容大度,看待、处理人生过程中的一切就能符合"道"的要求了。"不知常,妄作凶。知常容,容乃公,公乃王,王乃天,天乃道,道乃久,没身不殆",如果不懂得常规,胡乱作为,那是相当凶险的。懂得了常规,常规的核心内涵是宽容,宽容而能使领导者坚持公平正义,运用公平正义处理天下大事,天下就能归顺,天下归顺表明与"道"相符,与"道"相符天下就能长久太平,个人和人类也就不会有危险了。可见,认识到宽容、公平是"道"的核心,是"道"生万物的内在机理,其意义是非常重大的。对人类来说,只有回复到人的自然本性的圣人才能完全达到这样的境界。这说明,要想达到回复人的自然本性的圣人境界,依靠积累经验的实证的知识是不行的,因为任何实证知识都有其局限性,只有像圣人那样在"涤除玄览"后,通过静思内观才可体悟到"道"的玄机,才能保持人的本性。

第四个问句是"爱国治民,能无为乎?"在进行社会活动时,要爱国,要管理民众事务,做这些事要坚持无为而治。

第五个问句是"天门开阖,能为雌乎?""天门"是生殖之门,生殖之门有开有合,要做到如同母体那样柔顺。

第六个问句是"明白四达,能无知乎?"在认识通达之后大彻大悟,认识到自己其实是无知的,要努力达到"知不知"的圣人境界。"明白四达"就是"玄览",即有广博的见识,但"博者不知",广博的见识是关于外在对象的知识,而不是"道"的领悟。实现从"玄览"的经验向更高级别的超经验飞跃,将经验的"玄览""涤除",才能达到"知不知",也就是"无知"。达到了"明白四达"后的"无知",即将关于外界事物的知识涤除,才能从现象提升飞跃而领悟本质,得到关于人性即道性的领悟。

老子哲学的本体论认为,作为本体的"道"自然而然地生天生地生万物,人也是"道"所生。"道"生万物和人,"道"也存在于万物和人之中,事物中的"道"就是事物的本性。事物的本性不改变,万事万物就能循"道"而存在并有序地运行,从而形成世界的秩序。人是"道"自然地产生的万物之一,"道"赋予人的本性就是人性。因此,原始的自然人是"道"自然产生的人,是保持"道"的本性的人,所以人本性自然。然而,现实中的人已经远离自然了,那怎样去认识人的自然本性呢?从老庄哲学看主要有两条途径:一是研究保持人的本性的圣人、真人,二是通过"婴儿"去认识。

在《庄子》一书中,常用"真人"这个概念来称呼保持本性的人。庄子对"真人"的论述,在《大宗师》中较为集中。庄子四说"古之真人",一曰:"古之真人,不逆寡,不雄成,不谟士。"二曰:"古之真人,其寝不梦,其觉无忧,其食不甘,其息深深。"三曰:"古之真人,不知说(同悦)生,不知恶死,其出不欣,其入不距。"四曰:"古之真人,……其好之也一,其弗好之也一。其一也一,其不一也一。"这里描述的真人的本性,一是不拒绝少,不炫耀成就,不从事图谋,不标新立异;二是睡觉不做梦,醒来没烦恼,饮食不求甘美,呼吸特别深沉;三是既不喜爱生命,也不厌恶死亡,施展才华时不张扬,独居自处时不隐藏;四是认为宇宙万物你喜欢它时它是"抱一"的,你不喜欢它时它也是"抱一"的,体验到"抱一"时它是"抱一"的,体验不到"抱一"时它也是"抱一"的。这里所描述的,就是具有自然本性的人。

圣人、真人虽能描述人的本性,但毕竟远离现实,需要超越辩证思维的悟性才能领悟,难以为一般人所理解。为了便于人们理解,老子和庄子又用"婴儿"来比喻原始自然的人。

## 三、以"婴儿"喻符合自然本性的人

《道德经》多次提到"婴儿"、"赤子"、"孩",将人出生之初比喻为人类产生之初,认为二者有共同之处。这里隐约可见个体成长过程是种类成长过程的缩影的思想,就如个体在母体中的发育过程是人类产生过程的缩影。人在出生之初最接近自然,也就最能保持自然的本性;同样,人类产生之初最接近自然,也最为纯朴。个人要按自然之道成长才符合本性,人类也要按自然之道发展才符合本性。

老子的《道德经》有三处提到"婴儿":"专气致柔,能婴儿乎?"意为专心一意呼吸吐纳,能像婴儿一样柔和吗?"其未兆,如婴儿之未孩",在没有表现自我意识时，就像母腹中还没有出生的小孩一样。"常德不离，复归于婴儿"，将永恒的德溶进灵魂深处，就要使自己的心境回复到像婴儿那样纯洁无瑕。与"婴儿"一词同义的还有"赤子"。"含德之厚，比于赤子。毒虫不螫，猛兽不据，攫鸟不搏。骨弱筋柔而握固，未知牝牡之合而朘作，精之至也。终日号而不嗄，和之至也。知和曰常，知常曰明。"就是说，通过修道育德形成深厚的底蕴，其意义可以用父母与婴儿的关系来做比喻。婴儿在父母的精心呵护下，毒虫刺不到他，猛兽咬不到他，凶鸟抓不到他。他按自然赋予的本能生长发育，筋骨虽然柔弱稚嫩，握紧的拳头却很有力气，不知道两性之间的情欲之事，在成长过程中也会本能地自然发作，说明他体内的精力十分旺盛。他终日号哭而声音不会嘶哑，那是因为他精力过于旺盛，需要宣泄以达到和谐。懂得和谐才叫作认识了常道，认识了常道才叫作明白了世界的奥秘。

《庄子·庚桑楚》说："儿子终日嗥而嗌不嗄，和之至也；终日握而不掜，共其德也；终日视而目不瞚，偏不在外也。行不知所之，居不知所为，与物委蛇，而同其波。是卫生之经已。"婴儿整天号哭而喉咙不哑，那是阴阳之气调和所致；整天握拳而不松开，那是天然性情所致；整天睁眼而目不斜视，那是因为对外物不感兴趣。行动时随心所欲，闲处时自由自在，顺应万物，随波逐流。这就是养护生命的道理了。"若是者，祸亦不至，福亦不来，祸福无有，恶有人灾也。"像这样，祸不会来，福也不会来，怎么还会有人为的灾害呢！

老子和庄子对婴儿举止的描写生动而逼真，说明他们对婴儿的一举一动都做过认真的观察。他们何以要细致体察和描写婴儿？因为在他们的理论中，"道"的境界是最重要的，但又是最难解说清楚的，让平民百姓领悟"道"的境界更其困难，因此他们很注意在现实中找到能让人看得见、摸得着的形象来做比喻。在现实生活中，最接近"道"的境界的只有两种人，一是悟道得道之人，再就是婴儿。悟道得道之人寥若晨星，他们的表现难以捉摸，而且，以悟道得道之人来比喻"道"毕竟仍远离现实。婴儿则是生活在人们身边的，以婴儿喻"道"和人性，最能为平民百姓所理解。

以婴儿喻"道"和人性，还有一层更深刻的含义：婴儿所喻之"道"和人性，是原始而未分化的"道"和人的自然本性，但婴儿是会长大的，在成长过程中，后来和外来的"人为"成分越来越多，离原始未分化的"道"和人性也就越来越远，甚至可能变成背道而驰的人。婴儿的成长过程是这样，人类社会的发展过程何尝不是这样？在人类社会发展过程中，由于对自然事物的认识越来越丰富，知识越来越多，改造自然的欲望越来越强，加上工具越来越先进，人类对自然的破坏也越来越严重。与原始的自然相比，现在的世界已经面目全非了，现在的社会离原始质朴的社会也越来越远了，现在的人性也越来越堕落了。人类要回复到人的自然本性的圣人境界，就如同成年人要回复于婴儿一样是做不到的。老子在《道德经》中之所以讲"复归于婴儿"，意为现在的人类已经不是产生之初的人类了，产生之初的人类发展到现在的人类，如同婴儿成长到大人一样是自然的，但现在的人类要想回复到产生之初的人类、现在的大人要想回复到婴儿，在精神上必须是自觉的。自然产生和发展是自发进行的，对人来说不需要主动修炼，是自然的"为"和人的"无为"。想自觉复归婴儿，则只有通过精神上的主动修炼才可能达到。主动修炼必须深入理解人性，理解"复归于婴儿"就是复归于人的自然本性。

《道德经》对人的自然本性的论述是相当丰富的，正确地理解人性必须理解人的自然性。今天我们在人性理论中强调的是人的社会性，而在马克思主义的人性论中，人的自然性同样受到重视。马克思在以"从事实际活动的人"为出发点进行理论研究时曾明确指出："任何人类历史的第一个前提无疑是有生命的个人的存在。因此第一个需要确定的具体事实就是这些个人的肉体组织，以及受肉体组织制约的他们与自然界的关系。"[①] 恩格斯也指出，一个明显的事实是，"我们连同我们的肉、血和头脑都是属于自然界，存在于自然界的"[②]。论人的本性首先要肯定人的根源性是自然性，将人还原为自然的人，承认人是自然界长期发展的产物，是自然界的一部分，是一种自然生物。在这个基础上，才能展开对人性问题的进一步阐述。

## 第二节　人性与人为

《道德经》哲学认为，人类生存存在着深沉的危机，这一危机深藏于人的自然本性与人为生存而人为的内在矛盾之中。自人类产生以来，这一矛盾使人类历史呈现"失道"过程，发展下去，甚至可能导致人类灭亡。世界和人类可持续存在的问题，也就是"生存还是毁灭"的问题。中华传统文化一直在对此进行思考，老子更明确将这个问题提出来研究，《道德经》的天道、地道、人道理

---

[①] 《马克思恩格斯选集》第1卷，人民出版社，1972年，第24页。
[②] 恩格斯：《自然辩证法》，人民出版社，1971年，第159页。

论，概括地说，就是要人类正视生存存在危机，找出危机产生的深层原因和化解危机的途径，为世界和人类建立牢固的生存和发展的基础理论。

## 一、人类存在生存危机的内在原因

按《道德经》哲学，人来自自然，因而人的本性是自然。但自然产生的人，在其生存过程中，却不能不以人为去改变自然。改变自然导致改变自身的自然本性，同时又改变其他事物的自然本性。结果，失去自身本性的人又生活在被人为破坏了的自然环境之中，人离自身的自然本性也就越来越远了，世界离"道"也越来越远了，从而导致人类生存出现危机。

《道德经》中关于"道"是整个世界的普遍本原的思想，从伦理学的角度来说，应是对环境伦理学的最早表述。老子不愧是环境伦理学的创导人。十分遗憾的是，这个问题长期以来被人们忽视了。从古希腊普罗泰戈拉提出"人是万物的尺度"一直到近代，伦理学中占统治地位的是人类中心主义。人类中心主义的观点和《道德经》的思想是相反的。人类中心主义认为，人是世界上唯一具有内在价值的存在物，其他一切存在物对人来说只具有工具性的价值。因此，一切存在物应无条件地服从人的价值需要，人类可以根据自身的需要任意主宰自然和支配自然。这种人类中心主义的伦理观，是当代环境遭到严重破坏的思想根源。按照《道德经》的思想，"道"生万物，"德"育万物，但都不去主宰万物。万物的生长发育并不是人类的功劳，人更没有资格任意肢解和支配万物。万物由"道"生"德"育，自然地形成生态平衡，是世界最好的状态。近代工业革命几百年以来，在加速现代化的进程中，地球上的环境遭受到人为的严重破坏，人类的生存受到严重的威胁。人类在反思自身的行为时，才意识到人类中心主义的错误。用环境伦理学取代人类中心主义，是当代伦理学发展的趋势。在用环境伦理学取代人类中心主义时重温《道德经》，可见其具有重大的现实意义。

一切事物都是得到唯一的"道"的作用才产生和生存的，如果背离"道"，就必然走向灭亡。得"道"生，失"道"亡，这是必然的，人类也不例外。人类要同"道"而生，只能自然"无为"；但人要取得生存条件，又要人为，人为的结果是失道，失道的最终结果是灭亡。这样一来，人也就为生存而走向灭亡了。这是人类生存特点中存在的深刻的内在矛盾。

按《道德经》哲学，"道"生万物，万物循道而动，形成井然有序的世界。人也是"道"自然运行的产物，那么人也应是循道而动的。为什么在人的世界中又会产生失道和不道呢?《道德经》认识到了这个难题,并做出了回答。

老子看到,天地万物的生存方式和人类的生存方式是有所不同的。天地间的各种自然事物依靠其他自然事物提供的条件就能生存,人的生存方式却与之不同,自然只能提供人类生存的阳光、空气、水和有限的食物,这些条件不能满足人类基本的生存需要,因而人类不像其他事物那样现成地利用自然物而生存,必须用人的意志去改变自然事物,这就是人为。

## 二、以劳动解读人为

所谓人为,用现代术语来理解主要是指人的生产劳动。从事生产劳动是人类与其他事物的根本区别,在世间万物中,只有人类才需要并有能力从事生产劳动。马克思指出:"劳动首先是人和自然之间的过程,是人以自身的活动来引起、调整和控制人和自然之间的物质变换的过程。"[1] 人之所以必须劳动,是因为这样才能获取生活资料。人和动物不同,动物直接消费自然事物,人则主要消费以自然事物为对象而生产的生活资料,也就是说自然事物只有经过人的自觉的劳动加工才能成为人的生活资料。人为了生产生活资料,又首先要生产生产资料。生产资料主要是生产工具,生产工具并不直接作为生活资料供人消费,在生产后仍保存下来。也就是说,动物在生存过程中只是直接消费自然事物并将其转化为自身,人类在生存过程中却生产了大量的并非用于直接消费的事物,再加上社会、语言、科学、技术和艺术等,这些东西不是自然的自然,而是人化的自然,也就是人为的自然。结果,自然被二重化了,有了自然的自然和人化的自然。

自然产生的是自然事物,人工制造的是人为事物。在《道德经》中,"自然"和人为是绝对对立而不能"抱一"的吗?这个问题需要做更为深入的分析。

从"不道早已"看来,"不道"并不是从人类之外的指令而产生的,而是由人的生存方式的特点产生的,也可以说是人的生存方式的特点造成了人的"不道",因此"不道"也应是自然产生的。"不道"违反"自然","自然"却产生人的"不道",这就是说,自然产生出违反自然。为什么会出现这样的悖论?从事实分析并不太困难,在面对既省力效率又高的取水机械时,一般人都不会考虑它是否会影响人领悟"道",至于理论分析却是一个复杂的问题。

人和动物的生存方式有共同点,又有区别。共同点是二者都是事实性存在。

---

[1] 马克思:《资本论》第 1 卷,人民出版社,1975 年,第 201—202 页。

## 第六章 《道德经》哲学的人性论

通俗地说,在这个地球上,既有人,也有动物,当然也还有其他事物,这是事实。但人和动物的生存方式又有一个根本性的区别,就是人不仅是事实性存在,还是价值性存在。人的事实性存在和价值性存在并不是互不相关的,而是在人的事实性存在中包含着价值性存在。所谓价值,简单地说,就是一个对象满足人的需要的效用,这就有了人和人之外的对象两个方面。从人的生存来说,最直接的对象就是物。在人这方面,对象和人是两种不同的存在。所以,价值是一个表明两种性质不同的存在之间的关系的概念。对于动物来说,世界上事实存在的物就能直接满足生存的需要,满足生存的对象和它们一样是事实性的存在,因而动物和自然物是直接同一的,直接同一不存在关系,也就不存在价值问题。人却不同。只在有限的范围内,事实存在的自然事物才能满足人的某些需要,人要生存,必须进行生产。马克思指出,人类"使自己和动物区别开来的第一个历史行动并不是在于他们有思想,而是在于他们开始生产自己所必需的生活资料"①。动物的生活资料是自然界直接提供的,人的生活资料却主要靠自己来生产。生产虽然以肯定自然物的存在为前提,但在这个基础上必须改变自然物,改变自然物也就是超越事实性的存在,创造出自然界本身不能产生而能满足人的需要的生活资料。这样,生产的产品和人的关系也就具有了价值性的关系。这说明,人与自然的关系和动物与自然的关系是不同的,正是这种不同,才使人具有价值性存在的性质。萨特说:"只有在人的世界里才有可能有欠缺。"就是指现存的世界中的自然物满足不了人的需要,于是产生了欠缺,所以只有人才有欠缺。在事实的层面上,动物也是有欠缺的,面对欠缺,动物只能以自身的自然力去和自然抗争,如弱肉强食或迁徙等,如果这些途径仍解决不了欠缺的问题,动物就只能死亡甚至灭绝。

人和动物不同,就身体器官而言,人在自然界中生存的能力在许多方面远远不如动物。人要生存,就只有去生产生活资料。生产是使用工具作用于对象的活动,这样,在人和自然物之间又多了一个中介,即工具。工具不是自然存在的事物,而是人为了生产制造出来的,工具将人和自然物分开来了;人运用工具改造自然物生产生活资料,工具又将人和自然联系起来了,从而有了人和自然物以工具为中介建立的关系。这是人的价值性存在的前提。是不是有了工具就有了价值呢?还不是,因为工具也不能直接满足人的生存需要,只有运用工具作用于劳动对象,使对象发生符合人的需要的转变,也就是生产劳动产生结果时,这种结果

---

① 《马克思恩格斯选集》第 1 卷,人民出版社,1995 年,第 24 页。

才能满足人的需要，或者说对人有价值。这种最基本的价值就是使人能够生存。可见人要生存，必须制造和运用工具去作用于劳动对象，并使对象发生符合人的需要的转变。使对象发生转变，就是人的创造。在这个过程中，人必须从过程开始时就能预知程序和结果。这个时候，结果并没有产生出来，只在人的头脑中存在。人的活动，就是追求头脑中的存在成为现实中的存在。只在人的头脑中存在的预知的结果，就是人的理想。通俗地说，理想就是人想要得到的但还没有产生出来的东西。可见，理想总是面向未来的，也就是还不现实。人的生产劳动和其他活动，都是要使理想变成现实，因为这样才能实现价值。但理想一旦变成现实，原来的价值性存在就转化成了事实性存在，因而也就不再是理想了。理想转化为现实之后，这个现实成了人的消费品，人为了生存就把它消费掉了。但人是要继续生存下去的，于是，在新的现实的基础上又产生新的理想，然后又使理想转变为现实。每一次转变都是具体的、有限的，而一次又一次地转化下去则是无限的过程。这个过程并不是简单地从终点回到起点，而是不断创新的过程。因为理想转变为现实之后，在满足人的需要的同时，也改变了人的生存环境，自然已经不自然了，人所面对的已经不是自然的自然界，而是人在自然的基础上创造的价值世界。人和人类社会就是在不断地改变人与自然的关系这个无限的过程中存在和发展的。

将人的生存方式用"人—工具—理想—现实"的结构表述出来，就是极其简化的图式。从这种极其简化的图式中已经可以看出，人要生存是很不容易的。比如，人的理想要转化为现实，在这个过程中存在许许多多的变数，如果一切顺利，会产生喜悦的感觉。如果不是那么顺利，在期待转化的过程中，就会产生焦虑的情绪。如果转化产生的结果不理想，就会产生失望的情绪。如果转化不了，结果产生不出来，又会产生挫折感，甚至绝望的情绪。如果眼看结果将要产生，却因某种失误或突发事件而前功尽弃，又会产生愤怒的情绪。其他悲痛、恐惧、忧郁等消极痛苦的感情都是在人的生存过程中必然产生的。再深入下去，还应看到人的生存方式与人结成社会及人的思想有密切相关。总之，人为也是自然形成的。

## 三、人性复归自然的可能性

自然出现的人为在其发展过程中却逐渐脱离自然甚至远离自然，走向了自然的反面。在早期，人为的范围是狭小的，对自然事物的改变是很有限的，如用自然的木头制造木具，木具损坏腐朽了又回复自然，这是自然对自身的修复。但发明金属冶炼后制造的金属工具直至工业革命制造的大型机械,还有今天的航天器、核武器等等,就远离自然而几乎纯属人为了。从人为的后果看,确实远离自然的"道"了,自然已经难以甚至不可能自身修复了。今天要在人性中看到自然性已经越来越难了,甚至要看到真正的"自然"都成了遥不可及的奢望,人类灭亡这个可怕的问题也越来越引人关注了。

然而,我们运用《道德经》的"大"、"逝"、"远"、"反"思维去思考,却应该看到,人为本是自然产生的,经历分化之后,必然向自然复归。人类已经开始意识到这个问题,回归自然的原生态已经开始成为人类的普遍追求。自然产生人为,人为向自然复归在理论上是符合逻辑的,在事实上也是可能的,当然是在更高层次上的回复。从《道德经》提出自然和人为的关系起已经过去两千多年了,我们希望从人为回复于自然不必经历这样长的时间。

18世纪法国伟大的百科全书学者卢梭在他的名著《论人类不平等的起源和基础》中说:"一方面,如果我们观察到人类的巨大成就:有多少科学研究日益精深了,有多少种艺术被发现了,有多少力量被使用了,一些深渊被填平了,一些高山被铲平了,一些岩石被凿碎了,一些江河便于通航了,一些荒地开垦了,一些湖泊挖掘成功了,一些沼泽被弄干了,一些高大的建筑在地面上建立起来了,海面上充满了船舶和水手。但是另一方面,假如人们稍微思考一下所有这一切对于人类的幸福究竟有什么真正好处,人们便会惊讶这两者之间是多么不相称,因而会叹惜人类的盲目。由于这种盲目,竟使人类为了满足自己愚妄的自豪感和无谓的自我赞赏而热烈地追求一切可能受到的苦难,这些苦难,却是仁慈的自然已经注意使人类避开的。"[①] 这段文字是250多年前写的,现在我们读起来却能感到更加现实。其所描写的"人类的巨大成就"就是我们盛赞的发展,而这些发展造成的"苦难"却为人类长期忽视了。现在人类长期忽视的"苦难"越来越频繁地显现的世人面前,人类为消除发展的"苦难"付出的代价已经使人类不堪重负。《道德经》在2500年前提出了警告,人类该警醒了。

人类的生存方式决定了人性的堕落,人性的堕落又必然转向人性的复归。如果说复归是人性的收获的话,那么堕落就是人性获得收获必须付出的代价。老子在《道德经》中说:"祸兮福所倚,福兮祸所伏。"古人早就道出了二者的内在关系。全面发展和现代化是当今人类追求的"福",人类可能灭亡对人类来说是

---

① 卢梭:《论人类不平等的起源和基础》,商务印书馆,1982年,第159页。

"祸"。现在,最大的"福"和最大的"祸"同时摆在人类面前,人类在追求最大的"福"时,应当同时认真思考其中倚伏的关系了。

# 第三节　人性与人欲

本性自然的人却违背自然,甚至可能因此走向毁灭,这样的灾难性的后果还有其更深层的原因——人欲。

《道德经》说:"何谓'贵大患若身'?吾所以有大患者,为吾有身;及吾无身,吾有何患?"人为什么会有"大患"?根源在"有身",就是有生命。如果无身,不需要以人为去维持生命,当然也就不存在危机了。有身有命,是人的存在,为了自身存在,必然要以人为去改变自然。以人为改变自然又可能违背了人的自然本性,不符合"道"的准则。这样,人要"有身"即生存,就需要"货"和"名";追求"货"和"名"就是"欲",有"欲"必然有"患",即有"亡"的危险。"患"是不可避免的,可以做的只能是使"患"不致酿成"大患";如果有了"大患",那就导致"无身"即灭亡了。这是在人身上永远存在的"道"、自然和人的矛盾。这种矛盾,正是人的永恒之"患"的根源。既要"有身",又要限制"患",使之不至发展成"大患",也就成了《道德经》哲学要破解的难题。

## 一、人欲是人性的弱点

老子看到,用人的意志去改变自然事物是人为,人的生存是"有身",以人为去改变自然而获得的财物是"货",人在社会中的地位是"名"。这样一来,"名与身孰亲?身与货孰多?得与亡孰病?"得到"名"和"货"是"身"即生存所必需的,但过分地追求却可能导致人类的灭亡。"孰亲"、"孰多"、"孰病"三个疑问,表明处理这几对矛盾的度是难以把握的。结果,人就处在既要服从自然又要以人为去改变自然的矛盾之中。这个固有的矛盾解决得不好,会给人类带来无穷的祸害。《道德经》用了"患"、"祸"、"咎"、"罪"、"亡"、"殆"、"死"等多个概念来说明这种危险。这些概念所表明的都是对人"身"即人的生存的伤害。如果伤害不严重,自然和人靠自身的能力还可以修复,人类也可以持续生存;如果这种"祸患"越来越严重,成了"大患",自然和人靠自身的能力无法修复，那么人类的结局只能是"无身"，也就是灭亡。《道德经》哲学对人类的生存表现出深沉的忧虑。

人的生存离不开"货"和"名"。人的"欲"与人的生存密切相关，为了生存人要追求"货"和"名"，由此必然产生"欲"。"欲"的产生有其合理性又有其危害性。

人生的最大问题是生死问题。生死问题归结起来是趋生避死，务求长生。但长生还有一个怎样"生"的问题，就是人应该怎样活着才符合"道"的要求，才能保持人性中的道性。老子从"道"的哲理出发，认为人要自然地活在世上，最重要的是做到知足知止，这样才"可以长久"。

"欲"其实是一种满足感，所谓满足就是满足欲望。人要生活得快活，这个观点大概每一个人都会同意。问题在于，想想自己，活了几十年，好像快活的日子不多，苦闷甚至痛苦的日子更多。看来更现实的问题是，怎样才算快活，才能过得快活？这个问题各人会有不同的回答。不少人认为，要快活，首先要钱多。有很多钱，想要什么就可以买到什么，当然就快活了。的确，没有一定的物质基础，连生理的需要都无法满足，是很难快活起来的。但现在对许多人来说，基本生活需要已经不是主要的问题了，但为什么还是不快活呢？可见，快活的关键不在于钱多。而且钱多不多也没有一个客观的标准。有人专门搞过快乐指数的调查，结果发现，很有钱的人可能不快活，乐于清贫的人也可能感到很快活。澳大利亚的悉尼生活水平最高，但调查的结果是多数人很郁闷，而乡下人生活水平不算高，多数人却很快活。美国的调查表明，现在的美国人比五十年前更有钱了，住房更大了，空气更清新了，生活水平更高了，但并不比五十年前的人快活。人不快活，发展到极端就是自杀。从世界各国的情况来看，自杀率最高的不是穷国，而是北欧、日本、挪威这些生活水平很高的国家。可见，金钱只是对快活的一个因素，但不是决定性因素。

从《道德经》的观点来看，个人有快活的感受，主要有两个前提条件：第一是要顺其自然，就是自己该做又做得到的事就努力去做。做了，有成绩，有报酬，得到报酬心安理得，自己也有成就感、满意感；对做不到、得不到的东西莫强求。这样，得到了不会沾沾自喜，得不到也不会愤愤不平。总之是得而不喜，失而不忧，经常保持一颗平常心。心态平和，自然少有烦恼，烦恼越少，人就越快活。如果不是顺其自然，"这山看着那山高"，贪得无厌，钱再多，房子再大，位子再高，也不会快活。顺其自然，是得到快活感受的良方。第二是生活过得简单一点。人过简单的生活，才不会被物欲所累，被金钱所累，被名誉地位所累。

复杂了,整天耗尽心机在那里盘算,焦虑,活得太累,最不快活。顺其自然和简单,就是《道德经》说的"知足"、"知止",或说知足常乐。

## 二、人的欲望膨胀造成人性堕落

"欲"是人性中自然产生的,但又是人的一个弱点,而且是酿成"大患"的罪魁祸首。正是"难得之货"、"金玉满堂"、"财货有余"、"欲上民"等欲望,导致了人性的堕落。如不加以限制,这些欲望势必造成人类"无身"即灭亡。在老子看来,"欲"虽然是"身之患"的根源,但又是人"有身"即有生命所决定的,有身有生命就必然有"欲"。但"私"和"欲"都必须在"见素抱朴"的指导下加以控制,也就是不能超出维持生存的"道法自然"的准则。因此,老子既不主张"无私",也不主张"禁欲"。老子不仅不主张"无私",而且认为要"成其私"。"成其私"就是保存自我、成就自我。但人要"成其私"却不能损害其他事物"成其私",因此人要"少私"。保存和成就自我本身是"欲",所以老子不主张禁欲,而是要求"寡欲"。"寡欲"不是禁欲,而是不能纵欲。个人纵欲,必然带来祸患;人类纵欲,则可能导致灭绝。因此,欲望必须有节制,"私"和"欲"都要设定一个限度,这就是"知止","知止不殆,可以长久"。人类要想摆脱危机,长久地生存下去,"知止"是唯一的现实途径。"知止不殆,可以长久"这句话是很关键的,因为"罪莫大于可欲,祸莫大于不知足,咎莫大于欲得"。人为了生存而产生"私"和"欲",因此"私"和"欲"有其合理性,但"私"和"欲"在什么限度内才是合理的,却令人难以把握。更何况,追求私欲成为主观愿望后,完全可能失度即失去上限而无限膨胀。钱物总是越多越好,即使杀人越货可能导致失去生命,有的人也会冒险,无数的社会问题便由此引发。这就是欲望膨胀导致人性堕落造成的恶果。《道德经》说:"故知足之足,常足矣。"意思是说,人类面临生存危机怎么办?要做到"少私寡欲",自己知足就心满意足,不再无止境地追求无限膨胀的欲望,就可以长久了。

从上面的分析我们可以看到,老子的思想中充满了对人类生存的忧虑,处处表现出对人类生存的担忧,力求探索使人类从生存危机中摆脱出来的途径。这给我们一个重要的启示:哲学的深层使命在于提供人类生存发展的基础理论。按照老子的哲学,大自然孕育了人的生命,提供给人类生存的空间,创造了人类生产必需的生活资料的来源,因此,人类必须尊重自然,保护自然,与自然和谐相处。自然的创造本身有它的合理性,人应当尊重自然的创造,而不应轻易改变它。老子哲学的这一理论虽然朴素,却是人类永远都应坚持的基础理论。如果过分地夸大人类的理性能力,那么在兴高采烈地欢庆对自然的胜利时,人类很可能已经掘好了使自身陷入灭顶之灾的陷阱。

在人和自然的关系问题上,我们真要重新思考了。向自然无止境地索取,并不能给人类带来真正的快乐,最终只会造成人类的灾难;与自然和谐共存共处,才能给人类带来恒久的快乐。这是我们在重建人类生存和发展的基础理论时从《道德经》中得到的启发。

老子看到了人的欲望膨胀造成的危害,也看到刑罚对制止这种危害的作用,所以《道德经》主张"若使民常畏死,而为奇者,吾得执而杀之,孰敢?"但老子认为刑罚的效果毕竟有限,因此他更主张多用教育手段,使人们真正懂得"甚爱必大费,多藏必厚亡"的道理才是解决问题的根本办法,所以《道德经》中有大量的内容都是围绕"知止不殆"这个观点展开论述的。

老子说:"智慧出,有大伪。"道家贬"智",是因为"道"生万物并规定万物的运行都是自然而然的,用不着事先用智去规划安排。人则不同,人欲得"货"和"名",所以要用"智"。"货"和"名"满足了人的一时生存需要,人就以为用"智"安排的事物才是最好的。可是,世上的事情本来就错综复杂,人的"智"其实很有限,并不可能看清事物的所有联系和长远发展,更何况各人用来判断是非好坏的标准又各不同甚至相反。"夫随其成心而师之,谁独且无师乎?"(《庄子·齐物论》)各人有各人的标准,导致没有共同的标准;各人都以为自己的安排是最好的,却导致一团乱麻。由此看来,用"智"的结果常常事与愿违。

《道德经》所贬的"智"是"形而下"的智。局限于"形而下"的"智"有可能是"大迷"、"大伪",就是"智"中有"迷"。超越"形而下"的"智"而达到的"大知"是"形而上"之知,亦即哲学的领域。"形而下"的"小知",只是世俗的片断知识。"小知"在一定范围内是有用的,但如果背离了"大知",不仅不具有真理性,而且可能蜕变为"大伪"。《道德经》的愚智论,确立了哲学是"大知"的领域。"大知"是探求人类生存这个最大的问题之"知"。这里隐含着哲学是探索世界的存在及人类生存的基础理论的思想。

## 三、人类社会道德败坏造成人性堕落

人之所以失去本性，是因为用人为破坏了自然。人为对自然本性的破坏，表现在人和人类社会许许多多的活动之中。其中，人类社会的德性败坏造成的恶果最为严重。

老子在《道德经》中对其时社会的道德败坏做过很多谴责，认为那是"大道废"、"天下无道"、"国家昏乱"的时代。

庄子对社会的道德败坏更做了入木三分的描写。在《庚桑楚》篇中，庄子写道："民之于利甚勤，子有杀父，臣有杀君，正昼为盗，日中穴阫"，"大乱之本，必生于尧舜之间，其末存乎千世之后。千世之后，其必有人与人相食者也"。百姓逐利心切，为此儿子杀死父亲，臣子杀害君主，光天化日抢劫，正午挖墙行窃。乱世的根源，必定发端于尧舜时代，其危害要延续到千年之后。千年之后，世上必定会发生人吃人的现象。庄子之所以说"大乱之本，必生于尧舜之间"，是因为从那时起，人类开始用"智"使自然按人的欲望发生改变。庄子的这一预言，读之使人有振聋发聩之感！

对比一下老子的哲学和孔子的哲学，我们不难发现老子和孔子都很重视讲道德。但深入考察后我们可以看到，老子认为自然是万物的本性，同时也是人的本性，因此，尊重自然、爱护本性就是道德。对此孔子虽然不否定，但他更认为，管理国家社会，要人为制定一套仁义礼的行为规范，人的行为合乎这些规范才是符合道德。在《骈拇》篇中，庄子用了一个很浅显的比喻来说明这个问题："凫胫虽短，续之则忧；鹤胫虽长，断之则悲。"野鸭腿虽短，加长一截它会忧虑；野鹤腿虽长，去掉一截它会悲伤。这里涉及一个问题，人的行为都是受思想支配的，那么，人的思想或精神世界符合自然的本性和符合人为的规范，哪一种才符合道德呢？老子哲学的观点是很明确的，就是精神必须符合自然才符合道德。

庄子对人性的堕落做了更细致的剖析。他看到，人的精神世界离自然的本性已经越来越远了，从古到今，世风日下，现在正道难行、伪道盛行。在《缮性》篇中，庄子将人类从古到今逐步丧失自然本性的过程分为六个阶段：第一个阶段，"当是时也，莫之为而常自然"，那个时代，人人都没有自己的作为而随顺自然；第二个阶段，人开始有自己的追求，"是故顺而不一"，天下虽然和顺，但已不那么纯粹了；第三个阶段，社会开始有了争斗，以武力平息争斗后，一方服从另一方，那是"安而不顺"了；第四个阶段，用人为规范去治理天下，民心舍弃自然本性而由欲望驱使，"心与心识知而不足以定天下"，人与人之间钩心斗角，天下不能安定了；第五个阶段，"附之以文，益之以博。文灭质，博溺心"，用花言巧语来粉饰，用旁征博引来企图增益，结果是文饰泯灭了质朴，博识淹没了心灵；到最后一个阶段，"民始惑乱，无以反其性情而复其初"，百姓开始迷乱，已经无法回归到纯朴自然的本性了。对此，庄子深为忧虑："由是观之，世丧道矣，道丧世矣，世与道交相丧也。道之人何由兴乎世，世亦何由兴乎道哉！"由此看来，人世丧失了大道，大道也丧失了人世。人世与大道互相丧失，得道之人用什么来复兴人世，人世又怎样能使大道通行呢？庄子对世事败落只能发出深沉而又无奈的呼唤：人人洁身自好，保全自身吧！

## 第四节　人性的复归

《道德经》哲学的总体特点表现为在用头脑把握整个世界时，总是从起点一级一级推论到终点，而终点又回复到新的起点。论述世界整体是这样，论述每一个重大问题也是这样。在论述人性问题时，人性的起点是道性，在进展的过程中，人性中的道性不断丧失，但在人性堕落后，最终人性还是会复归道性的。

"知其雄，守其雌，为天下溪。为天下溪，常德不离，复归于婴儿。知其白，守其黑，为天下式。为天下式，常德不忒，复归于无极。知其荣，守其辱，为天下谷。为天下谷，常德乃足，复归于朴。朴散则为器，圣人用之则为官长。故大制不割。"这一段提出三个"复归"：一是从个人来说要"复归于婴儿"，二是从人类来说要"复归于无极"，三是从世界来说要"复归于朴"。而这三个"复归"又是内在地联系在一起的，因此要以"大制不割"的总体思维去把握。

### 一、个人"复归于婴儿"

老子曾以婴儿比喻符合自然本性的人，因而"复归于婴儿"也就可比喻人性的复归。

老子认为"复归"普遍存在于在自然、社会和人中，在《天地》篇中庄子也认为："性修反德，德至同于初。"修炼性情再回归于德，回归于德等于回归到了混沌的初始。这里说的"复归"，显然不是指外在形式的复归。如同"复归于婴儿"不是让成人变回到婴儿的样子一样，社会"复归于无极"也不是让人类倒回去过原始人的生活,世界"复归于朴"更不是让人从世界上消失而只留下自然界。"复归"是"道"的复归,指自然、社会、人生在运行过程中偏离大道之后再回复到符合大道的要求上来。这里说的"复归"有"周行"即圆周运行之意,圆周运行即圆圈,起点回到终点,终点又成为新的起点。世界是循环圆圈式运行的,这在中外哲学史上是具有普遍性的观点。按哲学家的运动观点,圆圈式运行显然不能理解为简单的原样的重复,重复只是形式,内容却是变动的。个人"复归于婴儿"就不可能回到婴儿的外形,而是指精神复归于"道",因此"复归"并非原样回复,而是包含变化于其中。

为了实现人性的复归,首先要求人在自己的精神世界中要确立"道"的主体地位,在这个基础上处理内在精神世界和外在世界的关系。《庄子·天运》中说,孔子51岁时还不懂什么是道,就去请教老子。老子说:"中无主而不止,外无正而不行。由中出者,不受于外,圣人不出;由外入者,无主于中,圣人不隐。"意思是说,如果人的精神世界中没有一个主体,外界的影响就不会在人心中产生共鸣;如果想作用的对象没有正直的品质,想要推行的主张在外界也行不通。圣人传"道"要看对象,对象不接受就不传。外界的影响和心中领悟的"道"不相符合时,圣人也不会放在心上。这里提出的问题是:人的精神世界中必须有一个"主",这个"主"也就是我们现在说的核心价值准则。如果心中没有一个基本的价值准则,也就没有辨别对错、善恶、是非、好坏的标准。那么,在我们的心中应确立什么样的主体或准则呢?就是"道法自然"的准则,也就是一切要以是否符合自然本性为判断的标准。

人性复归的关键是弄清人为什么会失去原来的本性。消除了使人失去本性的因素,人的心灵从各种束缚中解脱出来,也就能实现本性的复归了。

《庚桑楚》篇说:"夫外缚者不可繁而捉,将内闭;内缚者不可缪而捉,将外闭。内外闭者,道德不能持。"在被外物牵累时,不应因为繁杂而紧张,而要心神内守;在内心被心事纠缠时,不应因为纠缠不清而烦躁,而要排除外来的干扰。如果内心和外界都受牵累而不能排除,那"道"和"德"也是不能坚守自持的。这就是说,人之所以失去本性,根本原因在于受到外物和内心的束缚。要在精神中复归本性,其途径是"彻志之勃,解心之谬,去德之累,达道之塞",铲除志向的羁绊,解开心思的束缚,抛却偏执的德性的牵累,扫清堵塞大道的障碍。为了解除精神的束缚,使精神世界回归婴儿般的本真,必须对志向、心思、德性和大道这四个方面做更深入的剖析。

志向、心思、德性和大道这四个方面,每个方面又有六种表现。志向的六种表现是尊贵、富有、显赫、威严、名声和利禄，心思的六种表现是容貌、举动、颜色、情理、神采和情意，偏执的德性的六种表现是憎恶、爱好、喜悦、愤怒、哀愁和欢乐，堵塞的大道的六种表现是回避、屈从、索取、给予、智巧和技能。

庄子接着说："此四六者不荡胸中则正，正则静，静则明，明则虚，虚则无为而无不为也。"这四个方面及每方面的六种表现，如果不在胸中激荡而搅乱内心，内心就会端正，内心端正就能安静，安静就能空明，空明就能虚寂，虚寂就能无为而无不为了。"敬之而不喜，侮之而不怒者，唯同乎天和者为然。"能够受尊敬而不欣喜，受侮辱而不恼怒的，唯有与自然的和谐相一致的人才能做到。现实中的人的精神世界，能保持正、静、明、虚、无为、不喜不怒、同乎天和的，大概只有婴儿了。每一个人都经历过婴儿阶段，也就是精神世界本来都和大道相合，后来"四六者"在胸中激荡，才搅乱了纯真的精神世界。在精神修炼中实践复归婴儿，就是要我们回复精神世界的童真。

《道德经》屡屡强调人与天的对立，虽然流露出对此无可奈何的感叹，但从其对人性的全面论述来看，指出人远离本性，正是为了实现人性的复归，即实现"人与天一"。人成长的过程产生失"道"，但如果能真心修道习"道"，也能成为一个悟道得道的人，使在人身上失去的"道"重新回复到人身上。如果个人通过"复归于婴儿"的方法能回归大道，那么人类社会和世界也是可能回归大道的。

## 二、人类"复归于无极"

老子曾以"圣人"比喻符合自然本性的人类。"圣人"是具有理想人格的人，理想不是现实，是人类向往的未来发展，人类修养的最高目标就是成为"圣人"。"无极"、"太极"都是"道"的别称，"道"是世界的本体，世界产生前的本体称为"无极"，世界产生后的本体称为"太极"。"复归于无极"也就可以用来比喻人类社会中人性"复归"于道性，人类复归"无极"的途径则是"知止"。

老子看到了人的欲望膨胀造成的危害，也看到刑罚对制止这种危害的作用，但老子并不无限扩大刑罚的效果，而是认为教育手段更有效，要人们真正懂得"甚爱必大费，多藏必厚亡"的道理才是解决问题的根本办法，所以《道德经》中有大量的内容都是围绕"知止不殆"这个观点展开论述的。

庄子也很重视"知止"的意义，他在《让王》篇中写了一件事：楚昭王弃国逃亡时,有一个名叫"说"(同悦)的屠羊人跟着出走。昭王回国复位后,要奖赏跟随他逃亡的人。奖赏到屠羊说时他说:大王丧失国土,我丧失了屠羊的工作;现在大王复位,我可以继续屠羊了,这就是奖赏,别的奖赏我就不能要了。昭王要人一定将奖赏发给他。他说:大王失去国土,不是我的过错,我也没有接受惩罚;大王复位,不是我的功劳,我怎么能接受奖赏呢?昭王从没有碰到过有奖不要的人,觉得这个人很特别,要召见他。他说:按楚国法律规定,立大功的人才能受到国王的召见,我没有功劳,国王召见我,不是破坏法律了吗?昭王听说后认为,这个人虽然身份卑微,但说的话很在理,是个人才,叫他来担任管理公、侯、伯的三公职位。他仍推却说:三公的职位比我开的屠羊铺子高得多,俸禄比我屠羊的收入多得多,但我怎么能贪图俸禄爵位而让国王蒙受随便封赏的恶名呢?所以我不能接受这个爵位,我还是回去屠羊吧。这个寓言要说的意思是,人要有自知之明,安于本分的工作,不论有多大的诱惑都绝不改变。这样,在人生道路上可以省去许多麻烦。庄子在这里塑造的就是一个"知止"的典型。在现实中,自己丝毫不用付出就可以得到的高官厚禄却拒绝接受的人是难找的,因此,屠羊说其实是庄子塑造的"圣人"的代表。屠羊说的品性就是只坚持道性,而且始终不渝。如果人类社会中所有的人都能这样,那么人类社会的人性也就"复归于无极"即复归于"道"了。

在《至乐》篇中,庄子说:"名止于实,义设于适,是之谓条达而福持。"只要名与实相符,该做的都是适当的,这就可以了,这就叫作通达顺畅,可以获得持久的幸福。这就是说,做任何一件事,都要"知止","知止"就是要做到名副其实,既不要名不符实,也不要名过于实。"知止"才有福,得到的福才能保持,不"知止"则祸患无穷。

## 三、世界"复归于朴"

《道德经》哲学认为人本性自然,自然也就是"朴"。《道德经》中有"见素抱朴"之句,"朴"即自然的"抱朴",意为与自然整体融为一体。人性"复归于朴"亦即复归于自然。从全面的论述看,《道德经》指出人远离本性,正是为了实现人性的复归,即实现"配天"、"同于初"或"人与天一"。

在《天地》篇中,庄子也认为,宇宙的初始是混沌状态,万物因"道"而生成。生成的物有形体,形体内含精神,便各有各的特性和规则。"性修反德,德至同于初",通过"性修反德"而"同于初"就是"复归"。"复归"是"道"

的复归,指人世在运行过程中偏离大"道"之后再回复到符合大"道"的要求上来。

人不应将自身从万物中独立出来,更没有权力凌驾于万物之上。如果为了自身的利益而危害宇宙的和谐,"以人灭天"破坏宇宙的生态,人类自身也就必然处于危险之中。所以庄子在《大宗师》中告诫人类要秉持"独与天地精神往来而不傲睨于万物"的态度与万物和谐相处。如果人总是以自身的标准去作为,后果不堪设想。庄子在《应帝王》中讲了一个寓言:南海之帝倏和北海之帝忽到中央之帝混沌那里去作客,受到中央之帝混沌的热情招待。南帝和北帝为了报答混沌的热情招待,说:"人有七窍,用来看、听、吃、呼吸,唯独他没有,我们来给他凿出七窍来吧。"他们每天为混沌凿一窍,到了第七天,混沌死了。这里的寓意为,不以自然本性为标准而以人的自身要求为标准,尽管动机可能是好的,但造成的后果极坏。

老子和庄子建立的道家哲学,以其深邃的智慧和宽阔的胸怀对人类可能陷入生存危机的现状、根源、摆脱危机的指导思想和具体路径展开论述,为人类生存提供了基础理论。这一基础理论体现了哲学的根本价值,是优秀的中华"道"文化传统的精髓,其历史意义和现实意义都是无可比拟的。

2500年前产生的《道德经》哲学,警示人类如果背道而驰,可能导致天"将恐裂",地"将恐发",万物"将恐灭"的结局。这一严正警告,提醒中华民族必须十分重视保持人与自然的和谐关系。中华民族以此为生存和发展的基础理论,由此而一直凝聚在一个国家之中,并处于世界的领先地位。诚然,在漫长的历史过程中,我们的优秀传统的"道"文化也出现过迷失和断裂。对传统文化,我们曾以为"取其精华,去其糟粕"是正确的方针。但在实施时,用于区分精华与糟粕的标准却是政治性的,统治者政治标准的变化,导致精华成糟粕,糟粕变精华。例如,秦始皇"焚书坑儒",将儒家宣布为糟粕;汉武帝"罢黜百家,独尊儒术",儒家又成为精华,儒家之外的百家又成了糟粕;乾隆皇帝修"四库全书",因清朝是灭明后建立的,将很多书当成想要复辟明朝而封杀;直至后来"打倒孔家店"、"文化大革命"、"破四旧",精华居然荡然无存,传统似乎全成了糟粕。其结果是百花齐放成了百花齐枯,百家争鸣成了一人独鸣。在历史过程中传统文化屡遭摧残,实在令人痛心。然而,尽管文化传承中出现曲折反复,"道"文化却以顽强的生命力深藏于民众心灵之中。今天,我们迎来了"道"文化重放光彩的大好时机。中共十七届六中全会指出:中国共产党"既是中华优秀传统文化的忠实传承者和弘扬者,又是中国先进文化的积极创导者和发展者。"

中国建设文化强国的根基在深厚的文化底蕴，传承和弘扬优秀传统文化，需要我们对文化底蕴形成清醒的认识和理解。我们应明确肯定，中华优秀传统文化的根基就是"道"文化。

# 第七章
# 《道德经》哲学的社会历史论

《道德经》是一部以思想把握宇宙整体的恢宏著作，这部著作论述了宇宙中的"四大"，即"道大，天大，地大，人亦大"，"域中"的"四大"构成宇宙的总体，由此而形成道论、德论、人性论。在"域中"的"四大"中，老子特别指明"人居其一"。对"人"的论述在于揭示人的本性，既要揭示其根源性，也要揭示其现实性。根源性还是一个比较抽象的问题，由人本性问题具体化，则进入社会历史论。

现实的人结成社会，社会有其历史发展。社会是历史活动的主体，主体有其结构系统，历史是社会主体系统的建构过程。理论的内在逻辑决定了在对人性问题阐述之后，必然要展开对人类社会的历史发展及如何治理的课题做深入探讨。

历来对《道德经》的研究，专门论述其社会历史理论的甚少。不少学者虽然认为《道德经》主要是一部人生论和政治论的著作，但对与人生论和社会论密切相关的历史论和治理论论之甚少，有所论及也多为解句甚至批判。对老子这位我国第一个由正史肯定的史学家，挖掘其历史理论和社会治理理论，做出合理的评价，对我们总结优秀的中华传统文化大有裨益。

## 第一节 《道德经》的历史理论

据司马迁的《史记》，老子曾任周朝"守藏室之史"，从事记录各诸侯国的状况和管理周王室史料的工作，大概相当于现在的国家图书馆、文化馆、档案馆馆长。王室的史料，多是竹简孤本，江瑔在《读子卮言》"论道家为百家所从出"中说"老子……尽泄天地之秘藏"，现在传世的许多上古史料，可能与老子"尽泄天地之秘藏"有关。老子熟知古史，遍读上古史料，加上个人的智慧，才有了名著《道德经》。

# 一、《道德经》编章造成的问题

现在人们常读的《道德经》是分 81 章的通行本，据此作为老子的思想理论的依据。在许多具体问题无从考证清楚的前提下，以通行本为根据研究《道德经》是可以的，但认为通行本就是老子《道德经》的原作则不可取。有言通行本 81 章的《道德经》为河上公所编，历史上有没有河上公其人即疑点重重，所分和所编的 81 章更造成许多误读误解。既然有无老子的原本及原本的分章编排均无可确切考证，那要不要分章和如何分章编章今人也就可依现在的理解重新处理。司马迁说老子"言道德之意五千余言"也不是确定的，如有依据，数字也可适当增加。

不依通行本而对《道德经》重新分章编排也早有先例，清代魏源就有 68 章本。他将通行本第 17 章"太上，下知有之；其次，亲之誉之；其次，畏之；其次，侮之。信不足焉，有不信焉。犹兮其贵言。功成事遂，百姓皆谓'我自然'"，第 18 章"大道废，有仁义。智慧出，有大伪。六亲不和，有孝慈。国家昏乱，有忠臣"，第 19 章"绝圣弃智，民利百倍；绝仁弃义，民复孝慈；绝巧弃利，盗贼无有。此三者，以为文不足，故令有所属：见素抱朴，少私寡欲"三章合并为一章，即魏源本的第 16 章。魏源将这三章合并为一章的道理是，这三章都是讲的都是历史问题。但魏源本的重新分章只是将临近章节合并，变动不大，其实没有真正重新分章。确定重新分章的目的是为了分得更合理，我们之所以考虑重新编排，是为了更能理解《道德经》的思想体系，并纠正 81 章本存在的问题。

在内容的编排上 81 章本存在许多问题，如第 14 章是"视之不见，名曰夷；听之不闻，名曰希，博之不得，名曰微。……执古之道，以御今之有。能知古始，是谓道纪"，后面两句跟前面的内容显然不衔接，生硬将其衔接起来解读则可能谬误丛生；第 42 章在"道生一，一生二，二生三，三生万物。万物负阴而抱阳，冲气以为和"这两句高度哲学化的语言后紧接着来一个"人之所恶，孤、寡、不谷，而王公以为称"，也使人不得其解；再如第 5 章讲"天地不仁，以万物为刍狗"，最后来一句"多言数穷，不如守中"，这最后一句如何连接前意也无法说清。类似的例子还有多处，特别是 81 章本有多处字句重复或基本重复，如第 10 章和第 51 章均有"生而不有，为而不恃，长而不宰。是谓玄德"；第 30 章和第 55 章均有"物壮则老，是谓不道，不道早已"；第 2 章有"处无为之事，行不言之教"的句子，第43章有"无为之有益，不言之教，无为之益，天下希及之"的句子；第22章有"不自见故明，不自是故彰，不自伐故有功，不自矜故长"的句子，第24章有"自见者不明，自是者不彰，自伐者无功，自矜者不长"的句子，等等。这些完全重复或意思重复的句子出现在惜字如金的《道德经》中是难以想象的。这些都说明81章本的《道德经》编排颇为粗糙，错简、乱简、重简颇多，需要我们重新思考。重新思考不是试图恢复莫须有的《道德经》原本，而是思考在现有资料的基础上如何编排才更有利于我们理解《道德经》的思想体系。

还有，81章通行本在许多问题上造成我们对老子思想的误读、错解、误解，如前面说过的老子关于"仁"的观点，老子本来肯定"与善仁"，其"天地不仁"、"圣人不仁"、"绝仁弃义"等句，本无反对仁义之意，但却有人肯定老子"反对仁义"，甚至认为老子和孔子是对立的两派，等等。这虽然主要是解经者误读，但与编章不合理也不无关系。通行本《道德经》编章造成我们几乎无从理解《道德经》的思想体系，这一问题在理解《道德经》的历史理论方面尤为突出。

前面说到，魏源的68章本将通行本的第17章、第18章和第19章合并为一章，这对我们理解《道德经》的历史理论是有启发的，使我们看到《道德经》的历史理论主要内容有：一是历史发展过程的阶段论；二是历史阶段包含内在的逻辑；三是研究历史的目的是古为今用，也就是从古人那里学习解决现实问题的办法。这三个问题都是历史研究的重大问题，构成了老子历史理论的主要内容。

## 二、历史发展过程的阶段论

道论、德论和人性论讲的都是宇宙、国家、人性中普遍的基本原理，在讲了普遍的基本原理之后，《道德经》进入社会历史的专门论述。首先论述的是历史发展的阶段。

对于历史，老子是很重视的，《道德经》中讲到历史重要性的内容很多，如"能知古始，是谓道纪"、"执古之道，以御今之有"、"古之善为道者"、"古之极"等等。老子身为史官，读到的史料最多，对历史有深透的研究，他的《道德经》其实是历史智慧的总结和提高，凝聚了中国古代文明的精华。在研读《道德经》时，我们首先要注意老子的历史过程阶段的理论。

如果认为历史只是一堆杂乱无章的偶然事件的堆积，对历史的研究也就无从谈起了。无论认为历史是进步的还是倒退的，都是承认历史有其自身发展的趋势。承认历史的趋势并依一定的标准将其划分为相互联系的阶段，是对历史进行科学研究的开始。从思想史来看，老子关于历史发展阶段的理论观点，开创了历史研究的先河。老子的这一理论贡献，应予以充分肯定。

《道德经》的历史阶段论思想，应重新编排为如下一段："执古之道，以御今之有，能知古始，是谓道纪。太上，下知有之，功成事遂，百姓皆谓'我自然'；其次，亲之誉之；其次，畏之；其次，侮之。"老子的历史理论表现为将他之前的历史发展过程分作五个阶段：

### 1. "古始"阶段

在中国古文献中，原本并没有将"历"和"史"组成"历史"一词。按《说文》解，"历"是过去的意思，如经历、阅历；"史"是记事的意思，就是记录发生的事件。中国从黄帝起历朝历代都建有史官制度，史官的职责就是将发生的重大事件记录和保管起来。《道德经》中所说的"古"即为历史之义，因而"古始"就是历史的最早的开始阶段。对于"古始"阶段，《道德经》指出那时是"夫莫之命而常自然"的，即在那个时代，人都没有自己的作为而随顺自然。

《道德经》说"能知古始，是谓道纪"，这虽然只是一个句子，却含义深远，意义重大。"知古始"是了解历史的开始；"道纪"是"道"的纲纪，纲纪也就是对理解"道"来说最为重要的事情，那是要无条件遵守的。所以，一个人只要信奉"道"，就必须了解"古始"。"始"作为开始必然有往后发展的过程，从"始"而后的持续发展则是全部历史。中华民族是一个十分尊重历史的民族，认为历史是一面镜子，在认识现实中的任何问题时，都首先要从历史这面镜子中去找经验教训，忘记历史就意味着背叛。中华民族之所以有五千年的文化传统，与《道德经》建立的"能知古始，是谓道纪"的信条密切相关。

《道德经》重视"古始"，还因为"古始"范畴和"自然"范畴直接相连。"古始"最显著的特点就是"夫莫之命而常自然"。如果百姓理解了"自然"，也就抓住了《道德经》的核心，所以"能知古始，是谓道纪"。

"古始"相当于我们所说的远古阶段，就是从人类产生到出现氏族的漫长的历史阶段，在时间上应有一百多万年。对于"古始"阶段，我们只能从考古学出土的古人类化石和其他遗迹展开研究。那时最重要的特点是人类开始制造简单的工具，在其他方面则与别的高等动物几乎难以分开。

### 2."太上"阶段

这个阶段的内容是:"太上,下知有之。犹兮其贵言。功成事遂,百姓皆谓'我自然'。"老子认为,那个阶段老百姓只知道有一个头领,头领没有名号,不向百姓发号施令。头领虽然不用向百姓发号施令,但事情顺其自然地做成了,百姓都说这些都是很自然成功的。

参以庄子的描述,"昔者容成氏、大庭氏、伯皇氏、中央氏、栗陆氏、骊畜氏、轩辕氏、赫胥氏、尊卢氏、祝融氏、伏牺氏、神农氏,当是时也,小国寡民,使有什伯之器而不用,使民重死而不远徙。虽有舟舆,无所乘之;虽有甲兵,无所陈之。使民复结绳而用之。甘其食,美其服,安其居,乐其俗。邻国相望,鸡犬之声相闻,民至老死不相往来。若此之时,则至治矣"①。这一段是对历史发展的"太上"阶段的具体描述。

《道德经》"小国寡民"这一段,以往几乎都解读为老子主张复古,让社会回复到原始状态,因此,老子是一个复古主义者。这样理解是对《道德经》的严重误读。

这一段说的是:上古时代,有十二个氏族国,那时的国家很小,每个国家的百姓也不多,有很多器具都是用不着的,百姓因为珍重生命也不背井离乡到处迁徙。既然不迁徙,即使有车辆船只也派不上用场了。各个群体相安无事,因而即使有军队和兵器也无处可用。原始时代的人没有什么技术手段,用的是结绳记事的方法。那个时代,人们有吃、有穿、有住、有乐。国与国的距离很近,鸡鸣狗吠之声都能听见,但百姓之间从出生到老死都不会发生什么纠纷和争斗。这个时代,可以称为邦主社会,也就是我们现在所说的氏族社会。

比《道德经》成书稍晚的《商君书·画策》说:"神农之世,男耕而食,女织而衣,刑政不用而治,甲兵不起而王。"直接说原始状态的社会是"刑政不用而治"的。孔子说"无为而治者,其舜也欤"(《论语·卫灵公》),也是说社会的原始状态是"无为而治"的。社会能不能自我治理呢?按老子的观点,社会本来就是自我治理的,也就是"常自然"的,自然不接受任何外部的指令而形

---

① 通行本《道德经》本段只有"小国寡民"至"民至老死不相往来",其余据《庄子·胠箧》增补。"昔者"后之十二氏族均为传说中上古时代氏族首领的名号。我们认为,从"小国寡民"后与《道德经》通行本相同,说明前十二氏族名称应为老子所述。

成秩序井然的世界，小国的产生也是一个自然过程。既然如此，在社会产生之初，与自然最为接近，那时的社会，基本上就是无为而治的，即"若此之时，则至治矣"。这一段中说的"不相往来"，也不能解释为没有联系，而是指各小国和谐相处，没有你来我往的纠纷争斗。老子的意思是，社会治理，就要如同"小国寡民"时那样无为而治。

说老子赞美那个时代是不错的，因为按老子的观点，越是符合自然状态的社会就是越合理的社会，原始时代最接近自然，因此那个时代是最好的。在老子的观念中，"甘其食，美其服，安其居，乐其俗"，就是有吃、有穿、有住、有乐的社会状况是最理想的。我们今天为之奋斗的全面小康社会，从内容看也就是让民众过上甘食、美服、安居、乐俗的社会。但如果认为老子的《道德经》的这一段是主张社会应回复到上古代这种理想国家的状态，那就曲解了老子的意思。因为这一段是写历史，描述的是他认为的历史上原始时代的状况。这跟希望社会回到这种状况去是两回事。我们今天的历史书也写原始社会是一个人人平等的社会，难道是主张回复到这样的原始社会去过日子吗？老子是现实的，他尽管看到他生活的时代社会已经远离自然状态，有很多弊病，但他也认为，只能在现实的状态中去谋求解决的办法。就是说，社会发展到现在，需要我们完善治理制度，才可以避免危险。可见，将复古主义者的"帽子"戴到老子的头上是不合适的。

老子在描写"小国寡民"时用了"乐其俗"一句，甘食、美服、安居都是与物质相连的，而物质的食、服、居也与精神追求的甘、美、安相连，"乐其俗"则是精神的享受。在老子看来，精神世界的快乐和愉快是不可或缺的。《庄子·田子方》中写到老子说的："得至美而游乎至乐，谓之圣人。"只要懂得了"道"，就能了解到"无为而才自然"，就像天本来就高，地本来就厚，日月本来就光明一样，无为自然才是至美至乐，能达到至美至乐就是最完美的人生。"与人和者，谓之人乐；与天和者，谓之天乐。"（《庄子·天道》）就是认为，与人们和谐相处，称为人乐；与自然和谐相处，称为天乐。老子说的"乐其俗"包含着与人和谐和与自然和谐。

### 3. "亲之誉之"阶段

这一阶段相当于现在的历史书上说的部落社会时期，大体上就是中国古代的尧、舜、汤、禹时代。中国古代社会的这个阶段，可称为共主社会。第三个阶段和上一个阶段的区别在于：在上古阶段，百姓只知道有一个头领，头领没有名号，头领和百姓之间完全平等；在第三个阶段，头领成了百姓的带头人，成了社会的治理者，但他们的头领地位不是自封的，也不是世袭的，而是百姓推举的。他们和百姓的关系十分亲密，就像父母和孩子的关系一样，他们对百姓是"亲之"，百姓对他们是"誉之"。

《道德经》说："圣人无常心，以百姓心为心。善者吾善之，不善者吾亦善之，德善；信者吾信之，不信者吾亦信之，德信。圣人在天下怵怵，为天下浑其心。百姓皆注其耳目，圣人皆孩之。"这是对"亲之誉之"阶段的描述。"亲之誉之"阶段的特点主要有：

一是头领治理国家没有固定的想法，从不固执己见，而是以百姓的想法和要求为自己的想法和要求，百姓生活中遇到什么问题就努力去解决什么问题。比如，经常发洪水，大禹就坚持治水。

二是圣人心地慈悲善良，身体力行培育社会的善良德行。对待善良的人他以善良去对待，对待不善良的人他也以善良去对待。这样，善良就能成为普及天下的德行。

三是圣人对诚信的人以诚信对待，对于不讲诚信的人他也以诚信去对待。这样，诚信也成为普及天下的德行。

四是头领在治理天下时，处理每一件事情都小心谨慎，时刻检查自己的言行是不是符合社会治理的要求，为了治理好天下，他总是力求不带任何偏见，使自己的想法与百姓的想法一致起来。他之所以这样做，是因为他很清楚，百姓时刻注视着他的言行举动。他对待百姓就像父母对待自己的孩子那样倍加爱护。

这一段说的治理国家的圣人要"以百姓心为心"、"德善"、"德信"、"为百姓浑其心"等，也可看作对国家统治者的普遍要求。《道德经》这一段说的圣人与百姓的关系，用今天的话来说，也可理解为干部和群众的关系。只要我们联系现实想一想，不难领悟到其中重大的现实意义。

### 4."畏之"阶段

"畏之"阶段就是我们现在说的阶级对抗的社会。对于这个阶段，老子从统治者在经济上压榨、政治上胡作非为、生活上奢侈淫欲揭露了"民"与"上"的尖锐矛盾。

《道德经》说："民之饥，以其上食税之多，是以饥；民之难治，以其上之有为，是以难治；民之轻死，以其上求生之厚，是以轻死。夫唯无以生为者，是贤于贵生。"这是对历史第四阶段也就是"畏之"阶段的说明。对于这个阶段，老子的描述是：百姓都处在饥寒交迫状态了，原因是苛捐杂税太多，老百姓被剥夺到了贫穷饥饿难以生存的境地。他进而分析为什么在这个阶段社会管理困难重重，根本原因是统治者为所欲为，老百姓对统治者的作为心怀怨恨，但又畏惧苛政，在这种情况下，社会肯定是难以治理的。最后，"夫唯无以生为者，是贤于贵生"，民为求生而"轻死"这一现象说明一个道理，对人来说，生命是最贵重的，圣人贤人都必须理解生命对人来说的重要性。

这一段论述了"民"的"饥"、"难治"和"轻死"三种状况，造成三种状况的根源都在上面的统治者。从经济说，上面苛捐杂税太多，民必饥；从社会管理说，上面胡作非为，民必难治；从保持生存权利说，上面厚生，民必轻死。"夫唯无以生为者，是贤于贵生"，这三种状况归结起来可以看到，生存是人的各种权利中最基本的权利，到生存权都无法保障时，为了生存，那是什么事情都可能做出来的，这也就更加证明生命是人的第一需要。

### 5."侮之"阶段

《道德经》说："使我介然有知，行于大道，惟施是畏。大道甚夷，而民好径。朝甚除，田甚芜，仓甚虚，服文彩，带利剑，厌饮食，财货有余，是谓盗夸！非道也哉！"这时，百姓已经不怕死了。为什么百姓会连死都不怕呢？百姓之所以不怕死，是因为统治者贪得无厌，追求丰厚的生活，将老百姓逼到只有死路一条，冒死造反还可能有一线生机，所以不怕死了。这是对历史第五阶段也就是"侮之"阶段的描述。

"使我介然有知"是说，从自己的经历中已经看得很清楚。老子这样说，是要大家知道，他的看法并不是想象出来的，也不是从固定的理论模型推论出来的，而是从观察思考现实出发的。从自己对现实的观察去说理，所说的理更为真实和有说服力。同时说明，"侮之"阶段，说的就是老子自己生活的时代。

"行于大道，惟施是畏"，说的是用"道"的标准来衡量，现在的统治者施政的行为已经背道而驰到了令人可怕的地步。2008年俄罗斯的梅德韦杰夫首次访华，在北大演讲时曾援引此句。这句话有的译本译为：大路是平坦的，但人们偏偏爱走小路。这样译，就是认为这句中的"道"指道路。但这完全搞错了，跟原意风马牛不相及。"大道甚夷"的"夷"字，在《道德经》中出现过几处，老子对这个字是做了明确的界定的。他说"视之不见名曰夷"，就是想看但看不见的意思；"夷道若类"的意思是"道"虽然看不见，但实际上到处都存在。可见，"夷"是与"看"相关的，跟"平坦"则不沾边。将"夷"译为"平坦"，显然是从将"大道"译为"大路"推出来的。"大道甚夷，而民好径"的原意是，广博高深的大道是看不清楚的，但百姓却天生地认同按大道行事是治国安民的最好途径。这样译，才与整段的意思相一致，因为接下来说的是现在的朝廷非常腐败，统治者成了贼魁盗首。

对"朝甚除"，有一个译本译成早上朝阳露出地平线，除去黑暗，大地一片光明。这样译让人摸不着头脑。"朝"是朝廷，包括朝廷的体制结构、建筑和全部设施用具。"除"字按辞典的解释是"以新易旧曰除"，我们现在说的"除夕"、"除旧布新"都是这个意思。所以，"朝甚除"说的是调配官员经常用人唯亲，修建豪华的新朝廷，更换原有设施。"田甚芜，仓甚虚"也不能像有的书那样解释为"田地过多了会荒芜，仓库过大了显得空虚"，而是说土地大量荒芜了，仓库空虚了。总之，这几句不是老子赞扬统治者，而是批判统治者，说的是现在的统治者，宫殿外表十分华丽辉煌，内部却极其腐败，农田已荒芜，仓库已空虚，官服却很华丽，官员佩带锋利宝剑，美食也已食厌，个人财产多得用不完，此类人只能称为盗魁贼首！"非道也哉！"这都是违背"道"造成的恶果啊！

## 6. 历史阶段论评述

在历史划分阶段的理论中，老子从多方面描述了早期社会的理想性和当时现实中存在的严重问题，中心思想还是要我们看到，如果违背了"道"，后果不堪设想。

有多本研究《道德经》的著作援引通行本第17章"太上，下知有之；其次，亲之誉之；其次，畏之；其次，侮之。信不足焉，有不信焉。犹兮其贵言。功成事遂，百姓皆谓'我自然'"，认为讲的是治理国家的国君的几种类型：最上等的国君治理天下，使人民各顺其性，各安其生，所以人民不知有国君的存在；次一等的国君，以德教化民，以仁义治民，施恩于民，人民更亲近他、称颂他；再次一等的国君，以政教管民，以刑罚威民，所以人民畏惧他；最末一等的国君，以权术愚弄人民，以谎言欺骗人民，人民轻侮他。这是什么缘故呢？因为这样的国君诚信不足，人民当然不相信他。最上等的国君是悠闲无为的，人民却得到最大的益处。等事情办好，人民都不知道是国君的功劳，反而说"我们原来就是这样的"。以治理国家的国君类型解读这一段，看似有一定的道理，实则与《道德经》的总体思想不符。我们将这一段重新组合，解释为历史的发展分为五个阶段，应更符合老子的本意。

庄子对历史阶段也做过论述，前文已经说过，在《缮性》篇中，他将历史分为六个阶段。庄子论述的六个阶段和老子论述的五个阶段大体上是一致的。庄子生活在老子之后 200 年左右，他将老子说的历史阶段再做进一步划分是合理的。

在论述了历史发展的五个阶段后，老子发表了解决腐败社会现实问题的办法，就是"民不畏死，奈何以死惧之。若使民常畏死，而为奇者，吾得执而杀之，孰敢？常有司杀者。夫代司杀者，是谓代大匠斫。夫代大匠斫者，希有不伤其手矣"。当时统治者对造反的百姓实行滥杀，企图挽救行将灭亡的王朝，但百姓的反抗却愈演愈烈。面对现实，老子首先指出，到老百姓都不怕死时，想用滥杀无辜的办法去处理是不可能解决问题的。"民不畏死，奈何以死惧之"这句话已为人熟知，说的是那怎么办呢，要想使老百姓畏惧死亡，就不能随意杀人，只能将极少数带头破坏社会秩序的人处以死刑。这样，多数人也就不敢再破坏社会秩序了。由此可见，老子虽然主张"柔弱胜刚强"，但并不反对在特殊情况下使用强硬的手段去解决问题。老子是很有个性的思想家，他的性格中，基本方面是仁慈有爱心，处处讲柔弱、讲处下；但在特定场合，又表现得非常坚强，说出"强梁者不得其死"、"吾得执而杀之"的斩钉截铁的话。这也是我们理解老子时要注意的。

老子在主张以死刑对待个别坏人时所说的"司杀者"指那些从事杀人者，也就是那些滥杀无辜的人；"代司杀者"指那些人打着"替天行道"的旗号去杀人；"是谓代大匠斫"的"大匠"指熟练的木匠，"斫"是砍。整句话的意思是：这就叫作不会砍木头的人自称能代替熟练的木匠去砍木头，很少有不砍伤自己的手的。老子在这里用的是比喻，内含的意思是，打着"替天行道"的幌子滥杀无辜的人，最后只会自食恶果，就像是不会砍木头的人代替熟练的木匠去砍木头那样，总是会砍到自己的手。这也就表明，老子虽然主张"而为奇者，吾得执而杀之"，但万万不能误解为主张滥用死刑，认为滥用死刑的人最终只会自食恶果。

老子的历史发展阶段论，概括起来就是：第一个阶段是"古始"，人和万物几乎"混而为一"；第二个阶段是"太上"即上古，百姓只知道有一个头领，头领与百姓平等；第三个阶段是近古，头领亲近百姓，带领百姓做有益的事情，百姓拥戴、赞誉自己的头领；第四个阶段是近古，头领成为君王，作威作福，鱼肉百姓，百姓都很畏惧他；第五个阶段是老子生活的时代，君王是暴君，只会祸国殃民，百姓怨声载道且群起而攻之。为什么后来的君王遭到百姓的唾弃？因为他们说的是一套，做的是另一套，完全用谎言欺骗百姓，百姓当然也就不会相信他们了。

《道德经》的历史发展阶段论，为我们刻画出从人类产生到老子生活时代历史发展过程的简括图景。从其勾画出的五个阶段看，跟我们现在的历史理论是大致相近的，说明中国古代思想家已经具备了相当高的历史理论水平，对历史研究做出了相当大的贡献。

## 三、历史发展过程的内在逻辑与伦理

《道德经》说："大道废，有仁义。智慧出，有大伪。六亲不和，有孝慈。国家昏乱，有忠臣。"这一段是对历史发展阶段论的理论总结，即从历史发展的"古始"和"古始"后的四个阶段中可以发现内在的逻辑，其中包含着深刻的哲理和伦理思想。

恩格斯说："逻辑的研究方式是唯一适用的方式。但是，实际上这种方式无非是历史的研究方式，不过摆脱了历史的形式以及起扰乱作用的偶然性而已。"[①] 我们在考察《道德经》哲学的历史发展过程的阶段性时可以看到，历史过程明显地表现出从"古始"起，后经"太上"、"亲之誉之"、"畏之"、"侮之"的五个阶段。历史过程的这五个阶段在现实中经历了约百万余年，《道德经》中只用了几十个字，这似乎有些费解，好像在现实历史进程的后面有一样东西在默默"指挥"着历史的发展。人们思考的这个问题，就是恩格斯说的"历史的研究方式"和"逻辑的研究方式"的关系问题。在以"历史的研究方式"进行研究时，我们的重点在排除起扰乱作用的偶然性，从漫长的历史过程中抽象出阶段性，概括出各个不同阶段的突出特征，以使各个阶段能区别开来；又要注意各个阶段的关联，以使各个阶段构成统一的过程。这是对客观的、现实的历史的研究。从历史科学来说，这样的研究是不可或缺的。但这样的研究还必须深入一层，将现实历史进程后面默默"指挥"着历史发展的东西抽象出来，这样才能真正理解历史。这更深一层的研究就是"逻辑的研究方式"。"历史的研究方式"是基础，"逻辑的研究方式"是深化。这两种研究方式的统一，就是历史和逻辑的一致。在《道德经》中，则是"古始"、"太上"、"亲之誉之"、"畏之"、"侮之"五个历史阶段和"大道"、"仁义"、"智慧"、"孝慈"、"忠臣"的逻辑的一致。《道德经》的贡献在于，在发现有中国特色的逻辑时，还指出了历史中包含的伦理的逻辑。

首先是"大道废，有仁义"。"大道"本来是自身存在的，在原始时代人们

---

[①] 《马克思恩格斯选集》第2卷，人民出版社，1972年，第122页。

也顺其自然地按"大道"生活。后来人为代替了"大道","大道"不再自然地起决定作用了,就只能用"仁义"来规范人的行为。其次是"智慧出,有大伪"。原始时代的人是自然古朴的,那时并没有坑蒙拐骗的事情发生。伴随"仁义"而来的是人运用智慧,跟随智慧出现的却是坑蒙拐骗。再次是"六亲不和,有孝慈"。坑蒙拐骗导致伦理的混乱,发展到六亲不认的地步,那就只好抬出孝顺慈善来希望社会能恢复秩序了。最后是"国家昏乱,有忠臣"。到大道、仁义、智慧、孝慈都挽救不了国家时,就只能寄希望于忠臣了。

道德、仁义、智慧、孝慈、忠臣不仅具有逻辑的关联,而且还有伦理的含义。在揭示伦理含义时,《道德经》说:"失道而后德,失德而后仁,失仁而后义,失义而后礼。"道、德、仁、义、礼的五个逻辑层级,对应历史发展五个阶段,这里在表述上稍微有点不同的只是用"礼"包括了"孝慈"和"忠臣",因为"孝慈"和"忠臣"确实有"礼"的意蕴。历史中隐含着逻辑,逻辑中包藏伦理,历史、逻辑、伦理层层深入,这样来看《道德经》的历史阶段理论,在人类认识史中确实是特别深刻的。《道德经》使社会发展阶段构成具有内在逻辑联系的历史,历史中的逻辑具有伦理的特点,不仅前无古人,后也难找来者。恩格斯曾评价黑格尔哲学"把整个自然的、历史的和精神的世界描写为一个过程,即把它描写为处在不断运动、变化、转变和发展中,并企图揭示这种运动和发展的内在联系"①。如果从世界哲学史来看,老子的历史理论无疑包含了这种思想。而老子按逻辑阐述历史比黑格尔早了2000多年。

在哲学史的研究中,人们相当注意黑格尔提出的历史和逻辑一致的思想。黑格尔用这个思想来说明绝对理念运动过程是自我认识的过程,这两个过程是一致的。黑格尔说:"这种具体的运动,乃是一系列的发展,并非像一条直线抽象地向着无穷发展,必须认作像一个圆圈那样,乃是回复到自身的发展。这个圆圈又是许多圆圈所构成,而那整体乃是许多回复到自己的发展过程所构成的。"② 黑格尔用"圆圈"理论来说明他的哲学,认为哲学史是认识史,认识史表现为从客体入手进而回复到主体最后达到主体和客体统一的圆圈③。对整个人类思想发

---

① 《马克思恩格斯选集》第3卷,人民出版社,1972年,第63页。
② 黑格尔:《哲学史讲演录》第1卷,三联书店,1956年,第31—32页。
③ 关于哲学史就是人类认识史的观点,参看张尚仁著:《欧洲认识史概要》,人民出版社,1983年版。云南"学术百家文丛"重印,见云南人民出版社、云南大学出版社2015年版。

展的这一认识无疑是非常深刻的，但这是为他的哲学体系服务的，而且确实晦涩难懂。而老子的《道德经》可以看作是这一理论的最早表述，用伦理去说明逻辑，用伦理和逻辑去说明历史，也使老子的观点更容易为人们所理解。

为了更具体地理解老子的历史、逻辑、伦理一致的思想，有必要做进一步的阐述。

历史发展的第一个阶段是"古始"。"无，名天地之始"，天地未分之前是无历史可言的，那时称为"无极"。天地分化之后（即太极）经长期发展才产生人类，人类产生之后才开始人类的历史，历史开始时才有"古始"阶段，那时人类和自然是"混而为一"的，往前看是"自然"，往后看是自然中出现了人类，因此这个阶段是符合"大道"的阶段，也可以说是符合"玄德"的阶段。

历史发展的第二个阶段是"太上"。在这个阶段中，人类已经结成社会，"大道"在社会中通行。既然"大道"在社会中通行，因而这里的"大道"也就具有了"德"的社会规范的含义，也就是"失道而后德"。"失道而后德"的"失"只是表明过去的意思，并没有"失去"、"丢掉了"的意思，或者说这个阶段还是符合"道"和"德"的社会，只是这个阶段的"德"已经是"上德"了。

历史发展的第三个阶段是"亲之誉之"。在这个阶段中，社会的总体还是符合"德"的，但"人为"的作用开始显现。"亲之誉之"阶段是以"下德"中的"仁义"治国，比之以道德治国来说，以"仁义"治国是后退了，所以庄子在《庚桑楚》篇中写道："大乱之本，必生于尧舜之间。"但这一阶段以"仁义"治理，相比往后的阶段来说还是合理的，所以老子并没有贬斥之意，仍予以赞扬。

历史发展的第四个阶段是"畏之"。这个阶段就是我们说的进入了阶级对抗的社会。从伦理说是"智慧出，有大伪"，相当于"失义而后礼"阶段。王弼说："本在无为，母在无名，弃本舍母而适其子，功虽大焉必有不济，名虽美焉伪亦必生。"脱离了无为之本和无名之母后，仁义之士虽然会出现，但有正义必有偏私，"大伪"逐渐大行其道。老子对这个阶段表现出严重的不满并严加鞭挞。

历史发展的第五个阶段是"侮之"。这个阶段是老子当时生活的时代。在这个阶段老百姓已经被逼迫得连死都不怕而起来造反了，说明民众与统治者的斗争已难以调和了，统治者对老百姓也真是无可奈何了。从伦理说，这就是"六亲不和，有孝慈。国家昏乱，有忠臣"。老子对这个阶段表现出愤怒和极度不满。

对比社会的"古始"阶段和老子所在时代，历史呈衰退的趋势，这种趋势发展下去，人类难逃灭顶之灾。《道德经》说："昔之得一者，……万物得一以生。其致之，……万物无以生，将恐灭。"老子早在2500多年前已经发出了人类可能灭亡的警告。

老子的《道德经》认为，"道"生万物中包括人和人类社会，社会的历史发展内含"道"的逻辑。《道德经》说的"能知古始，是谓道纪。太上，下知有之；其次，亲之誉之；其次，畏之；其次，侮之"、"大道废，有仁义，智慧出，有大伪。六亲不和，有孝慈。国家昏乱，有忠臣"以及"失道而后德，失德而后仁，失仁而后义，失义而后礼"，"古始"、"太上"、"亲之誉之"、"畏之"、"侮之"的历史过程五个阶段，道、德、仁、义、礼的五个伦理层级，"大道"、"仁义"、"智慧"、"孝慈"、"忠臣"的五种现实递降，在这里，历史发展的五个阶段对应于伦理的五个层级，伦理的五个层级又对应于现实的五级水平。历史中隐含着逻辑，逻辑使社会发展构成有内在联系的历史，过程中还表现出伦理的变化。发现历史中的逻辑，按逻辑阐述历史，说明历史过程中伦理的变化，是《道德经》历史阶段论的特点。

## 四、历史的曲折与衰退

《道德经》的历史理论肯定了历史发展过程的内在逻辑与伦理，但老子并没有排除历史过程中的曲折性。

老子的历史理论，在阐述历史过程后，又深入挖掘历史中的大道、仁义、智慧、孝慈、忠臣的逻辑来阐述历史，着力挖掘历史发展的内在逻辑。他看到了在历史发展过程中道德的意义存在逐渐减退的现象，因此他的历史阶段论带有悲观色彩的历史倒退思想。老子赞扬人类社会的原始"自然状态"，由于以人为取代自然，人的本性逐渐扭曲，社会越来越远离大道，造成历史的倒退。这种历史倒退论在思想史上并不是独一无二的。古代希腊的思想家就曾提出过历史由黄金时代到白银时代到青铜时代到黑铁时代的历史衰退的观点。印度佛教也提出佛法住世三阶段的理论。佛经中预言，佛灭度后，佛法住世将经历三个阶段：第一个千年称为正法时代，这个时代释迦牟尼佛虽已入灭，但佛法尚存，佛教处于发展阶段；第二个阶段是第二个千年，称为像法时代，这个阶段信奉佛法的人数变少，只有佛陀的形象作为代表；第三个阶段称为末法时代，共一万年，信仰佛教和精进修行的人渐渐稀少，证得圣道的人已经没有了，佛法被世间的邪说和物欲所淹没。要再过五十六亿年，弥勒佛降世，才能再次传法，普度众生。基督教哲学也认为在上帝创造的伊甸园中生活的亚当和夏娃是最自然和幸福的，在偷吃智慧之果后受上帝的惩罚，人类开始陷入苦难，所以智慧是人的"原罪"。18 世纪法国伟大的百科全书学者卢梭同样认为，在人类的原始时代，"每个人都生而自由、平等"，在历史过程中产生私有制，人类不是越来越幸福，反而是越来越苦难。这些观点，跟老子认为历史过程中人性堕落的观点基本上是一致的。

老子认为在历史过程中人的本性越来越失去的观点，不能简单地将其归结为历史倒退论而加以批判和否定。而且，历史的进程本来就是曲折的，有前进也有倒退。历史的总趋势究竟是发展的还是倒退的，本来是历史研究中的一个争论问题。老子提出历史进程中存在倒退的观点，可能更具有警世的意义。

对于历史的研究，首先遇到的问题是历史有没有自身发展的趋势？恩格斯在论述对历史的总体认识时曾指出："人类的历史……是人类本身的发展过程，而思维的任务现在就在于通过一切迂回曲折的道路去探索这一过程的依次发展的阶段，并且透过一切表面的偶然性揭示这一过程的内在规律性。"① 对于历史进步抑或倒退问题，不能一概而论做出评价。历史本来是迂回曲折前进的，既不是直线式地前进，也不是直线式地倒退，而是前进中包含倒退，倒退中也包含前进。老子哲学存在历史倒退观点，但如果历史过程中确实存在倒退的话，那么揭示出这种倒退无疑包含真理性在其中。

历史的总体趋势是进步的还是倒退的？其实这是历史研究中远未有定论的问题。时至今日，这个问题的争论更趋尖锐。在科学技术高度发展、人口膨胀和人类平均寿命延长的今天，人类将面临灭亡的科学预言已经不再被认为是危言耸听，而是被更多科学家认为是现实的危险。例如，《熵：一种新的世界观》一书认为，现代化是人类通向灭亡的"单程车票"。据西班牙 2010 年 6 月 29 日《阿贝赛报》报道，澳大利亚著名科学家弗兰克·芬纳在《澳大利亚人报》上撰文指出，受人口过剩、环境破坏和气候变化等因素的影响，人类将在一个世纪内消亡。英国的网站也报道说，20 年后人类需要两个地球才够用。如果科技进步的最后结果是人类的消亡，这究竟是进步还是大倒退呢？起码，老子在古代即提出人类要注意历史倒退的警告，对我们警惕历史倒退无疑是有益的。

对于历史趋势是进步抑或倒退问题，本来可以用多种标准来衡量。我们以往主要用生产力的发展、生产关系的变革、历史向世界历史的转变、历史从低级阶段向高级阶段的发展、人的自由程度的提高及人口的增加、人的平均寿命的延长

---

① 《马克思恩格斯选集》第 3 卷，人民出版社，1972 年，第 63 页。

等标准,这些标准都从某个方面揭示了历史的规律性。老子以人性的变化、社会道德水平的下降作标准,确是我们以往研究历史时未能充分注意的。提出这些标准,是对历史研究的重大贡献。

## 五、历史与文化

从西方社会科学的历史发展理论来看,历史作为一门科学,是在文艺复兴时期才形成的。在这之前,历史主要是编年史。人们在将历史作为一门科学来研究时,将文化引进历史,则是到了19世纪后期的事情。1877年摩尔根的《古代社会》一书及斯宾格勒的《西方的没落》、汤因比的《历史研究》的出现,使从文化视角研究历史渐成热潮。近现代人注重从文化视角去研究历史,也就是将"文化"作为历史研究的一个基础性概念,表现了历史研究的深化。我们今天在从文化的视角去研究历史时,应该看到这一视角在2500年前的中国的老子哲学中已经出现,尽管还是简约的,但却起码提出了从文化的视角去研究历史的问题。老子的《道德经》实在是从文化视角研究历史的开端。

尽管老子在2500年前已经开创了从文化视角研究历史的先河,但在其后的历史中这一研究方法却未能延续和深化,反而沉寂下来了,直至约200年前的黑格尔哲学中才被唤醒。老子的思想大概因为太超前而长期沉寂,即使唤醒后人们再次注意到这个问题,对这个问题的思考也还需要时间。在这200多年中,人们从文化视角考察历史的最大成果,莫过于提出了历史与逻辑一致的观点。历史是客观过程,逻辑是人的思维形式,历史是客体的存在,逻辑是主体的思考,历史和逻辑的一致是主体和客体的统一。发现历史和逻辑的统一进而确立历史中内含文化,确实是历史研究的重大突破。逻辑属于文化是肯定的,但文化并不只是逻辑,历史进程中除了逻辑还有没有更深层的文化呢?这确实是值得人们思考的。我们一旦去思考这个问题就会发现,老子在《道德经》中早已为我们提出了颇带启发性的思路。按《道德经》的思想,发现历史中的逻辑是重要的,但发现历史中是什么逻辑更其重要。历史中的逻辑是什么?就是伦理道德一步一步衰败的逻辑,就是"失道而后德,失德而后仁,失仁而后义,失义而后礼"的逻辑。这样,《道德经》的历史理论就为我们呈现出历史—文化—逻辑—伦理的研究客体历史的图式。这样的图式在《道德经》中虽然不是很明确,但也不是我们无中生有强加于《道德经》的。我们只是认为,受《道德经》的启发,我们应从《道德经》研究中将老子的这一重要思想挖掘出来,这样去研究古籍才是真正有

## 第七章 《道德经》哲学的社会历史论

意义的研究。

发现历史和逻辑的一致是历史研究的重大突破，发现逻辑中的伦理应是历史研究中的更为重大的突破。我们之所以这样认为，是因为这一思想使我们看到了历史中更为深层的起决定作用的因素。如果说从生产力、生产工具、经济基础这些带客体性的因素去说明历史从而创立唯物史观是一个重大贡献的话，那么老子从道、德、仁、义、礼这些带主体性的因素去说明历史应当同样被视为一个重大贡献。历史只从客体方面去说明是不够的，应从客体和主体的"抱一"去说明。恩格斯在论述历史结果时曾说过，人们是在十分确定的前提和条件下创造自己的历史的，其"最终结果是从许多单个的意志和相互冲突中产生出来的，而其中每一个意志，又是由许多特殊的生活条件，才成为它所成为的那样。这样就有无数互相交错的力量，有无数个力的平行四边形，由此就产生出一种合力，即历史的结果，这个结果又可以看作一个作为整体的、不自觉地和不自由地起着作用的力量的产物"①。这里所说的"合力"，指明历史的结果绝不是纯客观的作用产生的，必然有主观"意志"的作用在其中。老子的历史理论，着重说明道德伦理在历史中的地位，应引起我们足够的重视。

重视道德伦理在历史中的作用还包含一个重要思想，就是群众和英雄共同创造历史的思想。作为道德伦理主体的人，是不必强制地区分群众和英雄的，而是群众和英雄互相交错的力量形成合力，是社会的公共力量，是社会总体的道德水平。如果社会总体的道德水平高，整个社会呈现"尊道而贵德"，历史发展水平就高；如果整个社会走向"不道"，历史就呈现衰退。这里给我们的重要启示是，我们在建设高水准的社会时，必须注重文化建设，注重道德伦理建设。我们今天重视社会主义核心价值观的宣传教育，正是从传统文化中吸取营养。

美国的哈多克在《历史思想导论》中说，历史获得了"某种规律和教诲的外观，它用过去的范例教导我们判断当前的事情，并预见未来，以便我们可以知道喜爱什么，追求什么，厌恶什么，避开什么"，"由于历史范例比理性的论点或证据，或它们刻板的戒律，更有感动人和教育人的力量；因为这些范例正是我们行动的形态，并伴随所有的情况"②。哈多克在《历史思想导论》中阐述的这些思想，正是老子在《道德经》中说的"执古之道，以御今之有"。这里说明，历史和文化的关系最为密切，历史其实积淀着文化，文化正是联结历史的纽带，

---

① 《马克思恩格斯选集》第4卷，人民出版社，1995年，第697页。
② 〔美〕哈多克：《历史思想导论》，华夏出版社，1989年，第24页。

并伴随价值判断的标准。我们在讨论历史时，更要注意从文化的传承去认识。而从文化的传承去认识历史，正是老子《道德经》哲学历史观的主要视角。

文化内藏于社会意识的深层，常表现为"百姓日用而不知"，对一个国家民族历史的延续起着基础性的作用。一个国家民族的历史能不能延续？真正在深层起作用的并不在于疆土的宽广或经济、政治方面的因素，而在于这个国家民族的文化底蕴是否深厚，在于国家民族的文化素质是否高尚。在世界历史上曾经产生过相当强大的亚历山大大帝帝国、罗马帝国和阿拉伯帝国等，但这些帝国灭亡后即不复存在了。而中华民族建立的国家，历经五千多年而延续至今，其间有过数十次改朝换代，统一的中国却始终如一。究其根本原因，就在于中华民族深藏着道德文化的底蕴，在道德文化的基础上，又能融会对民族生存延续起积极作用的其他文化。在中国历史上曾多次出现过外族的统治，结果都是外族融入中华民族，形成中华民族特有的文化意识。

《道德经》阐述了"道"是产生万事万物的根源，而"德"是"道"的表现，这就是"道生万物，德育万物"的深刻含义。只有人们严格按"道"的要求、"道"的运行的自然规律办事，才叫作"有德"，世界才能长久平安。因此，可以说中华民族的文明史就是一部不断探索"道"、不断践行"德"的历史。中华文明能延续五千多年，至今仍充满生命活力，就是因为有"道德"文化贯穿其中。现代西方汉学家李约瑟（1900—1995）在《中国科学技术史》第2卷《科学思想史》中说："中国人性格中有许多最吸引人的因素都来源于道家思想。中国如果没有道家思想，就会像是一棵某些深根已经烂掉了的大树。"[1] 对道家历史地位的这一论述确实深透，而道家的代表作正是老子的《道德经》。

## 六、研究历史的意义

一般地说，有了人，就有了人类的历史。但这是从人的生存和发展本身来说的。人类一代一代地繁衍，如果不留下遗迹、传说或文字记载，或者即使留下了遗迹、传说或文字记载，但后人不去思考它，不能理解它，那也不会有现在我们所说的"历史"。现在我们所说的历史，不能只理解为过去的事情，而应理解为客观上已经过去但在现实中仍然起作用的事情。老子就是一个历史人物，生活在

---

[1] 李约瑟著，何兆武译：《中国科学技术史》第2卷《科学思想史》，上海古籍出版社，1990年，第178页。

2500年前，但现在还"活"着，而且自他死后就一直"活"着，人们一直在研究他，他的思想和形象在中华民族的历史中一直在起作用，有多少著名画家为他"画"像，有多少学者在研究他的思想。正因为过去了的人和事在现实中还起作用，人们才不会忘记历史，不应忘记历史，这就是历史的意义。用《道德经》的话表述，就是"执古之道，以御今之有"。

老子的历史观，对了解历史的意义说得很清楚："执古之道，以御今之有。能知古始，是谓道纪。""执"的本义是抓住，转义为坚持；"古之道"为自古以来就存在的"道"；"御"即防御、抵御、解决问题；"今之有"的"今"是现实，"有"是存在的问题。我们认识自古以来存在的"道"，是为了解决今天的现实问题。"能知古始，是谓道纪"，"古始"是人类产生之初，那时的人类和自然融为一体，最亲近自然。按《道德经》的观点，遵行自然之"道"是最高的法则，所以知道"古始"是"道"的纲纪，是"道"的根本要求，用现在的话来说就是古为今用。理解历史是现实的需要，因为"古始"中包含许多对解决现实问题具有启发意义的经验总结。其实，任何时代的"今人"都首先要向他之前的"古人"学习，才有人类文化的世代延续，才有历史。从中华民族优秀文化传统来看，重视向古人学习是文明古国的一个文化特点，精神世界的延伸就是文化传统。其实，老子在写这段话时，他也是那个时候的"现代人"。他那么重视向他之前的"古人"学习，并且成了中华民族的传统，我们这些现代人也应当好好反思一下，运用"执古之道，以御今之有"的办法。这样，研究《道德经》也就不会是白费功夫了。

习近平在纪念孔子诞辰2565周年国际学术研讨会暨国际儒学联合会第五届会员大会开幕式上发表讲话，列举了中国优秀传统文化中蕴藏着的解决当代人类面临的难题的重要启示，第一条就是《道德经》所说的"道法自然"，其他如天人合一、天下为公、安民富民乐民、以民为本、为政以德、政者正也、以德立人、讲信修睦、俭约自守、力戒奢华、中和、泰和、安不忘危等，无不包含在《道德经》阐述的思想中。我们今天研究《道德经》的历史观，吸取蕴藏在中华优秀文化传统中的精髓，对解决当代人类面临的难题无疑有着重大的现实意义。

在人类面临的现实难题中，最为重大的莫过于如何解决生存危机。科学技术并不能解决人类生存这个根本性问题，这个问题要靠文化和哲学来解决。中华民族优秀文化传统中的具有重要地位的《道德经》，就其本体论而言，是"玄之又玄"的，但其所论述的哲学历史观却是浅显易懂的。也就是说，老子的学说本来"甚易知，甚易行"，而"天下莫能知，莫能行"。"莫能知，莫能行"使人类生存的危机越来越严重,"能知"、"能行"则是解除危机最有效的途径。中华民族传承和弘扬《道德经》,使《道德经》中包含的优秀文化成为人类共同的文化,让人类在这样的文化基础上生存,才是摆脱灭亡危机的"甚易知,甚易行"的现实途径。

世界和人类可持续存在的基础理论必须转换,用东方文化取代西方的人类中心论、无限理性论、科技万能论和消费至上论指引的人类存在和发展的理论是现实的必然要求。为此,首先要吸取历史上人类文明创造的全部优秀成果。这个优秀成果最早就集中体现在《道德经》哲学中。在《道德经》学说的基础上重新建立世界和人类可持续存在的哲学,其为全球社会认同之时,人类将在新的理论基础上存在和发展,人类历史发展的新时代也就到来了。

## 第二节 《道德经》的社会治理论

老子看到在历史进程中人性的倒退,对这种倒退虽然表现出某种无可奈何的心情,但并不完全是消极悲观,而是力求以社会的"善治"去消除人性堕落造成的危害,表现出强烈的忧患意识和社会责任感。这种忧患意识和社会责任感表现在《道德经》的"善治"理论中,而"善治"一词就出自《道德经》的"正善治"。

《道德经》哲学"善治"的社会治理论,由"善治"的理念、社会治理主体和社会治理措施三个部分构成。

### 一、"善治"的理念

习近平说:"治理和管理一字之差,体现的是系统治理、依法治理、源头治理、综合施策。"[①] 治理是中华优秀传统文化的主张,管理则是西方现代管理学兴起之后流行的一个概念;中华优秀传统文化有几千年历史,西方现代管理学的历史不过100多年。治理和管理虽有交叉重叠之处,实则有重大的区别。它们的共通之处在于对象都是国家社会,区别在于治理是社会上下的共治,对社会整体

---

① 中共中央宣传部:《习近平总书记系列重要讲话读本》,学习出版社、人民出版社,2014年,第116页。

而言倾向性的指向是自治；现代管理的倾向性指向则是上对下的管制，要求被管理者执行管理者的规定。

在《道德经》中，有许多段落专门论述社会治理问题。社会治理属于政治领域，难怪有不少人认为《道德经》是一部论述人生论和政治论的著作。身处"礼坏乐崩"的时代，面对混乱的社会现实，具有强烈忧患意识和社会批判意识的老子，以拯救危难的社会和使民众摆脱苦难为己任，在其"道"和"德"的哲学理论基础上，提出了颇具特色的社会治理思想。老子提出的社会治理思想，就是"善治"理论。

实施"善治"，首先要确立"善治"指导理念。老子的"善治"理念内涵很丰富。深入挖掘"善治"理念的内涵，对我们今天完善社会治理有着重要的现实意义。《道德经》要求"以道莅天下"，"天下"概念具有无限的宽泛性，更多的是指现实存在的人类社会。"道莅天下"指以"道"统摄天下一切事务，使"道"行天下，天下有"道"。"善治"理念的大前提就是在治理天下时，要牢牢把握"道"的准则，"道"的准则也就是自然的准则，合乎自然的可为，不合乎自然的莫为。

"善治"理念的具体内容主要有：

第一是"天下神器"的理念。《道德经》说："将欲取天下而为之，吾见其不得已。天下神器，不可为也。为者败之，执者失之。"就是说，想要依靠个人的作为治理好天下，那是达不到目的的。天下就像一个非常神奇的器具，本来就不是哪一个人制造出来的，当然也不是靠个人的本事可以管理得好的。如果以为靠个人的本事就能管理好天下，最终结果肯定是失败，即便一时取得成功，最后还是会失去。春秋末年的老子提出这个观点，确是石破天惊之举。从夏、商至周，三个朝代历经两千年左右，王朝统治者大都视天下为己有，君主独揽大权。老子首次提出天下不是个人的财产，靠个人管理肯定失败，这是对个人专制的君主制的否定。这个观念告诉我们，社会治理是一件神奇的事情，不可能凭个人想当然去管理，私天下不行，家天下也不行，天下是天下人的天下，是公天下，要靠天下人去治理。要想达到"善治"，只有将"天下"交给天下人去治理，才能达到治理的目的。老子"将欲取天下而为之，吾见其不得已"的思想，后来被董仲舒的"天人感应"理论篡改了。"天人感应"理论认为"天下"是天子一个人的天下，天子是上天的代表，皇上就是天子，皇上一人"取天下而为之"才符合天意。这跟老子的思想是相反的。

按老子的"善治"理念，国家社会不能凭一个人想当然去管理，仅靠解决一个一个具体问题也达不到目的。要想达到"善治",必须潜心领悟治理中的奥秘,把握治理之道,这样在面对复杂多变的治理问题时才能应付自如,达到治理的目的。

天下虽然神奇,但如果能按照"道"的要求去治理,那也是举重若轻的。怎样按"道"的要求治理呢?简要地说就是"道法自然"。《道德经》说:"治大国若烹小鲜。以道莅天下,其鬼不神。非其鬼不神,其神不伤人。非其神不伤人,圣人亦不伤人。夫两不相伤,故德交归焉。"治理大国这样一个复杂问题,从另一个角度来看,也像煎小鱼一样不过是小事一桩。治大国、煎小鱼及天下的大大小小事情,有一个共同之处,就是由"道"统摄。只要按"道"行事,即使是鬼神也无从施展它们的魔力。不是它们不想施展魔力,而是它们的魔力施展不出来,因而也伤害不了人。这样,鬼神的魔力伤害不了人,按"道"的要求治理国家的圣明君王更不会去伤害人。圣明的君王和阴恶的鬼神都伤害不了人,整个社会就回归到符合"道"的要求上来了。在封建专制时代,君王一般都认为天下是他个人的财产,靠他个人的本事就能管理好天下。老子明确认为天下的治理必须遵循治理之"道",如果将天下作为个人的财产,由个人管理,最终必然失败。在这里,老子并没有否定个人在治理天下中的存在和作用,而是认为不能将天下视为个人的私产,仅凭个人想当然去管理,治理天下的个人必须领悟"道","道"所包含的是天下人共有的要求,因此按"道"的要求治理天下,也就是按天下人的要求治理天下。在古代能提出这种批判专制制度的思想和治理者是天下人的代理者的思想,是十分难能可贵的。

第二是"以正治国"的理念。老子认为,"善治"的根本问题是要做到公平正义,也就是"以正治国",即在治理国家时必须坚持公平,坚持公平就是坚持正义。马克思说:"平等是正义的表现,是完善的政治制度或社会制度的原则。"[①] 老子是非常强调国家治理必须坚持公平正义的原则的,他以水喻道的重要原因就是认为水是公平正义的象征。《道德经》提出"玄同"概念,所谓"玄同",就是在自己的心灵中达到与"道"无差别的境界。提出"玄同"后《道德经》接着说:"故不可得而亲,不可得而疏;不可得而利,不可得而害;不可得而贵,不可得而贱。故为天下贵。"意为要努力做到在对待他人时,不因他人对自己亲近才亲近他,也不因他人对自己疏远而疏远他;不因他人给了自己利益才用利益去报答他,也不因他人对自己曾经造成损害而用损害去报复他;不因他人

---

① 《马克思恩格斯全集》第 20 卷,人民出版社,1971 年,第 668—669 页。

对自己尊重才尊重他，也不因他人对自己轻贱而蔑视他。做任何事情，都不能以自己的个人喜好得失为标准，而应以天下人的要求为标准，这样才达到了天下最高尚的境界。老子又说"天之道，损有余而补不足"，这里所谓"有余"和"不足"，用我们现在的话来说，就是贫富差距。老子认为，贫富差距太大的社会是不公平、不合理的。为了达到公平，必须"损有余而补不足"，即削减富有者的财富去补充不足者。总之，治理社会不能以个人的好恶为标准，而应以社会是否公平为标准，贫富差距不能越拉越大，而要逐步缩小。这个思想，对我们今天解决社会治理问题，同样有重大现实意义。

第三是柔性治理的理念。《道德经》说："天下莫柔弱于水，而攻坚强者莫之能胜，以其无以易之。弱之胜强，柔之胜刚，天下莫不知，莫能行。是以圣人云：'受国之垢，是为社稷主；受国之不祥，是为天下王。'正言若反。"意为在天下万物中，没有什么东西比水更为柔顺软弱的了，但再坚硬的东西也经不住水的持续攻击。水的这种特性，是其他事物所没有的。软弱的能战胜强壮的，柔顺的能战胜刚烈的，这个道理天下人并不是不知道，但却不能遵照实行。所以圣人说："为了国家利益而忍辱负重的人，才能担当国家主人的重任。国家出现天灾人祸时勇于承担责任的人，才能成为天下的君王。这本来是正面的至理名言，说起来却有点像反话。"老子并不一味反对刚强，也不一般地反对法治，他只是反对滥用法治。所以他说："天下多忌讳，而民弥贫；民多利器，国家滋昏；人多伎巧，奇物滋起；法令滋彰，盗贼多有。故圣人云：我无为，而民自化；我好静，而民自正；我无事，而民自富；我无欲，而民自朴。"他也主张将极少数为非作歹的暴徒抓起来杀掉，以示惩戒。但他认为："坚强者死之徒，柔弱者生之徒。是以兵强则灭，木强则折。强大处下，柔弱处上。"坚强是死亡的属性，柔弱是生长的属性。兵力太强大最后会导致灭亡，树木粗大了就会被砍伐。强大意味着走下坡路，柔弱意味着正在上升。据此，社会治理应立足于柔性治理，刚性管理只能作为辅助的手段。柔性治理带有情感治理、心理治理、自觉治理和文化治理的特征。治理并不是只要求人的行为服从治理规则，更重要的是提出的治理规则贴近群众的要求，让人口服心服，从内心深处自觉地按治理的要求行事。

老子认为，社会治理可以做很多事情，但每件事都不能过分，即使是政策法律，过多过滥也会造成反效果，过分强调任何一种具体的主张都可能走向反面，最为重要的是要确立一种总的指导理念，即天下是天下人的天下，要由天下人来共同治理，以自治为主，兼用其他措施，实行综合施策，最终实现公平公正的治理。

## 二、社会治理主体

在社会治理中贯彻"善治"理念，对社会治理主体有一系列要求。无论是管理还是治理，都有管理或治理的主体。管理的主体是管理者，具体说主要是国家机关，它们有制定管理政策的权力，管理政策的执行有国家机器作后盾，因此，社会的管理者往往具有天然的优越感。实施社会"善治"则要求管理者自觉地转变为治理者，同时成为社会治理的对象，这一角色的转换对"善治"至关重要。"善治"的治理包含管理但又不等同于管理，管理者虽然不能等同于治理者，但可以同时成为治理者，而且在治理主体中管理者应自觉地充当治理者的主要角色。在整个社会治理自觉性还不高的环境中，管理者向治理者的角色转换是实现社会治理的关键。如果将管理者排除在治理者之外，那么作为治理对象的民众是未经组织的一盘散沙，是难以发挥社会治理的作用的。如果管理者不能自觉地成为治理者，甚至自觉或不自觉地抵制治理，以保持自身在社会体制中的优越地位，社会治理必将困难重重。具有分散特性的民众要能有效地发挥社会治理的功能，也需要管理者有效地发挥计划、组织、指挥、调节和控制的职能。治理的主体虽然是民众，但民众在社会治理中发挥主体作用在一定程度上却有赖于管理主体，如果管理主体滥用职权，运用强制力剥夺民众的治理权力，实现社会"善治"也是阻力重重的。可见社会"善治"主要还是靠管理者发挥"善治"的主体作用。

首先，社会治理主体必须重视民生。老子认为，所谓治理天下，从其对象来说，主要是对民众的治理。对怎样治民，老子提出了一系列主张。放在首位的是必须以民生为重。"民不畏威，大威至矣。无狭其所居，无厌其所生。夫惟不厌，是以不厌。是以圣人自知不自见，自爱不自贵。故去彼取此。"就是说，如果管理者企图仅仅依靠权威来维持统治的话，到老百姓都不畏惧权威时，那就说明权威的作用已经发展到了极限，而再也起不到维持统治的作用了。所以，治民仅靠统治者的权威是不行的，而要改善民众的居住条件，使他们能安居乐业。满足了他们的基本生活条件，他们也就不会怨声载道了。老百姓对管理者不讨厌，管理者的地位才能维持。所以，圣明的君主要知道，不能只从自己一方着想，要像爱自己一样爱百姓，抛弃害民的做法，采取利民的做法。

其次，社会治理主体要注意在民众中形成淳朴的社会风气。对这一条，老子是很重视的。《道德经》说："绝圣弃智，民利百倍；绝仁弃义，民复孝慈；绝巧弃利，盗贼无有。此三者，以为文不足，故令有所属：见素抱朴，少私寡欲。"意思是，不让自称"圣人"或"智者"的人"出谋划策"去管理国家，而是要像原始时代那样实行无为而治，民众能百倍受益；抛开那些虚假的"仁义"之类的人为规范，民众自然而然地会回复到孝慈上来；杜绝奸诈欺骗和追名逐利，社会上就不会有鸡鸣狗盗了。如果圣智、仁义和巧利这三项还不足以说明"文明"带来的社会问题和回复自然无为的重要性的话，那么将这三项总括起来说就是，显现人的自然质朴本性，减少私心，节制欲望，这才是最重要的。

再次，治理者不可与民争利，在利益面前要将自己摆在后面。《道德经》说："江海所以能为百谷王者，以其善下之，故能为百谷王。是以圣人欲上民，必以言下之；欲先民，必以身后之。是以圣人处上而民不重，处前而民不害，是以天下乐推而不厌。以其不争，故天下莫能与之争。"意思是说，万千溪流都流进大江大海，大江大海好像"王者"一样万流归顺。这是为什么呢？就是因为大江大海的地理位置比万千溪流都低。江海给我们的启示是：善于处在低下的地位，才能取得高位。所以圣人要想当好百姓的领导人，他的言行举止必须谦虚卑下；要想成为百姓的带头人，在利益面前要把自己摆在后面。这样，圣人成了百姓的领导者，百姓不会感到有从上面来的压力；成了百姓的带头人，百姓不会感到有人会侵害自己的利益。百姓都乐于拥戴他们当领导而不会讨厌他们。这就说明，不与百姓争利，也就没有任何人能和他争夺领导地位。

最后，在治理民众时，治理者一定要起好表率作用。《道德经》说："不尚贤，使民不争；不贵难得之货，使民不为盗；不见可欲，使民心不乱。是以圣人之治，虚其心，实其腹，弱其志，强其骨。常使民无知无欲，使夫智者不敢为也。为无为，则无不治。"对那些听话的人，不特意给予高官厚禄的奖励，民众就不会争相去趋炎附势了；不费尽心机去弄难得的珍宝，民众就不会去抢劫偷盗了；不看到好东西就贪得无厌，民心就不会乱了。所以，圣人之治，应是使民众经常保持平常心态，让他们衣食无忧，削弱他们争强好胜的斗志，使他们身强力壮。常使民众反朴守淳，不生妄想，使那些自以为聪明的人也不敢轻举妄动。这样，不需要特别的举措，天下也能治理得很好。这一段，将民生为重、保持淳朴和治理者的表率作用都包括在其中了。

总之，强调社会治理不是否定和排斥社会管理，而是让将社会管理融会到社会治理之中，以社会治理去统率社会管理，使社会管理成为社会治理的重要组成部分，由管理者和民众共同实现社会的"善治"。

## 三、社会治理措施

在处理具体问题时，必须措施得当才能达到"善治"的目的，这也就是习近平说的"系统治理、依法治理、源头治理、综合施策"。从大的方面来说，有几个方面是应充分注意的：

一是对管理机构和管理者的权力必须做出限制，用老子的语言来说，就是要"知止"。人们常说"知足"，"知止"一词却比较少用。"知足"与"知止"虽然意义相近，其实意境有所不同。佛教大师李叔同（号弘一法师）有幅字，题的是"知止"。"知止"比"知足"境界更高一层。《道德经》说："知足不辱，知止不殆。""知足"和"知止"虽然关系密切，但分开使用，说明二者有所区别。以主体客体的关系来说，"知足"的主体处于被动状态，比如别人给你东西，到一定数量，你说"够了，我知足了"，自己知足了，地位不高，财物不多，也不会感到耻辱；"知止"的主体是主动的，是主体自身设定一个到此为止的界限，对向外之物的追求到此为止，设定了这样的界限，就不会有什么危险了。"知足"是客体对主体作用而产生的行为，"知止"是主体自身产生的行为。此两者虽然都表示一个限度，但"知足"的限度带有一定的弹性，"知止"则是刚性的。"知足"针对人的欲望而言，要求不可不断扩大欲望直至贪得无厌，那是罪、祸、咎的根源。但欲无止境，满足了一定限度的欲望后，可能又会产生更高的欲求。"知止"则是设定不可逾越的界限，不越雷池一步。《道德经》说："始制有名，名亦既有，夫亦将知止，知止可以不殆。"在建立了管理制度之后，各管理机构的权力要有明确的界限。只有对管理机构的权力加以限制，才能避免危险。管理者在获得权力后，其权力欲望可能膨胀，因此必须以刚性的手段加以限制。"知止"是自身对自己的限制，规定权力的界限是制度设定的限制，有了这种法定的制度限制，才能解决滥用职权的问题。限制管理者的权力，本来是"无为而治"的题中应有之义。在这个问题上，《道德经》给我们的警示在于，这不仅是管理范围大小的问题，更是"难治"与"善治"的问题。直到现在，如何限制管理机构和管理者的权力，仍是管理必须着力解决的一个难题。对于社会治理，我们确应记住老子说的"夫亦将知止，知止可以不殆"的警句。

二是国家管理政策法令制定要符合一些基本要求。《道德经》说："其政闷闷，其民淳淳；其政察察，其民缺缺。……是以圣人方而不割，廉而不刿，直而不肆，光而不耀。"老子看到，在治理国家时，国家的政策法令只要有一个基本的轮廓就行了。这样,老百姓反而忠厚淳朴,安守本分。如果政策法令在各方面都规定得清晰严苛,老百姓反而无所适从。所以圣明的君主在治理国家时,只制定原则性的规范而不在琐碎细节上做文章,廉洁公正而不会造成对百姓的伤害,直截了当而不能肆意曲解,清楚明白而不会使人眼花缭乱。如果政策法令太烦琐,反而会有越多的空子可钻,对管理只会起到反效果。所以老子又说:"祸兮福所倚,福兮祸所伏。孰知其极?其无正邪!正复为奇,善复为妖。人之迷,其日固久。"上面的事实说明,祸正是福的依靠,福正是祸的潜藏之处。谁能说清楚祸或福发展到什么样的极限就会向反面转化呢?这个问题本来就是不可能有确切无误的答案的。正常的事情发展下去可能成为反常的,好事发展下去也可能变成坏事。人们对这类现象迷惑不解已经有很长时间了。在进行社会治理时,政策法令的作用是不可否定的,但政策法令太多太细,事情就会转向反面。社会上有越多的禁忌让人们这也不准做那也不能做,百姓就越是贫困;民间各种锐利武器越多,国家越是混乱;管理人员用越多自作聪明的手段去管理,越会滋长千奇百怪的东西;国家制定的法令越复杂,盗贼反而越是增多。如何做到适度宽松的管理,的确是一种高超的管理艺术。

三是绝不可以武力称霸天下。《道德经》说:"夫佳兵者,不祥之器,物或恶之。故有道者不处。君子居则贵左,用兵则贵右。兵者,不祥之器,非君子之器。不得已而用之,恬淡为上。胜而不美。而美之者,是乐杀人。夫乐杀人者,则不可得志于天下矣。故吉事尚左,凶事尚右。偏将军处左,上将军处右,言以丧礼处之。杀人之众多,以悲哀泣之。战胜,以丧礼处之。"最好的兵器也不是什么好东西,兵器越好,杀伤力和破坏力越大,不只是人,如物有知,都会憎恨它。所以,用"道"来指导自己行动的人是不会只依靠武力来解决问题的。按习俗,左属阳位,主吉;右属阴位,主丧。朝廷文武百官上朝时,人称君子的文官站左边,带兵打仗的武官站右边。这个礼仪都说明打仗是会死人的。可见,战争只会造成灾难,有道的君子是反对战争的。但是,在特定的情况下,如外敌入侵时,出于不得已,也不能不用战争去解决问题。这里必须明确的是,即使在这种情况下,也不能夸大战争的作用。在君子眼中,打了胜仗也不是一件美好的事情。如果赞美战争,把打仗杀人当作取乐,杀人越多越高兴,这样的人是肯定不能得到天下人的拥戴的。也正因为如此,我们的习俗才让君子站在主吉祥的左边,而让武官站在主丧的右边。在军营里,地位偏低的将军站在左边,地位高的主将站在右边,这是按照丧葬礼仪来安排的,用来表明战争是凶险的事情。打仗是会死很多人的,死了那么多人,要用哭泣表示悲痛。战争取得了胜利,也应当用办丧事的仪式来处理。又说:"以道佐人主者,不以兵强天下,其事好还。师之所处,荆棘生焉。大军之后,必有凶年。善者果而已,不敢以取强。果而勿矜,果而勿伐,果而不得已,果而勿强。物壮则老,是谓不道,不道早已。"就是说,能按道的法则治理天下的君王,不会主张依靠兵力来称霸天下。在遇到冲突的事时,总是寻求比战争更好的办法来解决。他很清楚,一旦打起仗来,军队走过和打过仗的地方,会田地荒芜、荆棘丛生。伴随大战之后而来的,必然是灾祸横生、瘟疫流行的凶险之年。所以,善于使用兵力的人只是想用兵力去取得一定的结果而已,并不是要凭借武力称霸天下。取得了预定的结果他不会妄自尊大,不会再去讨伐。开战取得了战果,他也要表明开战是迫不得已的,取得了预定的战果也就不再扩张兵力了。因为他知道,事物壮大了就会走向衰老,一味自逞强大是背道而驰的,背道而驰只会加速灭亡。老子既明确提出了"其事好还"和"不以兵强天下"的主张,又描述了战争带来的祸害,还看到在不得不进行战争时也要适可而止。这些主张都有其现实意义。

四是大国和小国应和平相处:"大国者下流,天下之交。天下之牝,牝常以静胜牡,以静为下。故大国以下小国,则取小国;小国以下大国,则取大国。故或下以取,或下而取。大国不过欲兼畜人,小国不过欲入事人。夫两者各得其所欲,故大者宜为下。"大国的统治者,如果能像江海一样甘居低下的地位,其他国家就会像百川归流那样自动归顺。自然界中的那些雌性动物,常常就是沉静地等待雄性来示爱的。以静取胜,静的一方总是表现出谦虚卑下的姿态。所以,大国以谦虚卑下的姿态去对待小国,就能得到小国的归附;小国以谦虚卑下的姿态去对待大国,也能得到大国的信任和帮助。所以,或者是以谦虚卑下的姿态去得到归附,或者是以谦虚卑下的姿态去得到信任和帮助。大国无非是想让小国成为自己的附属国,小国无非是想找到大国做靠山而求生存。如果两方面都能做到谦虚卑下,那么各方的目的也都能达到。从这里可以看到,在大国和小国交往中,大国处在谦虚卑下地位更为适宜。这里提出的处理两国之间的关系时,遇到冲突寻求"其事好还"的办法,努力做到"两者各得其所欲",这些观点是有普遍意义的。

社会治理措施涉及社会的方方面面,《道德经》着重论述了管理者的权限必须限制、管理政策要适度宽松、不可以武力称霸天下和处理大国小国的关系等几个主要方面,这几个方面对建立社会治理体制都具有恒久的意义,在我们今天社会治理体制改革时,其指导意义也是明显的。

# 第三节
## "为无为，则无不治"的社会治理思想

社会治理是系统工程，论述时不可能面面俱到、详尽无漏，《道德经》在论述主要方面后，总结说："为无为，则无不治。""无不治"从字面上解释是没有治理不到的地方，从正面说即只要做到了"为无为"就什么治理问题都可以解决了。因此，这是对社会治理论的总结。人们通常将老子的思想概略地表述为顺其自然、清静无为是有道理的，然而，理解"无为为，则无不治"的主张还必须理解这一主张是怎样提出来的，其真实内涵是什么，怎样才能做到"为无为，则无不治"和这一主张的合理内核。辨别清楚这些问题，不仅是评价中华传统文化的要求，也有其重要的现实意义。

### 一、"为无为，则无不治"思想的内涵

"为无为，则无不治"是《道德经》的一个重要思想，《道德经》有多处强调这一主张，如说"天下神器，不可为也"、"道常无为而无不为"、"无为之益，天下希及之"、"为者败之，执者失之"等等。"为无为"是一个特定的语式，老子多处用这种语式表述自己的思想，除"为无为"外，还有"知不知"、"欲不欲"、"学不学"、"事无事"、"味无味"等。这种语式，我们可以称之为"肯定否定式"。语式中的第一个词（为）是表示肯定的，第二个词（无为）却表示否定，所肯定的正是在字面上所要否定的，有颠倒反正之意。正因为要肯定否定，其意也就很可能被误读。关于老子"为无为，则无不治"的思想，以往普遍的理解是一种"消极"的主张。从字面上讲，"无为"就是不做事，而且什么都不做，可见是一种"消极无为的政治态度"。认真体悟《道德经》，不难发现这样理解甚为偏颇。要对"为无为，则无不治"的思想做出恰当的评价，首先要抛开以往不科学的评价标准。"为无为，则无不治"本是老子国家社会治理思想的中心内容。对于这一思想，我们的中国哲学史教学用书基本上持否定的评价。有的书中说，"无为而治"思想表面上是对统治者贪得无厌提出批评，要统治者少点欲望，实际上是为行将灭亡的奴隶主统治者总结一套保持统治地位的统治术。这样的分析是不能令人信服的。将文化遗产套在阶级对立的一分为二框架中去评

价,本身就是不科学的。

"为无为,则无不治"不仅是老子认为的治理国家社会的正确方法,而且还是《道德经》提出的"圣人之治"的治理模式,是对"正善治"的总结。为了做到"正善治",必须"为无为,则无不治"。

"为无为,则无不治"思想的内涵十分丰富。

"为"和"作"联系在一起就是作为,作为有作为的主体,即谁去作为。从大的方面来说,作为的主体有两个:一是自然,二是人。两个主体的作为可以是一致的,也可能是不一致甚至是相反的。人也是自然产生的,人顺自然的作为就能与自然一致,但如果人有过分的欲望,按欲望作为又可能违反自然甚至破坏自然。老子说的"为无为"中的第一个"为"虽然是人的作为,但人应尊重自然去作为,循自然作为的方向实施人为,绝不可逆自然的方向而为。循自然的作为和自然自身的作为并没有本质的区别,仍可视为自然的自为,自为也就是"道"的作为。人在理解了"道"的前提下循"道"去作为是对的,如果不顾自然而全凭人的主观意志去作为,那才是明显的人为。人为这两个字合在一起是个"伪"字。有人考证,在古文中,人为二字和"伪"字本来就是通用的,凡是违背自然所造作的都称为"伪"。可见,老子的"为无为,则无不治"的思想,是建立在自然之"道"的理论基础上的。

再来看"无为"的含义。在老子的哲学中,"无"本身是一种伟大的力量,"无为"也就可以理解为是一种伟大的作为。"无,名天地之始","无有入无间"。"无"这种力量不仅创生天地,而且在任何事物中都起到重大作用。老子说"有无相生",而其中无的作用更大,因为"反者道之动,弱者道之用,天下万物生于有,有生于无"。或者说,"无为"并不是对"为"的简单否定,而是本身就是一种"为",是"为无为",是一种肯定。正因为"无"是一种伟大的力量,所以"为无为"才能达到"无不治"的效果。《道德经》中讲了很多种"为",但所讲的"为"有一个共同的特点,就是要人使自己处下、守柔、示弱等等。老子多次拿山谷来比喻,山谷在低处,水流自然地向山谷汇集,"道之在天下,犹川谷之于江海也",江海地势又在山谷之下,山谷中的水又自动地流进江海。人通过"为"使自己处在像江海一样的低处,万流归顺也就是自然而然的了,亦即可以通过"无为"而实现的了,所以要"为"的是"无为"。

至于《道德经》何以特别鲜明地主张"为无为,则无不治"?这要从老子所处的社会现实去分析。

《道德经》中多处论到统治者和老百姓的尖锐矛盾。社会上为什么会出现如此昏乱争斗的局面？面对这样的局面怎么办？在《道德经》中老子清楚地做了回答："圣人云：我无为而民自化，我好静而民自正，我无事而民自富，我无欲而民自朴。"圣人说：我如果做到了无为，百姓会自我教化；我做到了清静而不指手画脚、指指点点，百姓会自己走上正道；我不去制造事端乱折腾，百姓自己会通过勤劳致富；我不贪得无厌去追求享受，百姓自然会保持节俭纯朴。老子认为，有许多事情老百姓自己就能做得很好，所以主张来一个"以无事取天下"，认为这是最好的治国方法。"为无为，则无不治"作为一种国家社会的治理思想，是建立在老子的"道"的哲学思想基础上的。可见，要领悟老子"为无为，则无不治"思想的内涵，首先要深入理解"无为"一词中"无"的含义。

"无为"不是什么都不做。对什么都不做，《道德经》是用"不为"这个词来表述的。这也就是说，"无为"不是"不为"，而是"为无为"。正因为"无"是一种伟大的力量，所以"为无为"才能达到"无不治"的效果。这就说明，如果说"为无为，则无不治"的"治"指治理，属于社会学的范畴的话；那么，首先必须将其放在哲学范畴中，才能准确地理解社会意义上的"无不治"的内涵。

"为无为，则无不治"中的"为"和"治"，可以理解为在国家社会治理中做什么。我们将《道德经》中有关论述的各段内容综合起来可以看到，《道德经》中讲到多种"为"和"治"："无为"、"不得已"而为、"不敢为"、善为和胡作非为等。以"兵"（战争）为例，首先，老子是反对战争的，认为"有道者不处"，不打仗是"无为"。你不想打仗，敌人打进来怎么办？那就"不得已而用之"，反侵略战争就是不得已而为。再次是"善治"或者说善为。通俗地说，就是治理者要做的事一定要做好，"不得已"而开战就要打胜仗。反自然的事，老子是"不敢为"的，如发动侵略战争。最后是胡作非为，将战争当作"乐杀人"，就属于胡作非为了。

老子在将"治"分为"为无为，则无不治"、"不得已"而治、善为和善治与胡作非为和乱治几种之后，对"治"又有一个总的要求，那就是要"管"的事情要不断地减少，直至"无事"。《道德经》说："为学日益，为道日损。损之又损，以至于无为，无为而不为。取天下常以无事。及其有事，不足以取天下。""为学"的"学"指"道"的学说，"为学日益"的追求是对"道"的领悟要日有所进。"为学日益"，并不是说关于外界事物的认识越多越好，"益"就要"损"，"为学日益"的标准是"为道日损"，领悟"道"要不断地减少欲望，不要希求以外界知识去满足自己越来越高的欲望，而要使欲望减少又减少，直至达到无欲无为的境界。达到了自己可以"无为"的境界，那么天下你不用去"为"也不会出什么事情，天下的治理就做得最好了。如果要去"为"的事情越来越多，那就说明对天下的管理是失败的。这就说明，"为无为，则无不治"不是我什么都不做就马上可以实现的，而是一个"损之又损。以至于无为，无为而无不为"，即需要不断地努力才能实现的过程。

"无不治"的"治"就是对国家社会的治理。"无不治"是总括语，即无一遗漏地包括在治理之中。治理国家社会的事情太多，每件事情都罗列是做不到的，怎么办呢？一句话关总，只要做到了"为无为"，就能做到所有方面都可以治理了，所以是"无为而无不为"。

以上的分析说明，老子《道德经》中的"为无为，则无不治"思想，绝不是要人们消极无为，反而是要人们积极有为，而积极有为之"为"，是不断地将管理者现在手中权力范围内的事分离出去，让社会民众承接下来通过自治去解决问题。积极有为的最终目的，是为了管理者可以通过"无为"而达到社会自我治理的目的。

## 二、实现"为无为，则无不治"的途径

从对国家社会的治理来说，《道德经》将达到"为无为，则无不治"看作是国家社会治理的理想境界。既然是理想境界，也就是说现实离这个境界还很远。那要怎样才能达到这样的境界呢？这也是《道德经》着重要回答的问题。《道德经》中的许多内容，都可以看作是对这个问题的回答。

首先，必须深刻理解它的含义和道理。只有从哲理的深度理解了"为无为，则无不治"的思想，将这一思想作为自己行动的指导贯彻到行动中去才有望实现。人常犯的错误，甚至是造成严重后果的错误，就是认为不是人要听自然的话，而是自然要听人的话。这是颠倒的。人在颠倒的道路上走下去，只能自取灭亡，因此必须回归到正确的道路上来。这是实现"为无为，则无不治"的大前提。

其次，从治理者的认识来说一定要有自知之明，绝不可自以为是。《道德经》说："知不知上，不知知病"，"知人者智，自知者明"，"知者不言，言者不知"。这些话都是告诫治理者要头脑要清醒，要知道在治理中自己有许多东西是不懂的，绝不可夸夸其谈，胡乱地发号施令。社会治理中的许多混乱现象，其实是治理者没有自知之明，瞎指挥造成的。老子认为，不应将治国人为地想象得太复杂，"治大国若烹小鲜"是老子的名言（已去世的美国前总统里根在竞选时曾

引用这句名言)。顺其自然，不自作主张，也就能做到"为无为，则无不治"。

再次，国家社会的管理者在制定管理政策时，绝不可过细过严，要尽可能留给民众实行自治的足够空间，才能培养民众自治的能力。如果政策法令过细过严，事无巨细都要政策法令批准，都要政府机关开出证明，民众自治的空间很小，造成的恶果将非常严重。无数的政策法令将民众的手脚捆绑得太死，民众会越来越失去社会责任感，凡事依赖政府。所谓"有困难，找政府"是很蠢的口号，政府其实也管不过来，管了很多不该管、管不了、管不好的事，违反政策法令的现象必然越来越多，这就是"行于大道，惟施是畏"。这其实是社会陷入混乱的一个根源。

最后，从治理者的行为来说，要做好民众的表率。社会上为什么有人争权夺利，甚至抢盗成风，人心不稳？当然有社会的原因，但更根本原因是"上之有为"，也就是管理者厚此薄彼，贪得无厌，不顾民众的死活，为达个人目的而胡乱作为。既然"上之有为"造成混乱，治理就必须以治"上之有为"即治吏为重点。如果不将重点放在治吏，只是去治民，那么，不论制定出多少严厉的惩罚措施，社会的混乱也是不可避免的，只会越治越乱。

"为无为，则无不治"作为社会治理的理想目标，其最终实现应是在"大同世界"建立之时。从现实社会治理来说，相对的"为无为"也是有意义的。我国有一个典故叫"萧规曹随"，说的是汉朝初年的开国功臣曹参的故事。曹参任汉高祖刘邦的长子齐王的相国九年，按照老子的思想制定各项惠民政策，不准官员打扰百姓，使百姓过上了安稳太平的日子。相国萧何去世后，曹参接任相国一职，上任后整天和来访者喝酒聊天，不谈朝廷大事。汉惠帝不理解，要他注意多对国家管理出政策、出主意。他反问惠帝：你和高祖相比怎么样？我和萧何相比又怎么样？惠帝说：我不如高祖，你不如萧何。曹参说：既然如此，现在按高祖刘邦和萧何制定的办法去治理国家就行了，可谓国泰民安，我们再去制定和实行新政策只会折腾百姓。惠帝口服心服。那时的汉朝治理得很好，接下来出现了文景之治的局面。这一典故是"为无为，则无不治"的很好的例证。然而，在全部历史中，实行"为无为"的事例不多，国家的统治者在国力强盛之后，往往就"富贵而骄"，最终结果是"自遗其咎"，给自己带来祸害。即使在现实中，我们不断分权放权，取消大量行政审批，而要真正做到"为无为，则无不治"，还是有许多问题要解决的。

治理国家社会做到"为无为，则无不治"看似容易，实则很难；看似可以一蹴而就，实则需要长期不懈地努力。

## 三、"为无为，则无不治"思想的合理内核

老子的《道德经》提出的"为无为，则无不治"的社会治理理论，就论及的内容而言，也还有许多发挥的余地。然而，《道德经》之所以成为中华民族传统文化中的一块瑰宝，在于其博大精深的智慧具有无穷的生命力。传承民族文化传统的目的，是为了挖掘其中的合理内核，让其中的智慧之光在现实中继续生辉。

国家社会治理"为无为，则无不治"的思想，其合理内核主要有如下几点：

一是国家社会治理的根本是培育社会的自治理能力。《道德经》并不否认国家社会需要管理，其中多次提到"圣人之治"，就是讨论如何治理国家社会的问题。老子看到，好的治理，主要不是由管理者向被管理者发号施令，而是民能"自化"、"自正"、"自富"、"自朴"，也就是能自我治理。那么，社会能不能自我治理呢？按老子的观点，社会在本质上就应是自我治理的，也就是"常自然"的。自然不接受任何外部的指令而形成秩序井然的世界，社会的产生也是一个自然的过程。既然如此，社会在产生之初与自然最为接近，那时的社会基本上就是无为而治的。

老子提出社会治理"为无为，则无不治"的理想状态，这样的状态曾经存在于最原始的社会中。社会未来发展到最高阶段，应是向原始状态的回复，只是经过否定之否定后的回复。《道德经》说到"以智治国"和"不以智治国"两种模式，"不以智治国"在原始时代存在过，因此"不以智治国"是"天之道"。现在离那种状态越来越远了。只要让"为无为，则无不治"深入人心，往无为而治的方向努力，社会最终是能实现"大顺"的。

现代人视老子所在的时代为"古代"，而老子视他以前的时代为"古代"。老子将自然作为"道"的法则，"古代"总是比"现代"更接近自然。因此，他非常重视向"古代"人学习，他用古人的智慧考察当今的事体，纠正当今存在的问题，作为按"道"行事的法则。我们今天的社会与古代社会相比，已经现代化到不可同日而语了。然而，社会越是现代化，似乎毛病越多，越难治理。学学老子，"执古之道，以御今之有"，或许不失为一剂良方。

二是社会治理必须限制管理者的权力。《道德经》强调"为无为，则无不治"，并不是无的放矢、空发议论，而是当时的统治者滥用权力，祸害百姓。《道德经》揭露当时的社会现实说："民之难治，以其上之有为，是以难治。"这

里说的"上之有为",用现在的语言来表述,就是当官的滥用权力、胡作非为,这是许多社会祸害的根源。面对这样的现实,解决的办法只能是限制官员的权力,提高民众的自治水平。限制了官员的权力,提高了民众的自治水平,国家社会也就可以避免危险了。

限制管理者的权力,本来是"为无为,则无不治"的题中应有之义。管理者权力范围越小,社会自治的范围也就越大。反之,社会能够自治的范围越大,需要管理者有为去管理的范围也就越小。在这个问题上,《道德经》给我们的警示在于,这不仅是管理范围大小的问题,更是"难治"与"善治"的问题。就是说,越是不限制管理者的权力,国家社会就越难管理。现代社会治理理论中的"善治"理论的要点就是严格限制政府的权力,充分发挥社会自我治理的功能,足可见《道德经》中包含的治理思想具有重大的现实意义。

三是无形的治理比有形的管理更重要的思想。"处无为之事,行不言之教"是老子的名言。正因为如此,为了完善社会治理,治理者更应自觉地重视无形治理的效用。如果只是重视有形的管理,不仅达不到国家社会管理的目的,而且很可能越理越乱。管理者要想治理好天下,必须注意发挥无形治理的效用,从根本上说,也就是要做到"以百姓心为心"。治理者的"德善"、"德信"是实现"为无为,则无不治"的根本保证。

《道德经》对国家社会的治理虽然讲到"自化"、"自正"、"自富"、"自朴",但总的来看不是着眼于某个方面或一时一事,而是着眼于国家社会的整体和长远的持续发展。因此,我们应运用总体性思维去理解"为无为,则无不治"的合理内核。

# 第八章 《道德经》哲学的修养论

道德修养传统贯穿于五千多年的中华文明史中，造就了具有高素质的中华民族。研究在造就文明传统中起到重大作用的《道德经》的修养论，是传统文化研究的重大理论课题，对理解《道德经》的系统思维及延续道德修养传统都有重大的现实意义。

中国现代著名的哲学家张岱年先生说："人生论是中国哲学之中心部分"，"中国哲学家所思所议，三分之二都是关于人生问题的。世界上关于人生哲学的思想，实以中国为最富，其所触及的问题既多，其所得到的境界亦深"①。中国人生哲学涉及的诸多问题中，境界最深的修养论占有重要的地位。中国哲学和西方哲学都强调哲学是人的智慧，但从哲学传统的主流看，西方哲学所说的人的智慧具有知识论的特点，就是说，人的智慧主要是获得关于客观自然界和人类社会的知识。获得这种知识的目的是改变自然和社会，使之为人造福。而中国哲学的智慧具有人文关怀的特点，强调的是关于人生的智慧，认为人的生命存在和自然的存在是不可分割的。或者说，西方哲学走的是天人相分的道路，中国哲学走的是天人合一的道路。中国哲学中关于天人合一的思想，在《道德经》哲学和其他各派哲学中都有充分的体现。

在《道德经》思想体系中，修养论占重要地位。《道德经》的修养论涉及广泛问题，主要有修养的含义、修养的境界、修养的途径及修养的目的等。

---

① 张岱年：《中国哲学大纲》，中国社会科学出版社，1982年，第165页。

# 第一节　修养的含义

"修养"是人们常用的一个词,《道德经》中"修养"二字是分开使用的,二字分开使用而能合成一词,并得到人们的认同和使用,说明二字的含义密切相关。对于特定的修养,由于修养的对象不同,修养的要求也有所区别。而在《道德经》哲学的层次上,我们应确定的是修养的一般含义,也就是适用于解释各种各样的修养的含义。理解修养的一般含义,有必要对修养论在《道德经》中的地位、修养的内涵和外延及修养与养生的关系等问题做更为深入的分析。

## 一、修养论在《道德经》中的地位

学者们较为普遍的认识是《道德经》主要论述的是人生论和政治论,如陈鼓应认为老子的哲学"只是为了应和人生与政治的要求而建立的","道的问题事实上只是一个虚拟的问题","道"是老子"预设"的[①]。徐复观也说:"道家的宇宙论,可以说是它的人生哲学的副产物。它不仅是要在宇宙根源的地方发现人的根源,并且是要在宇宙根源的地方来决定人生与自己根源相应的生活态度,以取得人生安全的立足点。"[②] 总之,在不少学者看来,老子《道德经》之所以提出类似宇宙论的思想,只是为了将人生论和政治论上升到宇宙论的宏观层面去关照,最终目的还是要推及人生论和政治论。修养论是隶属于人生论的问题,因此在《道德经》中,修养论不能与道论、德论、人性论、社会历史论并列,而应放在低一层次的地位。在研究《道德经》的诸多著作和论文中,专门研究其修养论者甚少,对修养论在《道德经》中的地位的这种认识大概是一个原因。

肯定人生论在《道德经》哲学中的重要地位是不错的,认为《道德经》要为人生安全建立一个立足点也无可非议,但强调人生论的地位并不意味着要贬低宇宙论的地位。将人生论确立为《道德经》哲学的主题,认为宇宙论只是人生哲学的"副产物",只是为建立人生论而"虚拟"和"预设"的理论,这种以提

---

① 陈鼓应:《老子注释与评介》,中华书局,1984 年,第 1 页。
② 徐复观:《中国人生论史》,生活·读书·新知三联书店,2001 年,第 287 页。

高人生论而降低宇宙论地位的观点就值得商榷了，因为这直接关系到评价修养论在《道德经》中的地位的问题。

《道德经》的思想是有"中"有"主"的，这个"中"的"主"就是宇宙论，其他思想都是"由中出者"，是"不受于外"的。人生哲学在老子思想中占有重要地位诚然应当肯定，但人生哲学是宇宙论的引申，是由宇宙论而来的，而不能说宇宙论只是人生哲学的"副产物"，是为建立人生论而"虚拟"的"预设"。如果宇宙论只是人生哲学的副产物和虚拟的预设，那么人生哲学才是老子思想的"中""主"了。老子思想的"中""主"究竟是宇宙论还是人生论，关系到老子思想的总体评价，不能不辨别清楚。

就《道德经》的内容而言，前面的论述已经无可辩驳地说明宇宙论是老子思想的"中""主"，在排列出"人法地，地法天，天法道，道法自然"的人、地、天、道、自然的五个层级中，人在最下层级，整部《道德经》的许多内容都在论自然、道、德、天、地，论人时的人性在本质上也是道性，在社会历史的深层起作用的也是"道"和"德"。将排在高位的自然、道、天、地作为排在低位的人的"副产物"，将排在低位的人生论拔高到最高位，只能认为这是人类中心论的解释。而在现代，人类中心论是危害极大的理论已经可以说是共识了。

不过，许多学者的疑虑并不能就此消除。他们的问题在于，公元前七世纪至前六世纪的哲学家就能提出见不到、听不到、摸不到的"道"为本体的宇宙论，这似乎无从解释。所以陈鼓应才会说："如果我们了解老子思想形成的真正动机，当可知他的形上学只是为了应和人生与政治的要求而建立的。"其实我们可以将这段话改为"如果我们了解老子思想形成的真正动机，当可知他的形上学是为了探求宇宙奥秘的要求而建立的"。哲学产生之初，哲学家们都在探求宇宙的奥秘。人生活在世界上，面对千奇百怪的世界，思维不够发达时只能用神话解释，抽象思维能力一旦达到某一节点，哲学就产生了。所以古希腊哲学家亚里士多德认为哲学产生于惊异，德谟克利特也设想过宇宙大系统。古印度的宗教理论认为，人来到世上，必须弄清我们从哪里来、来干什么、到哪里去的根本问题，才能活得清醒。古代的哲学家并非只关心现实问题，他们思考得更多的是宇宙论问题，因为他们看到，认识了宇宙的本体及本体如何产生和决定万物这些根本性的问题后，现实中的所有问题才能得到根本性的解决。说中国古代哲学具有人文关怀的特点，强调的是"天人合一"，并不是说中国古代哲学将人生问题放在宇宙问题之上，而是说人生问题和宇宙问题是统一的，弄清了宇宙论问题才能真正理解人生。理解人生也不是理解人生的某些具体问题，而是人生的最根本的问题，即人类怎样才能存续，也就是建立人类生存的基础理论，而人类生存的基础是世界的可持续存在。宇宙论是哲学产生之初的根本问题，这应是可以肯定的。试想，古希腊早期哲学家泰勒斯认为世界的本原是水，阿那克西曼德认为是气，阿那克西米尼认为是无限者，毕达哥拉斯认为是数，赫拉克利特认为是火……他们的哲学不都是在建立宇宙论吗？水、气、火等怎么去为人生论、政治论提供人生态度和人生立足点呢？西方早期哲学可以说是宇宙论，中国古代哲学宇宙论就只能是副产物，是"虚拟"，是"预设"，这样来判定中、西哲学能说是公正的吗？

庄子在《田子方》中引述过老子说的一段话："至阴肃肃，至阳赫赫。肃肃出乎天，赫赫发乎地。两者交通成和而物生焉，或为之纪而莫见其形。消息满虚，一晦一明，日改月化，日有所为，而莫见其功。生有所乎萌，死有所乎归。始终相反乎无端，而莫知乎其所穷。非是也，且孰为之宗！"其意为：地上是寒冷的阴气，天上是炎热的阳气，阴阳交互相生。"反者道之动"，地上是阴气，阴气却从天上来，如雨从天降；天上是阳气，阳气却由地上发，如炎热之气由地蒸发而上。阴阳两者相交产生出万物，万物都像有什么力量在安排形成秩序，但究竟是什么力量在支配阴阳变化却看不见。天道每天都在起作用，使万物有消有长，时满时虚，夜暗昼明，日迁月移，只是我们见不到它在用功。出生就有它的源头，死亡就有它的归宿，始终相反而没有开端，也不知什么地方终止。除了"道"之外，还有什么能成为宗主呢！这里论述的就是宇宙的本体及万物生成变化的宇宙论。宇宙论是"宗"，探讨"孰为之宗"的就是宇宙论。在庄子的这一段论述中，"始终相反乎无端"一句十分重要。宇宙运行是这样，开始和终结、起源和归宿都是如"周行"圆圈中的任一点，任一点既是起点又是终点，既是源头又是归宿，建构哲学体系也是这样。在研究《道德经》时我们必须特别注意以最深沉的哲理去思考。

在《道德经》中，本原的"道"是最高抽象的范畴，经无、有、德，天、地、人，再展现人与自然、人与社会、人与人的关系，"道"这个最高抽象范畴的多样性揭示出来，成了包含丰富多样性的具体范畴。在"道"到"人"的范畴后，"人"回复到"道"，终点回复到起点，才构成了具有内在逻辑的范畴体系。"人"这个终点怎样复归"道"这个起点呢？就是通过修养复归的。

中外哲学史上的哲学体系，名气最大的莫过于黑格尔的逻辑学。黑格尔的逻辑学从绝对理念开始，经一系列范畴的逻辑推演，最后在他的逻辑学中对推演全过程达到完全的认识，从而完成了他的逻辑体系。老子的《道德经》，则从本体的"道"开始，"道"是"万物之奥"，万物的奥妙经由道论、德论、人性论、社会历史论，最后在修养论中，人类对"万物之奥"的道生万物、德育万物，万物的产生发展和现状达到完全的理解，理解了"众妙之门"，认识到"同于道"、"同于德"，认识到"玄同"、"大顺"、"配天"等"天之道"，从而完成了他的哲学体系。

在表现形式上，老子《道德经》的哲学体系和黑格尔的哲学体系并没有重大区别，其区别主要在于：一是时间上老子比黑格尔早2000多年；二是黑格尔的体系是在他的哲学中完成的，而老子并没有将自己的哲学提高到那么高的地位。老子在修养论中论述修养的发展过程时说："修之于身，其德乃真……修之于天下，其德乃普。"这里的"天下"就是人类，如果天下人都"复归于无极"、"复归其根"、"复归于婴儿"、"复归于朴"、"复归其明"了，那么，远离自然本性的人性也就复归于"道"性而实现"同于初"、"人与天一"了。所以老子的哲学体系是在人类完善的修养中才得以完成的。

修养论在《道德经》中的重要地位，就在于整部《道德经》的哲学体系是经修养论才得以完成的。降低了修养论在《道德经》中的地位，《道德经》的哲学体系便是残缺而不完备的了。

## 二、"修养"的内涵和外延

关于"修养"概念的内涵和外延，老子和庄子做出过明确的界定。司马迁在《史记》中说老子"以其修道而养寿"。庄子则做了更具体的解释，在《徐无鬼》篇中说"修胸中之诚，以应天地之情"，在《让王》篇中说"养志者忘形，养形者忘利，致道者忘心"，也就是通过修养使自身与天地之情相吻合，"忘形"、"忘利"、"忘心"概括起来就是忘己，将自己"抱一"于天地之中，这就是"修养"的内涵。

对于"修养"的外延，《道德经》说："修之于身，其德乃真；修之于家，其德乃余；修之于乡，其德乃长；修之于国，其德乃丰；修之于天下，其德乃普。故以身观身，以家观家，以乡观乡，以国观国，以天下观天下。吾何以知天下之然哉？以此。"修养过程经历五个阶段，一是"修之于身，其德乃真"。"身"指个人、自己，修养必须从个人起步，个人修养是人类修养的基础。个人要做一个"善建者不拔，善抱者不脱"，身体力行"道"，得到真实的"德"的人。修养达到"其德乃真"的要求，"子孙祭祀不辍"，他们按"道"和"德"的要求建立良好的人与人的关系及社会秩序，惠及子孙后代，子孙后代都会通过祭祀来表达对他们的敬仰和纪念。这是对修养的个人主体在起点上做的规定。马克思和恩格斯指出，他们的理论是"从现实的、有生命的个人本身出发"①的。《道德经》所说作为修养主体的个人，就是现实的、有生命的个人。有生命的个人的修养，修的是"胸中之诚"，即将不合乎"道"的要求的各种欲望和行为排除干净，诚心诚意服从"道"和"德"，使胸中的"道"和"德"完全应和天地的实情，个人和自然完全融为一体，以至于自己的形体、利益和精神意识都荡然无存，完全抛开，胸中只有"道"和"德"，这样才达到修养的最高境界。二是"修之于家，其德乃余"。将个人的修养扩大到家族，德行就超越出个人了。三是"修之于乡，其德乃长"。从家庭再扩展到乡里，"道"和"德"又增长了。四是"修之于国，其德乃丰"。又从乡里推广到国家，"道"和"德"就更加丰满了。五是"修之于天下，其德乃普"。从国家发展到全人类，"道"和"德"就真正普及了。老子这里说的是修养"道"和"德"从真、余、长、丰到普逐步扩展的全过程，说明要所有人都修养到符合"道"和"德"的要求是可能的，但又不可能一步到位，而要经历一个从个人到家庭到乡里到国家最后到人类的过程。

"以身观身"不能理解为从自己去看自己，而是从一个人与其他人的比较去看这个人。家、乡、国、天下也是如此。就是要求我们要通过比较去正确评价不同对象的"道"和"德"的状况，有针对性和可行性地复归人性，才能达到普及"道"和"德"的效果。所以，老子最后说："吾何以知天下之然哉？以此。"意为我之所以知道未来天下的道德状况，就是这样得来的。

在这一段中，老子所用的从个人到家、乡、国、天下一步一步做观察社会的思考程序，具有普遍的方法论意义；而且表明了老子的思维空间并不是狭小的个人或家、乡、国，而是"天下"，也就是全人类。《道德经》的修养论，是为全人类的生存提供的基础理论。就修养论本身来说，从个人扩展到人类；就《道德经》的体系来说，"以天下观天下"的第一个"天下"指人类，第二个"天下"则具有从人类扩展到宇宙的意蕴。也就是说，我们思考《道德经》哲学的修养论，停留在个人或小范围的人生哲学还是不够的，应放在人类和宇宙论范围内来理解。

这里需要加以说明的是，在老子对于从个人到人类修养的五个阶段的论述中，并没有区分哪个阶段更重要，毋宁认为每一个阶段都是必须的和同等重要

---

① 《马克思恩格斯选集》第1卷，人民出版社，1972年，第31页。

的。在这个问题上，庄子的观点有所不同。在《让王》篇中，庄子说："道之真以治身，其绪余以为国家，其土苴以治天下。由此观之，帝王之功，圣人之余事也，非所以完身养生也。今世俗之君子，多危身弃生以殉物，岂不悲哉！凡圣人之动作也，必察其所以之与所以为。今且有人于此，以随侯之珠，弹千仞之雀，世必笑之。是何也？则其所用者重而所要者轻也。夫生者岂特随侯之重哉！"这段话说的是，"道"的真实本体是用来调理生命的，它的剩余部分是用来治理国家的，它的残渣部分则用来治理天下。这样看来，帝王的功业是圣人剩余的事，不能用来修身养性。现在的世俗君子，多半为了追逐外物而危害身体、轻贱生命，岂不是很可悲吗？当圣人有所行动时，一定要搞清楚设定的目标和采取的办法。如果有人在这里，用随侯的宝珠去射高飞的麻雀，世人一定会取笑他。为什么呢？因为他所用的东西贵重，而想得到的东西轻贱。谈到生命，难道不比随侯的宝珠更贵重吗？庄子的这段论述相当精辟，特别是"圣人之动作也，必察其所以之与其所以为"，就是说，真正透彻理解生命的人，必须将养护生命作为自己最高的价值追求，并且要将这作为选择自己该做什么和不该做什么的最高标准。但庄子将个人养生、治理国家和治理天下分出轻重，则与老子的思想不符。老子认为个人经家、乡到国再到天下是一个相互关联的进展和扩展过程，其间并不存在高低贵贱之分；庄子则认为只有个人的生命是真实的，治理国家和人类社会不过是用剩余或残渣部分精力就可以去做的事情。老子的修养论是立足天下的思考，庄子的修养论则是立足个人的思考。这是我们要认清的。

总括来说，修养的内涵就是修道育德，修养的外延包括从个人到全人类。《道德经》哲学思想体系阐述的修养论，其内涵最深而外延最宽。这样，通过修养，《道德经》所论的"道生之，德畜之"在修养论中得到实现，《道德经》的哲学思想体系"始终相反乎无端，而莫知乎其所穷"，也就得以完成了。

## 三、修养与养生

在《道德经》哲学的修养论中，修养论的地位、修养的含义都还是宏观的、较为抽象的问题。回到现实性中思考的修养论，最直接的是修养和养生的关系问题。

修养和养生是虽然关系密切而内含有所不同的两个概念，修养包含养生，但二者不能完全等同。在《史记》中司马迁说老子"以其修道而养寿"，"养寿"指养生，"修道而养寿"含有修道德与养生有密切关系的意思。老子是长寿之人，这与他毕生进行道德问题的思考和实践是分不开的。明确地将养生论和修养论关联起来是庄子，庄子不愧为人类思想史上养生学的创始人。他的养生学是对老子"善摄生"理论的展开，而且主要讲的是精神养生。我们可以将精神养生理论看作修养论的一个主要组成部分。

随着生活水平的提高，人们越来越重视养生。健康忠告一类的书籍，数以十万计地发行；在人们的日常谈话中，养生也是经常谈到的话题。关注科学养生，是社会进步的一个表现。科学养生的普及，也确实促进了社会的进步。社会建设越来越进步，人的平均寿命在不断延长就是明证。然而，直至现在，人们谈论的科学养生虽然也涉及保持良好的心态之类的心理问题，但主要还是就身体健康方面而言的，如养成良好的生活习惯、讲究卫生、注重营养均衡、加强体育锻炼及防病治病等。精神养生问题，就其重要性而言，人们普遍有所认识。但怎样进行精神养生，也就是精神养生的理论和方法，这方面的研究尚不多见。在实践层面上，精神养生需要经过精神修养才能达到效果，在理论层面涉及的则是养生的哲学。不可否认的是，养生必须包含科学养生和哲学养生，如果说科学养生解决的主要是延续生命的时间问题的话，那么哲学养生解决的则主要是生命的质量问题。只有将科学养生和哲学养生统一起来，才是完整意义的养生。哲学养生要求人们提高哲学的素养，也就是许多人生问题需要提升到哲学层面去认识和理解，这方面的认识和理解我们可以称为养生哲学。在养生哲学的层面上，养生和修养问题就可以是相同的了。老子和庄子的哲理养生论，在中外哲学中独树一帜，需要我们认真研究和总结。

养生学是中华传统文化的重要内容。中华传统文化中的养生学可以概括为"三理"，就是生理养生、心理养生和哲理养生。生理养生包括动养、静养、食养和居养等，心理养生主要是指控制七情六欲，哲理养生则指将哲学理论运用于养生实践。哲理养生，如明末清初著名哲学家王夫之提出的"六然"、"四看"的养生观，就很富哲理。他认为，养生要做到"六然"——自处超然、处人蔼然、无事澄然、处事断然、得意淡然和失意泰然，还要做到"四看"——大事难事看担当、逆境顺境看襟怀、临喜临怒看涵养、群行群止看识见。然而，王夫之提出的"六然"、"四看"的养生观，也只是哲理在养生中的运用或养生中表现出来的哲理。老子的精神养生哲学，也可以说老子的修养论，虽然也包含哲理在养生中的运用，但更重要的是养生本身的哲理。就是说，养生本来就是一个哲学恒久研究的问题，对养生问题进行哲学研究，本身又是重要的养生实践。如果说研究养生的哲学是养生哲学的话，那么从养生实践来说，研究哲学也可以称为哲学养生。

古今中外有成就的哲学家大都长寿，孔子活到 73 岁，孟子活到 84 岁。中国的春秋战国时期产生了许多著名哲学家，老子、孔子、庄子、孟子都是这个时代的人。老子和庄子的确切岁数没有历史记载，但从有关史料推测，都活到 80 岁以上的高龄。与现代相比，那个时代谈不上优越的生活条件和医疗卫生保健，庄子甚至生活贫困，断炊借粮。他们长寿的秘诀，大概就在于精神修养。我国现代的思想家、哲学家同样大都长寿：古文字学家、历史学家、东方学家、翻译家、佛学家季羡林（1911—2009）98 岁，哲学家、宗教学家、历史学家任继愈（1916—2009）93 岁，文史学家、佛学家、哲学家张中行（1909—2006）97 岁，哲学家、国学大师张岱年（1909—2004）95 岁，哲学家冯友兰（1895—1990）95 岁，哲学家梁漱溟（1893—1988）95 岁，美学家朱光潜（1897—1986）89 岁，哲学家金岳霖（1895—1984）89 岁……现在北京大学哲学系 90 岁以上的老人有十多位，80—90 岁的老人难以计数。这些现代思想家的人生经历都十分坎坷，甚至经受过多次迫害，他们能够挺过来并长寿，如果没有相当高的精神修养境界和精神支撑，是难以想象的。

中国哲学史表明，在哲学产生之初，养生就是一个哲学问题。人类认识史上产生的第一个哲学体系老子的《道德经》就提出了"善摄生"的问题。《庄子》中有专门的一篇，题目就叫"养生主"。中国人生哲学涉及的诸多问题中，养生哲学占有重要的地位。

我们研究中华文化传统中以修养论为主要内容的养生哲学，当以老子为开创者，以《道德经》为代表作。《道德经》以修养论为主要内容的养生哲学，对后世有重大影响。在周秦到西汉初年的医学和养生学的总集《黄帝内经》中，人的身体结构被看作自然界的一个组成部分，人的养生规律和自然界的规律有密切的联系，"阴阳四时者，万物始终也，死生之本也。逆之则灾害生，从之则苛疾不起，是谓得道"。自然的"阴阳四时"既是"万物始终"，同时也是"死生之本"，自然、万物和人的死生三位一体，表明了它们的内在联系。理解了三位一体的内在关系"是谓得道"，也就是达到了修养的最高境界。《黄帝内经》的养生理论的依据主要就是老子和庄子的思想。

在老子提出"善摄生"的问题后，庄子对其做了系统的论述。《庄子》一书中，《养生主》和《达生》专门论述养生，其他各篇中也多直接或间接论述到养生。在《大宗师》中，庄子说："终其天年而不中道夭者，是知之盛也。"就是认为，使自己尽享自然的年龄而不中途夭折，才是知识的最高境界。为什么要懂得养生？因为透彻理解养生才"可以保身，可以全生，可以养亲，可以尽年"。庄子认为，生命并不只是形体，"达生之情者"才真正理解生命的完整意义是"形全精复"。养生必须注重养神，《盗跖》篇说，人的一生"不能说其志者，养其寿命者，皆非通道者也"。认为凡是不能让自己的心思情绪快乐，并以此保养寿命的人，都不是通晓大道的人。这里将"保养寿命"看作"通道"的直接体现。

精神养生也可以说是养神，这似乎人人都懂，因为人们经常说"闭目养神"。其实，"闭目"不一定就能养神，眼睛闭着，可能意马心猿，胡思乱想，结果是"闭目乱神"、"闭目伤神"。什么叫"养神"？怎样"养神"？这里包含许多深奥的哲理，涉及人生哲学的方方面面。精神养生的根本问题是怎样看待人的生命，包括生命的起源、生命的成长、生命的终结、人与自然的关系、人与社会的关系、人与人的关系等等。解答这些问题需要读懂生命，要读懂生命则需要对生命进行哲学的沉思。从研究精神养生的哲学入手，进而研究养生哲学，再进展到人生哲学，归结到"道""德"修养，不失为总结中华文化传统的一条可以试探的进路。这样一条进路，或许能成为打开中国哲学这扇"众妙之门"的一把钥匙。

将对这个问题的研究提升到领悟国学精粹、提升生命境界、修习精神养生、尽享逍遥天年时，精神养生也就具有了修养论的意境。

## 第二节　修养的境界

中国人是很重视修养的，做一个有修养的人是做人的原则。然而，何为修养？对不少人来说似乎是一个说不清、道不明的问题，中国人将此称为只可意会不可言传。中国人何以重视修养？这要从中华文化传统去找根源。在现存的古籍中，《易经》说的"自强不息"、"厚德载物"就提出了人生修养的标准，《道德经》贯穿全经的一条红线也是人的修养。自古至今中国人都重视修养，与古老的传统密切相关。

## 一、修养境界的含义

"这个人很有修养"或"这个人没有修养"是人们在评价一个人时经常说的话，说明有或没有修养是可以评价的。评价的标准是什么？就是人的修养境界高还是不高。牟宗三（1909—1995）先生说："主观上的心境修养差别到什么程度，所看到的一切东西都往上升，就达到什么程度，这就是境界。"[1] 对修养境界的这一界定颇为有理。这一界定说明，修养境界高不高的标准是人的主观上的心境。心境修养程度高，看到的事物往上升，修养境界就高，反之则不高。举例来说，在经济短缺时代，人们最关注的是吃和用，看到动物时想的也是能吃和能用，这是一种境界。现在，吃和用的问题基本解决了，看到的一切东西也就有所不同了，才会想到动物是我们的朋友，要保护动物。主观意识不同了，境界就提升了。提升到后一种境界，并不否定前一种境界，并不是就不吃不用动物了，而是在保护动物的前提下以某种合适的方式有限制地去吃和用动物。这里的区别在于，前一种境界心境中没有"保护动物"的主观意识，后一种境界心境中有"保护动物"的意识。如果只是停留在前一种境界，滥吃滥用动物，珍稀动物也进入食品市场，动物世界遭到大劫难，许多物种可能灭绝，人也难逃灭绝的厄运；达到后一种境界，进入食品市场的动物受到限制，珍稀动物受到保护，人和动物的关系会更加和谐，人的生存环境会更好。不同的境界带来不同的后果，可见境界相当重要。人类面对任一对象时如何对待，都有境界问题。看来，"境界"是泛指思维的深度、高度与广度的概念。最能表明主观心境的是哲学的修养心境，从一定意义上说，体悟到哲学的境界是一种哲学修养的提升。哲学的境界，既是哲学水平的标志，又是哲学韵味的体现。

古今中外的各种哲学，都可以做境界的比较和划分。林语堂先生在《老子的智慧》一书中引用美国科学界领袖米里坎的话说："纯粹的物质哲学是极为无知的。"[2] 这种纯粹的物质哲学，被视为境界最低的哲学。机械唯物主义哲学的境界也是不高的。物质世界的问题，应留给科学家去研究，哲学更要关心人类的生存、心灵、意识等科学难以解决的问题。人们常说，物理世界的问题科学研究到头了只能让给哲学研究，哲学问题研究到头了只能让给宗教来研究，研究这些问

---

[1] 牟宗三：《中国哲学十九讲》，上海古籍出版社，1997年，第123页。
[2] 林语堂：《老子的智慧》，时代文艺出版社，1988年，第18页。

题一步一步提升，就是境界。至于物质哲学和机械唯物主义哲学之外的其他哲学要怎样评价，则需要认真分析比较。是不是现代哲学修养的境界一定比古代哲学高？这是不能妄下断语的。有的古代哲学，其所达到的境界，恐怕难以超越。

现代德国哲学史家雅斯贝斯的轴心期理论认为，"从根源上思维的形而上学"的哲学家，在轴心期，有希腊的苏格拉底，中国的老子和庄子，印度的佛陀和龙树等。他们的哲学的一个共同点，就是认为哲学是医治人的心灵的。古时人们认为，人是由身体和灵魂组合而成的，如果说医生的任务是使人的身体不受疾病侵扰的话，那么哲学家的任务就是使人的心灵不受激情的控制。关心身体的最终目的是为了灵魂的健康，因此，不能为人的灵魂苦难提供治疗的哲学家说的都是空话。可见，"心的哲学"、"心灵哲学"或"灵魂哲学"才是"原汁原味"的哲学。然而，心的哲学后来几乎被遗忘了，多少年来，我们在精神上亦步亦趋，在某些人划定的范围内不敢越雷池一步，极大地束缚了自己。

进入21世纪，人类有所觉醒了。人们开始认识到，现在物质世界日新月异，精神世界却日益空虚。日本《中央公论》月刊2009年2月号的一篇题为《衰退时代》的文章认为，真正可怕的是当今世界普遍存在一种难以名状而又无法摆脱的"心灵恐慌"或"灵魂危机"。文艺复兴以来的500年，世界是"骚动时代"，现在正在向"阴郁时代"转变。文章从政治家、出版的书籍、战争、医疗、价值观等多方面说明世界从日新月异状态向黯淡阴郁转变。人们经常处在一种悲观不安、疑心生暗鬼的精神状态中，目光不再是炯炯有神，而是流露出疑虑失望。《福布斯》月刊2009年5月号刊登的日本早稻田大学教授神原英资的《'物'的时代的终结》一文说："随着'物'的时代的结束，也许'身心'的时代将会到来。"确实，现在的人类应当更多关心自己的心灵了，不然，精神病者到处乱窜，抑郁症成了全球的流行病，自杀的负面新闻充斥报刊，那人活在世上还有什么意思？我们在挽救各种危机时，更要注意挽救灵魂。

有意义的哲学，离不开现实的呼唤。在我国，近十多年来，心的哲学也见复苏，出了多本有关的书，发表了一些论文。但长期的荒疏，使人们对这个领域甚感陌生。就已出的书和论文看，较多还是从近代心理学的视角去探讨心灵问题。心的哲学诚然和心理学有较密切的关系，但称之为哲学，层次肯定更高。心的哲学的一些术语，如心、神、灵、空等，人们都非常熟悉，但其含义，却又是如《道德经》所说是"玄之又玄"的，如果只从日常用语上去认知，那离心的哲学可能还很远。看来，要使哲学回归到对人心的关怀，继续提高哲学的境界，我们要做的工作还很多，回归传统文化无疑是重要的。

## 二、修养的崇高境界

仅从字面意义我们可能难以理解《道德经》的修养境界理论，然而，只要我们深入到文字的隐含意义，就不难发现《道德经》深藏丰富的修养境界理论。《道德经》深藏的修养境界理论现在还有待系统整理，然而可以肯定的是，修养的境界理论是《道德经》非常重视的一种理论。

《道德经》的境界修养理论认为，人做任何事情都要有理有据才谈得上有境界。但有理有据只是境界的低标准，人的修养要达到的是超越有理有据的更高的标准，这个标准就是"道"和"德"的标准。用"道"和"德"的标准来衡量，仅仅有理有据是不够的，要用高于常理甚至超越常理的心境去看待问题才称得上是修养的高境界。

这种高境界修养的主要表现有：

一是"常善救人"。

《道德经》说："善行无辙迹，善言无瑕谪，善计不用筹策，善闭无关键而不可开，善结无绳约而不可解。是以圣人常善救人，故无弃人；常善救物，故无弃物。是谓袭明。故善人者不善人之师，不善人者善人之资。不贵其师，不爱其资，虽智大迷。是谓要妙。"在字面上，这一段先讲了人们可以想见的五个"善"：善于驾车的人不会留下痕迹，善于说话的人不会留下丝毫的漏洞，善于计算的人不用筹码，善于设计密室的人不留打开密室的破绽，善于解开结的人不论什么样的结都可以解开。而圣人是做善事的，做的是"常善救人"、"常善救物"的事。"常善救人"就没有救不到的人，"常善救物"就没有救不到的物。懂得了这个道理，"是谓袭明"，"是谓要妙"，也就是才叫作领悟到了"道"的真谛。在这里，"袭明"和"要妙"就是修养的崇高境界。

"道"的真谛就是"善"。这里的"常"与"常道"的"常"同义，"常善救人"不是经常善于救人，而是以自身常在的"道"救人，"常善救物"是以自身常在的"道"救物，也就是"圣人"用"道"的理念去救人救物，要人都按照"道"的理念进行修养。领会了"道"的理念，凡人也都成了"圣人"。"圣人"是达到返朴归真境界的人，如果世界返朴归真了，那就既无弃人也无弃物了。深入领悟到这一层，才是圣人修养的最高境界。遇难救人是人的本性的一种表现，在没有超越人的本性这一点上，虽然应大力提倡，但并没有奇特之处。而用"常善"去救人从而达到"无弃人"，用"常善"去救物从而达到"无弃物",那就是超越常人的境界而达到圣人的境界了。《道德经》的修养论,处处要求人们努力以高境界的修养要求自己。《道德经》讲了许多从宇宙到人生的高深理论,其最终目的都是要人达到修养的最高境界。

二是"报怨以德"。

《道德经》说:"为无为,事无事,味无味。大小多少,报怨以德。"又说:"和大怨,必有余怨,安可以为善?是以圣人执左契,而不责于人。故有德司契,无德司彻。天道无亲,常与善人。"这两段回答的都是"安可以为善"的问题。

"报怨以德"也可以说以德报怨,别人对我有怨恨,我以恩德去回报,怨恨自然就化解了。"和大怨"指调和大的怨恨,"必有余怨"是肯定还会留下一些怨恨。有了大的怨恨是难以化解的,这也就提出了"安可以为善"的问题。"契"是契约、合同。古人订立契约,将契约的内容刻写在竹片上,再劈开两半,债权人留下左边的一半,借债人留下右边的一半。拿着左边一半的人有权向借债人要求还债。修养到家的圣人虽然握有左契,有权向借债人要求还债,但就算借债人到期没有还,也从不去责怪借债人。"司契"是要求按契约办,"司彻"意为讨债的行为过头。可是,有德行的人不看重契约规定的得失,没有德行的人手里拿着契约去逼人还债。手里拿着契约都不去要求对方还债的有德之人,就不会和人结怨了。不和人结怨,也就无所谓调和怨恨了,"余怨"的问题也不存在了,更何况是"报怨以德"。

人们常说"借债还钱,再借不难",债权人要求借债人到期还钱是有理的;债权人手握借据,要借债人还钱也是有据的。债权人要求借债人到期还钱有理有据,本无从责难,但结果还是"必有余怨",怨恨不能完全化解。那怎么办呢?"圣人执左契,而不责于人",有理有据还要有"德",以至于"报怨以德",那就可以"为善"了。按天道行事的人以"常善"救人,不分亲疏,他是只做帮助别人之事的善良的人。在这一段,老子用契约这样的具体事例来说明圣人的修养,既生动,又使人印象深刻。

就常人来说,人人都不愿意与人结怨,但一旦双方建立契约关系,在对方违约,按约办理对自己有利时,因按约办理并不违社会的道德规范,就难以做到自觉自愿不去追究。老子则认为,圣人不同于常人之处,正在于即使是对方违约,按"道"处事的圣人也不去追究。因为他心怀"常善",不管任何实际原因都要与人为善。圣人修养的境界是常人难以做到的,因为圣人的修养几乎与"道"融为一体。按常规处事的人只是一般意义的"善人",圣人之所以是圣人,就在于他的"道"性修养境界高于常人。

有个佛教故事讲，一个小偷到山上僧人修炼的小屋去偷东西，恰遇僧人乞食回来。见到小偷后僧人说："贫僧屋中无任何值钱之物，让你白跑一趟，真不好意思。现在天已晚了，下山路上冷，贫僧身上只有破旧大衣一件，你就披在身上下山吧！"说完将大衣脱下披在小偷身上，自己烤火过了一晚。第二天早上起来，僧人见门口摆着叠好的破旧大衣，不禁自语："又有一个灵魂离开了地狱！"这大概是"报怨以德"的一个例子。

三是"生而不有，为而不恃，长而不宰。是谓玄德"。

自己所生为自己所有，自己做成功的事功劳归自己，自己辅育成长的人听自己的话，这些都无可非议。然而，以"道"修养的人将这一切都看作是"道"的作为，并不据为己有、自恃功劳、成为主宰。这正说明，"道"的境界是高于常人的修养境界的。我们的修养不能只满足于对常人的要求，而应努力追求最高的圣人境界。

《道德经》说："大道泛兮，其可左右。万物恃之以生而不辞，功成而不名有，衣养万物而不为主。常无欲，可名于小。万物归焉而不为主，可名于大。以其终不自为大，故能成其大。""孰能有余以奉天下？唯有道者。是以圣人为而不恃，功成而不处，其不欲见贤。""宠辱若惊，贵大患若身。……何谓贵大患若身？吾所以有大患者，为吾有身。及吾无身，吾有何患？"人们都追求成为道性高的人，要"成其大"则应"不自为大"，要想成为贤人则应"不欲见贤"，要想去除一切祸患则要做到"及吾无身，吾有何患"。我们说老子是中国古代的伟人，伟人不是老子自封的，老子强调的是"柔弱"、"处下"，老子是"不自为大，故能成其大"的伟大人物。

总的来看，人的修养要达到高的境界，就要以"大道"为榜样，不计较个人的人身得失，不可自高自大，时刻记住做一个"有道者"，经常记住《道德经》的教导并付诸实践。

## 三、提高修养境界应克服的人性弱点

《道德经》在论述修养境界时，不是将道德败坏者和高境界修养者做对比以衬托高修养者的，而是以常人的修养与"道者"的修养相比较来说明"道者"修养的崇高境界。如果只是对照缺德者，那么"常善救人"、"报怨以德"及"生而不有，为而不恃，长而不宰"的境界当然更高，但那些坑蒙拐骗、制造假冒伪劣的人是毫无修养境界可言的，这些人没有资格列入修养境界的行列，因此老子在讨论修养境界问题时将这类人排除在外。那么，常人都是有基本修养的人，为什么还需要提高境界呢？因为老子看到，人性中还存在诸多弱点，这些弱点一般来说还符合常理，做出事来也有理有据。从整个社会来说，大家都能做符合常理的事就很不错了。而老子认为，修养之所以必要，就在于做人做事要在常理的基础上再进展到符合"道"理，人人都能以"道"的标准修养，社会所达到的水平就最高了，存在的各种问题也就可以从根本上解决了。老子是一个完美主义者，他真正关注的是怎样才能彻底解决社会上存在的各种问题。他注重修养论，用大量的篇幅论述修养问题，正是为了表明他讲《道德经》的目的。为此，《道德经》在提出修养的高标准的同时，还特意对如何克服人性中大量存在的弱点的问题做了论述。他认为，现实是"不道早已"的社会，要"复归于道"需要做的事情很多，提醒人们注意克服人性中的弱点是重要的，这将更有利于提高全社会的道德水平。

人性有哪些需要克服的弱点及如何通过修养去克服，《道德经》提到的主要有：

一是许多人都经常想要炫耀自己。"天下皆知美之为美，斯恶矣；皆知善之为善，斯不善矣。"向天下人炫耀自己的美是使人讨厌的，行善的目的是为了让天下人都知道你是慈善家，那你行善的动机本身就是不善的了。修养者应"处无为之事，行不言之教。万物作焉而不辞，生而不有，为而不恃，功成而弗居"。按"道"的要求修养与炫耀自己是相反的，做慈善事业的目的不是要世人知道你是慈善家，你做了慈善事业不是要求世人对你表示感谢，慈善事业是"道"的作为，你只是"处无为之事，行不言之教"，因此功劳不是你个人的，一切应归功于"道"。

二是想听好话，想得到高官厚禄，想弄到难得的宝贝，看到好东西就贪得无厌。"不尚贤，使民不争；不贵难得之货，使民不为盗；不见可欲，使民心不乱。是以圣人之治，虚其心，实其腹，弱其志，强其骨。常使民无知无欲，使夫智者不敢为也。"要使民众克服"贵难得之货"等弱点，关键是领导者做好表率，采取某些得当措施。领导者自己"不尚贤"、"不贵难得之货"、"不见可欲"，为民众做实事，社会风气就能朝好的方向发展，天下就能和谐共荣。

三是私心太重，总想出人头地。老子告诫说："天长地久。天地之所以能长且久者，以其不自生，故能长生。是以圣人后其身而身先，外其身而身存。非以其无私邪，故能成其私。""成其私"的愿望是自然的，"身先"、"身存"也并不是什么过错，但"无私"才能"成其私"，"后其身"、"外其身"才能"身先"、

"身存"，否则只会事与愿违。我们应效法天地"以其不自生，故能长生"。

四是欲无止境，骄横奢侈。老子对比"天之道"的要求说："持而盈之，不如其已；揣而锐之，不可长保。金玉满堂，莫之能守。富贵而骄，自遗其咎。功遂身退，天之道。"用容器盛物，装满了就不要再往里面装了，再装只会流淌出来造成浪费。将金属物打造得太尖锐了，是不可能长期保持的，因为太尖锐了使用时容易卷曲或折断。金银财宝堆满了整个屋子，到头来总是守不住的。富贵以后就骄横奢侈，必然给自己带来祸患，那是咎由自取。功成名遂之后，就应当脱身退居，这才符合天道的要求。这一段告诫人们，对利益的追求必须"知止"，不可过分，否则必然走向反面。对那些腐败分子来说，这些话无疑是一记警钟。

五是沉迷享乐，人心发狂。老子观察社会现象说："五色令人目盲；五音令人耳聋；五味令人口爽；驰骋田猎，令人心发狂；难得之货，令人行妨。是以圣人为腹不为目，故去彼取此。"五颜六色可以使人得到视觉的享受，但过分渲染会导致眼花缭乱；动听的音乐可以使人得到听觉的享受，但成了噪音耳朵就难以忍受了；五味调和的美食能吸引人，但暴饮暴食的结果是伤脾胃；驰马打猎是一种娱乐，但沉迷于此失去自制就导致精神错乱；人们都想得到稀世珍宝，但也会使有的人为此铤而走险，犯下杀人越货的罪行。所以，德行高尚的人做任何事只要达到适度的基本要求就满足了，绝不追求过分的目标。在适度和过分二者之间，不选择过分而选择适度。常人确实要注意，在"为腹"即为内在目的和"为目"即追求外在享受二者之间，要"去彼取此"，即去除追求外在享受，选取内在目的。

六是自高自大，投机取巧。老子认为，这些都是"有道者不处"的事情，"跂者不立，跨者不行，自见者不明，自是者不彰，自伐者无功，自矜者不长。其于道也，曰余食赘行。物或恶之，故有道者不处"。踮着脚尖想使自己站得高一点，结果总是站不稳的；跨着大步走想使自己走得快一点，结果总是走不远的；自以为是的人看法总是片面的；固执己见的人的判断总是不准确的；自吹自擂的人做事总是徒劳无功的；妄自尊大的人总是不能有所长进的。用道的标准来衡量，这些都是多余、累赘一类的病态行为。这一类行为，如物有知，都会厌恶，懂得"道"的法则的人是绝不会做出这些愚蠢的事来的，因此在修养中必须注意克服这些毛病。

七是过分的追求、奢望和享受。《道德经》说："故物，或行或随，或呴或吹，或强或羸，或载或隳。是以圣人去甚，去奢，去泰。"万事万物的生灭变化，前行后随也好，炎热寒冷也好，强壮羸弱也好，栽培损毁也好，都是自然而然地发生的。正因为圣人领悟到了万物自然的真理，所以总是努力去除过分的追求、奢望和享受。人做任何事情都要掌握自然的分寸，经常注意"去甚，去奢，去泰"，不可为了自己的追求而去破坏自然，造成恶果。

八是自吹自擂，以自我为标准分别亲疏、利害、贵贱。《道德经》说："知者不言，言者不知。塞其兑，闭其门，挫其锐，解其纷，和其光，同其尘，是谓玄同。故不可得而亲，不可得而疏；不可得而利，不可得而害；不可得而贵，不可得而贱。故为天下贵。"领悟到"道"的精神实质的人从不在别人面前夸夸其谈自己对"道"的理解，在别人面前夸夸其谈自己对"道"的理解的人其实并没有领悟到"道"的精神实质。要想领悟"道"的精神实质，就要做到堵塞不符合"道"的要求的各种邪欲邪念进入的通道，关闭各种物欲诱惑进入的门户。"道"本来圆润柔顺而无任何棱角，因此，一旦想要锋芒毕露时，就要在内心将它磨平；"道"本来是那样的纯洁单一而无任何纷乱，因此，内心纷乱烦躁时，要使其消解，恢复平静；"道"本来是那样的质朴无华而不露光芒，因此，在产生想要炫耀自身的欲望时，要尽快冲淡它，使其消失得无影无踪；"道"本来是那样的深藏隐形而毫无踪迹，因此，在想要出人头地时，要警觉而及早隐退于尘世之中。只有这样自觉地进行修养，自己的灵魂才能达到与"道"无差别的境界。因此，我们在修养的过程中，要努力做到在对待他人时，不因他人对自己亲近才亲近他，也不因他人对自己疏远而疏远他；不因他人给了自己利益才用利益去报答他，也不因他人对自己曾经造成损害而用损害去报复他；不因他人对自己尊重才尊重他，也不因他人对自己轻贱而蔑视他。修养到这样，才达到了天下最高贵的境界。这一段对怎样克服自我吹嘘的弱点说得入木三分。

近似的论述在《道德经》中还有多处。在老子看来，人性中存在的这些弱点虽不至于造成社会的重大破坏乃至崩溃，但大量存在的这些现象对社会道德的危害是不可轻视的。为了维护社会秩序，要从很多小事做起，通过道德修养去克服人性中的这些毛病，只要坚持不懈，假以时日，社会的道德水准不断提高，"不道早已"的状态才能逐步改变。《道德经》说："道常无为而无不为。侯王若能守之，万物皆自化。化而欲作，吾将镇之以无名之朴。无名之朴，夫亦将不欲。不欲以静，天下将自定。""道"顺其自然，不去作为，而成就了世界万物及其生灭变化。治理社会的侯王如果能按照"道"的这个法则去做，万物也就能自然地变化而形成秩序。在这个过程中，如果有人在欲望的驱使下痴心妄想甚至叛道作乱，我就用人最原始自然的质朴本性使他镇静下来。原始自然的质朴本性是没有过高追求的，因而能消解人们的欲望。消解了人们的欲望，恢复了人们的平静心态，天下也就自然地安定了。这里充分表现出老子治理天下的良好愿景。

## 第三节　修养的途径

《道德经》的修养论要求理论和行动一致，在理论方面着重弄清修养的含义、境界、目的等问题；在行动方面则应明确修养的途径，也就是怎样去进行修养。总的来说，人人都要修养，人人都可进行修养，修养并没有什么固定的模式，修养境界的实质是心境的提升，只要心境有所提升，方式并不重要。如有人以为修养就要到山中去避开世事而静养，这是不必强求的。《道德经》为我们提供了许多简单易行的修养途径，主要有清静稳重、为而不争、知止不殆、善摄生等。

### 一、清静稳重

现在，人们普遍感觉时间变快了，于是就想"与时间赛跑"，生活节奏也越来越快，伴随生活节奏加快的是精神紧张、急躁、压力大。在外在生活节奏加快的现实中，人生修养的一个基本方法就是内在精神保持清静稳重。

人要修养到保持清静稳重，首先要透彻理解生命。印度圣雄甘地说过："生命不仅是匆忙的生活。"的确，人生都有终点，如果认为人生最重要的事情就是匆忙地奔向终点，能说这是明智的吗？其实，人人都知道匆匆忙忙地赶往人生终点的人是大傻瓜，而实实在在地在做大傻瓜的人却有的是！怎样才能醒悟过来呢？老子给出的"法宝"就是清静稳重地生活。

清静稳重地生活，其实是自然对人的要求。《庄子·庚桑楚》篇说："宇泰定者，发乎天光。发乎天光者，人见其人，物见其物。人有修者，乃今有恒；有恒者，人舍之，天助之。人之所舍，谓之天民；天之所助，谓之天子。"天地间非常宁静，就会发出自然的光辉。发出自然的光辉，会使人显示人的本质，物显示物的本质。人能修养到心地宁静，才会恢复恒久安定的本性；恢复恒久安定本性的人，人们会归附他，自然会帮助他。人们所归附的，称为自然之民；自然所帮助的，称为自然之子。生命过程，只是人的生命现象。人来自自然，人的生命现象和自然现象也是一致的。自然现象到处生机勃勃，经常变化，但从整体和本质上看，自然的一切生机和变化又都是从空虚宁静产生出来的，而且要回归空虚宁静。通过修养使自己的心地保持宁静，内心才能清朗光明。在清朗光明的精神世界中，自我的本来面目清楚地显现出来，就是人对自身自然本质的回归。精神之所以需要修养，根本原因在于在精神在修养中才能显示人的生命的本质。认识到宽容、公平是"道"的核心，是"道"生万物的内在机理，其意义是非常重大的。

但是，人要做到清静很难，因为外在的诱惑太多，什么彩色呀、音乐呀、仁义呀、功名呀、技巧呀等等，这些对人的性命来说本来是可有可无的，但世人都在拼命追求这些可有可无的东西。人心的这些特点，使人的精神很难保持清静。

修养清静稳重，要力求掌握下面几个要点：

第一，领悟"清静为天下正"的道理。作为"天地之始"和"万物之母"的"道"，在其没有产生万物之前，本来就处于"寂兮寥兮"、"虚极"、"静笃"的状态。将这个道理运用到人身上，人是有生命的，活着就是运动而不是静止，有生命的人只有修养到精神不受外界干扰，心中是空的、虚的，才能达到"清静"。庄子在《天道》篇中说："圣人之静也，非曰静也善，故静也。万物无足以铙心者，故静也。"圣人保持清静，并不是因为清静本身是好事才要清静，而是为了使万物都不会扰乱他的内心，所以他要保持清静。他又说："气也者，虚而待物者也。唯道集虚。虚者，心斋也。"（《人间世》）至于自然之气，是用虚空来等待接受万物的；只有"道"才能将虚空聚集起来并在虚空中展现，心中除了虚空之外什么都没有，这就叫作心的斋戒。"心斋"是在心中排除各种有违清静的邪欲杂念，使心境达到清静的正常状态。空、无、虚是人们经常使用的概念，都是用来说明什么都没有的词。老子、庄子的哲学则认为，什么都没有正是什么都有，在他们看来，人的"心"中修养到什么都没有了，也就是"心"中完全为空、无、虚"堵塞"满了，进入心中的任何形象都能排除出去，也就任何形象都能进来。所谓"空"不是什么都没有，而是什么都能进来又能出去，不在心中停留。

第二，用稳重克服浮躁。"躁"在《道德经》中是一个贬义词。当君王的，"躁则失君"，浮躁行事的结果，连君王的地位都会丢掉。在人身上，这个"君"也可以解释为决定人的行为的主宰。"躁则失君"就是指人一旦浮躁，行为没有主宰了，就会变得混乱。浮躁是人的心态和行为的一种表现，行为浮躁的人内心一定是心烦意乱的。内心之所以心烦意乱，又常是因为好恶的欲望太多而无法控制造成的。老子说："重为轻根，静为躁君。"稳重是克服轻率的根本办法，清静是控制浮躁的有效途径。内心清静了，不会心烦意乱，行动自然稳重而不浮躁。清静稳重，可将心神精力的消耗降低到最低限度，就能一步一步地达到修养的目的。

第三，"虽有荣观，燕处超然"。意思是虽然有很吸引人的热闹场面，但不为之心动而漠然处之，该休息时就休息，用口语说就是不胡乱去凑热闹。不去凑热闹，心境不受无意义的事情的干扰，自然能够保持清静。

第四，"见素抱朴，少私寡欲"。意思是显现人的自然质朴的原始本性，减少私欲，节制欲望。许多人总是觉得活得很累，就是因为欲望膨胀，官总是想越当越大，物质享受巴不得将整个超市的东西都搬到自己家里来。要满足这些欲望，脑子白天黑夜都在谋划盘算，那是绝对清静不下来的。欲望所追求的，真是人的生活需要的吗？庄子形象地说："鹪鹩巢于深林，不过一枝；偃鼠饮河，不过满腹。"（《逍遥游》）树林虽然茂密，鹪鹩在深林中筑巢只要一枝就够了；河水虽然很多，偃鼠最多只能喝满一肚子。其实，将多余的东西取为己有，只会成为负担。《道德经》说："化而欲作，吾将镇之以无名之朴。无名之朴，夫亦将不欲。不欲以静，天下将自定。"意思是说，有人欲望膨胀，我就用人最原始自然的质朴本性使他镇静下来。原始自然的质朴本性是没有过高追求的，因而能消解人们的欲望。消解了人们的欲望，恢复了人们的平静心态，天下自然就安定了。

人生在世，既要处理人和自然的关系，又要处理人和社会的关系，还要处理人际交往中人与人的关系，再加上自我的身和心的关系，精神的负担早已如牛负重，压得透不过气来。然而，人们似乎觉得处理与自然和社会的真实世界的关系还不够，现在又加上了一个虚拟世界，虚拟世界作用的直接对象就是人的精神世界。这就使人的精神世界的负担雪上加霜。社会病、精神疾患、亚健康等铺天盖地而来，精神何以应付！这实在是现时代我们每一个人都切身感受到的现实问题。在自然、社会和虚拟世界的侵袭面前，作为个人，我们还有没有自己可以持守的阵地？我们自己可以持守的阵地只有一个，就是庄子说的"灵台"，也就是"心"。

"心"要清静稳重，无非是一个"外"字。庄子在《大宗师》中讲到一个年龄很大而面色如孩童的人叙说其闻"道"习"道"得"道"而长寿的秘密，他经历了外天下、外物、外生、朝彻、见独、无古今、不死不生七个级别。"外天下"指将社会、世俗等"寄存"在身上东西去掉，"外物"指不要被金钱物质所奴役和驱使，"外生"指超脱生的刻意追求。修养到超脱世故、物欲和生死，精神境界就能实现飞跃,这种飞跃称为"朝彻",意为像早晨太阳升起,大地一片光明一样,人的心境也能豁然开朗、清澈通达。后三级是和精神世界相关的体悟到"道"的高级层次。"见独"指洞见独一无二的"道"。精神境界中"见独",就能突破时间的限制,把古和今看作没有区别,过去、现在和将来都"混而为一"了,这就是"无古今"。突破了时间的限制,也就能看破生死。精神进入不死不生的境界,将生死置之度外了,还有什么能扰乱心境呢?身处变化中的世界,内心却能排除一切干扰,达到心境宁静,这就是"撄宁",即排除各种干扰而保持宁静自如。

现在世界上的许多地方,兴起慢节奏生活的运动。人们发现,当生活达到一定的水平时,用快节奏拼命工作去追求高收入、高消费,不仅对人生毫无意义,而且相当愚蠢。将生活节奏放慢,空出一些时间来独处,在精神世界中慢慢咀嚼品味人生,或是到空旷寂静的自然环境中去发发呆,将自己与自然融为一体,这样的生活才是高品位的生活,这样的精神才是高境界的精神,这样的人生才是高质量的人生。

## 二、为而不争

在《道德经》中,"不争"是老子着重传达的一个概念,这一概念出现约有十次之多,如"使民不争"、"水利万物而不争"、"夫唯不争,故无尤"、"夫唯不争,故天下莫能与之争"、"不争之德"、"不争而善胜"等,特别是在第 81 章的结论中强调"圣人之道,为而不争"。《道德经》以水喻"道",认为水性与德性最接近,而水性的一个最大特点就是"利万物而不争"。"利万物"是作为产生的作用,"利万物而不争"也就是"为而不争"。反过来说,"不争"这种"为",才是对万物最有利的"为"。老子说:"善为士者不武,善战者不怒,善胜敌者不争,善用人者为之下。是谓不争之德,是谓用人之力,是谓配天。古之极。"意思是说,有"德"的涵养的有识之士在管理国家时从不主张以武力称雄天下,统帅在领兵打仗时从不怒气冲天、失去自制,在竞争中不用争斗就能战胜对手,在用人时谦和处下,不与人争高低。这就是所谓不与别人相争的品德,就是所谓会不会用人的能力,就是所谓和"道"相吻合的最高境界。自古以来,这些都是与自然一致的,都是极为重要的。可见,老子是将"不争之德"作为修养的高境界提出来的。

为什么"不争"是达到"为"的目的的最有效的途径呢?老子说"犹川谷

之于江海也",这就像是万千溪流都流进大江大海,大江大海好像"王者"万流归顺,江海并没有主动争取万流归顺,万流却自然地归顺。这就说明,不与百姓争利益的人,在激烈的竞争中,他的领导地位才是最稳固的。"不争"并不是将自己置身于竞争之外而什么都不为,而是"言下之"、"身后之"的"为"。通过这种"不争"之"为","上民"、"先民"、"处上"、"处前"才能顺理成章地达到目的。这就叫作"以其不争,故天下莫能与之争"。

怎样修养才能达到"不争"的境界呢?对此,老子做了很具体的说明,具体来说,修养"不争之德"要像"水"那样做到"居善地"、"心善渊"、"与善仁"、"言善信"、"正善治"、"事善能"、"动善时"。"七善"的总结是"夫唯不争,故无尤"。水是无忧的,因为它"不争"。这里的"不争"用一句话来概括就是顺其自然。顺其自然,事情做得成功,对万物都有利,当然就无忧了。只有这样自觉地修养,自己的灵魂才能达到与"道"无差别的境界。

## 三、知止不殆

通行本《道德经》第 32 章说:"知止可以不殆,譬道之在天下,犹川谷之于江海也。"第 44 章说:"知足不辱,知止不殆,可以长久。"这两章都论到"知止不殆"的问题,具体所指则各有侧重而又互相关联,只有关联起来理解才不至出偏差。

第 32 章侧重于将"知止"放在"道"的高度去理解,指的是理解"道"要明确世界的止境或说世界的终极,这样才能透彻明了世界和人类自身的真相和本来面目,这与"道之在天下"是同理的。"在天下"的"道"是绝对的真、善、美,是世界的本体和本原,也就是人"知"的止境。理解到这样的止境,人类也就不至于陷入茫然若失的迷雾之中了。人的修养达到"道"的境界是最高的,一切问题都能认清。

第 44 章则侧重于说明在修养时,看什么事情都有一个度,到了这个度就心满意足了,知足而"止"。如果能做到这一点,那就不会产生什么危险。

理解"知止不殆",难就难在何为"止"。说"止"是"道",是世界的终极,是修养的终极目标,这是清楚的。说"止"就是适度虽然不错,但度是不是变动的呢?如果度是变动的,那么"知止"就要随着度的变动而变动,这样一来"止"就不是到此为止了。如果说"止"是不变的,那么世界上的一切就是固定的,变动又被取消了。将上述第 32 章和第 44 章统一起来理解,"止"在世界的终极上是不变的，在具体事物上则是永远处在运动之中，"知止"并不是永远固定在原有的地位上不能改变。可见，深入理解"知止不殆"的关键是要理解在变动的世界中如何去适应变动。

老子的思想是有前提的，这个前提就是服从自然，照自然行事。老子认为，自然的安排才是真正合理的，自然将人和事安排在什么位子上，人就应在什么位子上做好自己应该做的事情。自然的变动使人的地位发生了变动，人也同样要按自然安排的变动而变动自己的地位，在新的地位上做好新的事情。如果能真诚地做到这一点，那就真的可谓"知止不殆，可以长久"了。

人虽然可以说是"万物之灵"，而在大多数情况下是只能服从自然的安排而自身无能为力的。试想，出生的家族和环境就是个人所不可选择的，更何况，在人的一生中，遇到的许多自然和社会环境都是个人力量既不能选择也改变不了的。人首先碰到的是出生的环境，这是自然的安排，是人自己无从选择的。以出生的环境和天赋的秉性为基础，不怨天，不忧人，在这个基础上安其性命，顺其自然地发展人的天赋本性，是人生中最基本的随遇而安。庄子在《达生》篇中写了一件事：孔子带了几个学生在吕梁观赏，那里有一个大瀑布，汹涌澎湃，突然一个男人从高处跳下瀑布，孔子以为他是自杀，就赶快带着学生往下游跑去。跑了几百步，那人冒出水来，唱着歌上岸。孔子很惊奇，上前问他游水有没有诀窍。那人说："吾无道，吾始乎故，长乎性，成乎命。"我没有什么诀窍，我从现在的处境开始，发展天赋的本性，达成命定的状态。孔子请他进一步解释。他说："吾生于陵而安于陵，故也；长于水而安于水，性也；不知吾所以然而然，命也。"我生在山地就安于山地，这是我现在的处境；我成长在水边就安于水中，这是天赋给我的本性；不知道我为什么会是这样而变成这样，这就是自然决定的状况。这件事说明，每个人出生时的处境不是个人所能决定的，现成的处境就是既定的生存条件。个人的发展要以现实条件为基础，在这个基础上发展自己的天赋，由此而达成的结果，有可能显得神妙无比。

《道德经》说："希言自然。故飘风不终朝，骤雨不终日。孰为此者？天地。天地尚不能久，而况于人乎？"在多数情况下人只能听命自然的安排，对此怨天尤人只会增加烦恼，人所能做的充其量是改变工作方式或主观情绪不受影响。《道德经》又说："勇于敢则杀，勇于不敢则活。此两者或利或害。天之所恶，孰知其故？是以圣人犹难之。天之道，不争而善胜，不言而善应，不召而自来，繟然而善谋。天网恢恢，疏而不失。"有勇无谋，自逞刚烈的人丢掉了性命；有勇有谋，不自逞刚烈的人不会丢掉性命。两种情况都是有勇，但造成的利害结果却相反。老天爷厌恶自逞刚烈的人，使他丢掉性命，其中的原因又有谁能说得清楚呢？圣人对这个问题也是难以回答的。世界万物中的"道"，不通过斗争而善于取得胜利，不通过发号施令而对各种变化做出回应，不通过召唤而使万物自然运行，不通过事先的谋划而形成秩序井然的世界。自然就像一个无限宏大的网一样，表面上看网眼是稀疏的，实际上任何一个事物都逃脱不出它的安排。《道德经》阐述的这些思想，无非是告诉人们，顺应自然的安排，可以避免危险；违抗自然的安排，会造成凶险的后果。

马克思在1868年10月13日写给约·巴·施韦泽的信中说了一句很实在的话："我们每一个人都是更多地受环境的支配，而不是受自己的意志的支配。"[①]在不得不受环境支配时，是安之若命还是怨天尤人是可以选择的。哲人的智慧正在于做可做的事而对无可奈何的事听其自然，这也就是庄子说的"知其不可奈何而安之若命"。

## 四、善摄生

《道德经》说："出生入死。生之徒十有三，死之徒十有三。人之生，动之死地亦十有三。夫何故？以其生生之厚。盖闻善摄生者，陆行不遇兕虎，入军不被甲兵。兕无所投其角，虎无所措其爪，兵无所容其刃。夫何故？以其无死地。"世上的每一个人，都要经历从出生到死亡的过程。在所有死亡的人中，能顺自然养生而寿终正寝的人大概占三分之一，因自然灾害或疾病等原因而过早死亡的人大概也占三分之一。还有三分之一的人，本来可以达到自然的寿命，却自己把自己搞得早死了。为什么会自己搞死自己呢？因为他们太想长生和太想生活得好而企图胡乱作为去对抗自然。听说那些善于顺应自然、贵己养生而长寿的人，在陆地上行走时，懂得避开有野牛或猛虎出没的地方，在兵荒马乱的地方他们不穿铠甲。这样，野牛的角顶不到他，猛虎的爪抓不到他，战场上不被当作敌方的战士因而兵器也不会去刺他。这是什么缘故呢？根本原因在于他们善于避开有死亡威胁的人和事。

老子提出了人的生死问题，认为人人都追求长寿，为了达到长寿的目的，一些人采取的是"生生之厚"的办法，一些人采取的是避开死地的办法。采取"生生之厚"的办法不仅达不到长寿的目的，反而归入到"动之死地"的人中去

---

[①] 《马克思恩格斯选集》第4卷，人民出版社，1972年，第373页。

了。他认为，从"生"的方面来说，人不必主动地过多去作为，顺应自然养生是最有益的。人要有所作为的，是尽可能地避开"死地"。善于避开"死地"，才是真正的"善摄生"。

庄子将"善摄生"引申为善待生死，善待生死则要"安时处顺"。"安时处顺"一词出自《庄子·养生主》。这一篇中有一节写到，老聃死了，他的好友秦失来吊唁，哭了三声转身就走。老聃的学生认为，别人来吊唁都哭得很伤心，好朋友怎么能哭三声就走呢？秦失说："适来，夫子时也；适去，夫子顺也。安时处顺，哀乐不能入也。"意思是说，老聃该来时，应时而生；该去时，顺命而死。认识到这一点，听从时间的安排，顺应自然的变化，哀乐的情绪便不能进入人的心中。庄子要表述的思想是：生死是自然决定的，人力无法改变，如果我们的情绪被人力无法改变的事情所束缚，除了自寻烦恼外，不会有别的意义。"死生，命也；其有夜旦之常，天也"，死生就像黑夜和白天交替出现一样，是完全自然的，理解这一点，人也就能从精神的烦恼中自行解脱了。《庄子·至乐》也讲了类似的事：庄子的妻子死了，他的好友惠施来吊丧，却见庄子坐在地上一边敲盆一边唱歌。惠施见了很不满地说："你的妻子年老身亡，你不哭也就算了，还鼓盆而歌，这不是太过分了吗？"庄子说：起初我也很难过，但后来想，她来到这世上之前，原本没有生命、形体和气息；自己也不知怎么回事来到世上，就有了生命、形体的气息。现在变化又回到死亡，这好像春夏秋冬四季运行一样。她已经睡到天地这个大房子里了，如果我在旁边哭哭啼啼，不是说明我不懂生命的道理吗？想到这些，我就不仅不哭，反而唱起歌来了。人要修养到能安时处顺，确是达到了"善摄生"的境界。

对于生死问题，《道德经》说："民之饥，以其上食税之多，是以饥；民之难治，以其上之有为，是以难治；民之轻死，以其上求生之厚，是以轻死。夫唯无以生为者，是贤于贵生。"又说："民不畏死，奈何以死惧之。若使民常畏死，而为奇者，吾得执而杀之，孰敢？"《道德经》的这两段，是以生死两极来论证贵生。

贵己养生是《道德经》的中心思想之一。《道德经》所论的"道"，并不是一个与人无关的挂空概念，而是实实在在地体现在人身上并作为人的生命的基础性概念。按老子的观点，我们看待人生，就是要将人生放在整个世界的起源和发展变化中去认识，这样的认识才是明智的。认识明智了，心胸开阔，宽宏大度，看待和处理人生问题才能符合"道"的要求。

贵己养生也就是贵生，就是认为生命是人的元价值。人的元价值指人的各种价值中最根本的、最高的价值，其他层次的价值都只能在元价值的基础上产生，也趋向于元价值，为实现元价值服务。在现实中，人的元价值表现为一种确定的、牢固的、最强有力的愿望，也是人本能地追求的目标。人的其他方面的价值，都要依据它们对元价值作用的大小为评价标准。什么是人的元价值呢？毫无疑问，就是人的生命的价值。因为生命就是人的生存，人只有生存才能"为之于未有"，才能创造其他价值，也才能享受其他价值，总之才谈得上人生价值，才谈得上人生的幸福。生命是人的元价值，因而生命的保存、健康、充实和延续是人的全部活动的最基本的追求。人要追求幸福，一个绝对的先决条件是爱惜生命，善待生命。

老子和庄子关注生死，抓住了困扰人类心灵难以解脱的永恒心结。生存本能一直是人类心头萌动的最重要的欲望，对死亡的恐惧成为人类最古老、最深沉而又无法摆脱的忧患，而尘世的快乐还进一步加重了这种恐惧。其实，就人的本性而言，即使明知死亡不可避免，在潜意识中，大概无不怀着长生不老的不言愿望。在中国人的交往中，"寿"或长命百岁是最良好的祝愿和贺词。但人人心里都很清楚，死亡是无法逃脱的。面对死亡，人有多种不同的态度：有人企图抗拒死亡，梦想长生不老；有人对死亡极度恐惧，受到死亡的威胁或想到死亡时便惶惶不可终日；有人知道死亡不可避免，背着这种精神包袱，千方百计地想要延缓死亡的到来，甚至将延缓死亡当作活在世上的唯一内容和目标，盲目地运用各种道听途说的可以延缓死亡的方法；有人认为反正人终有一死，不如不把它当回事，不去想它，不去管它，该怎么活着还是怎么活着，只要有可能就活得更好一些，对死亡基本上持一种无可奈何的态度。

人类思考死亡的历史，大概跟人类本身一样古老。死亡是人类中的每个个体都无法逃避的事实。原始宗教、艺术和礼仪已经反映出原始人对死亡的看法，对死亡做哲学的思考也几乎与哲学本身一样古老。中外哲学史中，论述死亡的内容极为丰富。死亡本来是一个极为深刻的哲学问题。柏拉图给哲学下了一个定义：哲学是死亡的练习。叔本华说：死亡是哲学灵感的守护神，如果没有死亡的问题，人们便几乎不会进行哲学思考了。卢梭在病重时说过："死亡的逼近不但没有削弱我研究学问的兴趣，反而似乎更使我兴致勃勃地研究起学问来。"[①] 马克思曾断言："辩证法是死。"[②] 中国哲学也有对死亡做哲学思考的传统，老子有

---

① 卢梭：《忏悔录》，人民文学出版社，1980年，第289页。
② 《马克思恩格斯全集》第40卷，人民出版社，1972年，第145页。

"死而不亡者寿"的名言,孔子说过"未知生,焉知死",他的学生子贡发出"大哉死乎"的感叹,《易经·系辞上》说"原始反终,故知死生之说"。随着人类认识的发展,死亡现在已经是一个综合学科研究的问题了。

与其他学科不同,哲学不像宗教那样具体地讨论或描述死后天国的生活图景,也不具体讨论科学要处理的"临床死亡"或"安乐死"的措施。哲学所要讨论的是死亡的必然性与偶然性、终极性与非终极性、人生的有限性与无限性、死亡的不可避免性与人生自由等超越经验的问题。哲学的死亡观,直接讨论的是死,实质上是讨论生,人死观其实是人生观的深化、延续和扩展。这是因为,人只有具备了死亡意识,才可能获得人生的整体观念和有限观念,才能更深入地理解生命的意义和价值。

老子关于修养途径的论述很多,《道德经》的许多段落,都可用修养论去解读。认真领会《道德经》的修养论,是很有现实意义的。

# 第四节　修养的目的

以言简意赅闻名于世的《道德经》,建构起囊括宇宙万事万物的宇宙论哲学体系。这个体系以"道者,万物之奥"开论,继而经道论、德论、人性论、社会历史论、修养论展开其全部内容。在修养论中,又论述了修养的含义、境界、途径,最后归结到修养的目的。作为修养目的的"圣人"理论,包括圣人的理想人格、圣人的为人处事和修养成圣的意义等问题。

## 一、圣人的理想人格

《道德经》中"人"这个概念用得很多,在总体上老子将人区分为理想的人和现实的人。圣人是理想的人,是最杰出的人,是现实的人努力修养的方向和目的。在中国人的心目中,圣人集中了人的一切优秀品格,得到社会公认的圣人永远处于最受尊敬的地位,皇帝可以随朝代的改变而改变,圣人却不会随朝代改变而改变。圣人存在于百姓的心目中,百姓心目中的圣人是人格化的神。有的宫观中有三圣宝殿,供奉老子、孔子和释迦牟尼;武圣人关公也受百姓供奉。百姓崇拜圣人,圣人的某些优秀品质在百姓中也普遍存在。老子关于圣人的论述,一方面表现出其对现实的批判,另一方面也表现出其对人的发展前景的向往。其所论的君子、士、民等则是现实人，现实人生活在当时的社会现实之中，许多人由于受内在欲望的驱使和不良风气的影响而失去了人的某些品性并逐渐堕落，在人性方面存在多种缺陷。《道德经》论述理想的圣人的目的，着重于讨论人类的修养。全人类经过长期修养而人人成为圣人，"万物之奥"的"道"为人类所掌握，人类的一切活动由"道"指导，"众妙之门"为人类所开启，各种社会问题最终得以解决，人类的理想目标回复到起点，逻辑上《道德经》的思想体系则宣告完成。

老子心目中的圣人是精神境界达到至高点的理想人，因而关于圣人的描写皆着重于精神境界。庄子认为，老子对何谓"圣人"是做了界定的："得至美而游乎至乐，谓之圣人。"（《田子方》）《道德经》关于圣人精神境界的论述异常丰富，主要集中体现在几句经典格言中：

一是"圣人为腹不为目"。

既然圣人"得至美而游乎至乐"，那就不是简单地将"五色"、"五音"、"五味"一笔抹杀，而是告诫人们"至美"、"至乐"不是从物质享受得到的，物质享受不可超越限度，超越限度去追求"至美"、"至乐"只会走向反面。因此，圣人做事是"为腹不为目"，即做任何事情心中都有一个准则，这个准则就是做事必须符合"道"。"为腹"是内视，"为目"是外观。与外观相比，圣人更重视内视，也就是心中有完备的"道"，认为符合"道"对人来说就是保持了自然的人格，不符合"道"也就扭曲了人格。所以，坚守"道"的准则，做事都符合"道"，就达到了圣人的境界。如果扭曲了这个准则，发展下去是很危险的。

二是"圣人抱一为天下式"。

"天下式"也就是对待和处理一切问题的统一的方式。"天下式"的特点在于，观察问题要放在"抱一"的整体中去认识，而不能孤立地认识某一事物或事物的某一个片面。在认识和处理事物时坚持"抱一为天下式"，是"道"和"德"的理论在现实中运用的最重要的方式。

"抱一为天下式"也可以说是"大制不割"，即坚持大的制式而不分割。《道德经》说："朴散则为器，圣人用之则为官长。故大制不割。""朴散则为器"，有人译为"将树皮从树上扒下来可以做成很多有用的器具"，但从后面的"大制不割"来领会，老子的原意应是，将一棵大树分割开来，固然可以做很多器具，但圣人却认为大树就是栋梁之材，用作栋梁之材才是最大的价值。引申的含义是，保持这种自然质朴，做任何事情都要从大事着眼，要有广大的包容胸怀，这样才能处理好大大小小的各种事情。圣人运用它，则能成为领袖人物。

三是"圣人去甚,去奢,去泰"。

自然事物的变化本身具有多样性,自然界的一切变化都是自然自己发生的,人类不可能全面地去改变它。正因为如此,圣人才"去甚"即去掉过高的追求,"去奢"即去掉奢望,"去泰"即去掉过分享乐的追求。治理者去掉了过高的追求、欲望和享乐,让天下遵循"道"的作用,自然地形成秩序,才是天下最理想的状态。

四是"圣人被褐怀玉"。

圣人与常人的不同就在于,他们是"自知者明"的人。他们穿的是粗布衣裳,怀里却藏着美"玉",即心里明白"道"的真理。懂得深藏在自己心底的"道"理的人是很可贵的。就像是穿粗布外衣的人怀里藏着美"玉"一样,每个人的心里都有这块美"玉"。人们只要认真去领悟《道德经》,就能在自己的心里找到这块美"玉"。这一段既说明圣人也是人,跟平常人一样,每个人只要诚心修养都有可能成为圣人;又说明圣人"独异于人",看似平淡无奇,实则心怀天下,在他们精神世界中思考的,是如何将人类从歧途中解救出来的根本问题。由此可见,圣人心里藏着"玉",而且明白自己心里藏着的"玉",践行"道"的指导。也可以说,人人心里都藏着美"玉",问题只在于自己是否发现。想发现也不难,只要认真去读《道德经》并始终用以指导自己的行动就行了。

五是"圣人之道,为而不争"。

这是《道德经》的最后一句,可以看作《道德经》的总结。这里说的"为"是按"道"行事的"圣人"之"为","不争"是不刻意强求,顺其自然,自然而然之意。《道德经》开创的是中国古代哲学中的独具特色的哲学理论,如"道常无为而无不为"、"天地所以能长久者,以其不自生,故能长生"、"万物将自化"、"天下将自定"等,揭示的是事物自生演化发展的自组织思想,其合理性和深刻性有待我们进一步深入梳理和挖掘。

《道德经》树立的"圣人"的理想人格,是人类永远追求的目标。理想不是现实,但不现实的理想是有现实意义的,因为现实的人有了这样的理想,就可以在现实中努力朝这样的理想努力,使人的素质不断提高。

## 二、圣人的为人处事

老子是中国古代最有名的公共知识分子。中国古代的公共知识分子满怀理想，但他们的理想并不是空想，他们一方面提出理想的长远目标，同时又提出在现实中如何去实践的看法。这就是圣人如何对照理想目标为人处事的问题。

作为一个圣人，首先应是一个有善心和爱心的人，而且圣人的善心是大善之心，爱心是大爱之心。圣人的善心和爱心在百姓中其实普遍有所表现，圣人对百姓倍加爱护，完全和百姓打成一片。人们常说以牙还牙，对这种说法，老子是不以为然的。在他看来，虽然存在心怀不善且有不善行为的人，但他们心中潜藏有"道"的种子，"道"是"善人之宝，不善人之所保"，"人之不善，何弃之有？""道"的修养之所以可贵，"不曰：求以得，有罪以免耶。故为天下贵"，有罪恶的人也是可以改恶从善的，救所有的人才显现出"道"大善大爱的品格，这就是所谓的"天道无亲，常与善人"。深入领悟到这一层，才能称为"袭明"，也就是透彻的明白。由此看来，"常善"是圣人修养的最高境界。

对于怎样处事的问题，《道德经》做过很多论述，总的来说是"治人事天莫若啬"。在处事时，自身要特别注意爱惜和节俭，对他人则要大方助人，能自觉地"有余以奉天下"。"圣人为而不恃，功成而不处，其不欲见贤"，圣人做了好事也不要求别人将自己当恩人，为社会立了功也不居功自傲，从来都没有想过以此来炫耀自己是贤德的人士。"非以其无私邪，故能成其私"，圣人这样处事并不是想要表明自己是大公无私之人，正是他的出发点不是想要表明自己大公无私，才说明他是真正的大公无私。

老子论到圣人时说："圣人之治，虚其心，实其腹，弱其志，强其骨。常使民无知无欲，使夫智者不敢为也。为无为，则无不治。"又说："圣人欲上民，必以言下之；欲先民，必以身后之。是以圣人处上而民不重，处前而民不害，是以天下乐推而不厌。以其不争，故天下莫能与之争。"给人一种圣人就是治人者、管理者、统治者的感觉。但如果认为圣人就是"上民"、"先民"、"社稷主"、"天下王"等民众之上的人，则不符合老子的思想。但由于《道德经》中传达的这类思想较易引起民众的注意，在民众的日常意识中，提到圣人虽然内心十分敬仰，却有一种高不可攀、非我辈可为的潜在意识，就连孔子也认为："何事于仁，必也圣乎！尧舜其犹病诸！"（《论语·雍也》）圣人超过了"仁"的水平，想要达到圣人的境界，就是尧舜也是难以做到的。认为老子讲圣人是为民众确立最高水平的理想人格是不错的，但如果这样的人离人们的现实太远，那也就没有什么现实性了。其实，老子讲的圣人，现实中完全达到标准者虽然难找，但圣人为人处事的某些品格却是不神秘的，现实的民众是可以做到的。因此，我们论述老子的圣人理论，还必须包括圣人的日常生活方面。

所谓日常生活，无非指无论什么人天天都不可或缺、必定要做的事情，如吃饭穿衣睡觉、生儿育女养老之类。有的思想家也早已专门论述过这方面的问题，如文艺复兴时期法国的蒙田。蒙田认为人们的日常生活才是最重要的，事业不过是生命的点缀。他举例说，恺撒与亚历山大在活动最繁忙的时候，仍然充分享受自然，因为他们认为这是必需的生活的乐趣，而享受生活的乐趣才是自己的正常活动，领兵打仗则并不是非要不可的活动。蒙田认为，将日常生活摆在第一位，让事业所必需的激烈的活动、艰苦的思索等服从于日常生活习惯，那是需要极大的勇气的，而持这种看法却是明智的，因为日常生活习惯出自人的天性，因而是生命中最光彩夺目的部分。如果说事业的话，那么过日常生活就是最重要的事业。蒙田说：我们的责任是调整我们的生活习惯，而不光是去编书，是使我们的举止井然有致，而不只是要打仗，去扩张领地，我们最豪迈、最光荣的事业乃是生活得惬意，一切其他事业，执政、致富、建造产业，只不过是这一事业的从属品。佛学大师赵朴初先生作过一首《宽心谣》："日出东海落西山，愁也一天，喜也一天。遇事不钻牛角尖，身也舒坦，心也舒坦。每月领取养老钱，多也不嫌，少也不嫌。少荤多素日三餐，粗也香甜，细也香甜。新旧衣服不挑拣，新也御寒，旧也御寒。外孙内孙同样看，男也喜欢，女也喜欢。常与朋友聊聊天，古也谈谈，今也谈谈。全家老少互慰勉，贫也相安，富也相安。早晚操劳勤锻炼，忙也乐观，闲也乐观。心宽体健养天年，不是神仙，胜似神仙。"这里没有多少豪言壮语，却实实在在。"得至美而游乎至乐，谓之圣人"，其实包含日常生活之意。普通民众关心的是日常生活，而老子的圣人修养论也最早提出了注重人的日常生活问题。

《道德经》说："众人熙熙，如享太牢，如登春台。我独泊兮，其未兆，如婴儿之未孩，乘乘兮若无所归。众人皆有余，而我独若遗。我愚人之心也哉？沌沌兮，俗人昭昭，我独昏昏；俗人察察，我独闷闷。澹兮其若海，飘兮若无所止。众人皆有以，我独顽似鄙。我独异于人，而贵食母。""重为轻根，静为躁君。是以圣人终日行不离辎重。虽有荣观，燕处超然。"做到"我独泊兮"、"我独若遗"、"我独昏昏"、"我独闷闷"、"我独顽似鄙"都是很高的境界，需要"贵食母"，也就是一生由最宝贵的"道"来养育。"虽有荣观，燕处超然"更显超凡入圣，自由自在。在《道德经》中，这样的话语很多，也是需要我们特别关注的。

《道德经》描述的完整的圣人境界是人类最终修养的目标，分别于为人、处事和日常生活的境界却是日常修养，可以在不同程度上达到的。在分别论述各方面修养要求后，《道德经》概括出圣人为人处事的总则就是："天下皆知美之为美，斯恶矣；皆知善之为善，斯不善矣。故有无相生，难易相成，长短相形，高下相倾，音声相和，前后相随。是以圣人处无为之事，行不言之教。万物作焉而不辞，生而不有，为而不恃，功成而弗居。夫惟弗居，是以不去。"类似的语句在通行本《道德经》中不止一次出现，说明老子十分重视这个问题，这正是圣人为人处事的总的原则。

圣人为人处事的总则概括起来就是从不标榜自己，不论做了多少事，不论功劳有多大，也"生而不有，为而不恃，功成而弗居"。因为圣人很清楚，这一切都是"道"之所为，是自然之所为，自己只是"处无为之事，行不言之教"，自己应该做的就是按自然的"道"的要求去做一切事，做任何事都"道法自然"。圣人达到的这种境界确实是最高的，是全人类都要通过长期修养努力去实现的。

## 三、修养成圣的伟大意义

《道德经》的修养论既建构出人类修养的理想人格，又对人类日常生活的修养做出许多具体而切实可行的教导。其之所以苦口婆心劝说人类必须注重修养，根本原因在于老子对修养的伟大意义寄予厚望。

老子生活在现实中，对现实中存在的"不道"深感忧虑，他深切希望找到能解决所有问题的总的办法。通过深入的思考，他认为解决所有问题的办法只有一个，就是提高全人类的素质，让人类都掌握"道"，以"道莅天下"，在人类做任何事情时都确立自然的"道"的准则。"不曰：求以得，有罪以免耶。故为天下贵"，自古以来所有的人为什么特别重视"道"？就是因为按"道"行事才能成功，就是有罪恶的念头也可以打消，可见"道"是天下最宝贵的。人类的存在需要物质也需要精神，而精神对人类更重要。

《道德经》说："知人者智，自知者明。胜人者有力，自胜者强。知足者富，强行者有志。不失其所者久，死而不亡者寿。"这里明确指出，人生修养的最高目标，是达到"死而不亡者寿"。老子认为，人生修养必须认真评价知人和自知、胜人和自胜、知足和强行的优劣，要深入领会"不失其所者久，死而不亡者寿"的哲理。

首先是"知人"和"自知"的关系，即是"智"和"明"的关系。老子说过"智慧出，有大伪"，就是说，在社会交往中，如果把注意力放在"知人"，虽然对别人做出正确的判断有意义，但如果是为了算计人，那就是虚伪的了。所以在修养时，我们的重点不应放在"知人"上，而应放在"自知"上。"自知"就是正确地评估自己，对自己做出正确的判断，明白自己内心深藏的"道"。"知人"也应该用别人的知识和经验不断充实自己，使自己更"自知"，这样的人才真正是聪明的。可见，"知人"和"自知"都不错，但"自知"比"知人"更重要，"明"比"智"更优。

其次是"胜人"和"自胜"的关系。如同"知人"和"自知"的关系，能够"胜人"不过是证明自己"有力"，并不能证明自己强大。强大可以包含有力量，但强大胜过"有力"，因为单纯的"有力"难以包括精神力量。所以，我们在修养时，不能将重点放在比别人"有力"，要将重点放在超越自己，自己战胜自己，"自胜"才是真正的强大。这里说的"自胜"，根本是使内心的"道"在自己的一切活动中起统摄的作用。

再次是"知足"和"强行"的关系。"知足"是自己对自己拥有的知识和财富的评价，如果自己知足了，就是认为自己已经富足了。如果一定要跟别人相比，知识和财富一定要比别人多，那是不可取的，也是不可行的，是人的贪得无厌的弱点的表现。"强行"指认定目标后，即使条件不成熟也不放弃，而是凭志气朝着目标前进，不达目的决不罢休。深一层理解，按"道"的要求修养，就应是达到"上士"的水平，也还要按"道"的要求"勤而行之"，才能到达更高的境界。

最后是"久"和"寿"的关系。活的时间长久和长寿不能等同，活的时间长自然是好事，想活得久，就要"不失其所"，也就是不要失去肉体生命。但长命并不是最高目标，最高目标是"死而不亡"，要将"死"和"亡"区别开来。人的肉体寿命虽然可以延长，但终究是有死的，在肉体消失以后，事迹可以世代相传，精神可以与世长存，凝结思想的著作可以传诸后人。这就说明，个人和人类存亡的关系有两个层面：一是从肉体生命来说，个人生命有限而人类生存可以延续；二是从精神生命来说，个人的精神汇集到人类精神中，那是可以不亡而长存的。在我们的习惯用语中，死和亡是同义的，老子和庄子却将其分开使用。老子说过"死而不亡"，庄子说过"心死"、"生亡"。在他们看来，"死"是针对肉体而言的，"亡"则针对肉体和精神的"抱一"而言。人是肉体和精神的"抱一",更能表现人的主体性的是精神,而主体的精神在人的活动中可以对象化在客体中。这样,在人的对象化的客体中也就存在着作为主体的人的精神,在人的肉体死后,对象化的人的主体精神并不会随之消失,这就是"死而不亡"。《道德经》传达的是老子的思想,老子的肉体在2500年前已经死了,但他的精神至今仍熠熠生辉。老子是真正的"死而不亡者寿"。

这一段不是专门讲君主、圣人的修养,而是讲一般人的修养。老子的观点是,人生活在社会中,不可避免会遇到个人和他人的各种关系,修养时要做比较:"知人"是重要的,但"自知"更重要;"胜人"是重要的,但"自胜"更重要;"知足"是重要的,但"有志"更重要;生命长久是重要的,但创造出新价值更重要。我们要注意将重点放在"自知"、"自胜"、"有志"、"死而不亡"等几个方面。做好了这几个方面,其他方面自然就处理得好。修养的最高目标,是达到"死而不亡者寿"。

《道德经》说:"执大象,天下往。往而无害,安平泰。乐与饵,过客止。道之出口,淡乎其无味,视之不可见,听之不可闻,用之不可既。""执"有执着、抓住、坚持、掌握的意思。"大象"就是"大象无形",也就是"道"。因此,"执大象"可以解释为知和行都坚持用"道"作指导。"天下往"说的是这样做就能得到天下人的追随和向往。老子在这里要说明的是,《道德经》建立的不只是工具理性,而是遍及天下的价值理性。

为什么天下人会向往追随"道"呢?因为"往而无害,安平泰",这样天下就不会有伤天害理的事情发生了,天下就安全安定、平等和平、康泰富足了。对于天下的所有事情,需要建立一个总体意义的基础理论,如果基础理论错了,即使在技术层面上取得一时看来可以起很大作用的成就,但最终这种成就不仅会消失,而且其危害可能是毁灭性的。人类生存向往的理想,就是"安平泰",达到"安平泰"的途径,就是"执大象"。可见,老子很清楚,《道德经》的历史地位,是建立世界和人类可持续存在的基础理论。

天下的平安、和平、康泰,不是人按有意识的规划作为就可以达到的,不是靠做出多少条硬性规定就可以实现的,靠自然而然地实现才是稳固的。"乐与饵,过客止",就好像是过路的人听到动听的音乐或闻到美食的香味会自然而然地止步欣赏一样。也就是说,天下太平的实现,是"道"默默无闻地发挥作用的结果。作为《道德经》总体概念的"道"既看不见也听不到,但这样看似平平淡淡的"道"对世界所起的作用却是永远都不可穷尽的。

"安平泰"一词虽然只有三个字,却代表了人类的理想,用现代语言来表述,也可以说是世界和平安定,经济发展,生活富足。"安平泰"就是世界和平康泰,世界和平康泰就是"安平泰",这是全人类共同的理想,是全人类共同的愿望。2015年9月3日,在纪念抗战胜利70周年大会上,习近平发表了重要讲话,说:"为了和平,我们要牢固树立人类命运共同体意识。偏见和歧视、仇恨和战争,只会带来灾难和痛苦。相互尊重、平等相处、和平发展、共同繁荣,才是人间正道。"这段话表达的精神与《道德经》"安平泰"、"天下往"表达的精神是基本一致的,是自古以来中华民族所向往和追求的精神,由此足以说明中华传统文化的精神的伟大意义。中华优秀传统文化精神就是中国精神,中国精神的核心就是道德精神。伟大的《道德经》以"天之道,利而不害;圣人之道,为而不争"为全经的结束语,"利而不害"的"天之道",正是习近平说的"人间正道"。代表中华民族文化传统的《道德经》的伟大精神,是人类历史上任何时代的时代精神的集中表现。

老子的整部《道德经》最后提出修养的目的,就圣人的标准而言,目的是很高的,全人类都达到理想人格似乎难以实现。然而,《道德经》所言是面向大众的,无论是官员还是普通人,只要潜心研读《道德经》,领会了《道德经》的精神实质,就能提升自己的精神境界,平日的生活照常过,心境却能脱俗成圣。修养成圣的伟大意义,广者遍及宇宙和全人类,实者充于每个人的日常生活。

中国古代产生出老子这位伟大的圣人,产生出《道德经》这部伟大的著作。历史发展到现代及至未来,应是圣人辈出的时代。习近平说:"70多亿人共同生活在我们这个星球上,应该守望相助、同舟共济、共同发展。"[1] 如此宽广深邃的视野和胸怀,正是《道德经》提出的"抱一为天下式"的现代体现。《道德经》的生命力是永存的,《道德经》的光辉伴随历史前进的步伐必然愈放光芒。

---

[1] 见新华社2016年1月3日电:"风帆高扬,向着伟大复兴的光辉彼岸——党的十八大以来习近平同志为总书记的党中央治国理政纪实"。

附录一

# 通行本《道德经》①

　　道可道，非常道；名可名，非常名。无，名天地之始；有，名万物之母。故常无，欲以观其妙；常有，欲以观其徼。此两者同出而异名，同谓之玄，玄之又玄，众妙之门。(1)

　　天下皆知美之为美，斯恶矣；皆知善之为善，斯不善矣。故有无相生，难易相成，长短相形，高下相倾，音声相和，前后相随。是以圣人处无为之事，行不言之教。万物作焉而不辞，生而不有，为而不恃，功成而弗居。夫惟弗居，是以不去。(2)

　　不尚贤，使民不争；不贵难得之货，使民不为盗；不见可欲，使民心不乱。是以圣人之治，虚其心，实其腹，弱其志，强其骨。常使民无知无欲，使夫智者不敢为也。为无为，则无不治。(3)

　　道冲，而用之或不盈。渊兮似万物之宗。挫其锐，解其纷，和其光，同其尘，湛兮似或存。吾不知谁之子，象帝之先。(4)

　　天地不仁，以万物为刍狗；圣人不仁，以百姓为刍狗。天地之间，其犹橐龠乎！虚而不屈，动而愈出。多言数穷，不如守中。(5)

　　谷神不死，是谓玄牝。玄牝之门，是谓天地根。绵绵若存，用之不勤。(6)

　　天长地久。天地之所以能长且久者，以其不自生，故能长生。是以圣人后其身而身先，外其身而身存。非以其无私邪，故能成其私。(7)

　　上善若水。水利万物而不争，处众人之所恶，故几于道。居善地，心善渊，与善仁，言善信，正善治，事善能，动善时。夫唯不争，故无尤。(8)

　　持而盈之，不如其已；揣而锐之，不可长保。金玉满堂，莫之能守。富贵而骄，自遗其咎。功遂身退，天之道。(9)

　　载营魄抱一，能无离乎？专气致柔，能婴儿乎？涤除玄览，能无疵乎？爱国治民，能无为乎？天门开阖，能为雌乎？明白四达，能无知乎？生之畜之，生而不有，为而不恃，长而不宰。是谓玄德。(10)

　　三十辐共一毂，当其无，有车之用；埏埴以为器，当其无，有器之用；凿户

---

① 每段之后括号内的数字为通行本的章数。

牖以为室，当其无，有室之用。故有之以为利，无之以为用。(11)

五色令人目盲；五音令人耳聋；五味令人口爽；驰骋田猎，令人心发狂；难得之货，令人行妨。是以圣人为腹不为目，故去彼取此。(12)

宠辱若惊，贵大患若身。何谓宠辱若惊？宠为下，得之若惊，失之若惊，是谓宠辱若惊。何谓贵大患若身？吾所以有大患者，为吾有身。及吾无身，吾有何患？故贵以身为天下，若可寄天下；爱以身为天下，乃可托天下。(13)

视之不见名曰夷，听之不闻名曰希，搏之不得名曰微。此三者不可致诘，故混而为一。其上不皦，其下不昧。绳绳不可名，复归于无物。是谓无状之状，无物之象，是谓恍惚。迎之不见其首，随之不见其后。执古之道，以御今之有，能知古始，是谓道纪。(14)

古之善为道者，微妙玄通，深不可识。夫唯不可识，故强为之容：豫兮若冬涉川，犹兮若畏四邻，俨兮其若客，涣兮若冰之将释，敦兮其若朴，旷兮其若谷，浑兮其若浊。孰能浊以澄静之徐清？孰能安以久动之徐生？保此道者不欲盈，故能蔽而新成。(15)

致虚极，守静笃。万物并作，吾以观其复。夫物芸芸，各复归其根。归根曰静，静曰复命，复命曰常，知常曰明。不知常，妄作凶。知常容，容乃公，公乃王，王乃天，天乃道，道乃久，没身不殆。(16)

太上，下知有之。其次，亲之誉之；其次，畏之；其次，侮之。信不足焉，有不信焉。犹兮其贵言。功成事遂，百姓皆谓"我自然"。(17)

大道废，有仁义。智慧出，有大伪。六亲不和，有孝慈。国家昏乱，有忠臣。(18)

绝圣弃智，民利百倍；绝仁弃义，民复孝慈；绝巧弃利，盗贼无有。此三者，以为文不足，故令有所属：见素抱朴，少私寡欲。(19)

绝学无忧。唯之与阿，相去几何？善之与恶，相去几何？人之所畏，不可不畏。荒兮其未央哉，众人熙熙，如享太牢，如登春台。我独泊兮，其未兆，如婴儿之未孩，乘乘兮若无所归。众人皆有余，而我独若遗。我愚人之心也哉？沌沌兮，俗人昭昭，我独昏昏；俗人察察，我独闷闷。澹兮其若海，飘兮若无所止。众人皆有以，我独顽似鄙。我独异于人，而贵食母。(20)

孔德之容，惟道是从。道之为物，惟恍惟惚。惚兮恍兮，其中有象；恍兮惚兮，其中有物。窈兮冥兮，其中有精。其精甚真，其中有信。自古及今，其名不去，以阅众甫。吾何以知众甫之状哉？以此。(21)

曲则全，枉则直，洼则盈，敝则新，少则得，多则惑。是以圣人抱一为天下式。不自见故明，不自是故彰，不自伐故有功，不自矜故长，夫唯不争，故天下莫能与之争。古之所谓曲则全者，岂虚言哉！诚全而归之。(22)

希言自然。故飘风不终朝，骤雨不终日。孰为此者？天地。天地尚不能久，而况于人乎？故从事于道者同于道，德者同于德，失者同于失。同于道者，道亦乐得之；同于德者，德亦乐得之；同于失者，失亦乐得之。信不足焉，有不信焉。(23)

跂者不立，跨者不行，自见者不明，自是者不彰，自伐者无功，自矜者不长。其于道也，曰余食赘行。物或恶之，故有道者不处。(24)

有物混成，先天地生。寂兮寥兮，独立而不改，周行而不殆，可以为天下母。吾不知其名，字之曰道，强为名之曰大。大曰逝，逝曰远，远曰反。故道大，天大，地大，人亦大。域中有四大，而人居其一焉。人法地，地法天，天法道，道法自然。(25)

重为轻根，静为躁君。是以圣人终日行不离辎重。虽有荣观，燕处超然。奈何万乘之主而以身轻天下？轻则失臣，躁则失君。(26)

善行无辙迹，善言无瑕摘，善计不用筹策，善闭无关键而不可开，善结无绳约而不可解。是以圣人常善救人，故无弃人；常善救物，故无弃物。是谓袭明。故善人者不善人之师，不善人者善人之资。不贵其师，不爱其资，虽智大迷。是谓要妙。(27)

知其雄，守其雌，为天下溪。为天下溪，常德不离，复归于婴儿。知其白，守其黑，为天下式。为天下式，常德不忒，复归于无极。知其荣，守其辱，为天下谷。为天下谷，常德乃足，复归于朴。朴散则为器，圣人用之则为官长。故大制不割。(28)

将欲取天下而为之，吾见其不得已。天下神器，不可为也。为者败之，执者失之。故物，或行或随，或歔或吹，或强或羸，或载或隳。是以圣人去甚，去奢，去泰。(29)

以道佐人主者，不以兵强天下，其事好还。师之所处，荆棘生焉。大军之后，必有凶年。善者果而已，不敢以取强。果而勿矜，果而勿伐，果而不得已，果而勿强。物壮则老，是谓不道，不道早已。(30)

夫佳兵者，不祥之器，物或恶之。故有道者不处。君子居则贵左，用兵则贵右。兵者，不祥之器，非君子之器。不得已而用之，恬淡为上。胜而不美。而美之者，是乐杀人。夫乐杀人者，则不可得志于天下矣。故吉事尚左，凶事尚右。偏将军处左，上将军处右，言以丧礼处之。杀人之众多，以悲哀泣之。战胜，以

丧礼处之。(31)

道常无名。朴虽小，天下不敢臣。侯王若能守之，万物将自宾。天地相合以降甘露，民莫之令而自均。始制有名，名亦既有，夫亦将知止，知止可以不殆。譬道之在天下，犹川谷之于江海也。(32)

知人者智，自知者明。胜人者有力，自胜者强。知足者富，强行者有志。不失其所者久，死而不亡者寿。(33)

大道泛兮，其可左右。万物恃之以生而不辞，功成而不名有，衣养万物而不为主。常无欲，可名于小。万物归焉而不为主，可名于大。以其终不自为大，故能成其大。(34)

执大象，天下往。往而无害，安平泰。乐与饵，过客止。道之出口，淡乎其无味，视之不可见，听之不可闻，用之不可既。(35)

将欲歙之，必固张之；将欲弱之，必固强之；将欲废之，必固兴之；将欲夺之，必固与之。是谓微明。柔胜刚，弱胜强。鱼不可脱于渊，国之利器不可以示人。(36)

道常无为而无不为。侯王若能守之，万物皆自化。化而欲作，吾将镇之以无名之朴。无名之朴，夫亦将不欲。不欲以静，天下将自定。(37)

上德不德，是以有德；下德不失德，是以无德。上德无为而无以为，下德为之而有以为。上仁为之而无以为，上义为之而有以为，上礼为之而莫之应，则攘臂而扔之。故失道而后德，失德而后仁，失仁而后义，失义而后礼。夫礼者，忠信之薄而乱之首也。前识者，道之华而愚之始也。是以大丈夫处其厚不处其薄，居其实不居其华。故去彼取此。(38)

昔之得一者，天得一以清，地得一以宁，神得一以灵，谷得一以盈，万物得一以生，侯王得一以为天下贞。其致之。天无以清，将恐裂；地无以宁，将恐发；神无以灵，将恐歇；谷无以盈，将恐竭；万物无以生，将恐灭；侯王无以贞，将恐蹶。故贵以贱为本，高以下为基。是以侯王自谓孤、寡、不谷。此其以贱为本耶？非乎？故致数誉无誉。故不欲琭琭如玉，珞珞如石。(39)

反者道之动，弱者道之用。天下万物生于有，有生于无。(40)

上士闻道，勤而行之；中士闻道，若存若亡；下士闻道，大笑之。不笑不足以为道。故建言有之：明道若昧，进道若退，夷道若类。上德若谷，大白若辱，广德若不足，建德若偷，质直若渝。大方无隅，大器晚成，大音希声，大象无形。道隐无名。夫惟道，善贷且成。(41)

道生一，一生二，二生三，三生万物。万物负阴而抱阳，冲气以为和。人之所恶,孤、寡、不谷,而王公以为称。故物或损之而益,或益之而损。人之所教,我亦教之。强梁者不得其死。吾将以为教父。(42)

天下之至柔,驰骋天下之至坚。无有人无间。吾是以知无为之有益。不言之教,无为之益,天下希及之。(43)

名与身孰亲?身与货孰多?得与亡孰病?是故甚爱必大费,多藏必厚亡。知足不辱,知止不殆,可以长久。(44)

大成若缺,其用不弊;大盈若冲,其用不穷。大直若屈,大巧若拙,大辩若讷。躁胜寒,静胜热。清静为天下正。(45)

天下有道,却走马以粪;天下无道,戎马生于郊。罪莫大于可欲,祸莫大于不知足,咎莫大于欲得。故知足之足,常足矣。(46)

不出户,知天下;不窥牖,见天道。其出弥远,其知弥少。是以圣人不行而知,不见而名,不为而成。(47)

为学日益,为道日损。损之又损,以至于无为。无为而无不为。取天下者,常以无事,及其有事,不足以取天下。(48)

圣人无常心,以百姓心为心。善者吾善之,不善者吾亦善之,德善;信者吾信之,不信者吾亦信之,德信。圣人在天下怵怵,为天下浑其心。百姓皆注其耳目,圣人皆孩之。(49)

出生入死。生之徒十有三,死之徒十有三。人之生,动之死地亦十有三。夫何故?以其生生之厚。盖闻善摄生者,陆行不遇兕虎,入军不被甲兵。兕无所投其角,虎无所措其爪,兵无所容其刃。夫何故?以其无死地。(50)

道生之,德畜之,物形之,势成之。是以万物莫不尊道而贵德。道之尊,德之贵,夫莫之命而常自然。故道生之,德畜之。长之育之,成之熟之,养之覆之。生而不有,为而不恃,长而不宰。是谓玄德。(51)

天下有始,以为天下母。既得其母,以知其子;既知其子,复守其母。没身不殆。塞其兑,闭其门,终身不勤。开其兑,济其事,终身不救。见小曰明,守柔曰强。用其光,复归其明,无遗身殃,是谓习常。(52)

使我介然有知,行于大道,惟施是畏。大道甚夷,而民好径。朝甚除,田甚芜,仓甚虚,服文彩,带利剑,厌饮食,财货有余,是谓盗夸!非道也哉!(53)

善建者不拔,善抱者不脱,子孙祭祀不辍。修之于身,其德乃真;修之于家,其德乃余;修之于乡,其德乃长;修之于国,其德乃丰;修之于天下,其德乃普。故以身观身,以家观家,以乡观乡,以国观国,以天下观天下。吾何以知天下之然哉?以此。(54)

含德之厚，比于赤子。毒虫不螫，猛兽不据，攫鸟不搏。骨弱筋柔而握固，未知牝牡之合而朘作，精之至也。终日号而不嗄，和之至也。知和曰常，知常曰明，益生曰祥，心使气曰强。物壮则老，是谓不道。不道早已。(55)

　　知者不言，言者不知。塞其兑，闭其门，挫其锐，解其纷，和其光，同其尘，是谓玄同。故不可得而亲，不可得而疏；不可得而利，不可得而害；不可得而贵，不可得而贱。故为天下贵。(56)

　　以正治国，以奇用兵，以无事取天下。吾何以知其然哉？以此：天下多忌讳，而民弥贫；民多利器，国家滋昏；人多伎巧，奇物滋起；法令滋彰，盗贼多有。故圣人云：我无为，而民自化；我好静，而民自正；我无事，而民自富；我无欲，而民自朴。(57)

　　其政闷闷，其民淳淳；其政察察，其民缺缺。祸兮福所倚，福兮祸所伏。孰知其极？其无正邪！正复为奇，善复为妖。人之迷，其日固久。是以圣人方而不割，廉而不刿，直而不肆，光而不耀。(58)

　　治人事天莫如啬。夫惟啬，是谓早服。早服，谓之重积德。重积德，则无不克。无不克，则莫知其极。莫知其极，可以有国。有国之母，可以长久。是谓深根固蒂、长生久视之道。(59)

　　治大国若烹小鲜。以道莅天下，其鬼不神。非其鬼不神，其神不伤人。非其神不伤人，圣人亦不伤人。夫两不相伤，故德交归焉。(60)

　　大国者下流，天下之交。天下之牝，牝常以静胜牡，以静为下。故大国以下小国，则取小国；小国以下大国，则取大国。故或下以取，或下而取。大国不过欲兼畜人，小国不过欲入事人。夫两者各得其所欲，故大者宜为下。(61)

　　道者，万物之奥。善人之宝，不善人之所保。美言可以市尊，美行可以加人。人之不善，何弃之有？故立天子，置三公，虽有拱璧以先驷马，不如坐进此道。古之所以贵此道者何？不曰：求以得，有罪以免耶。故为天下贵。(62)

　　为无为，事无事，味无味。大小多少，报怨以德。图难于其易，为大于其细。天下难事，必作于易；天下大事，必作于细。是以圣人终不为大，故能成其大。夫轻诺必寡信，多易必多难。是以圣人犹难之，故终无难。(63)

　　其安易持，其未兆易谋，其脆易破，其微易散。为之于未有，治之于未乱。合抱之木，生于毫末；九层之台，起于累土；千里之行，始于足下。为者败之，执者失之。是以圣人无为故无败，无执故无失。民之从事，常于几成而败之。慎终如始，则无败事。是以圣人欲不欲，不贵难得之货；学不学，复众人之所过。以辅万物之自然而不敢为。(64)

古之善为道者，非以明民，将以愚之。民之难治，以其智多。故以智治国，国之贼；不以智治国，国之福。知此两者亦稽式。常知稽式，是谓玄德。玄德深矣，远矣，与物反矣。然后乃至于大顺。<sup>(65)</sup>

江海所以能为百谷王者，以其善下之，故能为百谷王。是以圣人欲上民，必以言下之；欲先民，必以身后之。是以圣人处上而民不重，处前而民不害，是以天下乐推而不厌。以其不争，故天下莫能与之争。<sup>(66)</sup>

天下皆谓我道大，似不肖。夫惟大，故似不肖。若肖，久矣其细也夫。我有三宝，持而保之：一曰慈，二曰俭，三曰不敢为天下先。慈故能勇，俭故能广，不敢为天下先，故能成器长。今舍慈且勇，舍俭且广，舍后且先，死矣！夫慈，以战则胜，以守则固。天将救之，以慈卫之。<sup>(67)</sup>

善为士者不武，善战者不怒，善胜敌者不争，善用人者为之下。是谓不争之德，是谓用人之力，是谓配天。古之极。<sup>(68)</sup>

用兵有言：吾不敢为主而为客，不敢进寸而退尺。是谓行无行，攘无臂，仍无敌，执无兵。祸莫大于轻敌，轻敌几丧吾宝。故抗兵相加，哀者胜矣。<sup>(69)</sup>

吾言甚易知，甚易行；天下莫能知，莫能行。言有宗，事有君。夫惟无知，是以不我知。知我者希，则我者贵。是以圣人被褐怀玉。<sup>(70)</sup>

知不知上，不知知病。夫惟病病，是以不病。圣人不病，以其病病，是以不病。<sup>(71)</sup>

民不畏威，大威至矣。无狭其所居，无厌其所生。夫惟不厌，是以不厌。是以圣人自知不自见，自爱不自贵。故去彼取此。<sup>(72)</sup>

勇于敢则杀，勇于不敢则活。此两者或利或害。天之所恶，孰知其故？是以圣人犹难之。天之道，不争而善胜，不言而善应，不召而自来，繟然而善谋。天网恢恢，疏而不失。<sup>(73)</sup>

民不畏死，奈何以死惧之。若使民常畏死，而为奇者，吾得执而杀之，孰敢？常有司杀者。夫代司杀者，是谓代大匠斫。夫代大匠斫者，希有不伤其手矣。<sup>(74)</sup>

民之饥，以其上食税之多，是以饥；民之难治，以其上之有为，是以难治；民之轻死，以其上求生之厚，是以轻死。夫唯无以生为者，是贤于贵生。<sup>(75)</sup>

人之生也柔弱，其死也坚强；草木之生也柔脆，其死也枯槁。故坚强者死之徒，柔弱者生之徒。是以兵强则灭，木强则折。强大处下，柔弱处上。<sup>(76)</sup>

天之道，其犹张弓乎？高者抑之，下者举之，有余者损之，不足者补之。天之道，损有余而补不足。人之道则不然，损不足以奉有余。孰能有余以奉天下？

唯有道者。是以圣人为而不恃，功成而不处，其不欲见贤。<sup>(77)</sup>

天下莫柔弱于水，而攻坚强者莫之能胜，以其无以易之。弱之胜强，柔之胜刚，天下莫不知，莫能行。是以圣人云："受国之垢，是为社稷主；受国之不祥，是为天下王。"正言若反。<sup>(78)</sup>

和大怨，必有余怨，安可以为善。是以圣人执左契，而不责于人。故有德司契，无德司彻。天道无亲，常与善人。<sup>(79)</sup>

小国寡民，使有什伯之器而不用，使民重死而不远徙。虽有舟舆，无所乘之；虽有甲兵，无所陈之。使民复结绳而用之。甘其食，美其服，安其居，乐其俗。邻国相望，鸡犬之声相闻，民至老死不相往来。<sup>(80)</sup>

信言不美，美言不信。善者不辩，辩者不善。知者不博，博者不知。圣人不积，既以为人己愈有，既以与人己愈多。天之道，利而不害；圣人之道，为而不争。<sup>(81)</sup>

附录二

# 新编《道德经》

## 第一章　绪　论[①]

吾言甚易知，甚易行；天下莫能知，莫能行。言有宗，事有君。夫惟无知，是以不我知。知我者希，则我者贵。是以圣人被褐怀玉。

道者，万物之奥。善人之宝，不善人之所保。美言可以市尊，美行可以加人。人之不善，何弃之有？故立天子，置三公，虽有拱璧以先驷马，不如坐进此道。古之所以贵此道者何？不曰：求以得，有罪以免耶。故为天下贵。

天下皆谓我道大似不肖。夫惟大，故似不肖。若肖，久矣其细也夫。上士闻道，勤而行之；中士闻道，若存若亡；下士闻道，大笑之。不笑不足以为道。故建言有之：明道若昧，进道若退，夷道若类。上德若谷，大白若辱，广德若不足，建德若偷，质直若渝。大方无隅，大器晚成，大音希声，大象无形。道隐无名。夫惟道，善贷且成。

执大象，天下往。往而无害，安平泰。乐与饵，过客止。道之出口，淡乎其无味，视之不可见，听之不可闻，用之不可既。

## 第二章　道　论

### 第一节　本体论

道可，道非，常道；名可，名非，常名。无，名天地之始；有，名万物之母。故常无，欲以观其妙；常有，欲以观其徼。此两者同出而异名，同谓之玄，玄之又玄，众妙之门。

昔之得一者，天得一以清，地得一以宁，神得一以灵，谷得一以盈，万物得一以生，侯王得一以为天下贞。其致之。天无以清，将恐裂；地无以宁，将恐

---

[①] 章节标题为著者所加。

发；神无以灵，将恐歇；谷无以盈，将恐竭；万物无以生，将恐灭；侯王无以贞，将恐蹶。

道冲而用之，或不盈。渊兮似万物之宗。挫其锐，解其纷，和其光，同其尘，湛兮似若存。吾不知谁之子，象帝之先。

谷神不死，是谓玄牝。玄牝之门，是谓天地根。绵绵若存，用之不勤。

有物混成，先天地生。寂兮寥兮，独立而不改，周行而不殆，可以为天下母。吾不知其名，字之曰道，强为名之曰大。大曰逝，逝曰远，远曰反。故道大，天大，地大，人亦大。域中有四大，而人居其一焉。人法地，地法天，天法道，道法自然。

勇于敢则杀，勇于不敢则活。此两者或利或害。天之所恶，孰知其故？是以圣人犹难之。天之道，不争而善胜，不言而善应，不召而自来，繟然而善谋。天网恢恢，疏而不失。

孔德之容，惟道是从。道之为物，惟恍惟惚。惚兮恍兮，其中有象；恍兮惚兮，其中有物。窈兮冥兮，其中有精。其精甚真，其中有信。自古及今，其名不去，以阅众甫。吾何以知众甫之状哉？以此。

视之不见名曰夷，听之不闻名曰希，搏之不得名曰微。此三者不可致诘，故混而为一。其上不皦，其下不昧。绳绳不可名，复归于无物。是谓无状之状，无物之象，是谓恍惚。迎之不见其首，随之不见其后。

道生一，一生二，二生三，三生万物。万物负阴而抱阳，冲气以为和。至阴肃肃，至阳赫赫。肃肃出乎天，赫赫发乎地。两者交通成和而物生焉，成为之纪而莫见其形。消息满虚，一晦一明，日改月化，日有所为而莫见其功。生有所乎萌，死有所乎归。始终相反乎无端，而莫知乎其所穷。非是也，且孰为之宗！①

大道泛兮，其可左右。万物恃之以生而不辞，功成而不名有，衣养万物而不为主。常无欲，可名于小。万物归焉而不为主，可名于大。以其终不自为大，故能成其大。

致虚极，守静笃。万物并作，吾以观其复。夫物芸芸，各复归其根。归根曰静，静曰复命，复命曰常，知常曰明。不知常，妄作凶。知常容，容乃公，公乃王，王乃天，天乃道，道乃久，没身不殆。

## 第二节 "反者道之动"的运动论

反者道之动，弱者道之用。天下万物生于有，有生于无。

---

① "至阴肃肃……且孰为之宗"据庄子《田子方》"老聃曰"一段增补。

三十辐共一毂，当其无，有车之用；埏埴以为器，当其无，有器之用；凿户牖以为室，当其无，有室之用。故有之以为利，无之以为用。

人之所恶，孤、寡、不谷，而王公以为称。故贵以贱为本，高以下为基。是以侯王自谓孤、寡、不谷。此其以贱为本耶？非乎？故致数誉无誉。故不欲琭琭如玉，珞珞如石。故物或损之而益，或益之而损。人之所教，我亦教之。强梁者不得其死。吾将以为教父。

天下之至柔，驰骋天下之至坚。无有入无间。吾是以知无为之有益。不言之教，无为之益，天下希及之。

大成若缺，其用不弊；大盈若冲，其用不穷。大直若屈，大巧若拙，大辩若讷。躁胜寒，静胜热。清静为天下正。

将欲歙之，必固张之；将欲弱之，必固强之；将欲废之，必固兴之；将欲夺之，必固与之。是谓微明。柔胜刚，弱胜强。鱼不可脱于渊，国之利器不可以示人。

人之生也柔弱，其死也坚强；草木之生也柔脆，其死也枯槁。故坚强者死之徒，柔弱者生之徒。是以兵强则灭，木强则折。强大处下，柔弱处上。

### 第三节 "图难于其易"的方法论

为无为，事无事，味无味。大小多少，报怨以德。图难于其易，为大于其细。天下难事，必作于易；天下大事，必作于细。是以圣人终不为大，故能成其大。夫轻诺必寡信，多易必多难。是以圣人犹难之，故终无难。

其安易持，其未兆易谋，其脆易破，其微易散。为之于未有，治之于未乱。合抱之木，生于毫末；九层之台，起于累土；千里之行，始于足下。为者败之，执者失之。是以圣人无为故无败，无执故无失。民之从事，常于几成而败之。慎终如始，则无败事。是以圣人欲不欲，不贵难得之货；学不学，复众人之所过。以辅万物之自然而不敢为。

### 第四节 "知不知上"的认识论

不出户，知天下；不窥牖，见天道。其出弥远，其知弥少。是以圣人不行而知，不见而名，不为而成。

知不知上，不知知病。夫惟病病，是以不病。圣人不病，以其病病，是以不病。

知者不言，言者不知。塞其兑，闭其门，是谓玄同。故不可得而亲，不可得而疏；不可得而利，不可得而害；不可得而贵，不可得而贱。故为天下贵。①

多言数穷，不如守中。中无主而不止，外无正而不行。由中出者，不受于外，圣人不出；由外入者，无主于中，圣人不隐。②

## 第三章　德　论

### 第一节　道与德的关系

道生之，德畜之，物形之，势成之。是以万物莫不尊道而贵德。道之尊，德之贵，夫莫之命而常自然。故道生之，德畜之，生之畜之，长之育之，成之熟之，养之覆之。载营魄抱一，能无离乎？专气致柔，能如婴儿乎？涤除玄览，能无疵乎？爱国治民，能无为乎？天门开阖，能无雌乎？明白四达，能无知乎？生而不有，为而不恃，长而不宰。是谓玄德。③

上德不德，是以有德；下德不失德，是以无德。上德无为而无以为，下德为之而有以为。上仁为之而无以为，上义为之而有以为，上礼为之而莫之应，则攘臂而扔之。故失道而后德，失德而后仁，失仁而后义，失义而后礼。夫礼者，忠信之薄而乱之首也。前识者，道之华而愚之始也。是以大丈夫处其厚不处其薄，居其实不居其华。故去彼取此。

### 第二节　德的内容

上善若水。水利万物而不争，处众人之所恶，故几于道。居善地，心善渊，与善仁，言善信，正善治，事善能，动善时。夫唯不争，故无尤。

天下莫柔弱于水，而攻坚强者莫之能胜，以其无以易之。弱之胜强，柔之胜刚，天下莫不知，莫能行。是以圣人云："受国之垢，是为社稷主；受国之不祥，

---

① 本段"闭其门"后原有"挫其锐，解其纷，和其光，同其尘"，在通行本的第4章和第56章重复出现，现删去。

② "多言数穷，不如守中"原为通行本第5章最后一句，此句后几句据《庄子·天运》孔子向老子请教时老子的回答增补。

③ "生之畜之"四字原在通行本第10章，其后"生而不有，为而不恃，长而不宰。是谓玄德"与本段重复，故删去。"载营魄抱一……能无知乎"原在通行本第10章，现并入本章。

是为天下王。"正言若反。

江海所以能为百谷王者，以其善下之，故能为百谷王。是以圣人欲上民，必以言下之；欲先民，必以身后之。是以圣人处上而民不重，处前而民不害，是以天下乐推而不厌。以其不争，故天下莫能与之争。

天地不仁，以万物为刍狗；圣人不仁，以百姓为刍狗。天地之间，其犹橐龠乎！虚而不屈，动而愈出。

我有三宝，持而保之：一曰慈，二曰俭，三曰不敢为天下先。慈故能勇，俭故能广，不敢为天下先，故能成器长。今舍慈且勇，舍俭且广，舍后且先，死矣！夫慈，以战则胜，以守则固。天将救之，以慈卫之。

# 第四章　人性论

## 第一节　人性与道性

天下有始，以为天下母。既得其母，以知其子；既知其子，复守其母。没身不殆。塞其兑，闭其门，终身不勤。开其兑，济其事，终身不救。见小曰明，守柔曰强。用其光，复归其明，无遗身殃，是谓习常。

希言自然。故飘风不终朝，骤雨不终日。孰为此者？天地。天地尚不能久，而况于人乎？故从事于道者同于道，德者同于德，失者同于失。同于道者，道亦乐得之；同于德者，德亦乐得之；同于失者，失亦乐得之。信不足焉，有不信焉。

## 第二节　人性的扭曲

罪莫大于可欲，祸莫大于不知足，咎莫大于欲得。故知足之足，常足矣。

名与身孰亲？身与货孰多？得与亡孰病？是故甚爱必大费，多藏必厚亡。知足不辱，知止不殆，可以长久。

五色令人目盲；五音令人耳聋；五味令人口爽；驰骋田猎，令人心发狂；难得之货，令人行妨。是以圣人为腹不为目，故去彼取此。

## 第三节　人性的复归

知其雄，守其雌，为天下溪。为天下溪，常德不离，复归于婴儿。知其白，守其黑，为天下式。为天下式，常德不忒，复归于无极。知其荣，守其辱，为天下谷。为天下谷，常德乃足，复归于朴。朴散则为器，圣人用之则为官长。故大制不割。

含德之厚，比于赤子。毒虫不螫，猛兽不据，攫鸟不搏。骨弱筋柔而握固，未知牝牡之合而朘作，精之至也。终日号而不嗄，和之至也。知和曰常，知常曰明，益生曰祥，心使气曰强。

善为士者不武，善战者不怒，善胜敌者不争，善用人者为之下。是谓不争之德，是谓用人之力，是谓配天。古之极。

善建者不拔，善抱者不脱，子孙祭祀不辍。修之于身，其德乃真；修之于家，其德乃余；修之于乡，其德乃长；修之于国，其德乃丰；修之于天下，其德乃普。故以身观身，以家观家，以乡观乡，以国观国，以天下观天下。吾何以知天下之然哉？以此。

# 第五章 社会历史论

## 第一节 历史发展阶段论

执古之道，以御今之有，能知古始，是谓道纪。太上，下知有之。犹兮其贵言。功成事遂，百姓皆谓"我自然"。其次，亲之誉之；其次，畏之；其次，侮之。①

昔者容成氏、大庭氏、伯皇氏、中央氏、栗陆氏、骊畜氏、轩辕氏、赫胥氏、尊卢氏、祝融氏、伏牺氏、神农氏。当是时也，小国寡民，使有什伯之器而不用，使民重死而不远徙。虽有舟舆，无所乘之；虽有甲兵，无所陈之。使民复结绳而用之。甘其食，美其服，安其居，乐其俗。邻国相望，鸡犬之声相闻，民至老死不相往来。若此之时，则至治矣。得至美而游乎至乐，谓之圣人。②

---

① "执古之道，以御今之有，能知古始，是谓道纪"句原在通行本第14章，其后据通行本第17章改写。第17章有"信不足焉，有不信焉"句，与原第23章重复，故删除。

② "昔者容成氏、大庭氏、伯皇氏、中央氏、栗陆氏、骊畜氏、轩辕氏、赫胥氏、尊卢氏、祝融氏、伏牺氏、神农氏，当是时也"及"若此之时，则至治矣"见《庄子·胠箧》。《庄子·田子方》载："老聃曰：'……得至美而游乎至乐，谓之圣人。'"

圣人无常心，以百姓心为心。善者吾善之，不善者吾亦善之，德善；信者吾信之，不信者吾亦信之，德信。圣人在天下歙歙，为天下浑其心。百姓皆注其耳目，圣人皆孩之。

民之饥，以其上食税之多，是以饥；民之难治，以其上之有为，是以难治；民之轻死，以其上求生之厚，是以轻死。夫唯无以生为者，是贤于贵生。

使我介然有知，行于大道，惟施是畏。大道甚夷，而民好径。朝甚除，田甚芜，仓甚虚，服文彩，带利剑，厌饮食，财货有余，是谓盗夸！非道也哉！

民不畏死，奈何以死惧之。若使民常畏死，而为奇者，吾得执而杀之，孰敢？常有司杀者。夫代司杀者，是谓代大匠斫。夫代大匠斫者，希有不伤其手矣。

大道废，有仁义。智慧出，有大伪。六亲不和，有孝慈。国家昏乱，有忠臣。

## 第二节　社会治理论

古之善为道者，非以明民，将以愚之。民之难治，以其智多。故以智治国，国之贼；不以智治国，国之福。知此两者亦稽式。常知稽式，是谓玄德。玄德深矣，远矣，与物反矣。然后乃至于大顺。

绝圣弃智，民利百倍；绝仁弃义，民复孝慈；绝巧弃利，盗贼无有。此三者，以为文不足，故令有所属：见素抱朴，少私寡欲。

道常无为而无不为。侯王若能守之，万物皆自化。化而欲作，吾将镇之以无名之朴。无名之朴，夫亦将不欲。不欲以静，天下将自定。

将欲取天下而为之，吾见其不得已。天下神器，不可为也。为者败之，执者失之。故物，或行或随，或呴或吹，或强或羸，或载或隳。是以圣人去甚，去奢，去泰。

不尚贤，使民不争；不贵难得之货，使民不为盗；不见可欲，使民心不乱。是以圣人之治，虚其心，实其腹，弱其志，强其骨。常使民无知无欲，使夫智者不敢为也。为无为，则无不治。

为学日益，为道日损。损之又损，以至于无为。无为而无不为。取天下者，常以无事，及其有事，不足以取天下。

治大国若烹小鲜。以道莅天下，其鬼不神。非其鬼不神，其神不伤人。非其神不伤人，圣人亦不伤人。夫两不相伤，故德交归焉。

天之道，其犹张弓乎？高者抑之，下者举之，有余者损之，不足者补之。天之道，损有余而补不足。人之道则不然，损不足以奉有余。孰能有余以奉天下？唯有道者。是以圣人为而不恃，功成而不处，其不欲见贤。

以正治国，以奇用兵，以无事取天下。吾何以知其然哉？以此：天下多忌讳，而民弥贫；民多利器，国家滋昏；人多伎巧，奇物滋起；法令滋彰，盗贼多有。故圣人云：我无为，而民自化；我好静，而民自正；我无事，而民自富；我无欲，而民自朴。

其政闷闷，其民淳淳；其政察察，其民缺缺。祸兮福所倚，福兮祸所伏。孰知其极？其无正邪！正复为奇，善复为妖。人之迷，其日固久。是以圣人方而不割，廉而不刿，直而不肆，光而不耀。

道常无名。朴虽小，天下不敢臣。侯王若能守之，万物将自宾。天地相合以降甘露，民莫之令而自均。始制有名，名亦既有，夫亦将知止，知止可以不殆。譬道之在天下，犹川谷之于江海也。

用兵有言：吾不敢为主而为客，不敢进寸而退尺。是谓行无行，攘无臂，仍无敌，执无兵。祸莫大于轻敌，轻敌几丧吾宝。故抗兵相加，哀者胜矣。

天下有道，却走马以粪；天下无道，戎马生于郊。以道佐人主者，不以兵强天下，其事好还。师之所处，荆棘生焉。大军之后，必有凶年。善者果而已，不敢以取强。果而勿矜，果而勿伐，果而不得已，果而勿强。物壮则老，是谓不道，不道早已。

夫佳兵者，不祥之器，物或恶之。故有道者不处。君子居则贵左，用兵则贵右。兵者，不祥之器，非君子之器。不得已而用之，恬淡为上。胜而不美。而美之者，是乐杀人。夫乐杀人者，则不可得志于天下矣。故吉事尚左，凶事尚右。偏将军处左，上将军处右，言以丧礼处之。杀人之众多，以悲哀泣之。战胜，以丧礼处之。

大国者下流，天下之交。天下之牝，牝常以静胜牡，以静为下。故大国以下小国，则取小国；小国以下大国，则取大国。故或下以取，或下而取。大国不过欲兼畜人，小国不过欲入事人。夫两者各得其所欲，故大者宜为下。

民不畏威，大威至矣。无狭其所居，无厌其所生。夫惟不厌，是以不厌。是以圣人自知不自见，自爱不自贵。故去彼取此。

治人事天莫若啬。夫惟啬，是谓早服。早服，谓之重积德。重积德，则无不克。无不克，则莫知其极。莫知其极，可以有国。有国之母，可以长久。是谓深根固蒂、长生久视之道。

# 第六章 人生修养论

## 第一节 人生修养

出生入死。生之徒十有三,死之徒十有三。人之生,动之死地亦十有三。夫何故?以其生生之厚。盖闻善摄生者,陆行不遇兕虎,入军不被甲兵。兕无所投其角,虎无所措其爪,兵无所容其刃。夫何故?以其无死地。

持而盈之,不如其已;揣而锐之,不可长保。金玉满堂,莫之能守。富贵而骄,自遗其咎。功遂身退,天之道。

跂者不立,跨者不行,自见者不明,自是者不彰,自伐者无功,自矜者不长。其于道也,曰余食赘行。物或恶之,故有道者不处。

知人者智,自知者明。胜人者有力,自胜者强。知足者富,强行者有志。不失其所者久,死而不亡者寿。

宠辱若惊,贵大患若身。何谓宠辱若惊?宠为下,得之若惊,失之若惊,是谓宠辱若惊。何谓贵大患若身?吾所以有大患者,为吾有身。及吾无身,吾有何患?故贵以身为天下,若可寄天下;爱以身为天下,乃可托天下。

## 第二节 圣人的修养

古之善为道者,微妙玄通,深不可识。夫唯不可识,故强为之容:豫兮若冬涉川,犹兮若畏四邻,俨兮其若客,涣兮若冰之将释,敦兮其若朴,旷兮其若谷,浑兮其若浊。孰能浊以澄静之徐清?孰能安以久动之徐生?保此道者不欲盈,故能敝而新成。

绝学无忧。唯之与阿,相去几何?善之与恶,相去几何?人之所畏,不可不畏。荒兮其未央哉,众人熙熙,如享太牢,如登春台。我独泊兮,其未兆,如婴儿之未孩,乘乘兮若无所归。众人皆有余,而我独若遗。我愚人之心也哉?沌沌兮,俗人昭昭,我独昏昏;俗人察察,我独闷闷。澹兮其若海,飘兮若无所止。众人皆有以,我独顽似鄙。我独异于人,而贵食母。

天长地久。天地之所以能长且久者,以其不自生,故能长生。是以圣人后其身而身先,外其身而身存。非以其无私邪,故能成其私。

天下皆知美之为美,斯恶矣;皆知善之为善,斯不善矣。故有无相生,难易相成,长短相形,高下相倾,音声相和,前后相随。是以圣人处无为之事,行不言之教。万物作焉而不辞,生而不有,为而不恃,功成而弗居。夫惟弗居,是以不去。

曲则全，枉则直，洼则盈，敝则新，少则得，多则惑。是以圣人抱一为天下式。夫唯不争，故天下莫能与之争。古之所谓曲则全者，岂虚言哉！诚全而归之。

重为轻根，静为躁君。是以圣人终日行不离辎重。虽有荣观，燕处超然。奈何万乘之主而以身轻天下？轻则失臣，躁则失君。

善行无辙迹，善言无瑕摘，善计不用筹策，善闭无关键而不可开，善结无绳约而不可解。是以圣人常善救人，故无弃人；常善救物，故无弃物。是谓袭明。故善人者不善人之师，不善人者善人之资。不贵其师，不爱其资，虽智大迷。是谓要妙。

和大怨，必有余怨，安可以为善？是以圣人执左契，而不责于人。故有德司契，无德司彻。天道无亲，常与善人。

信言不美，美言不信。善者不辩，辩者不善。知者不博，博者不知。圣人不积，既以为人己愈有，既以与人己愈多。天之道，利而不害；圣人之道，为而不争。

# 后　记

中国改革开放已经近四十年了，这期间我养成了一种生活习惯，就是每天都离不开"书"。1993年《广州日报》发起"书与人生"的征文，我写了一篇短文《书——人生道路上的脚印》，文中说："读书、教书、写书——人生道路上的每一个脚印上都有一个'书'字"，"一介书生，书伴一生，今生无悔"。这篇短文还得了奖。今生与书结缘，真是幸运。

这几十年，天天都写点东西，算起来已经写作和出版了三十多本书，发表了三百多篇文章，字数没有认真去统计，大概超过六百万字。题材虽然杂乱，总跟自己学的哲学专业相关。只是想起来数量可谓可观，质量却一般，自我评价能代表自己学术观点的书只有三本：第一本是人民出版社1983年出版的26万字的《欧洲认识史概要》，第二本是人民出版社1992年出版的39万字的《社会历史哲学引论》，第三本就是这本《道德经解析》。其他书和论文只能说在某些问题上有自己的学术观点和看法，还难以称得上是学术论著。不过有这三本书我也满足了，第一本写的属于西方哲学史，第二本写的属于哲学原理，第三本写的属于中国哲学史，能在哲学的这几大领域发表一点自己的观点，而且都有一定的系统性，也算是对得起自己为之献身的哲学专业了。

这本《道德经解析》我确实思考了多年。在思考过程中，我不断地翻阅其他书和文章，越看越觉得不将自己的看法写出来就对不起自己，更不用说对不起中国古代的伟人老子了。老子的《道德经》真是一部伟大的哲学著作，却被某些"专家学者"弄得面目全非，许多问题不加以澄清，我们这些哲学专业工作者能对得起中华优秀传统文化吗？我是下定决心翻这个"案"的，也希望更多志同道合者投入这项意义重大的工作中来。至于有什么后果，那就不是我这一介书生可知的了，而且我也管不了后果，只求现在对得起自己的良心。

　　熟人常问我：你这个退休的老教授，每个月的退休工资足够生活了，还去写书，图个什么？我总是回答说：就是想写，是习惯。如果问我以后还写不写，我会回答：只要能写就一直写下去。这是真话。我这样的一介书生，读书写书是我的生活，过这样的生活感到很充实，闲着没事干就空虚了。至于今后还写什么，那就看自己的思考和感悟了。

　　上面有些话也许是不该说的，该说的话还有很多，特别要提到的是，我在写作的过程中得到很多朋友的支持，使我的决心更加坚定。另外，感谢出版社的编辑为出版本书付出的劳动。